高职高专交通运输与制造类专业规划教材



TIELU DAXING YANGLU
JIXIE YEQIYA CHUANDONG

# 铁路大型养路
# 机械液气压传动

主　编◎岳丽敏
副主编◎柳　轶　索小娟
主　审◎董光磊　张　勤

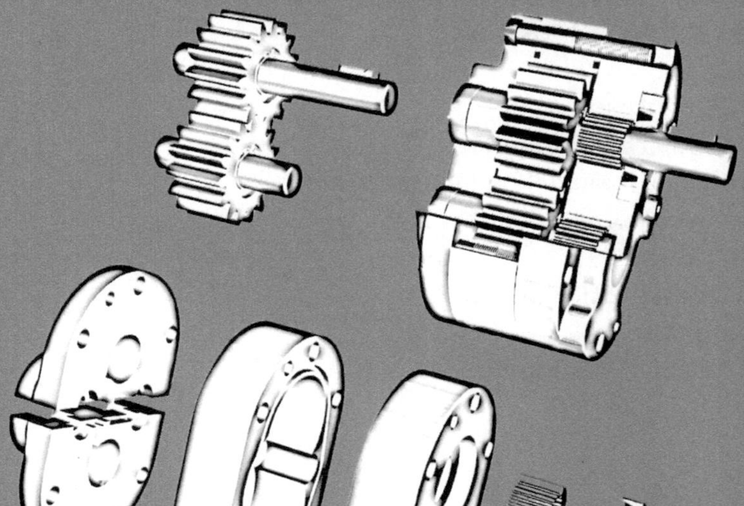

人民交通出版社股份有限公司
China Communications Press Co.,Ltd.

## 内 容 提 要

本书以铁路大型养路机械为依托，系统介绍了机械液气压传动知识。全书分为两篇，共10个单元。其中，第一篇为基础理论知识，包括液压传动基础知识、液压泵与液压马达、液压缸、液压控制阀、液压辅助元件、液压基本回路、液力传动、气压传动；第二篇介绍了两种典型铁路大型养路机械液气压传动系统，即DC-32k型抄平起拨道捣固车液气压系统和QS-650全断面道砟清筛机液气压系统。全书层次清楚，内容简洁，具较强实用性和针对性。

本书适于作为高等职业教育及各类成人教育机电类专业学生选作教材使用，也可供相关生产技术人员作为参考用书。

**图书在版编目(CIP)数据**

铁路大型养路机械液气压传动/岳丽敏主编. —北京：人民交通出版社股份有限公司，2015.8 （2025.6 重印）

ISBN 978-7-114-12327-6

Ⅰ.①铁… Ⅱ.①岳… Ⅲ.①铁路养护—养路机械—液压传动②铁路养护—养路机械—气压传动 Ⅳ.①U216.6

中国版本图书馆CIP数据核字(2015)第191502号

高职高专交通运输与制造类专业规划教材

**书　　名**：**铁路大型养路机械液气压传动**
**著 作 者**：岳丽敏
**责任编辑**：杜　琛
**出版发行**：人民交通出版社股份有限公司
**地　　址**：(100011)北京市朝阳区安定门外外馆斜街3号
**网　　址**：http://www.ccpcl.com.cn
**销售电话**：(010)85285911
**总 经 销**：人民交通出版社股份有限公司发行部
**经　　销**：各地新华书店
**印　　刷**：北京虎彩文化传播有限公司
**开　　本**：787×1092　1/16
**印　　张**：16
**字　　数**：356千
**版　　次**：2015年8月　第1版
**印　　次**：2025年6月　第1版　第8次印刷
**书　　号**：ISBN 978-7-114-12327-6
**定　　价**：42.00元

# 前　　言

为适应我国铁路高速、重载和舒适化的快速发展和要求，线路验收标准逐步提高，近年来各种新建铁路、客运专线和改扩建线路的大量竣工，也大大增加了我国铁路的运营里程，为保证列车的正常运行，线路必须经常保持规定的技术完好状态。因此，计划性、系统性、经常性地对线路进行检查和维修是十分必要的。大型养路机械主要从事铁路线路的线路清筛、线路捣固、道岔捣固、配砟整形、线路稳定、钢轨打磨等工作，是线路大、中修的主要机械。承担着为铁路强基固本的重要使命，为我国铁路的几次提速起到了重要作用。

大型养路机械是集机械、液压、电气、气动为一体的机械，一般由以下部分构成：发动机系统、动力传动系统、制动系统、走行系统、电气系统、液压系统、检测装置、工作装置。了解和学习液压、气压和液力传动对高等职业院校工程类的学生来讲，已是必不可少的。

本书在编写过程中，以相关岗位技能要求为出发点，以液压传动为主线，着重基本概念和原理的阐述，突出理论知识的应用，加强针对性和实用性。有针对性地对典型大型养路机械液气压系统的工作原理进行了详细的阐述，以提高读者分析液气压系统的能力。

全书共 10 个单元，主要内容包括液压传动基础知识、液压元件与液力元件的工作原理和结构、气动元件的工作原理和结构、液压与气压基本回路、典型铁路大型养路机械液气压传动系统等。

本教材内容既适合教学又便于自学，可作为高职高专院校机电类等专业或其他工科专业“液压与气压传动技术”课程的教学用书，也可用于中等专业学校以及成人大、中专教育和各级工程技术人员的参考书。

本书由郑州铁路职业技术学院岳丽敏担任主编，郑州铁路局安全监督管理办公室驻郑州工务机械段验收室柳轶、郑州铁路职业技术学院索小娟担任副主编。具体编写分工如下：郑州铁路职业技术学院索小娟（单元一、三）、徐刚涛（单元二）、李秀玲（单元四）、文晓娟（单元五、七）、岳丽敏（单元六、八）、郑州铁路局柳轶（单元九、十）。

本书由郑州铁路局董光磊高级工程师、郑州铁路职业技术学院张勤教授共同担任主审，为本书提出了很多有益的意见和建议，在此表示衷心感谢！

本书在编写过程中，得到了许多同志的帮助，在此一并表示感谢。限于编者水平和经验，书中难免存在不妥之处，恳请读者给予指正。

编　者

2015 年 7 月

# 目　　录

## 第一篇　基础理论知识


单元一　液压传动基础知识

学习项目一　液压传动的工作原理及系统组成 …… 3
学习项目二　液压传动的特点及应用 …… 5
学习项目三　液压油 …… 6
学习项目四　液体静力学基础 …… 10
学习项目五　液体动力学基础 …… 13
学习项目六　液体流动时的压力损失 …… 18
学习项目七　液压冲击与空穴现象 …… 20
学习项目八　液体流经小孔及缝隙流量 …… 21
练习题 …… 24

单元二　液压泵与液压马达

学习项目一　概述 …… 27
学习项目二　齿轮泵 …… 30
学习项目三　叶片泵 …… 35
学习项目四　柱塞泵 …… 43
学习项目五　液压马达 …… 52
练习题 …… 54

单元三　液压缸

学习项目一　液压缸的类型和特点 …… 57
学习项目二　液压缸的结构 …… 63
练习题 …… 65

单元四　液压控制阀

学习项目一　液压控制阀概述 …… 68
学习项目二　方向控制阀 …… 69
学习项目三　压力控制阀 …… 80
学习项目四　流量控制阀 …… 91
学习项目五　其他控制阀 …… 96
练习题 …… 103

单元五　液压辅助元件

学习项目一　密封件 …… 107
学习项目二　油管和管接头 …… 112

学习项目三　过滤器…………………………………………………………………… 115
学习项目四　油箱和热交换器………………………………………………………… 119
学习项目五　蓄能器…………………………………………………………………… 122
学习项目六　压力表与压力表开关…………………………………………………… 125
学习项目七　阀块……………………………………………………………………… 125
练习题…………………………………………………………………………………… 126

单元六　液压基本回路

学习项目一　速度控制回路…………………………………………………………… 128
学习项目二　压力控制回路…………………………………………………………… 138
学习项目三　方向控制回路…………………………………………………………… 146
学习项目四　多缸工作控制回路……………………………………………………… 147
学习项目五　液压马达制动回路……………………………………………………… 152
练习题…………………………………………………………………………………… 153

单元七　液力传动

学习项目一　液力传动概述…………………………………………………………… 157
学习项目二　液力传动中的流体力学基本知识……………………………………… 158
学习项目三　液力偶合器……………………………………………………………… 163
学习项目四　液力变矩器……………………………………………………………… 164
学习项目五　综合式液力变矩器……………………………………………………… 168
学习项目六　液力变矩器的类型、结构 ……………………………………………… 170
学习项目七　液力机械变矩器简介…………………………………………………… 174
学习项目八　液力变矩器的使用和维护……………………………………………… 179
练习题…………………………………………………………………………………… 180

单元八　气压传动

学习项目一　气压传动概述…………………………………………………………… 182
学习项目二　气源装置及气动辅助元件……………………………………………… 183
学习项目三　气动执行元件…………………………………………………………… 190
学习项目四　气动控制元件…………………………………………………………… 193
学习项目五　气动基本回路…………………………………………………………… 200
练习题…………………………………………………………………………………… 205

## 第二篇　典型铁路大型养路机械液气压传动系统

单元九　DC-32k型抄平起拨道捣固车液气压系统

学习项目一　油源、振动液压马达液压回路 ………………………………………… 209
学习项目二　捣固装置液压回路……………………………………………………… 212
学习项目三　起拨道装置及作业走行液压马达液压回路…………………………… 214
学习项目四　制动及支撑液压缸液压回路…………………………………………… 217
学习项目五　捣固车气动系统………………………………………………………… 218

练习题…… 220

单元十 QS-650k全断面道砟清筛机液气压系统

学习项目一　走行驱动液压系统…… 222
学习项目二　挖掘链控制液压系统…… 229
学习项目三　振动筛及道砟分配输送液压系统…… 234
学习项目四　其他装置液压控制系统…… 239
学习项目五　液压润滑系统…… 242
学习项目六　气动系统…… 244
练习题…… 245

参考文献

第一篇

# 基础理论知识

# 单元一

# 液压传动基础知识

【学习要求】

1. 掌握液压传动的工作原理。
2. 掌握液压传动的特点。
3. 熟悉液压传动系统的组成及各组成部分的作用。
4. 了解液压元件的职能符号及规定。
5. 理解液体的黏性、压缩性概念，掌握黏性的三种表示方法。
6. 掌握液体静压力的概念及其特性。
7. 掌握压力的表示方法及其单位换算。
8. 理解压力的传递原理和等压面的概念。
9. 理解压力的形成，熟悉液体对固体壁面上作用力的计算。
10. 掌握流量和平均流速的概念。
11. 理解连续性方程和伯努利方程的物理意义，并学会应用。
12. 学会应用沿程压力损失、局部压力损失公式计算压力损失。
13. 熟悉液体流经小孔的流量公式，掌握各种孔口的流量特性。
14. 了解液压冲击和空穴现象。

铁路大型养路机械设备中的作业装置及走行装置都是利用液压传动来进行工作的。液压传动是以液压油为工作介质来实现各种机械的传动与控制。它利用各种元件组成基本控制回路，再由若干基本回路有机组合成能完成一定控制功能要求的传动系统，来进行能量的传递、转换和控制，以满足机电设备对各种运动和动力的需求。因此，了解液压传动的基本组成、液体的基本性质，掌握液体平衡和运动的主要力学规律，对于正确理解液压传动原理以及合理使用液压系统都是非常必要的。

# 学习项目一　液压传动的工作原理及系统组成

铁路大型养路机械设备由发动机、传动与控制装置、工作机构三大部分组成。发动机是机械的动力源；工作机构即指完成该机械工作任务的直接工作部分，如捣固装置、清筛装置、走行装置等。由于发动机的功率和转速变化范围有限，为适应工作机构的负荷和工作速度的变化即工作性能的要求，在发动机和工作机构之间需设置起着传递能量和控制作用的传动机构。

传动机构有机械传动、电传动和流体传动等多种形式。流体传动是以流体（液压油、压缩气体）为传动介质来实现能量传递和控制的一种传动形式，它可分为气压传动、液压传动和液力传动，液压（气压）传动主要是以液体（气体）压力能来传递动力，液力传动主要是以液体动能来传递动力。

## 一、液压传动的工作原理

首先我们以图 1-1 的液压千斤顶为例来了解液压传动的工作原理。

图 1-1b）所示为液压千斤顶及工作原理示意图。杠杆手柄、小缸、小活塞、两个单向阀组成手动液压泵，大缸和大活塞组成举升缸。当抬起杠杆手柄使小活塞向上移动时，小缸下腔容积变大，产生一定的真空度，在大气压力作用下，油箱中的油液通过吸油管推开单向阀 1 进入小缸下腔，而此时单向阀 2 也在真空度作用下处于关闭状态，完成手动液压泵吸油。当压下杠杆手柄时，小活塞下移，其下腔的密封容积变小，油压升高，使单向阀 1 关闭，单向阀 2 打开，小缸下腔的油液经油管进入大缸的下腔，迫使大活塞向上移动，抬高重物，即完成压油动作。如此反复地提、压杠杆手柄，就能不断地把油液压入大缸的下腔，使重物逐渐升起，达到起升的目的。当工作完成，打开截止阀，大缸下腔的油液经过油管、截止阀流回油箱，大活塞也在重物和自重作用下回落，到达起始位置。在这里，大、小缸组成了最简单的液压传动系统，实现了运动和动力的传递。

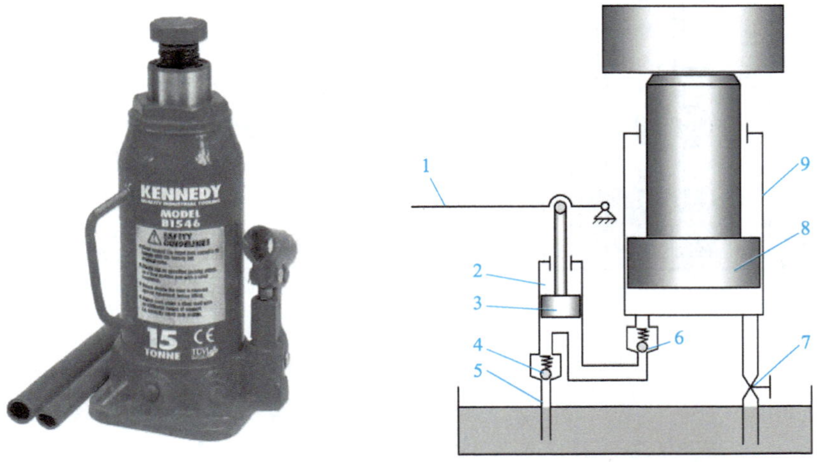


a)实物图　　b)工作原理

图 1-1　液压千斤顶

1-杠杆手柄；2-小缸；3-小活塞；4-单向阀 1；5-吸油管；6-单向阀 2；7-截止阀；8-大活塞；9-大缸

由液压千斤顶的工作过程可知：

(1)杠杆手柄、小缸、单向阀1、单向阀2构成手动液压泵，完成吸油和排油的工作，实现了将施加于杠杆上的机械能转换为小缸输出的液压能。

(2)大缸将油液的液压能转换为机械能输出，举起重物。

(3)液压油起到了将能量进行传递和转换的作用。

(4)小缸靠密闭工作腔的容积变化来实现油液的吸入和排出。

(5)作为一个完整的传动装置，还需配备对油液的流量、压力和流动方向进行控制的液压控制阀和其他必要的辅助元件。

由上例可见，液压传动具有以下基本特点：

(1)以液体为传动介质来传递运动和动力。

(2)液压传动必须在密闭的容器内进行。

(3)依靠密闭容器的容积变化传递运动。

(4)依靠液体的静压力传递动力。

## 二、液压传动的实例

如图1-2a)所示，为清筛车道砟导向板液压系统结构原理图。它由油箱、过滤器、换向阀、溢流阀、液压缸、液压泵以及油管等组成。

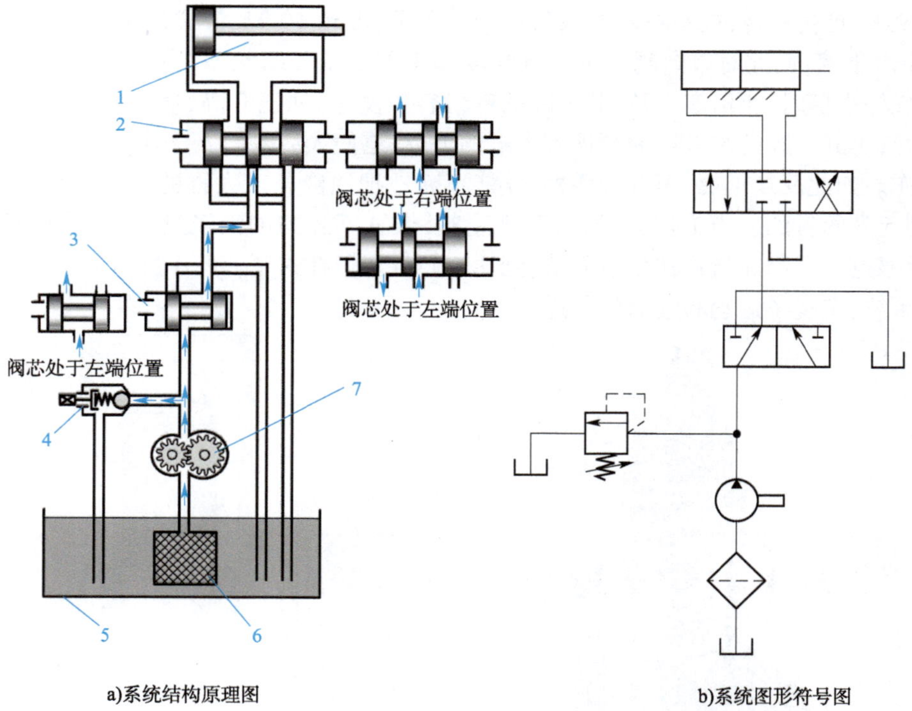


图1-2 清筛车道砟导向板液压系统

1-液压缸；2-换向阀2；3-换向阀1；4-溢流阀；5-油箱；6-过滤器；7-液压泵

该系统的工作原理是：液压泵由电动机带动旋转后，从油箱经过滤器吸油，图示状态由泵输出压力油→溢流阀→油箱；当换向阀2阀芯移至右端位置，此时泵输出压力油→换向阀1→换向阀2→液压缸左腔，液压缸右腔的油液→换向阀2→回油管→油箱，液压缸活塞杆伸出;当换向阀 2 阀芯移至左端位置,此时泵输出压力油→换向阀 1→换向阀 2→液压缸右腔,液压缸左腔的油液→换向阀 2→回油管→油箱,液压缸活塞杆缩回;当换向阀 1 阀芯移至左端位置时,泵输出压力油→换向阀 1→回油管→油箱。换向阀 2 控制液压缸活塞杆伸出缩回,推动道砟导向板左右移动;换向阀 1 控制液压泵加载、卸荷;溢流阀控制液压泵出口处油液压力的最大值。

图 1-2b)所示为该液压系统的图形符号图。结构原理图直观形象,易于理解,但图形复杂,不便于绘制。一般,常用标准的元件图形符号来绘制液压和气压系统图,这种系统图称为图形符号图。图中各元件符号只表示元件的职能、控制方式以及外部连接口,不表示元件的具体结构、参数、连接口的实际位置以及安装位置。按照规定,液压与气压元件符号均以元件的非工作位置(静止位置)或零位表示。各类元件的符号将在后面的单元中分别进行介绍。

### 三、液压传动系统的组成

(1)动力元件:液压泵——将原动机(电动机或内燃机)输入的机械能转换为液体的压力能,输出具有一定压力的油液。

(2)执行元件:液压缸、液压马达——是将液压油的压力能转换成机械能,用以驱动工作机构的负载做功,实现往复直线运动、连续回转运动或摆动。

(3)控制元件:压力、方向、流量控制阀及其他控制元件——控制调节系统中从动力源到执行元件的液体压力、流量和方向,从而控制执行元件输出的力、速度和方向,以保证执行元件驱动工作机构完成预定的运动。

(4)辅助元件:油箱、过滤器、管路、压力表等——用来存放、提供和回收工作油液;滤除油液中的杂质,保证系统正常工作所需的油液清洁度;实现元件之间的连接及传输压力油液;显示系统压力等。

(5)工作介质:液压油。

## 学习项目二　液压传动的特点及应用

### 一、液压传动的特点

1. 液压传动优点

(1)单位功率的重量轻(比功率大),即在相同功率输出的条件下,体积小、重量轻、惯性小、结构紧凑、动态特性好。

(2)可在较大范围内实现无级调速,调速范围大。

(3)工作平稳、动作灵敏,能快速起动、制动和频繁换向。

(4)容易获得很大的力和转矩,可以使传动结构简单。

(5)操作控制方便,调节简单,易于实现自动化。当机、电、液配合使用时,易于实现较复杂的自动工作循环和较远距离操控。

(6)易于实现过载保护,安全性好。采用矿物油为工作介质,相对运动表面间能自行润滑,可以延长元件的使用寿命。

(7)液压元件的布置不受严格的位置限制,容易按照机器的需要,通过管道实现系统中各部分的连接，布局灵活方便。

(8)液压元件已实现了标准化、系列化和通用化，便于液压系统的设计、制造和使用。

2. 液压传动的缺点

(1)液压系统中存在着油液泄漏，油液的可压缩性、油管的变形等都会影响运动传递的准确性，故不易用于对传动比要求精确的场合。

(2)由于液压油对温度比较敏感，而油温变化容易引起工作性能的改变，故液压传动系统不易用于温度变化范围较大的场合。此外，油液对污染较为敏感，故不易用于环境差、粉尘多的场合。

(3)由于工作过程中有较多的能量损失，如摩擦损失、泄漏损失等，故此，液压传动的效率不高，不易用于远距离传动。

(4)为减少泄漏，液压元件的制造精度要求较高，其制造成本较大。液压系统的故障较难诊断排除。

## 二、液压传动的应用

液压传动因具有结构简单、体积小、重量轻、反应速度快、输出力大、可方便地实现无级调速、易实现频繁换向、易实现自动化等优点，所以在铁路大型养路机械、工程机械、矿山机械、压力机械和航空工业等领域得到广泛应用。如图 1-3 所示，为捣固车捣固装置液压系统。

图 1-3　捣固车捣固装置液压系统

# 学习项目三　液　压　油

液压油是液压系统中的工作介质，不仅用来传递动力和信号，而且还对液压传动装置中的机构和零件起润滑、冷却和防锈等作用。同时，液压油的黏性对减少运动零件间隙处的泄漏、保证元件的密封有着重要作用。所以液压油质量的优劣直接影响液压系统的工作性能，合理选用液压油是十分必要的。

## 一、液压油的物理性质

1. 液体的密度

单位体积的液体质量称为密度，通常用 $\rho$（单位 $kg/m^3$）表示：

$$\rho = \frac{m}{V} \tag{1-1}$$

式中：$m$——液体质量，kg；

$V$——液体体积，$m^3$。

液压油的密度随压力的增加而加大，随温度的升高而减小，一般情况下，由压力和温度引起的这种变化都较小，可以忽略不计。一般液压油的密度为 $900kg/m^3$。

2. 液体的黏性

液体在外力作用下流动时，分子间的内聚力会阻碍分子间的相对运动而产生一种内摩擦力，这一特性称作液体的黏性。静止液体不呈现黏性。黏性是液体重要的物理特性，也是选择液压油的主要依据。

黏性使流动液体内部各液层间的速度不等。如图 1-4 所示，两平行平板间充满液体，下平板不动，而上平板以速度 $u_0$ 向右平动。由于黏性，紧贴于下平板的液体层速度为零，紧贴于上平板的液体层速度为 $u_0$，而中间各液体层的速度按线性分布。因此，不同速度流层相互制约而产生内摩擦力，该力对上层液体起阻滞作用，而对下层液体起拖曳作用。

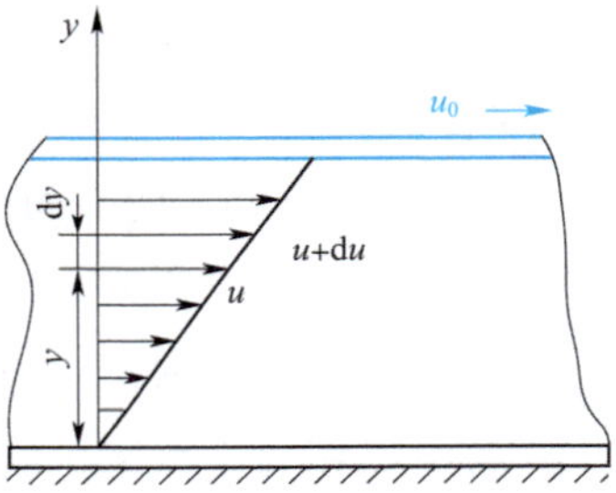


图 1-4　液体黏性示意图

液体黏性的大小用黏度来表示。黏度大，液层间的内摩擦力就大，油液就“稠”；反之，黏度小，液层间的内摩擦力就小，油液就“稀”。常用的液体黏度表示方法有三种，即动力黏度、运动黏度和相对黏度。

（1）动力黏度 $\mu$。

动力黏度的物理意义是：液体在单位速度梯度下流动或有流动趋势时，相接触的液层间单位面积上产生的内摩擦力。动力黏度 $\mu$ 又称绝对黏度。动力黏度的单位为 Pa·s（1Pa·s = $1N\cdot s/m^2$）。

（2）运动黏度 $\nu$。

液体的动力黏度 $\mu$ 与液体密度 $\rho$ 的比值称作液体的运动黏度 $\nu$，即：

$$\nu = \frac{\mu}{\rho} \tag{1-2}$$

运动黏度的单位为 $m^2/s$。常用的单位为 $mm^2/s$ 称为 cSt（厘斯）。1 = $10^6mm^2/s$ = $10^6cSt$（厘斯）。液体的运动黏度 $\nu$ 没有明确的物理意义。但在工程实际中常用运动黏度 $\nu$ 作为液体黏度的评价标准。例如，国产液压油的牌号就是该种油液在 40℃时的运动黏度 $\nu$ 的平均值。如，牌号为 L-HL-46 的液压油，其数字 46 表示该液压油在 40℃时的运动黏度为 46cSt（平均值）。

（3）相对黏度 $°E_t$。

相对黏度又称条件黏度，它是采用特定的黏度计在规定的条件下测量出来的黏度，我国采用的是恩氏黏度 $°E_t$。

恩氏黏度用恩氏黏度计测定。其方法是：将 200mL 温度为 $t$（以℃为单位）的被测液体装入黏度计的容器，经其底部直径为2.8mm的小孔流出，测出液体流尽所需时间$t_1$，再测出200mL温度为20℃的蒸馏水在同一黏度计中流尽所需时间$t_2$；这两个时间的比值即为被测液体在温度$t$下的恩氏黏度，即：

$$°E_t = \frac{t_1}{t_2} \tag{1-3}$$

工业上常用20℃、50℃、100℃作为测定恩氏黏度的标准温度，其相应恩氏黏度分别用$°E_{20}$、$°E_{50}$、$°E_{100}$表示。工程中常采用先测出液体的相对黏度，再根据关系式换算出动力黏度或运动黏度。

3.黏度与温度、压力的关系

液压油液的黏度对温度的变化十分敏感。温度升高，黏度显著下降，这种变化将直接影响液压油液的正常使用和液压系统的性能。液压油的黏度随温度变化的关系称为液压油的黏温特性。液压油黏度的变化直接影响液压系统的性能和泄漏量。因此，希望黏度随温度的变化越小越好，即黏温特性要好。黏温特性用黏度指数（VI）表示。液压油的黏度指数（VI）表明被测油液的黏度随温度变化的程度与标准油的黏度变化程度比值的相对值。VI值越高，表示液压油黏度随温度变化越小，即黏温特性越好。一般液压油的黏度指数要求在90以上。

对液压油来说，压力增大时，其分子间距离减小，内摩擦力增大，黏度随之增大。但在一般液压系统使用的压力范围内，黏度增大的数值很小，可以忽略不计。

4.液体的可压缩性

液体体积随压力变化而变化。在一定温度下，每增加一个单位压力液体体积的相对变化值称为液体的压缩性。压缩性用体积压缩系数$\kappa$或$\kappa$的倒数$K$（体积模量）表示，即

$$\kappa = -\frac{1}{\Delta p}\frac{\Delta V}{V} \tag{1-4}$$

$$K = \frac{1}{\kappa} = -\frac{\Delta p V}{\Delta V} \tag{1-5}$$

式中：$\Delta p$——压力变化量，Pa；

$V$——压力变化前油液的体积，$m^3$；

$\Delta V$——液体体积变化量，$m^3$。

由于压力增大时液体的体积减小，因此式（1-4）等式右侧加负号，以使$\kappa$为正值。

$\kappa$值越小，即$K$值越大，则液体的可压缩性越小。一般矿物油型液压油的体积弹性模量为$K = (1.4 \sim 2) \times 10^3$MPa，数值很大，因此对于一般液压系统，可认为油液是不可压缩的。在压力变化较大或有动态特性要求的高压系统中，应考虑液体压缩性对系统的影响。

当液压油中混有一定空气时，其抗压缩能力将显著降低，并严重影响液压系统性能，故应将液压系统中油液中的空气含量减小到最低限量。

5.其他性质

液压油还有其他一些物理化学性质，如抗燃性、抗凝性、抗氧化性、抗泡沫性、抗乳化性、防锈性、润滑性、导热性、相容性（主要是指对密封材料不侵蚀、不溶胀的性质）以及纯净性等，都对液压系统工作性能有重要影响。对于不同品种的液压油，这些性质的指标也有不同，具体可见油类产品手册。

## 二、对液压油的要求及选用

### 1. 对液压油的性能要求

为保证液压系统正常工作，液压油必须满足必要的性能要求，这些性能包括：

（1）适宜的黏度和良好的黏温特性。

（2）良好的润滑性能、热稳定性、氧化稳定性、防腐性、抗磨性和防锈性。

（3）质量纯净，不含或含有极少量的杂质、水分和水溶性酸碱等。

（4）良好的抗乳化性（液压油乳化会降低其润滑性，使酸性增加、使用寿命缩短）。

（5）在高温环境下具有较高的闪点，起防火作用；在低温环境下具有较低的凝点。

### 2. 液压油的选用

合理选用液压油是液压设备正常工作的基础。选择合适的工作油液是液压系统设计和使用应考虑的重要内容之一，选择液压油可以从以下两方面考虑：

（1）油液的类型。

根据使用要求和运转条件（防火、防锈、防蚀、消泡、抗氧化要求以及工作环境温度），使用压力界限（低压、中压、高压），油液的使用寿命、品质和价格等选定液压油的类型。

（2）合适的油液黏度。

选择液压油时，黏度是一个重要指标，并以此决定液压油的规格或品种。有关黏度的确定一般可作如下考虑：

①液压系统的工作压力。工作压力较高时，宜选用黏度较高的液压油，因为高压时的泄漏问题比克服黏性阻力问题更为突出；反之，则选用黏度较低的液压油。

②液压系统的环境温度。当系统的环境温度较高时，宜选用黏度较高的液压油；反之，则选用黏度较低的液压油。

③工作部件的运动速度。当工作部件运动速度较高时，油流速度也很高，能量损失也随之增大，而漏油率相对减少，宜选用黏度较低的液压油；反之，流速低、相对漏油率较大，将对工作装置的运动速度产生影响，宜选用黏度较高的液压油。

在液压传动系统中，液压泵的工作条件最为严峻。它不但压力大、转速和温度高，而且液压油液被泵吸入和被泵压出时要受到剪切作用，所以一般根据液压泵的要求来确定液压油液的黏度及品种（表 1-1）。按照泵选择的油液，一般来讲对液压阀及其他元件也适用。

**根据液压泵选用液压油的品种和黏度** 表 1-1

| 液压泵类型 | 压力（MPa） | 40℃时运动黏度 $\nu$（$mm^2/s$） | | 适用品种和黏度等级 |
|---|---|---|---|---|
| | | 5～40℃ | 40～80℃ | |
| 叶片泵 | <7 | 30～50 | 40～75 | HM 油，32、46、68 |
| | >7 | 50～70 | 55～90 | HM 油，46、68、100 |
| 齿轮泵 | — | 30～70 | 95～165 | HL 油，（中、高压用 HM），32、46、68、100、150 |
| 径向柱塞泵 | | 30～50 | 65～240 | HL 油，（高压用 HM），32、46、68、100、150 |
| 轴向柱塞泵 | | 40 | 70～150 | HL 油，（高压用 HM），32、46、68、100、150 |

## 三、液压油的合理使用

为保证液压系统高效、可靠地工作，不仅要正确选用液压油，还要合理使用和维护好液

压油。液压系统出现的种种故障多数与液压油使用不当、污染变质有关。根据实践经验,使用液压油应注意以下几个方面:

### 1. 防止污染

(1)加强油液库存及现场管理,建立严格的油料管理制度和化验制度。油料要按牌号专桶储存,严禁乱放,切勿露天日晒雨淋或靠近火源,保存温度一般以 20 ~ 30℃为宜。机械加油时注意清洁,加油用具必须保证洁净,加油前必须过滤油液。换油前,必须对整个液压系统进行彻底清洗,防止变质油的残渣混入新油中加速油液变质。

(2)保持液压元件清洁,特别是油箱周围的清洁。油箱通气孔要装过滤器,以防止灰尘落入油箱内,在室外或低温作业处应防止油箱外露处的凝结水进入油箱。

(3)应在液压系统的有关部位设置适当精度的过滤器,并定期清洗或更换滤芯。

(4)定期检查、更换液压油。不同工作条件和环境温度的液压系统,要严格按照有关标准定期检查油液品质,分析其污染程度、及时更换液压油。

### 2. 防止工作油温过高

液压系统油温过高将产生下列不良影响:

(1)使油液黏度降低,液压元件及系统内外泄漏增加,容积效率降低,执行元件速度变慢;同时,由于黏度降低,使相对运动表面的润滑性能变坏,增加磨损。

(2)使油液的氧化过程加快,导致油液变质;油中析出的沥青等沉淀物还会堵塞小孔和狭缝,影响系统的正常工作。

(3)使元件受热膨胀,可能导致配合间隙减小,因而影响阀芯的移动,甚至卡住。

(4)使密封胶圈迅速老化变质,丧失密封性能。

为此,工作油温要保证适当,液压泵入口处的温度应在 55℃以下,油路中局部区段的最高温度不应超过 120℃。如以油箱的油温为准,理想的温度范围是 30 ~ 45℃,超过 55℃时,液压油的使用寿命将缩短。对于稠化油,可允许达到 85℃。

防止油温过高可采取强制冷却方法,同时在使用中还应注意:

(1)经常使油箱中油面处于所要求的高度,使油液有足够的循环冷却条件。

(2)防止过载,防止和高温物体接近。

(3)当发现液压系统油温过高时,应停止工作,查找原因及时排除。

### 3. 防止空气混入液压油

(1)为防止空气通过油箱被油液带入系统中,必须经常注意油箱内油面高度,保持足够的油量;吸油侧与回油侧用隔板隔开,以拦污去泡。

(2)注意液压泵至油箱吸油路的密封。因吸油管路经常处于低压情况下工作,有时形成部分真空,若吸油管路密封不好、管接头以及液压元件接合面处的紧固螺钉没有拧紧,空气就会从这些地方进入系统。

(3)随时排出进入液压系统中的空气。排气后再次检查油箱中油面高度,发现不足时应添加液压油到要求的油位。

## 学习项目四　液体静力学基础

液体静力学研究液体处于相对平衡状态下的力学规律及其实际应用。所谓相对平衡是指液体内部各质点间没有相对运动。

## 一、液体静压力及其特性

静止液体中单位面积上所受的作用力称为液体静压力，用 $p$ 表示。液体静压力具有下列两个特性：

(1) 液体的静压力垂直于其受压平面，且方向与该面的内法线方向一致。

(2) 静止液体内任意点处所受到的静压力在各个方向上都相等。

## 二、液体静力学基本方程

如图 1-5a) 所示，密度为 $\rho$ 的液体在容器内处于静止状态。在液体中任取一点 $A$，若要求得液体内 $A$ 点处的压力，可以假想从液面往下切取一个垂直小液柱作为研究体。设液柱的底面积为 $\mathrm{d}A$、高度为 $h$、外加压力为 $p_0$。液柱本身重量为 $G=\rho gh\mathrm{d}A$，由于液柱处于平衡状态，在垂直方向上列出它的静力平衡方程式有：

$$p\mathrm{d}A = p_0\mathrm{d}A + \rho gh\mathrm{d}A \tag{1-6}$$

$$p = p_0 + \rho gh \tag{1-7}$$

式中：$p_0$——作用在液面上的压力；

$\rho$——液体密度。

式(1-7)为液体静力学的基本方程式，它表明了重力作用下静止液体中的压力分布规律。其特征如下：

(1) 静止液体内任意点的压力由两部分组成，即液面上的压力 $p_0$ 和液体自重对该点的压力 $\rho gh$。静止液体内的压力随液体的深度呈线性规律分布。

(2) 静止液体内同一深度的各点压力相等，压力相等的所有点组成的面为等压面。

液体在受外界压力作用的情况下，由液体自重所形成的压力 $\rho gh$ 相对甚小，在液压系统中常可忽略不计，因而可近似认为整个液体内部的压力是相等的。

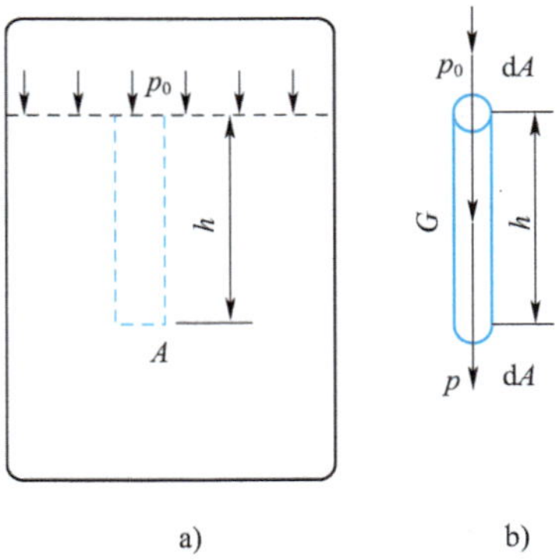


图 1-5　静止液体压力分布规律

## 三、压力的表示方法及单位

### 1. 压力的单位

压力的计量单位为 Pa(帕)，由于此单位太小，在液压传动中常用 MPa(兆帕)。工程单位制使用的单位有kgf/cm$^2$(公斤力/平方厘米)、bar(巴)、at(工程大气压)、汞柱高、水柱高等。这些单位的换算关系如下：

$$1\mathrm{MPa} = 10^6\mathrm{Pa} = 10\mathrm{bar}$$

$$1\mathrm{at} = 1\mathrm{kgf/cm^2} = 9.8\times10^4\mathrm{Pa}\approx10^5\mathrm{Pa}$$

$$1\mathrm{MPa}\approx10.33\mathrm{m}\ \text{水柱高}\approx760\mathrm{mm}\ \text{汞柱高}$$

### 2. 压力的度量

根据度量起点的不同，同一位置的液体压力的表示方法有绝对压力和相对压力。绝对压力以绝对真空为基准来进行度量，相对压力是以大气压 $p_a$ 为基准进行度量。因为大气中的物体受大气压的作用是自相平衡的，所以用普通压力表测出的压力数值是相对压力，因此相对压力也常称为表压力。在液压技术中所提到的压力，如不特别指明，一般均为表压力。由图 1-6 可见，绝对压力和相对压力的关系为：绝对压力 = 相对压力 + 大气压力。

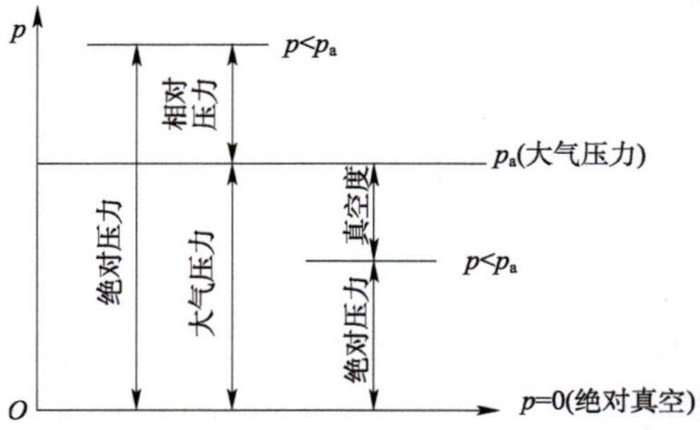

图 1-6　绝对压力、相对压力、真空度的相对关系

当液体中某点处的绝对压力 $p$ 小于大气压力时，即称系统产生真空，其真空的程度用真空度表示。其数值是绝对压力不足于大气压力的那部分压力值。此时，相对压力为负值，绝对压力、真空度的关系是：真空度 = 大气压力 − 绝对压力。

由图 1-6 可见，以大气压为基准计算压力时，基准处的压力为零压力，基准以上的正值是相对压力（表压力）、基准以下的负值是真空度。

## 四、静止液体内压力的传递

在液压技术中，由外力所引起的压力要比由于重力引起的压力大很多，因此式（1-7）中 $\rho gh$ 项可略去不计，这样公式（1-7）可写成：

$$p = p_0 = 常数$$

这就是说，在密闭容器内，施加于静止液体的压力可以等值地传递到液体各点。这就是帕斯卡原理，或称静压传递原理。

在液压千斤顶（图 1-1）系统中，若忽略管路中的流动阻力，就可以认为其力的传递符合流体静力学原理，即作用在小活塞、大活塞上的压力均等于 $p$。则有：

$$p = \frac{F_1}{A_1} = \frac{F_2}{A_2} \tag{1-8}$$

式中：$A_1$、$A_2$——小活塞、大活塞的活塞面积；

$F_1$、$F_2$——作用在小活塞、大活塞上的力。

当结构尺寸要素 $A_1$ 和 $A_2$ 一定时，液压缸中的油液压力取决于举升负载重物所需要的作用力 $F_2$，而手动泵上的作用力 $F_1$ 则取决于液压缸中的油液压力。所以，所举升的负载越重，则油液的压力越高，所需作用力 $F_1$ 也就越大。反之，如果空载工作，并且不计摩擦力，则油液压力以及手动泵工作所需要的力 $F_1$ 都为零。

液压传动的这一基本特征可以简略地表述为："压力取决于负载"。

## 五、液体对固体壁面的作用力

在液压传动中，略去液体自重产生的压力，液体中各点的静压力是均匀分布的，且垂直作用于受压表面。因此，当承受压力的表面为平面时，液体对该平面的总作用力 $F$ 为液体的压力 $p$ 与受压面积 $A$ 的乘积，其方向与该平面相垂直。

$$F = pA$$

当承受压力的表面为曲面时，由于压力总是垂直于承受压力的表面，所以作用在曲面上各点的力不平行但相等。作用在曲面上的液压作用力在某一方向上的分力等于静压力与曲面在该方向投影面积的乘积。

【例 1-1】　图 1-7 为球阀和锥阀，阀口直径为 $d$，在球阀和锥阀部分表面上有油液作用,各处压力均为 $p$,试求油液对锥阀阀芯的总作用力。

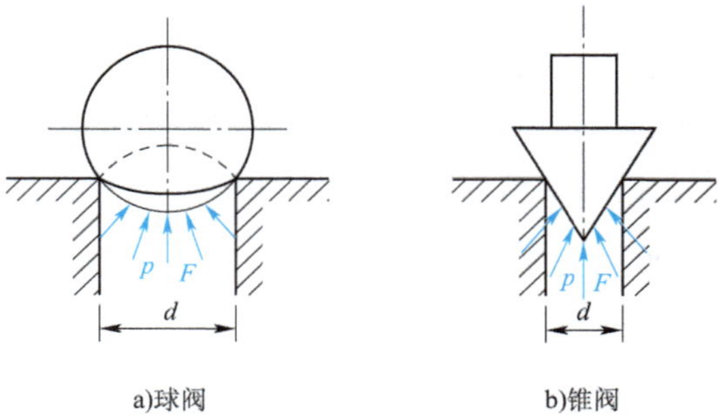


图 1-7 例 1-1 图

解:球面和锥面在垂直方向受力 $F$ 等于曲面在垂直方向的投影面积 $A$ 与压力相乘,即:

$$F = pA = \frac{p\pi d^2}{4}$$

## 学习项目五 液体动力学基础

液体动力学的主要内容是研究液体流动时流速和压力的变化规律。流动液体的连续性方程、伯努利方程和动量方程是描述流动液体力学规律的三个基本方程式。前两个方程式反映压力、流速与流量之间的关系,动量方程式用来解决液体与固体壁面间的作用力问题。

### 一、基本概念

1. 理想液体和稳定流动

(1)理想液体。

所谓理想液体是一种假想的无黏性、不可压缩的液体,而把实际上既有黏性又可压缩的液体称为实际液体。

(2)稳定流动。

液体流动时,液体中任意点处的压力、流速和密度都不随时间而变化,称为稳定流动;反之,称为非稳定流动。

2. 通流截面、平均流速与流量

在管道中流动时,通常将垂直于液体流动方向的截面称为通流截面,或称为过流截面。

液压系统工作时是靠流动着的液体完成动力的传递。油液在管道、液压缸等元件内流动的快慢叫作流速。由于液体具有黏性,所以液体在管道、液压缸的通流截面上各点的流速 $u$ 不完全相等,通常用平均流速 $v$ 表示液流的快慢,其单位为 m/s。这样,可认为在通流截面上各点的流速相等。在液压技术中,一般所说的流速都指平均流速。

单位时间内流过通流截面的液体的体积称为流量,用 $q$ 表示。其单位为 $m^3/s$,工程上过去用 L/min 表示。

由此得出,通流截面上的平均流速为:

$$v = \frac{q}{A} \tag{1-9}$$

流量与平均流速是描述液体流动的两个主要参数。

3. 流动液体的压力

静止液体内任意点处的压力在各个方向都是相等的,但在流动液体内,由于惯性和黏性的影响,任意点处在各个方向上的压力并不相等。但因为数值相差甚微,所以流动液体内任意点处的压力在各个方向上的数值可以看作是相等的。

## 二、液体的流动状态

英国物理学家雷诺通过大量实验发现,液体的流动有层流和紊流两种基本形态。如图1-8 所示为雷诺实验装置,图中水箱 4 有一隔板 1,当向水箱中连续注入清水时,隔板可保持水位不变。先微微打开开关 7,使箱内清水缓缓流出,然后打开开关 3,此时可看到水杯 2 内有颜色水经细管 5 呈一直线流束流动,如图 1-8b) 所示,这表明,液体质点没有横向脉动,互不干扰做定向而不混杂的有层次的运动,这种流动状态称为层流。逐渐开大开关 7,管内液体的流速随之增大,颜色水的流束逐渐开始振动而呈波纹状,如图 1-8c) 所示,这表明液流开始紊乱。当流速超过一定值后,颜色水流到玻璃管 6 中便立即与清水完全混杂,如图 1-8d) 所示,这表明在液体流速大于某一数值后,液体除交错而又混乱地沿某一方向运动外,还有一个脉动的横向速度,这种流动状态称为紊流或湍流。如逐渐关小开关 7,就会看到相反的过程。

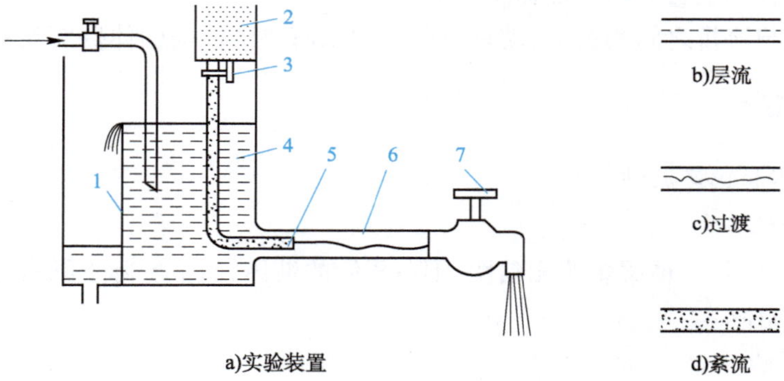


图 1-8　雷诺实验装置

1-隔板;2-水杯;3-开关;4-水箱;5-细管;6-玻璃管;7-开关

液体是做层流运动还是做紊流运动,与管内平均流速 $v$、管径 $d$ 以及液体的黏度 $\nu$ 有关。而决定流动状态的,是这三个参数所组成的,称作雷诺数 $Re$ 的无量纲数,即:

$$Re = \frac{vd}{\nu} \tag{1-10}$$

这就是说,如果液体的雷诺数相同,它的流动状态亦相同。

液流由层流转变为紊流时的雷诺数与由紊流转变为层流的雷诺数是不相同的。后者较前者数值小,故将后者作为判别液流状态的依据,称为临界雷诺数 $Re_c$。当 $Re < Re_c$ 时,液流为层流;当 $Re > Re_c$ 时,液流为紊流。常见液流管道的临界雷诺数见表 1-2。

雷诺数的物理意义:雷诺数是液流的惯性作用对黏性作用的比。当雷诺数较大时,说明惯性力起主导作用,这时液体处于紊流状态;当雷诺数较小时,说明黏性力起主要作用,这时液体处于层流状态。

常见管道临界雷诺数 $Re_c$　　表 1-2

| 管道形式 | $Re_c$ | 管道形式 | $Re_c$ |
|---|---|---|---|
| 光滑金属圆管 | 2000～2300 | 带环槽的同心环缝 | 700 |
| 橡胶软管 | 1600～2000 | 带环槽的偏心环缝 | 400 |
| 光滑的同心环缝 | 1100 | 圆柱形滑阀阀口 | 260 |
| 光滑的偏心环缝 | 1000 | 锥阀阀口 | 20～100 |

对于非圆管道，液流的雷诺数可按下式计算：

$$Re = \frac{4vR}{\nu} \tag{1-11}$$

式中：$R$——通流截面的水力半径，它等于液流的有效截面面积和它的湿周（通流截面与液体相接触的管壁周长）$x$ 之比，即：

$$R = \frac{A}{x}$$

水力半径 $R$ 对通流能力影响很大，$R$ 大，意味着液流和管壁接触少，管壁对液流的阻力较小，通流能力较大，即使通流截面面积较小也不易堵塞。而圆形管道的水力半径是最大的。

## 三、流动液体的连续性方程

液体流动的连续性方程是质量守恒定律在流体力学中的应用。如图 1-9 所示，理想液体在密封管道内做稳定流动时，由于液体不可压缩，即密度 $\rho$ 为常数，则单位时间内流过任意截面 1、截面 2 的质量应相等，故有 $\rho A_1 v_1 = \rho A_2 v_2$。即：

$$A_1 v_1 = A_2 v_2 \tag{1-12}$$

式中：$A_1$、$A_2$——截面 1—1、截面 2—2 处的通流截面面积；

$v_1$、$v_2$——截面 1—1、截面 2—2 处的平均流速。

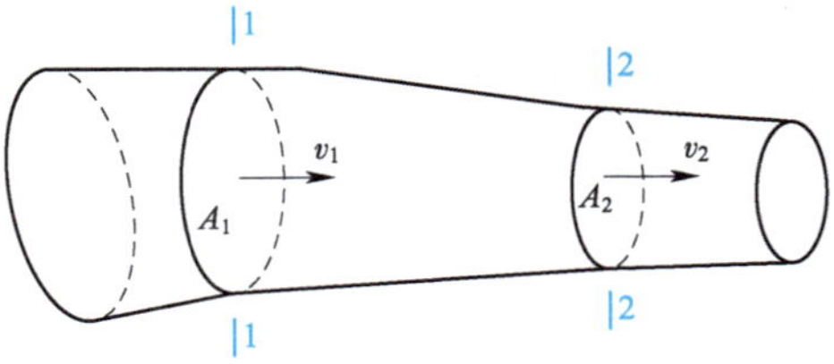


图 1-9　液流连续性示意图

由于两通流截面是任意选取的，因此：

$$q_1 = q_2 \quad 或 \quad q = Av = c\ (c\ 为常数) \tag{1-13}$$

式（1-13）是液体流动的连续性方程，它说明液体在流管中做稳定流动时，对于不可压缩液体，流过密闭流管不同截面的流量相等。

在液压千斤顶（图 1-1）系统中，若不考虑液体的可压缩性、泄漏等因素，就可以认为其运动速度的传递符合液流连续性方程，即符合流过密闭流管不同截面的流量相等的原则。图 1-1 中小缸的活塞向下移动所改变的容积，应等于大缸的活塞向上移动所改变的容积。则有：

$$A_1 h_1 = A_2 h_2$$

式中：$A_1$、$A_2$——小活塞、大活塞的活塞面积；

$h_1$、$h_2$——小活塞、大活塞上的位移量。

上式两边同除以活塞的运动时间 $t$，可得

$$A_1v_1 = A_2v_2 = q$$

式中：$v_1$、$v_2$——小活塞、大活塞的平均运动速度；

$q$——平均流量。

当结构尺寸要素 $A_1$ 和 $A_2$ 一定时，大缸的活塞移动速度 $v_2$ 只取决于输入流量 $q$ 的大小。输入液压缸的流量 $q$ 越大，则运动速度 $v_2$ 越大。液压传动的这一基本特征可以简略地表述为："速度取决于流量"。

## 四、伯努利方程

伯努利方程是能量守恒定律在流体力学中的一种表达形式。为了研究方便，我们先讨论理想液体的伯努利方程，然后再对它进行修正，最后给出实际液体的伯努利方程。

### 1. 理想液体的伯努利方程

理想液体在管内恒定流动时没有能量损失。在流动过程中，由于它具有一定的速度，因此除了具有位置势能和压力能外，还具有动能。如图 1-10 所示，取该管上的任意两截面 1—1 和 2—2，假定截面面积分别为 $A_1$、$A_2$，两截面上液体的压力分别为 $p_1$、$p_2$，平均流速分别为 $v_1$、$v_2$，由两截面至水平参考面的距离分别为 $h_1$、$h_2$。根据能量守恒定律，质量为 $m$ 的理想液体在通道内稳定流动时的伯努利方程为：

$$\frac{1}{2}mv_1^2 + mgh_1 + mg\frac{p_1}{\rho g} = \frac{1}{2}mv_2^2 + mgh_2 + mg\frac{p_2}{\rho g}$$

若等式两边同除以 $\frac{m}{\rho}$，即可得单位体积的能量方程：

$$p_1 + \rho gh_1 + \frac{1}{2}\rho v_1^2 = p_2 + \rho gh_2 + \frac{1}{2}\rho v_2^2 \qquad (1\text{-}14)$$

式(1-14)表明了流动液体各质点的位置、压力和速度之间的关系。其物理意义为：在管内做稳定流动的理想液体具有动能、位置势能和压力能三种能量，在任一截面上的这三种能量都可以互相转换，但其和保持不变。

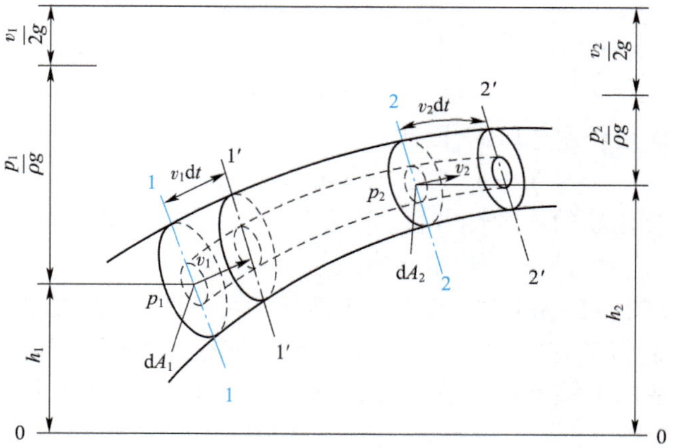


图 1-10　伯努利方程示意图

2. 实际液体的伯努利方程

实际液体是有黏性的，流动时产生内摩擦力而消耗部分能量；同时，管道局部形状和尺寸的骤然变化使液体产生扰动，亦消耗能量。因此，实体液体流动有能量损失存在，设在两断面间流动的液体单位重力的能量损失为 $\Delta p_w$，需要对动能部分进行修正，设因流速不均匀引起的动能修正系数为 $\alpha$。经理论推导和实验测定，对圆管来说，$\alpha=1\sim2$，紊流时取 $\alpha=1.1$、层流时取 $\alpha=2$。因此，实际液体的伯努利方程为：

$$p_1+\rho gh_1+\frac{1}{2}\rho v_1^2=p_2+\rho gh_2+\frac{1}{2}\rho v_2^2+\Delta p_w \tag{1-15}$$

式中：$h_1$、$h_2$——液体在流动时的不同高度；

$\Delta p_w$——液体流动时的压力损失。

式(1-15)的应用条件是：不可压缩液体做稳定流动；液体所受质量力仅为重力，且液流在所取计算点处的通流截面上为缓变流动，截面1—1、截面2—2须顺流向选取（否则 $\Delta p_w$ 为负值）；截面中心在基准面以上时，$h$ 取正值，反之取负值。通常，选取特殊位置的水平面作为基准面。

在液压传动系统中，油液流速引起的动能变化和高度引起的位能变化，相对压力能来说可略而不计，于是伯努利方程(1-15)可简化为：

$$p_1-p_2=\Delta p_w \tag{1-16}$$

因此，在液压传动系统中，能量损失主要为压力损失 $\Delta p_w$。这也表明液压传动是利用液体的压力能来工作的，故又称静压传动。

【例1-2】 液压泵装置如图1-11所示，油箱和大气相通。试分析吸油高度 $H$ 对泵工作性能的影响。

解：设以油箱液面为基准面，对此截面1—1和泵的进口处管道截面2—2之间列伯努利方程：

$$p_1+\rho gh_1+\frac{1}{2}\rho a_1v_1^2=p_2+\rho gh_2+\frac{1}{2}\rho a_2v_2^2+\Delta p_w$$

式中：$p_1=0$，$h_1=0$，$v_1\approx0$，$h_2=H$，代入后可写成：

$$p_2=-\left(\rho gH+\frac{1}{2}\rho a_2v_2^2+\Delta p_w\right)$$

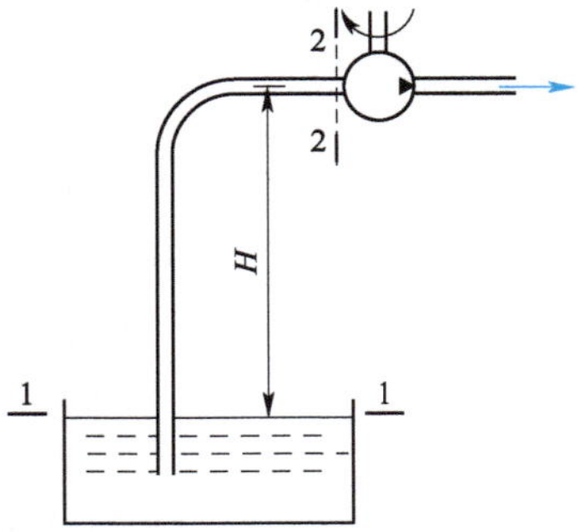

图1-11 例1-2图

当泵安装于液面之上时，$H>0$，则有 $\rho gH+\frac{1}{2}\rho a_2v_2^2+\Delta p_w>0$，故 $p_2<0$。此时，泵进口处的绝对压力小于大气压力，形成真空，油靠大气压力压入泵内。

当泵安装于液面之下时，$H<0$，而当 $|\rho gH|>\frac{1}{2}\rho a_2v_2^2+\Delta p_w$ 情况下，$p_2>0$，泵进口处不形成真空，油自行灌入泵内。

由上述情况分析可知，泵内吸油高度 $H$ 值越小，泵越易吸油。在一般情况下，为便于安装维修，泵应安装在油箱液面以上，依靠进口处形成的真空度来吸油。但工作时的真空度也不能太大，当 $p_2$ 的绝对压力值小于油液的空气分离压时，油中的气体就要析出；当 $p_2$ 小于油液的饱和蒸气压时，油还会气化。油中有气体析出，或油液发生气化，油流动的连续性就受到破坏，并产生噪声和振动，影响泵和系统的正常工作。为使泵进油口真空度不致过大，需要限制泵的安装高度，一般泵的 $H$ 值不大于0.5m。

## 五、动量方程

动量方程是动量定理在流体力学中的具体应用，它反映的是液体运动时动量的变化与作用在液体上的外力之间的关系。根据流动液体的特性，其动量定理可以这样叙述：在某一时间间隔内，流出控制容积的液体所具有的动量与流入控制容积的液体所具有的动量之差，应等于同一时间间隔内作用于控制容积液体上外力的冲量。

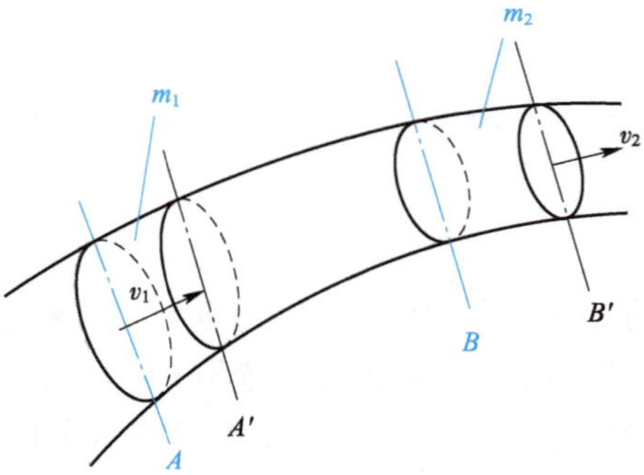

图 1-12　液流的动量变化

如图 1-12 所示，液体在管道中做稳定流动，取 $A$—$B$段液体作为控制容积，它在外力的作用下经过时间间隔 d$t$ 后流到 $A'$—$B'$的位置。由于是稳定流动，$A'$—$B$ 段液体所具有的动量不会发生变化。有变化的仅是 $A$—$A'$小段液体移动到了 $B$—$B'$，它的流速改变了，因此动量也就发生了改变。所以，在时间间隔 d$t$ 内，控制容积中液体动量的变化应等于 $B$—$B'$段液体与 $A$—$A'$段液体的动量之差，即：

$$\mathrm{d}(mv) = (m_2 v_2)_{BB'} - (m_1 v_1)_{AA'} \tag{1-17}$$

根据液流的连续性原理，在时间间隔 d$t$ 内流经截面 $A$ 和截面 $B$ 的液体质量应当相等，即：

$$m_1 = m_2 = m = \rho q \mathrm{d}t \tag{1-18}$$

将式(1-18)代入式(1-17)，经整理后可得：

$$\mathrm{d}(mv) = \rho q (v_2 - v_1)\mathrm{d}t$$

根据动量定理，作用在控制容积中液体上的外力 $F$ 为：

$$F = \frac{\mathrm{d}(mv)}{\mathrm{d}t} = \rho q (v_2 - v_1) \tag{1-19}$$

上式为液体稳定流动的动量方程，式(1-19)为矢量表达式。若要计算外力在某一方向的分量，需要将该力向给定方向进行投影，列出该方向上的动量方程，然后再进行求解。由于液体对壁面作用力的大小与 $F$ 相同，但方向则与 $F$ 相反，故即可求得流动液体对固体壁面的作用力。

# 学习项目六　液体流动时的压力损失

液体在管路中流动时会产生能量损失，即压力损失。这种能量损失转变为热量，使液压系统温度升高。液压系统中的压力损失分为两类：一是沿程压力损失，二是局部压力损失。

## 一、压力损失

### 1. 沿程压力损失

液体在等径直管中流动时，因黏性摩擦和质点的相互扰动而产生的压力损失，称为沿程压力损失，它主要取决于管路的长度和管径、液流的流速、黏度等。液体的流动状态不同，所产生的沿程压力损失也有所不同。

(1)层流时的沿程压力损失。

在液压传动中，液体的流动状态多数是层流流动，此时液体质点在管路中做有规律的流动，因此可用数学工具对其流动状态进行分析，并推导出沿程压力损失的理论公式。经理论推导和实验证明，圆管层流的沿程压力损失 $\Delta p_\lambda$ 可用下式计算：

$$\Delta p_\lambda = \Delta p = \frac{32\mu l v}{d^2} \tag{1-20}$$

式中：$d$——圆管直径；

$l$——圆管长度；

其他符号意义同前。

适当变化上式，可改写成如下形式：

$$\Delta p_\lambda = \frac{64\nu}{dv}\frac{l}{d}\frac{\rho v^2}{2} = \frac{64}{R_e}\frac{l}{d}\frac{\rho v^2}{2} = \lambda\frac{l}{d}\frac{\rho v^2}{2} \tag{1-21}$$

式中：$\lambda$——沿程阻力系数。对于圆管层流，$\lambda$ 的理论值为 $64/Re$。考虑到实际圆管截面可能有变形，以及靠近管壁处的液层可能被冷却等因素，在实际计算时，可对金属管取 $\lambda = 75/Re$、橡胶软管 $\lambda = 80/Re$。

(2)紊流时的沿程压力损失。

紊流时计算沿程压力损失公式与层流时的相同，即：

$$\Delta p_\lambda = \lambda\frac{l}{d}\frac{\rho v^2}{2} \tag{1-22}$$

但式中的沿程阻力系数 $\lambda$ 除与雷诺数有关外，还与管壁的粗糙度有关，即 $\lambda = f(Re, \Delta/d)$，这里 $\Delta$ 为管壁的绝对粗糙度，$\Delta/d$ 称为相对粗糙度。

紊流时圆管的沿程阻力系数 $\lambda$ 值可以根据不同的 $Re$ 和 $\Delta/d$ 值从表 1-3 中选择公式进行计算。

**圆管紊流流动时的沿程阻力系数 $\lambda$ 的计算公式** 表 1-3

| $Re$ 范围 | $\lambda$ 的计算公式 |
|---|---|
| $4000 < Re < 10^5$ | $\lambda = 0.3164Re^{-0.25}$ |
| $10^5 < Re < 3\times10^6$ | $\lambda = 0.032 + 0.221Re^{-0.237}$ |
| $Re > 900\dfrac{d}{\Delta}$ | $\lambda = \left(2\lg\dfrac{d}{2\Delta} + 1.74\right)^{-2}$ |

管壁表面粗糙度 $\Delta$ 的值和管道的材料有关，计算时可参考下列数值：钢管 0.04mm、铜管 0.0015～0.01mm、铝管取 0.0015～0.06mm、橡胶软管取 0.03mm。

2. 局部压力损失

液体流经管道的弯头、接头、突变截面以及阀口、滤网等局部装置时，液流方向和流速发生变化，在这些地方形成漩涡、气穴，并发生强烈的撞击现象，由此而造成的压力损失称为局部压力损失。

由于液体在上述局部阻力区的流动状况很复杂，影响因素较多，从理论上计算局部压力损失非常困难。一般用实验来得出局部阻力系数，然后按下式计算：

$$\Delta p_\xi = \xi\frac{\rho v^2}{2} \tag{1-23}$$

式中：$\xi$——局部阻力系数(由实验确定，具体数据可查阅有关手册)；

$v$——平均流速(一般指局部阻力区域下游的流速)。

液体流经各种阀的局部压力损失可由阀的产品技术规格中查得。查得的压力损失为在其公称流量 $q_n$ 下的压力损失 $\Delta p$。当实际通过阀的流量 $q$ 不等于公称流量 $q_n$ 时,局部压力损失可按下式计算:

$$\Delta p_r = \Delta p_n \left(\frac{q}{q_n}\right)^2 \tag{1-24}$$

## 二、管路系统的总压力损失

管路系统的总压力损失等于所有沿程压力损失和所有局部压力损失之和,即:

$$\sum \Delta p = \sum \Delta p_\lambda + \sum \Delta p_\xi = \sum \lambda \frac{l}{d}\frac{\rho v^2}{2} + \sum \xi \frac{\rho v^2}{2} \tag{1-25}$$

应用式(1-25)计算系统压力损失,要求两个相邻局部阻力区间的距离(直管长度)应大于10~20倍直管内径。否则,液流经过一局部阻力区后,还没稳定下来,又要经过另一局部阻力区,将使扰动更严重,阻力损失将大大增加,实际压力损失可能比用式(1-25)计算出的值大好几倍。

液压系统中的压力损失大部分转换为热能,造成系统油温升高、泄漏增大,以致影响系统的工作性能。从压力损失计算公式可知,减少流速、缩短管路长度、减少管路截面的突变,提高管壁加工质量,适当增加管道内径,合理选用阀类元件等都可以使压力损失减少。

# 学习项目七　液压冲击与空穴现象

## 一、液压冲击

在液压系统工作过程中,管路中流动的液体往往会因执行部件换向或阀门关闭而突然停止运动。由于液流和运动部件的惯性,在系统内会产生很大的瞬时压力峰值,这种现象叫作液压冲击。液压冲击会引起振动和噪声,其压力峰值可超过工作压力的几倍,有时使某些液压元件,如压力继电器、顺序阀等产生误动作而影响系统正常工作,甚至可能使某些液压元件、密封装置和管路损坏。因此,在液压系统设计和使用中,必须采取适当措施来防止、减少液压冲击,通常有以下几种方法:

(1)延长阀门关闭和运动部件换向制动的时间。

(2)限制管道内液体的流速与运动部件的速度。

(3)适当增大管径或采用橡胶软管,尽量缩短管道长度。

(4)在系统中设置蓄能器和安全阀,在液压元件中设置缓冲装置。

## 二、空穴现象

在液压传动中,液压油总是含有一定量的空气。空气可溶解在液压油中,也可以气泡的形式混合在液压油中。对于矿物型液压油,常温时在一个大气压下含有6%~12%的溶解空气。如果某一处的压力低于空气分离压力时,溶解于油中的空气就会从油中分离出来形成气泡,当压力降至油液的饱和蒸气压力以下时,油液就会沸腾而产生大量气泡。这些气泡混杂在油液中,使得原来充满导管和元件中的油液成为不连续状态,这种现象称为空穴现象。

在液压系统中，泵的吸油口及吸油管路中的压力低于大气压力容易产生空穴现象。油液流经节流口等狭小缝隙处，由于速度增加，压力下降至空气分离压力以下时，也会产生空穴现象。空穴现象产生的气泡，随着油液运动到高压区时，气泡在高压油作用下迅速破裂，并又凝结成液体，使体积突然减小而形成真空，周围高压油高速流过来补充。由于这一过程是在瞬间发生的，因而引起局部液压冲击，压力和温度都急剧升高，并产生强烈的噪声和振动。在气泡凝结区域的管壁及其他液压元件表面，因长期受冲击压力和高温作用，以及从油液中游离出来的空气中的氧气的酸化作用，使零件表面受到腐蚀，这种因空穴现象而产生的零件腐蚀，称为气蚀。

为了防止产生空穴现象和气蚀，一般可采取下列措施：

(1)减小流经小孔和间隙处的压力降。

(2)正确确定液压泵吸油管内径，对管内液体的流速加以限制，降低液压泵的吸油高度，尽量减小吸油管路中的压力损失，管接头良好密封，对于高压泵，可采用辅助泵供油。

(3)整个系统管路应尽可能直，避免急弯和局部窄缝等。

(4)提高元件抗气蚀能力。

## 学习项目八　液体流经小孔及缝隙流量

在液压系统中，常利用液体流经小孔或缝隙的情况。例如，许多液压元件的相对运动表面间存在间隙，以及元件上有节流小孔、阻尼小孔等，当缝隙或小孔两端压力不相等时，就会有油液通过。研究油液小孔和缝隙的压力和流量的变化规律，对于分析泄漏和有关计算具有重要意义。

### 一、液体流经小孔的流量

在液压系统中，常见的小孔有薄壁小孔、短孔和细长孔。孔的长度 $l$ 与其直径 $d$ 之比 $l/d \leqslant 0.5$ 时，称为薄壁小孔；$0.5 < l/d < 4$ 时，称为短孔；$l/d > 4$ 时，称为细长孔。

1. 流经薄壁小孔的流量

薄壁小孔一般是带有刃口边沿的孔。由于孔的长度很短，可不考虑其沿程损失。

液体流经薄壁小孔的情形，如图 1-13 所示。液流在小孔上游大约 $d/2$ 处开始加速并从四周流向小孔。由于流线不能突然转折到与管轴线平行，因此在液体惯性的作用下，外层流线逐渐向管轴方向收缩，逐渐过渡到与管轴线方向平行，从而形成收缩截面 $A_2$。对于圆孔，约在小孔下游 $d/2$ 处完成收缩。通常，把最小收缩面积 $A_2$ 与孔口截面积 $A_T$ 之比值称为收缩系数 $C_c$，即 $C_c = A_2/A_T$。

液流收缩的程度取决于 $Re$、孔口边缘形状、孔口离管道内壁的距离等因素。对于薄壁圆孔，当孔前通道直径 $D$ 与小孔直径 $d$ 之比 $D/d \geqslant 7$ 时，流速的收缩作用不受孔前通道内壁的影响，称为完全收缩。反之，则称为不完全收缩。

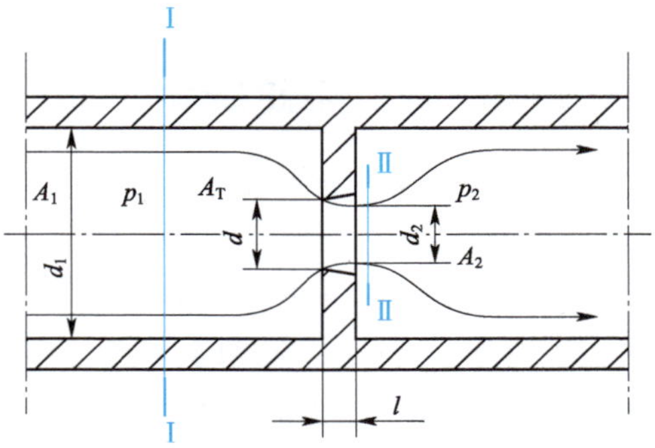

图 1-13　流经薄壁小孔的液流

对于图1-13所示，利用伯努利方程可得通过薄壁小孔的流量公式为：

$$q = C_q A_T \sqrt{\frac{2}{\rho}\Delta p} \tag{1-26}$$

式中：$C_q$——流量系数，当液流完全收缩时，$C_q=0.60\sim0.62$，当不完全收缩时，$C_q=0.7\sim0.8$；

$A_T$——小孔过流端面面积；

$\Delta p$——小孔两端的压力差。

由式(1-26)可知：薄壁小孔的流量与小孔前后压差的1/2次方成正比，且薄壁小孔的沿程阻力损失非常小，流量受黏度影响小，对油温变化不敏感，且不易堵塞，故常用作液压系统的节流器。

2. 短孔和细长孔的流量压力特性

短孔的流量压力特性仍可用式(1-27)计算，但其流量系数 $C_q$ 不同，一般为 $C_q=0.82$。短孔加工比薄壁小孔容易，故常作为固定的节流器使用。

液体在细长孔中的流动一般为层流，将 $v=q/A$、$A_T=\pi d^2/4$ 代入式(1-21)，整理得其流量压力特性，即：

$$q = \frac{\pi d^4}{128\mu l}\Delta p = \frac{d^2}{32\mu l}A_T\Delta p \tag{1-27}$$

由式(1-27)知，液体流经细长孔的流量 $q$ 与其前后压力差 $\Delta p$ 的一次方成正比，而和液体的黏度成反比。当温度变化而引起液体黏度变化时，流经细长孔的流量也发生变化。另外，细长孔较易堵塞，这些特点都与薄壁小孔不同。

3. 小孔流动的通用流量公式

综合各小孔的流量公式，可以归纳出一个通用公式：

$$q = CA_T\Delta p^{\varphi} \tag{1-28}$$

式中：$C$——由小孔的形状、尺寸和液体性质决定的系数，对于细长孔有：$C=d^2/(32\mu l)$；对于薄壁孔和短孔有：$C=C_q\sqrt{2/\rho}$；

$A_T$——小孔的过流断面面积；

$\Delta p$——小孔两端的压力差；

$\varphi$——由小孔的长径比决定的指数，薄壁孔 $\varphi=0.5$，细长孔 $\varphi=1$。

这个小孔流量通用公式经常用于分析小孔的流量压力特性。

从通用公式(1-28)中可看出，无论是哪种小孔，其通过的流量均与小孔的通流截面积 $A_T$ 及两端压力差 $\Delta p$ 成正比，改变 $A_T$ 或 $\Delta p$ 即可改变小孔的流量，从而达到对运动部件调速的目的。

## 二、液体流经间隙的流量

1. 液体流经平行平板间隙的流量

(1) 剪切流动。

如图1-14所示，油液充满两平行平板之间，平板宽度 $b$，间隙为 $h$。当一平板不动，另一平板以速度 $u_0$ 做相对运动时，由于油液存在黏度，紧贴相对运动平板上的油液以速度 $u_0$ 运动，紧贴于不动平板上的油液则保持静止，中间液体的速度呈线性分布，液体做剪切流动，其平均流速 $v=u_0/2$。则平板运动使液体通过平板间的间隙的泄漏流量为：

$$q_V = vA = \frac{u_0}{2}bh \tag{1-29}$$

(2)压差流动。

图 1-15 所示为液体在两平行平板无相对运动而两端具有压差 $\Delta p = p_1 - p_2$ 作用时的流动状态,液体的动力黏度 $\mu$,间隙的长度 $l$,其泄漏流量可按下式计算:

$$q_V = \frac{bh^3}{12\mu l}\Delta p \tag{1-30}$$

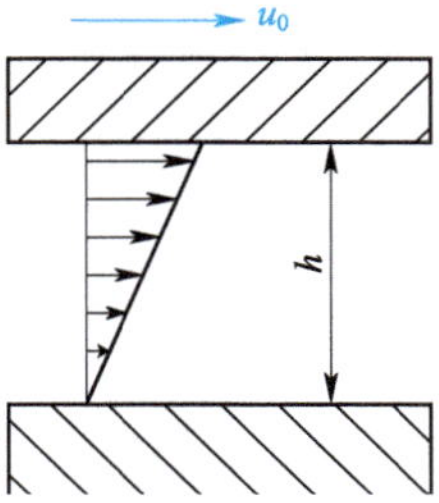


图 1-14 剪切流动泄漏流量的计算简图

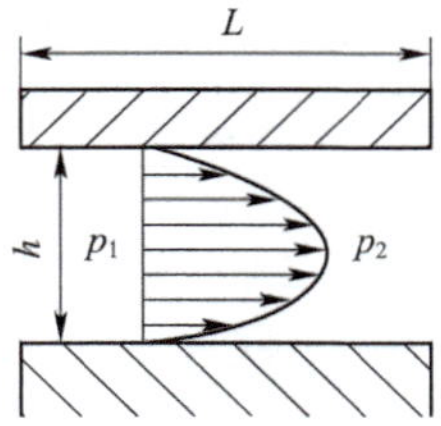


图 1-15 压差流动泄漏流量的计算简图

(3)压差流动和剪切流动。

图 1-16a)所示为剪切流动和压差流动方向相同,其泄漏流量相加;图 1-16b)所示为剪切流动和压差流动方向相反,其泄漏流量相减,其流量计算公式为:

$$q_V = \frac{bh^3}{12\mu l}\Delta p \pm \frac{u_o}{2}bh \tag{1-31}$$

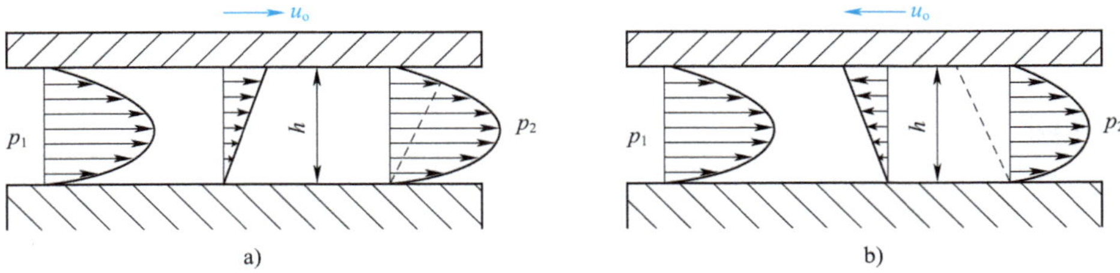


图 1-16 平行平板间隙在压差流动与剪切流动联合作用下的流动图

上式中,平板运动速度与压差作用下液体流向相同时,取"+"号,反之取"-"号。

2. 液体流经环状间隙的流量

(1)液体流经同心环状间隙的流量。

图 1-17 所示圆柱体直径为 $d$、间隙为 $\delta$、长度为 $l$。由于液压元件内配合间隙较小,因此可以将环状间隙的流动近似看成平行平板间隙内的流动。只要将 $b = \pi d$ 代入式(1-31),即可求得流量:

$$q_u = \frac{\pi d\delta^3}{12\mu l}\Delta p \pm \frac{\pi d\delta u_0}{2} \tag{1-32}$$

式中:"±"号前为压差流动的流量;"±"号后为纯剪切流动的流量;"+"、"-"号的确定同式(1-31)。

(2)流体流经偏心环状间隙的流量。

实际中形成环状间隙的两个圆柱表面很难完全同心,而常常带有一定的偏心量。图 1-18 所示表示一个偏心环状间隙的横截面,其泄漏量可用下式计算:

$$q_v=\frac{\pi d\delta^3\Delta p}{12\mu l}(1+1.5\varepsilon^2)\pm\frac{\pi d\delta u_0}{2} \tag{1-33}$$

式中:“±”号前为压差流动的流量;“±”号后为剪切流动的流量;当长圆柱表面相对于短圆柱表面的运动方向与压差流动方向一致时取“+”,反之,取“-”;$\varepsilon$ 为相对偏心率,$\varepsilon=e/\delta$,$\delta$ 为同心时的间隙。

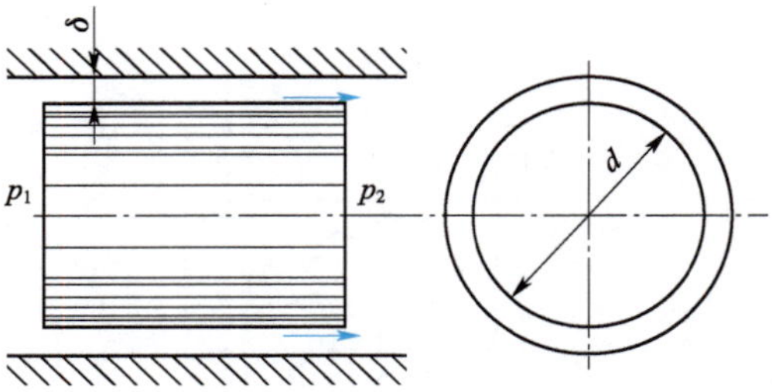


图 1-17　流经同心环状间隙的流量

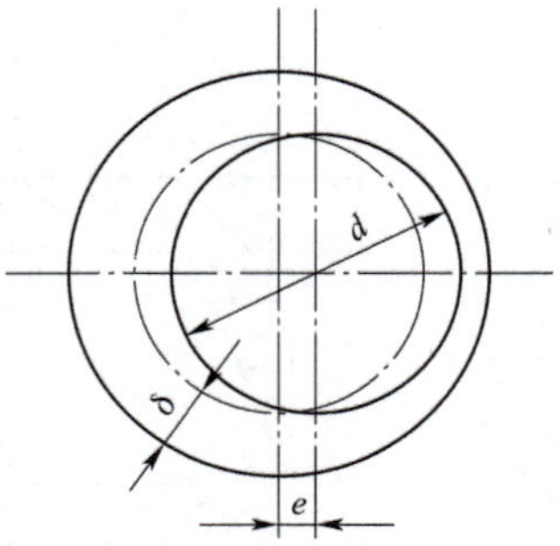


图 1-18　流经偏心形状间隙的流量

由式(1-33)可见,当 $\varepsilon=0$ 时,就相当于同心环状间隙。当偏心量达到最大值时,有 $\varepsilon=\delta$,则 $\varepsilon=1$,其流量为同心环状间隙的 2.5 倍(压差流动)。因此在液压元件中,为了减少流经间隙的泄漏,应保证较高的配合同轴度以减少环状间隙泄漏量。

从以上分析可以看出,间隙 $\varepsilon$ 的大小对泄漏量的影响很大,泄漏流量与间隙的三次方成正比。这也就说明了要求液压元件具有很高配合精度的原因,此外装配质量对泄漏也有很大的影响。

## 练习题

1. 液压系统主要由哪几部分组成?
2. 如何控制液压油的污染?
3. 液压系统温度过高有何危害?
4. 什么是液体的黏性? 用什么衡量液体的黏性?
5. 对液压油的要求有哪些? 如何选用液压油?
6. 什么是压力? 压力有哪几种表示方法? 它们之间有什么关系?
7. 静压力传递原理是什么?
8. 液体的流动状态有几种? 如何判定?
9. 液压系统中的压力损失有哪几种? 各受哪些因素影响?
10. 液压传动系统的工作压力取决于什么? 执行元件的速度取决于什么? 液压系统中的两个主要参数是什么?
11. 液体在水平放置的变径管内流动时,为什么管道直径越细的部位压力越小? (可用理想液体的伯努利方程进行解释)
12. 液压冲击和空穴现象是如何产生的? 有何危害? 如何防止和减少?
13. 如题图 1-1 示,一具有一定真空度的容器用一根管子倒置于一液面与大气相通的水槽中，液体在管中上升的高度 $h=1\text{m}$。设液体密度为 $\rho=10^3\ \text{kg/m}^3$，试求容器内的真空度。

14. 如题图 1-2 示，容器 $A$ 中的液体密度 $\rho_A=900\ \text{kg/m}^3$，$B$ 中的液体密度 $\rho_B=1200\ \text{kg/m}^3$，$z_A=200\text{mm}$，$z_B=180\text{mm}$，$h=600\text{mm}$，U 形管中的测压介质为汞（$\rho=13.6\times10^3\ \text{kg/m}^3$）。试求 $A$、$B$ 之间的压力差。

15. 如题图 1-3 示，液压柱塞缸筒直径 $D=30\text{cm}$，柱塞直径 $d=100\text{mm}$，负载 $F=5\times10^4\text{N}$。若不计液压油自重及柱塞与缸体重量，试求图示两种情况下液压柱塞缸内的液体压力。

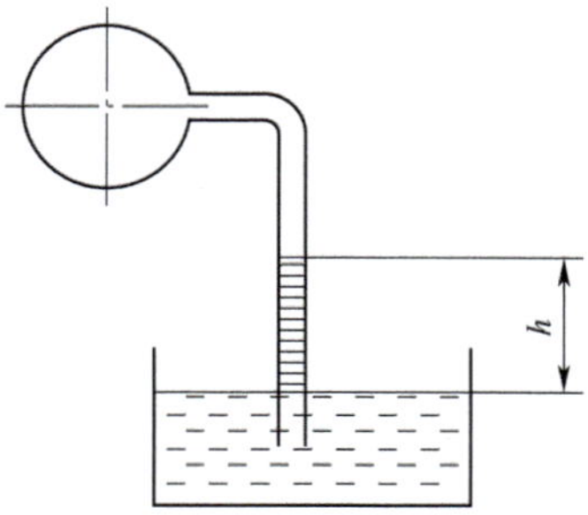


题图 1-1

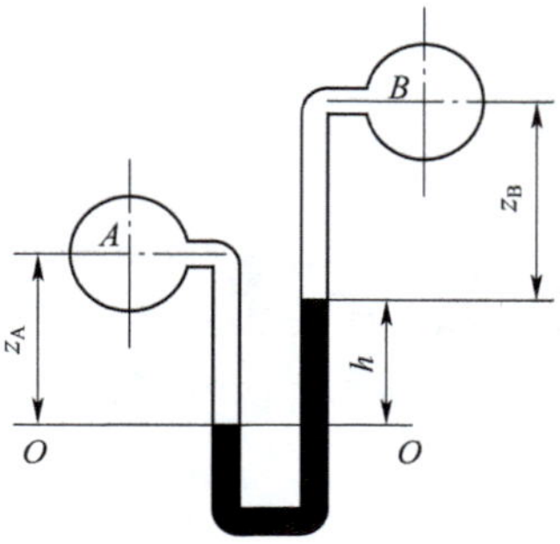


题图 1-2

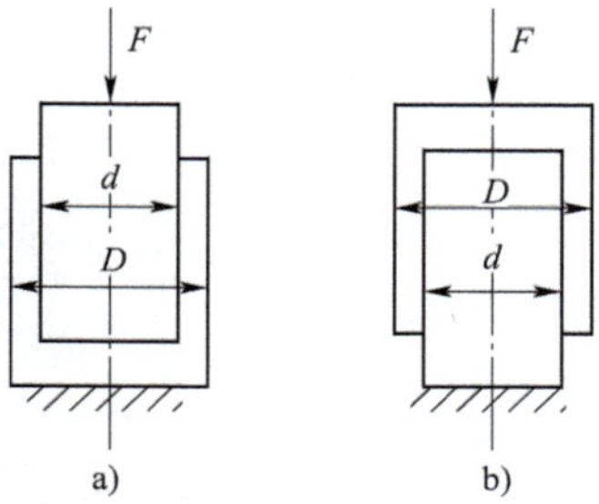


题图 1-3

# 单元二

# 液压泵与液压马达

【学习要求】

1. 掌握液压泵和液压马达的工作原理，熟悉液压泵和液压马达的职能符号。

2. 掌握液压泵完成吸油和压油必须具备的条件。

3. 掌握液压泵和液压马达的工作压力、额定压力、最大压力、排量、理论流量和实际流量的概念。

4. 熟悉液压泵的输出功率、容积效率、机械效率和总效率的计算。

5. 熟悉液压马达的输出转矩、转速的计算，了解液压马达的容积效率、机械效率和总效率的计算。

6. 掌握齿轮泵的工作原理，熟悉齿轮泵困油现象和不平衡径向力及泄漏产生的原因和解决的办法。

7. 掌握双、单作用叶片泵的工作原理。

8. 掌握限压式变量叶片泵的工作原理、特性曲线，了解其结构特点。

9. 掌握径向与轴向柱塞泵的工作原理，了解轴向柱塞泵的结构及变量原理。

10. 掌握轴向柱塞马达和叶片马达的工作原理，熟悉叶片马达和双作用叶片泵在结构上的区别。

液压泵是液压系统中的动力元件，它由原动机（电动机、内燃机等）驱动，把输入的机械能（转矩 $T$ 和角速度 $\omega$）转换为液体压力能（压力 $p$ 和流量 $q$）输出，为液压系统提供足够的压力油。液压马达是液压系统中的执行元件，将输入的液体压力能（压力 $p$ 和流量 $q$）转化为机械能（转矩 $T$ 和角速度 $\omega$）输出。从原理上讲，液压泵和液压马达是可逆的。当用原动机带动其转动时为液压泵，反之，当通入压力油时为液压马达。

# 学习项目一 概 述

## 一、液压泵和液压马达的工作原理

### 1. 液压泵的工作原理

当图2-1所示装置作为液压泵使用时，原动机带动偏心轮1旋转时，柱塞做左右往复运动，使密封容积V的大小发生周期性的变化。当柱塞向右运动时，密封容积V变大，形成局部真空，油箱中的油液在大气作用下，经吸油管顶开单向阀6，进入密封腔而实现吸油。当柱塞向左运动时，密封容积V变小，形成局部高压，由于单向阀6封住了吸油口，V腔的油液将顶开单向阀5流入系统而实现压油。偏心轮1转动一周，液压泵吸、压油各一次。原动机驱动偏心轮1不停地转动，液压泵便不停地吸油和压油，将原动机输入的机械能转换成了液体的压力能。

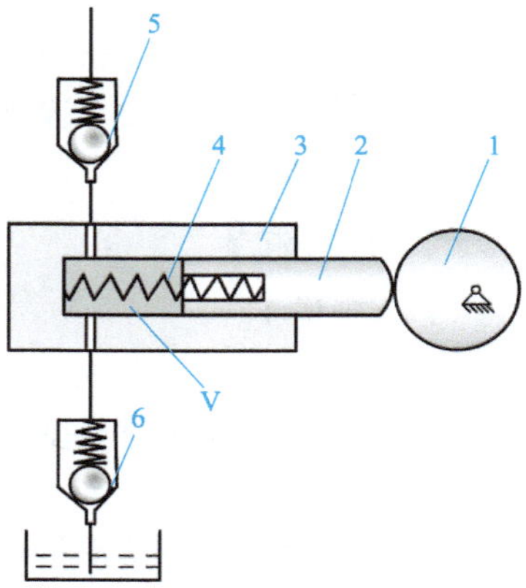

图2-1 液压泵工作原理图
1-偏心轮；2-柱塞；3-泵体；4-弹簧；5、6-单向阀

根据工作腔的容积变化而进行吸油和排油是液压泵的共同特点，因而这种液压泵也称为容积泵。

构成容积泵的基本条件：

(1)结构上有可以周期性变化的密闭容积，当容积增大时，完成吸油过程；当容积减小时，完成排油过程。

(2)具有相应的配流机构将吸油过程与排油过程分开。

(3)油箱与大气相连通。

按照结构形式的不同，液压泵分为齿轮泵、叶片泵、柱塞泵和螺杆泵等类型。按照输出油液的排量是否调节分为定量泵和变量泵。

### 2. 液压马达的工作原理

液压系统中使用的液压马达也是容积式马达，从原理上讲是把容积式泵逆用，即输入压力油，输出转矩和转速。但它们在结构细节上是有差异的。

液压马达按其结构类型可以分为齿轮式、叶片式、柱塞式和其他形式；按其额定转速可分为高速和低速两大类；按所能传递的转矩大小有小、中、大转矩之分。

## 二、液压泵和液压马达的压力和流量

### 1. 压力

(1)工作压力$p$。

液压泵实际工作时的输出压力称为液压泵的工作压力，在工作过程中，液压泵的工作压力取决于负载。当负载增加时工作压力$p$升高，当负载减小时工作压力$p$降低。但液压泵的工作压力不能随着负载无限制的增加而升高，这会引起液压泵密封性能和零件损坏，通常在液压系统中设置安全阀来限制泵的最大压力，起到过载保护作用。

多个负载串联时，泵的工作压力是所有负载压力之和；多个负载并联时，泵的工作压力取决于并联负载中压力最低的负载；如果并联负载中有一支管道接油箱，则泵的工作压力将为零。泵的工作压力为零时称为卸荷。

液压马达实际工作时的输入压力称为液压马达的工作压力。液压马达的工作压力取决于负载转矩及排油压力(背压力)的大小。

(2)额定压力 $p_n$。

液压泵和液压马达在正常工作条件下,按实验标准规定能连续运转的最高压力称为液压泵和液压马达的额定压力,其值反映了液压泵和液压马达的工作能力,是液压泵和液压马达工作性能好坏的重要标志之一。额定压力高,其工作能力大。实际工作中,液压泵和液压马达的工作压力应小于或等于额定压力,超过此值就是过载。

(3)最大压力。

按试验标准规定,超过额定压力允许短暂运行的最高压力称为液压泵和液压马达的最大压力。由液压系统中安全阀限定。安全阀的调定值不能超过液压泵和液压马达的最大压力。

2. 排量、流量

(1)排量 $V$。

液压泵轴每旋转一周,按其几何尺寸计算而得到的排出液体体积称为液压泵的排量。排量可调节的液压泵称为变量泵,排量为常数的液压泵则称为定量泵。

液压马达轴每转一周,按其密封容腔几何尺寸计算得到的输入的液体体积,称为液压马达的排量。排量可调节的液压马达称为变量马达,排量为常数的液压马达称为定量马达。

(2)流量 $q$。

①理论流量 $q_t$。

液压泵的理论流量是指在不考虑泄漏的情况下,单位时间内所排出油液的体积。液压马达的理论流量是单位时间内为达到额定转速,由其密封容积的几何尺寸变化计算而得到的所需吸入的液体体积。

理论流量等于排量与其转速的乘积,与工作压力无关。

$$q_t = Vn \tag{2-1}$$

式中:$q_t$——液压泵(马达)的理论流量,$m^3/s$;

$V$——液压泵(马达)的排量,$m^3/r$;

$n$——液压泵(马达)的转速,r/s。

工程实践中,常把零压差下液压泵(马达)的流量视为液压泵(马达)的理论流量。

②实际流量 $q$。

液压泵工作时实际排出的流量称为液压泵的实际流量。由于泄漏,实际流量等于理论流量减去泄漏流量,即:

$$q = q_t - \Delta q \tag{2-2}$$

液压马达实际输入的流量称为液压马达的实际流量。由于泄漏,实际流量等于理论流量加上因泄漏损失的流量,即:

$$q = q_t + \Delta q \tag{2-3}$$

实际流量与工作压力有关,$\Delta q$ 随 $p$ 的增加而增大。

③额定流量 $q_n$。

额定流量指泵和马达在额定压力和额定转速下的输出和输入流量。

## 三、液压泵的功率和效率

1. 液压泵的功率

(1)输出功率 $P_o$。

泵输出的是液压能,表现为输出油液的压力 $p$ 和流量 $q$。以图 2-2 所示的泵—缸系统为例,当忽略输送管路及液压缸的能量损失时,液压泵的输出功率等于液压缸的输入功率,又等于液压缸的输出功率,即:

$$P_o = Fv = pAv = pq \tag{2-4}$$

上式表明,在液压系统中,液体所具有的功率(液压功率)等于压力和流量的乘积。

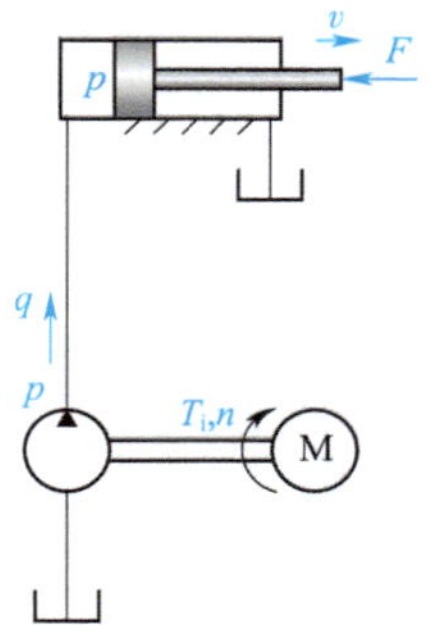


图 2-2 液压泵的输出功率计算

(2)输入功率 $P_i$。

液压泵的输入功率为泵轴的驱动功率,其值为

$$P_i = 2\pi n T_i \tag{2-5}$$

式中:$T_i$——液压泵的输入转矩;

$n$——泵轴的转速。

2. 液压泵的效率

(1)容积效率 $\eta_V$。

容积效率是指液压泵的实际流量与理论流量的比值,即:

$$\eta_V = \frac{q}{q_t} = \frac{q_t - \Delta q}{q_t} = 1 - \frac{\Delta q}{q_t} \tag{2-6}$$

容积效率表示液压泵抵抗泄漏的能力。它与工作压力、液压泵腔中摩擦副间隙的大小、工作液体的黏度以及转速等有关。当工作压力较高,或间隙较大,或黏度较低时,因泄漏较大,故容积效率较低;当转速较低时,因理论流量较小,泄漏量比例增加,使得液压泵的容积效率下降。

(2)机械效率 $\eta_m$。

机械效率指驱动泵所需的实际输入转矩 $T_i$ 与理论转矩 $T_t$ 的比值,即 $\eta_m = T_t/T_i$,忽略能量损失时,泵的理论功率为 $P_t = pq_t = pVn = 2\pi n T_t$,即 $T_t = pV/2\pi$,所以有:

$$\eta_m = \frac{pV}{2\pi T_i} \tag{2-7}$$

机械效率与摩擦损失有关,当摩擦损失加大时,对于液压泵,同样大小的理论输出功率需要较大的输入机械功率,当液体的黏度加大或间隙减小时,因液体摩擦或运动部件间的摩擦增大,机械效率也会降低。

(3)总效率 $\eta$。

总效率指液压泵的输出功率与输入功率的比值,即:

$$\eta = \frac{P_o}{P_i} = \frac{pq}{2\pi n T_i} = \frac{q}{Vn} \cdot \frac{pV}{2\pi T_i} = \eta_V \cdot \eta_m \tag{2-8}$$

## 四、液压马达的功率和效率

1. 液压马达的容积效率 $\eta_V$

液压马达的容积效率指输入马达的实际流量 $q$ 与理论流量 $q_t$ 的比值,即:

$$\eta_V = \frac{q_t}{q} \tag{2-9}$$

2. 液压马达的转速 $n$

将 $q_t = V \cdot n$ 带入式(2-9),可得液压马达的转速为:

$$n = \frac{q}{V}\eta_V \tag{2-10}$$

3. 液压马达的机械效率 $\eta_m$

液压马达的机械效率指液压马达的实际输出转矩 $T$ 与理论转矩 $T_t$ 的比值,即:

$$\eta_m = \frac{T}{T_t} \tag{2-11}$$

4. 液压马达的转矩 $T$

忽略能量损失时,设马达进出口的工作压差为 $\Delta p$,则马达的理论功率为 $P_t = 2\pi n T_t = \Delta p q_t = \Delta p V n$,即 $T_t = \Delta p V/2\pi$,所以有:

$$T = \frac{\Delta p V}{2\pi}\eta_m \tag{2-12}$$

5. 液压马达的总效率 $\eta$

液压马达的总效率指马达的输出功率 $P_o$ 与输入功率 $P_i$ 的比值,即:

$$\eta = \frac{P_o}{P_i} = \frac{2\pi n T}{\Delta p q} = \frac{2\pi n T}{\Delta p \dfrac{Vn}{\eta_V}} = \frac{T}{\dfrac{\Delta p V}{2\pi}} \cdot \eta_V = \eta_m \cdot \eta_V \tag{2-13}$$

从式(2-13)可以看出,液压马达的总效率等于液压泵的总效率,等于机械效率与容积效率的乘积。

## 五、液压泵和液压马达的图形符号(图 2-3)

图 2-3 液压泵和液压马达的图形符号

# 学习项目二 齿 轮 泵

齿轮泵是液压系统常用的液压泵,它的主要优点是:结构简单、紧凑,体积小,重最轻,转速高,自吸性能好,对油液污染不敏感,工作可靠,寿命长,便于维修以及成本低等。它的缺点是:流量和压力脉动较大,噪声较大(内啮合齿轮泵较小),排量不可变。

一般齿轮泵分为外啮合和内啮合两种。两者对比,外啮合齿轮泵工艺简单、加工方便,所以目前渐开线圆柱直齿形的外啮合齿轮泵用得比较多。

## 一、外啮合齿轮泵

1. 外啮合齿轮泵的工作原理

外啮合齿轮泵的典型结构如图 2-4 所示,在泵体内有一对尺寸相同的齿轮(齿数和模数都相同)，齿轮两侧有泵盖，泵体和泵盖通过螺钉连接，齿轮的齿顶和泵体内孔表面之间、齿轮端面和泵盖之间间隙很小，在驱动轴端有密封装置。

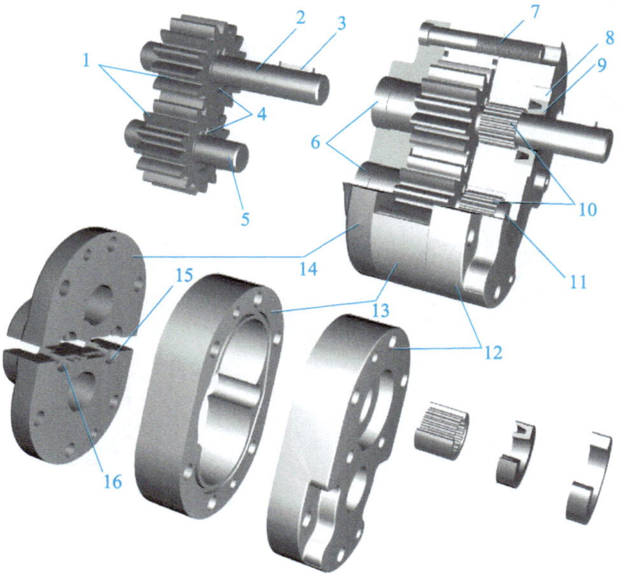


图 2-4　外啮合齿轮泵结构图

1-齿轮；2-驱动轴；3-键；4-弹性挡圈；5-从动轴；6-端盖；7-连接螺钉；8-端盖；9-密封圈；10-滚针轴承；11-端盖；12-前泵盖；13-泵体；14-后泵盖；15-进油孔；16-压油孔

齿轮泵密封的工作容积由泵体、前后泵盖和两个齿轮组成，泵体内两个齿轮从啮合点 $P$ 开始啮合(图 2-5)，$P$ 点处的齿面接触线(过 $P$ 点垂直于端面，与轮齿同宽)将该工作容积分隔成两个密封的空腔，即 A 腔和 B 腔，并分别与吸油口和压油口相通。当原动机通过驱动轴带动齿轮按图示方向转动时，在油腔 A 中，啮合的两轮齿逐渐脱开，工作容积逐渐增大，形成局部真空，使油箱的油液在大气压力作用下经吸油口进入 A 腔，故 A 腔为吸油腔；在 A 腔被吸入到齿槽间的油液随着齿轮的转动被带到 B 腔。在油腔 B 中，两齿轮的轮齿逐渐进入啮合，使工作容积逐渐减小，形成局部压力，使 B 腔的油液被挤压并经压油口压出，因此 B 腔为压油腔。这样，齿轮连续不断地转动，吸油腔不断地从油箱吸油，压油腔不断向外排油，这就是齿轮泵的工作原理。

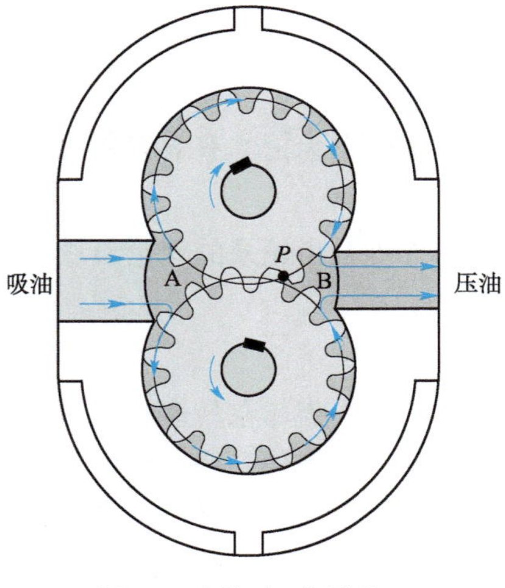


图 2-5　齿轮泵工作原理

在齿轮的连续传动中，只要泵的转动方向不变，起始啮合点的位置就不会变，吸油腔 A 和压油腔 B 的位置就不会变，啮合点处的齿面接触线一直分隔吸、压油腔，起着配流的作用。

2. 外啮合齿轮泵的排量和流量

外啮合齿轮泵的排量 $V$ 可近似看作是两个啮合齿轮的有效齿槽容积之和，假设齿槽有效容积等于轮齿体积，则齿轮泵的排量就等于一个齿轮的有效齿槽容积和轮齿体积的总和，如图 2-6 所示。因此齿轮泵的排量 $V$ 为：

$$V=\pi dhb=2\pi m^2zb \tag{2-14}$$

式中：$d$——齿轮分度圆直径，$d=mz$；

$h$——有效齿高，$h=2m$；

$b$——齿宽；

$m$——齿轮模数；

$z$——齿轮齿数。

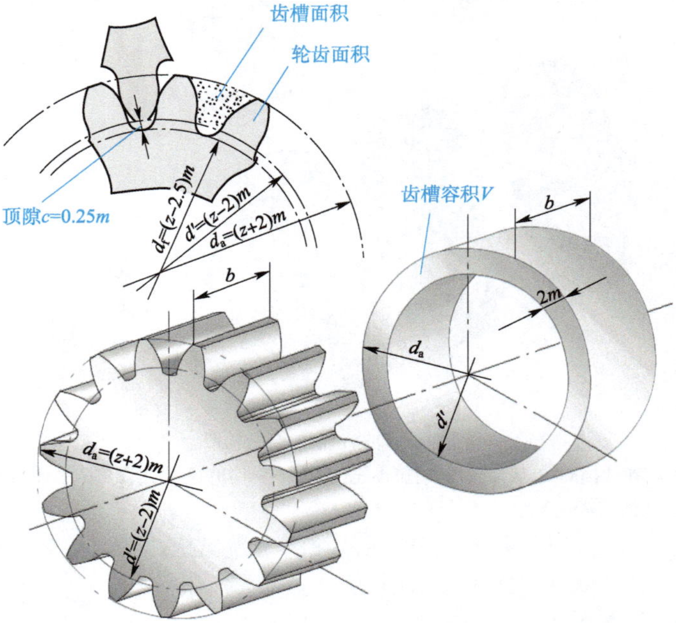


图 2-6　外啮合齿轮泵流量计算示意图

实际上齿槽的有效容积比轮齿的体积稍大，故式(2-14)可近似写成：

$$V=6.66m^2zb \tag{2-15}$$

外啮合齿轮泵的理论流量 $q_t$ 和实际输出流量 $q$ 为：

$$q_t=Vn=6.66m^2zbn \tag{2-16}$$

$$q=q_t\eta_V=6.66m^2zbn\eta_V \tag{2-17}$$

式中：$n$——齿轮泵转速；

$\eta_V$——齿轮泵的容积效率。

实际上，由于齿轮泵在工作过程中，排量是转角的周期函数，存在排量脉动；同时，当齿轮转动时，啮合点的位置将沿啮合线移动，因而压油腔的体积变化率（即泵的排油线或轮齿的接触线）会发生周期性变化，故瞬时排量也是变化的，因此外啮合齿轮泵的瞬时流量是脉动的。脉动大小与齿轮的齿数有关，齿数越多，脉动越小。流量脉动会直接影响到系统工作的平稳性，引起压力脉动，使管路系统产生振动和噪声。如果脉动频率与系统的固有频率一致，还将引起共振，加剧振动和噪声。

3. 外啮合齿轮泵的工作特点

(1)困油现象。

齿轮泵要平稳工作，齿轮啮合时的重合度必须大于1，即在前一对轮齿尚未退出啮合前，后一对轮齿已进入啮合，所以在这段时间内，至少有一对以上的轮齿在参与啮合，两对轮齿啮合点之间形成了一个和吸、压油腔均不相通的独立的密封区域，见图2-7。在工作过程中，有一部分油液困在两对轮齿啮合时所形成的封闭油腔内，这个密封容积的大小随齿轮转动而变化。图2-7a)为两对轮齿刚进入啮合时情况，此时密封容积为最大；啮合传动继续时，该密封容积将逐渐减小，当啮合进行到图2-7b)位置($B_1B_2$ 中间位置)时，密封容积最小；啮合传动继续时，该密封容积将逐渐加大，当啮合进行到图2-7c)位置(即刚要变为一对轮齿啮合)时，密封容积最大，如此产生了密封容积周期性的增大减小。密封容积减小时，受困油液受到挤压而产生瞬间高压，密封容腔的受困油液若无油道与排油口相通，油液将从一切可能泄漏的缝隙中被挤出，造成功率损失，导致油液发热，轴承等零件也受到附加冲击载荷的作用；密封容积增大时，无油液的补充，又会造成局部真空，使溶于油液中的气体分离出来形成气泡，引起噪声、气蚀等。这就是齿轮泵的困油现象。

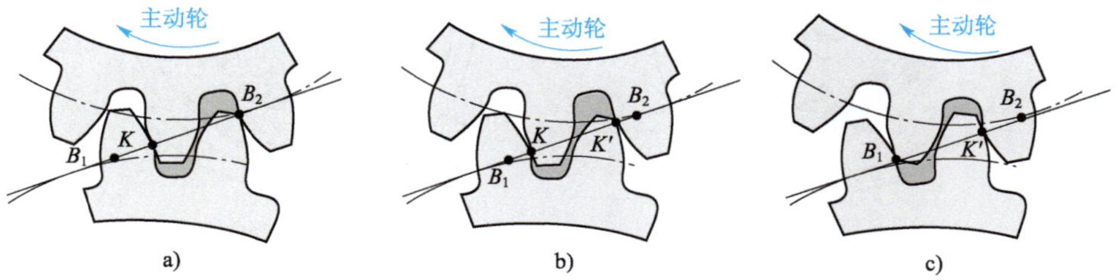


图2-7　齿轮泵的困油现象

困油现象严重影响齿轮泵工作的平稳性和使用寿命。为消除困油现象的影响，通常是在齿轮泵的端盖上开卸槽，如图2-8的虚线方框所示，当封闭容积减小时(图2-8a→图2-8b)，通过右边的卸荷槽与压油腔相通，而封闭容积增大时(图2-8b→图2-8c)，通过左边的卸荷槽与吸油腔通，两卸荷槽的间距必须确保在任何时候都不使吸、排油相通。

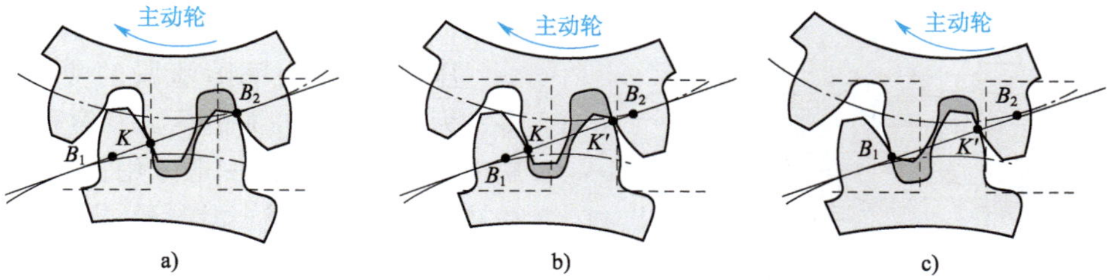


图2-8　齿轮泵的困油卸荷槽

某种齿轮泵的卸荷槽，如图2-9所示。

(2)不平衡径向力。

齿轮泵工作时，作用在齿轮外圆和轴承上的径向液压力是不相等的。如图2-10所示，泵的左侧为吸油腔，油压力小，一般稍低于大气压力；右侧为压油腔，油压力大，通常为泵的工作压力。由于泵体内表面与齿顶外圆面间有径向间隙，故在此间隙中由压油腔到吸油腔的油压力是逐步分级降低的，这些力的合力，就是齿轮和轴承受到的不平衡的径向力。泵的工作压力越高，这个不平衡力就越大，其结果不

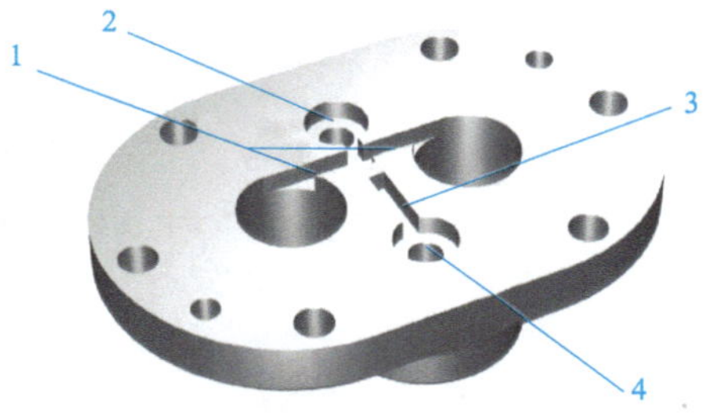


图2-9　齿轮泵的卸荷槽

1、3-卸荷槽；2-吸油腔；4-压油腔

仅加速轴承的磨损,降低了轴承的寿命,甚至使轴变形,造成齿顶和泵体内表面摩擦等。

解决径向力不平衡的简单办法就是缩小压油口,使压油腔的压力油仅作用在一个齿到两个齿的范围内(图2-5),也可以开设径向力平衡槽,见图2-11,该结构可使作用在轴承上的径向力大大减小。

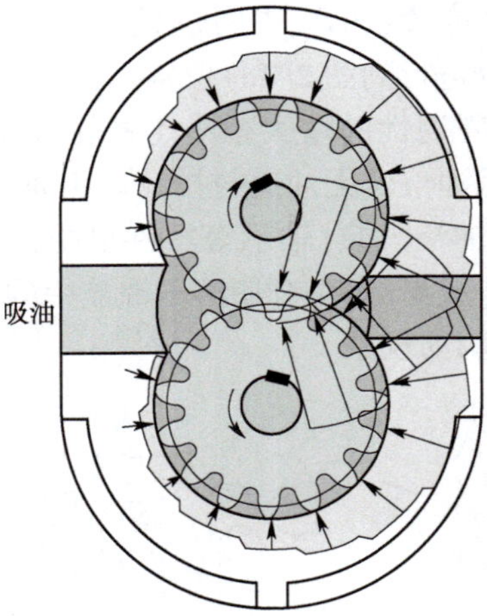


图2-10　齿轮泵径向力的分布

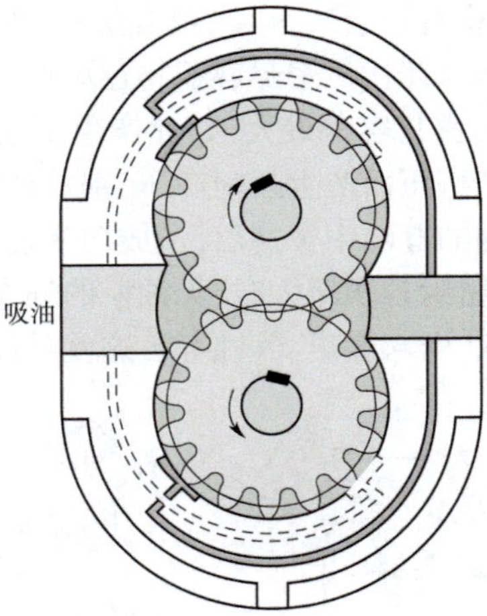


图2-11　齿轮泵径向力平衡槽

(3)泄漏问题。

齿轮泵高压化的主要障碍是泄漏途径较多,且不易通过密封措施解决。外啮合齿轮泵工作时有三个主要泄漏途径:一是两个齿轮的齿面啮合间隙;二是泵体内孔和齿轮齿顶间的径向间隙;三是齿轮两端面和端盖间的轴向间隙。在这三类间隙中,由于轴向间隙的泄漏面积大,泄漏途径短,其对泄漏量的影响最大,一般占总泄漏量的75%～80%。轴向间隙越大,泄漏量越大,会使容积效率过低;间隙过小,齿轮端面与齿轮泵端盖间的机械摩擦损失增大,会导致齿轮泵的机械效率降低。

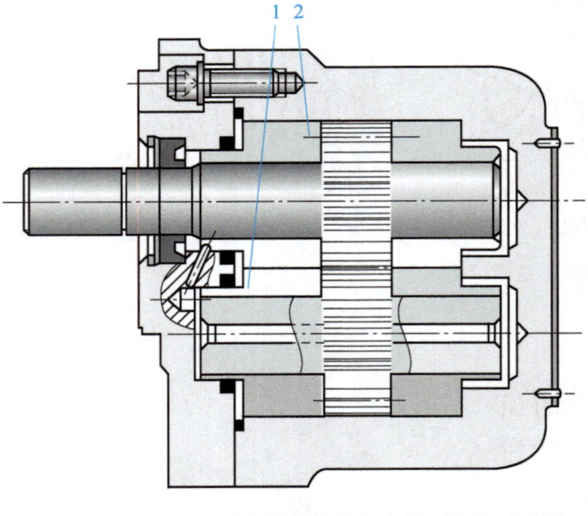


图2-12　采用浮动轴承套的中高压齿轮泵结构示意图

1、2-轴套

压力越高,由间隙泄漏的液压油就越多。为了提高齿轮泵的压力和容积效率,实现齿轮泵的高压化,一般采用轴向间隙的自动补偿方法用以减小泄漏量,提高齿轮泵的容积效率。通常采用的自动补偿端面间隙装置有:浮动轴套式和弹性侧板式两种,其原理都是引入压力油使轴套或侧板紧贴在齿轮端面上,压力越高,间隙越小,可自动补偿端面磨损和减小间隙。齿轮泵的浮动轴套是浮动安装的,如图2-12所示,轴套外侧的空腔与泵的压油腔相通,当泵工作时,浮动轴套受油压的作用而压向齿轮端面,将齿轮两侧面压紧,从而补偿了端面间隙。

## 二、内啮合齿轮泵

内啮合齿轮泵主要包括渐开线齿轮泵和摆线转子泵两种类型。

渐开线内啮合齿轮泵与渐开线外啮合齿轮泵的工作原理相同。如图2-13所示，外齿轮（主动齿轮）1与内齿环（从动齿轮）3构成啮合副，二者同向旋转，月牙板2将吸油腔4与压油腔5隔开。吸油腔4内正在脱离啮合的齿间容积增大，形成真空，油液在大气压作用下进入吸油腔，填满各齿间；当压油腔5内两齿轮进入啮合时，齿间容积减小，将油液压出。

摆线齿轮泵又称转子泵，其齿形为摆线，摆线齿轮泵的工作原理如图2-14所示，主要由摆线齿形的外齿轮2和内齿轮4构成，两个齿轮的两个侧面由侧板密封。内齿轮4比外齿轮2多一个齿，且内外转子间有偏心矩 $e$。壳体6上开有通向油箱的吸油口7和通向系统的压油口8。输入轴驱动外齿轮2旋转，带动内齿轮4随之旋转，在工作时，内转子所有的齿均进入啮合。各相邻齿的啮合线、壳体与两侧的配流盘形成多个封闭工作容积。随着外齿轮2绕中心 $O_1$ 顺时针方向转动，因为内齿轮4比外齿轮2多一个齿，内齿轮4绕中心 $O_2$ 也顺时针方向转动，但旋转速度稍慢一点，各容腔的容积发生变化。因而，容腔中的油液通过配流盘的吸油窗口5和压油窗口3进行吸油和压油。

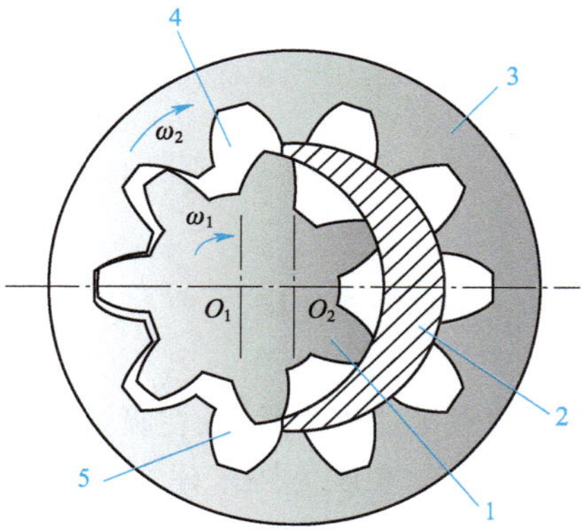


图2-13 渐开线内啮合齿轮泵工作原理图

1-外齿轮（主动齿轮）；2-月牙板；3-内齿轮（从动齿轮）；4-吸油腔；5-压油腔

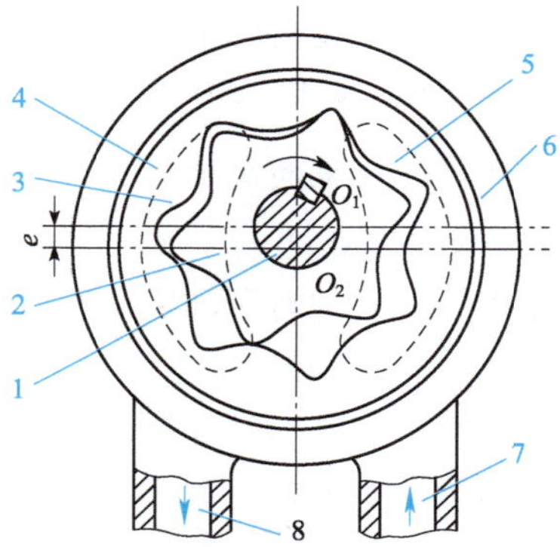


图2-14 摆线齿轮泵工作原理图

1-传动轴；2-外齿轮；3-配流盘压油口；4-内齿轮；5-配流盘吸油口；6-壳体；7-吸油口；8-压油口

# 学习项目三 叶 片 泵

叶片泵具有流量均匀、运转平稳、噪声低、体积小、重量轻、易实现变量等优点，但结构复杂，对油液的污染比较敏感，吸油特性没有齿轮泵好。主要用于速度平衡性要求较高的中低压系统，并广泛用在机床、工程机械、船舶、压铸以及冶金等设备中。

叶片泵按转子旋转一周完成吸油、排油的次数，分为单作用和双作用两种形式。

## 一、双作用叶片泵

### 1. 双作用叶片泵的工作原理

双作用叶片泵的工作原理如图2-15所示，该泵主要由定子3、转子4、叶片5以及装在它们两侧的配流盘1等组成。定子内表面形似椭圆，由两段半径为 $R$ 的大圆弧、两段半径为 $r$ 的小圆弧和四段过渡曲线所组成。定子和转子的中心重合。在转子上沿圆周均布的若干个槽内分别安装有叶片,这些叶片可沿槽做径向滑动。在配流盘上,对应于定子四段过渡曲线的位置开有四个腰形配流窗口,其中两个窗口与泵的吸油口连通,为吸油窗口;另两个窗口与压油口连通,为压油窗口。当转子由轴带动按图 2-15 示方向旋转时,叶片在自身离心力和由压油腔引至叶片根部的高压油作用下贴紧定子内表面,起密封作用,并在转子槽内往复滑动。这样,在转子、定子、叶片和配油盘之间就形成了若干个密封的工作容积。当叶片由定子小半径 $r$ 处向定子大半径 $R$ 处运动时,相邻两叶片间的密封腔容积就逐渐增大,形成局部真空,而经过窗口 $a$ 吸油;当叶片由定子大半径 $R$ 处向定子小半径 $r$ 处运动时,相邻两叶片间的密封腔容积就逐渐减小,通过窗口 $b$ 压油。转子每转一周,每一叶片往复滑动两次,因而吸、压油作用发生两次,故这种泵称为双作用叶片泵。

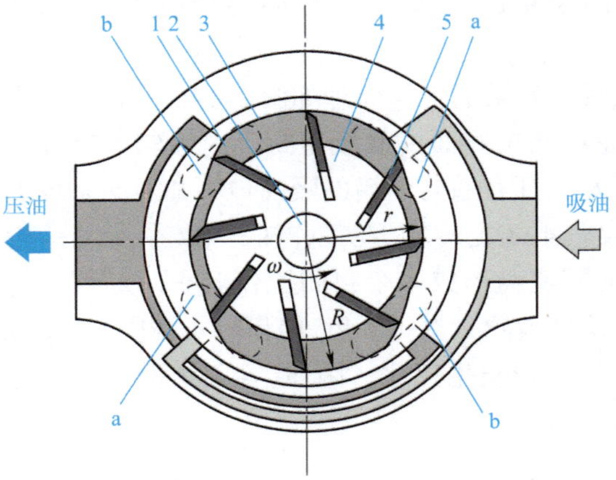


图 2-15 双作用叶片泵的工作原理

1-配流盘;2-轴;3-定子;4-转子;5-叶片

2. 双作用叶片泵的工作特点

(1)只能作定量泵。

双作用叶片泵的转子和定子同心,故双作用泵只能作定量泵使用。

(2)叶片泵最低转速不能太低。

叶片泵转子体中的叶片槽底部通压油腔,因此在建立排油压力后,处在吸油区的叶片对定子内表面的压紧力为其离心力和叶片底部液压力之和。在压力还未建立起来的起动时刻,此压紧力仅由离心力产生。如果离心力不够大,叶片顶部就不能与定子内表面贴紧,以形成高压腔、低压腔之间的可靠密封,叶片泵由于吸油腔、压油腔相通而不能正常工作。这就是叶片泵最低转速不能太低的原因。

(3)径向液压力相互平衡。

双作用叶片泵的两个吸油腔和两个压油腔均为对称布置,故作用在转子上的液压力相互平衡,轴和轴承的寿命较长,因此双作用叶片泵又称为卸荷式叶片泵、平衡式叶片泵。为了要使径向力完全平衡,密封空间数(即叶片数)应为双数。

3. YB1 型双作用叶片泵的结构

YB1 型双作用叶片泵的结构,如图 2-16、图 2-17 所示。

YB1 型双作用叶片泵主要由左泵体 1、左配流盘 2、转子 4、叶片 6、定子 7、右配流盘 8、右泵体 9 等组成。为了便于装配和使用,两个配流盘与定子、转子和叶片可组装成一个部件。两个组件螺钉 5 为部件的紧固螺钉,其头部作为定位销插入左泵体 1 的定位孔内,以保证配油盘上吸、压油窗口的位置能与定子内表面的过渡曲线相对应。转子 4 上开有 12 条狭槽(叶片槽),叶片 6 安装在槽内,并可在槽内自由滑动;叶片槽的底部开有小孔,和压油槽相同。转子通过内花键与驱动轴相配合,主动轴由两个滚珠轴承 3 和 12 支承,以使其工作可靠。骨架式密封圈 13 安装在密封盖板 11 上,用来防止油液泄漏和空气渗入。

YB1 型双作用叶片泵的结构特点:

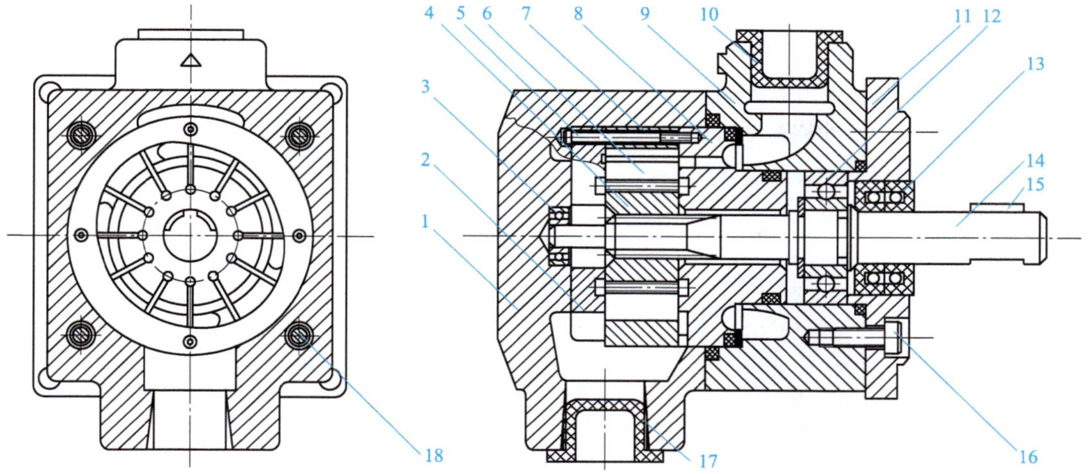


图 2-16 YB1 叶片泵的结构

1-左泵体；2-左配流盘；3-左轴承；4-转子；5-组件连接螺钉；6-叶片；7-定子；8-右配流盘；9-右泵体；10-压油口滤网；11-密封盖板；12-右轴承；13-密封圈；14-驱动轴；15-键；16-盖板螺钉；17-吸油滤网；18-泵体连接螺钉

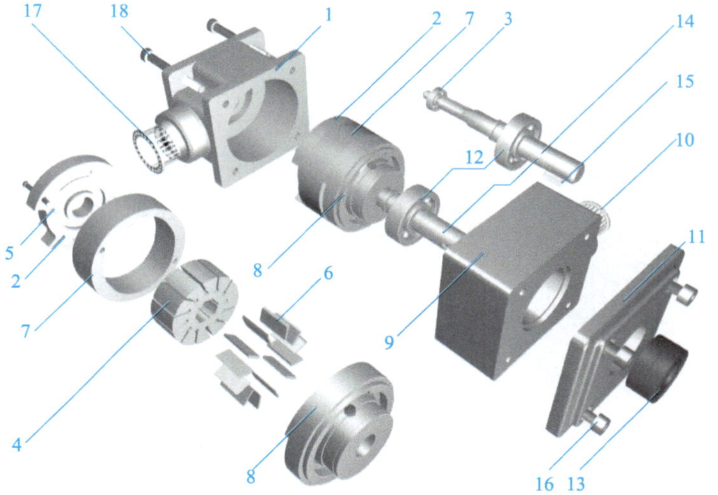


图 2-17 YB1 叶片泵的结构示意图

（图注同图 2-16）

（1）左配流盘 2 结构如图 2-18 所示，两个凹口 a 为吸油槽，两个腰形孔 b 为压油槽。吸油槽为通孔结构，以便和吸油孔连通，压油槽为盲孔结构。在压油槽腰形孔 b 的端部开有三角槽 d，其作用是使叶片间的密封工作容积逐步与高压腔相通，不致产生液压冲击。为了使叶片顶部和定子内表面紧密接触，在配流盘中部对应于叶片根部的位置，开有一环形槽 c，该环形槽通过叶片根部的小孔与右配流盘 8 的环形槽相通，并通过右配流盘的环形槽将压油口的压力油引入到叶片根部，以保证叶片顶部和定子内表面间的可靠密封。

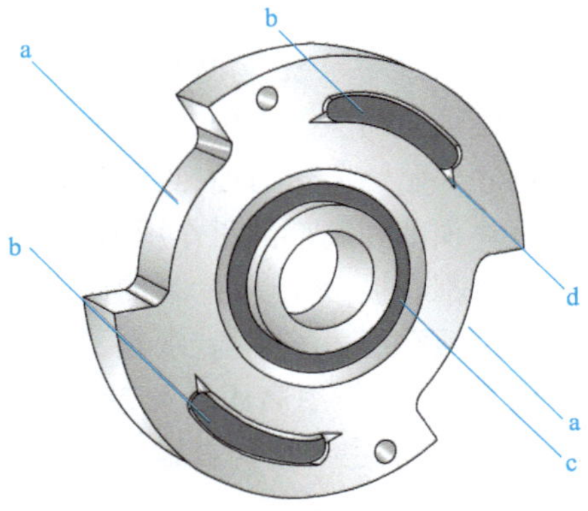


图 2-18 左配流盘的结构

a-凹口；b-腰形孔；c-环形槽；d-三角槽

(2)右配流盘 8 结构如图 2-19 所示，两个凹口 a 为吸油槽，两个腰形孔 b 为压油槽。压油槽为通孔结构，以便和压油孔连通，吸油槽为盲孔结构。同样，在压油槽 b 的端部开有三角槽 d，在配流盘中部对应于叶片根部的位置，开有一环形槽 c，在环形槽内开有两个小孔 e，它的作用是将压油口的压力油通过 f 通道引入环形槽 c，并送到左配流盘的环形槽。在两个吸油槽 a 的中根部分别开有和轴孔连通的小孔 g，这两个小孔通过轴孔连通，使得两个吸油槽连通。

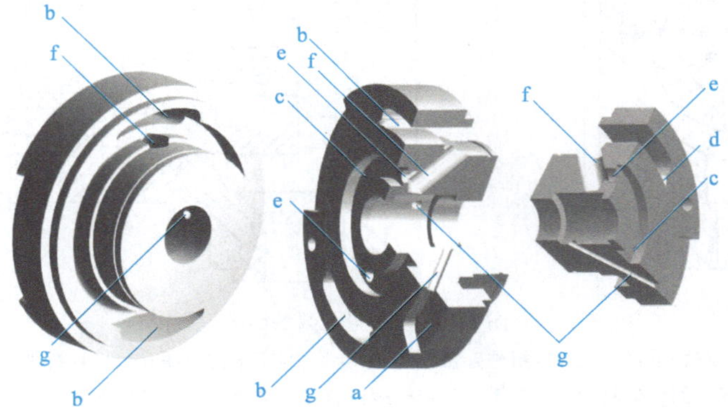


图 2-19　右配流盘的结构

a-凹口；b-腰形孔；c-环形槽；d-三角槽；e-小孔；f-通道；g-小孔

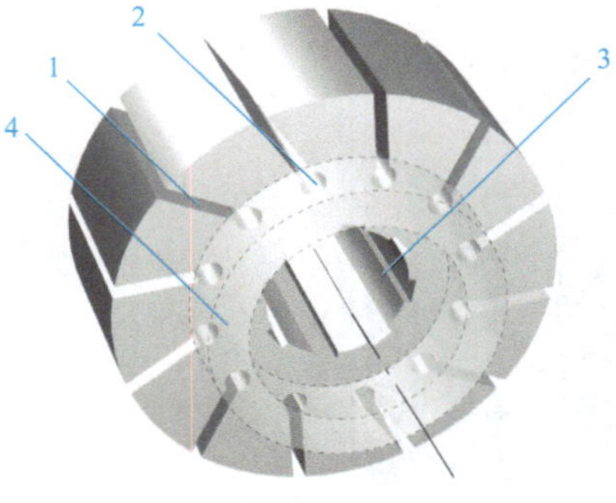


图 2-20　转子与叶片槽

1-叶片槽；2-槽根部油孔；3-花键轮毂；4-配流盘环槽 c

右配流盘 8 采用凸缘式结构，小直径部分伸入右泵体 9 内，并合理布置了密封圈的位置，这样在配油盘右侧受到液压力作用时，能贴紧定子，并能使配油盘端面和前泵体相互分开时，仍能保证可靠的密封。配油盘受到液压力作用后，靠自己的变形对转子、叶片与配油盘间的间隙也有微小的补偿作用，以保证泵有较高的容积效率。

(3)为了减小叶片对转子槽侧面的压紧力和磨损，将叶片相对转子旋转方向向前倾斜一个角度 $\theta$，通常取 $\theta = 13°$（图 2-20）。该泵在装配后旋转方向固定，如欲反转则必须将定子、转子、叶片和配油盘组件反转 180°再重新装配。定子根部的小孔与左右配流盘上的环形槽 c 相通。

4. 叶片泵提高工作压力的主要措施

双作用叶片泵主要是通过解决以下两个问题来提高压力的：一是转子及叶片端面与配流盘间的泄漏问题，为减小转子、叶片端面与配流盘之间的泄露，叶片泵采用浮动配流盘自动补偿轴向间隙的结构。二是叶片和定子内表面的磨损问题，一般双作用叶片泵的所有叶片槽底部始终通压力油，当叶片处于吸油区时，因为叶片顶部与吸油腔相通，使处于吸油腔的叶片顶部和底部液压作用力不平衡，叶片会对定子内表面产生较大的压紧力，导致定子和叶片急剧磨损，影响叶片泵的使用寿命。尤其是工作压力较高时，磨损更严重。因此，吸油区叶片两端压力不平衡，限制了双作用叶片泵工作压力的提高。为了解决定子内表面和叶片的磨损，双作用高压叶片泵在结构上采取减小吸油区叶片对定子内表面作用力的措施。目前，采取的主要结构措施有以下几种。

(1)双叶片结构。

如图 2-21 所示，在转子 2 的叶片槽内装有两片叶片 1，叶片顶端和两侧面倒角、两叶片侧面的倒角构成了V形通道，油液能够通过此通道由叶片底部进到叶片与定子之间的接触处，因此使得叶片顶端和底部的液压作用力基本平衡。正确选择叶片顶部棱边的宽度，可以改变叶片顶部的有效作用面积，控制叶片对定子的压紧力大小，从而既保证了高、低压腔的密封，又不至于产生过大的接触应力。两个叶片可以相对滑动，在任何位置叶片顶端都有两处与定子接触，因而密封可靠，同时也增强了叶片的弯曲强度。为了使叶片运动灵活，对零件的制造精度提出了较高的要求，此结构适用于大排量的叶片泵。

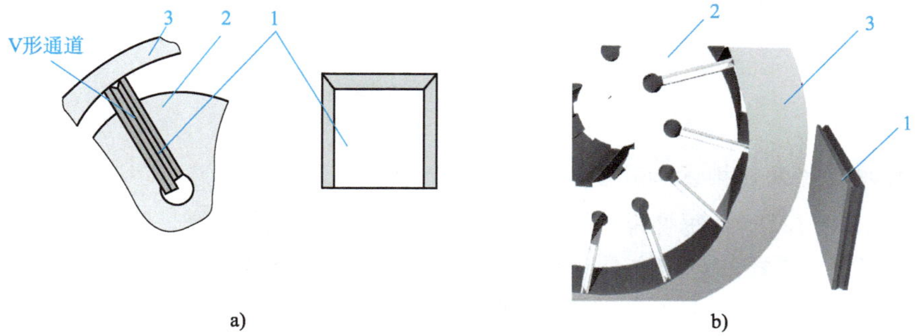


图2-21　双叶片结构

1-叶片;2-定子;3-转子

(2)弹簧叶片式结构。

与双叶片结构类似的还有弹簧叶片式结构。如图2-22所示，叶片在头部及两侧开有半圆形槽，在叶片的底面上开有三个弹簧孔。通过叶片头部和底部相连的小孔及侧面的半圆槽，使叶片底面与头部相通。这样，叶片在转子槽中滑动时，头部和底部的压力完全平衡。叶片和定子内表面的接触压力仅为叶片的离心力，惯性力和弹簧力、故接触力较小。

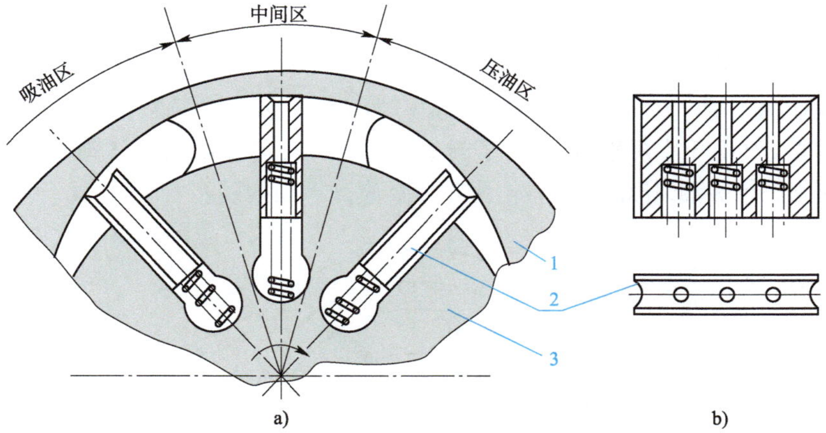


图2-22　弹簧叶片式结构

1-定子;2-叶片;3-转子

(3)母子叶片结构。

如图2-23所示，在转子叶片槽中装有母叶片2和子叶片3，母子叶片能自由地相对滑动。通过配油盘，使K腔总是和压力油相通，引入母子叶片间的小腔C内。母叶片根部的L腔，经转子4上的油孔始终与顶部油压相通。这样，无论叶片处于吸油区还是压油区，母叶片顶部和底部腔的压力油总是压力相等。当叶片经过吸油腔时，母叶片根部不受高压油作用，只受C腔的高压油作用而压向定子。由于C腔面积不大，所以定子所受的压紧力也不大。

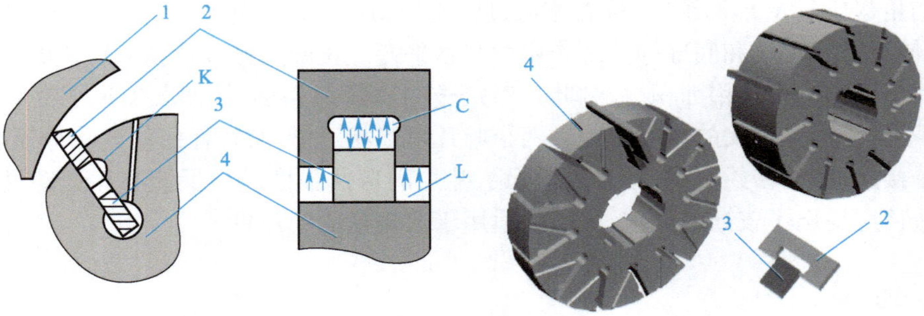


图 2-23　母子叶片结构

1-定子;2-母叶片;3-子叶片;4-转子

5. 双作用叶片泵的排量和流量

由图 2-15 可知,叶片每伸缩一次,每相邻叶片间油液的排出量等于大圆半径圆弧段的容积与小圆半径圆弧段的容积之差。若叶片数为 $z$,则双作用叶片泵每转排油量等于上述容积差的 $2z$ 倍。若忽略叶片本身所占的体积,则双作用叶片泵的排量即为环形体容积的 2 倍,即:

$$V = 2\pi(R^2 - r^2)b \tag{2-18}$$

泵实际输出流量为:

$$q = Vn\eta_V = 2\pi(R^2 - r^2)bn\eta_V \tag{2-19}$$

式中:$b$——叶片宽度;

$R$——为定子长半径;

$r$——定子短半径。

## 二、单作用叶片泵

1. 单作用泵的工作原理

图 2-24 为单作用叶片泵的工作原理,泵主要由配流盘 1、转子 3、定子 4、叶片 5、传动轴 2 等组成。与双作用叶片泵相似,当转子转动时,转子 3、定子 4、叶片 5 和配流盘间的密封容积发生变化进行吸油、压油。和双作用叶片泵显著不同的是:

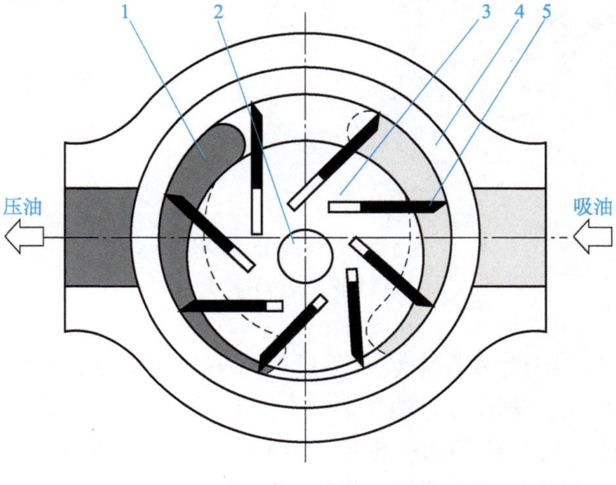


图 2-24　单作用叶片泵的工作原理

1-配流盘;2-传动轴;3-转子;4-定子;5-叶片

(1)转子转一转的过程中,吸油、压油各一次,故称单作用叶片泵。

(2)单作用叶片泵的定子内表面是圆柱面。

(3)转子和定子中心之间存在着偏心量 $e$。

(4)在吸油区,叶片底部通低压油;在压油区,叶片底部通高压油,因此叶片的顶部和底部液压力始终平衡,叶片只能靠离心力紧贴与定子内表面,为了使叶片易于甩出叶片槽,叶片的倾斜方向常做成与转动方向相反的后倾。

(5)转子上的径向液压力不平衡,轴承负荷较大,使叶片泵工作压力的提高受到限制。

2. 单作用叶片泵的工作特点

(1)变量问题。

由于单作用叶片泵的转子中心和定子环中心之间保持偏心距 $e$,而叶片泵的排量与偏心距 $e$ 相关,采用某种机构调节该偏心距,则可从零到某一最大值之间连续或有级地改变其供油排量。如果改变偏心距 $e$ 的方向,也可在叶片泵转向不变的情况下,使其吸油腔、压油腔互换,实现反向供油,所以单作用叶片泵经常制成变量泵。

(2)不平衡作用力问题。

由于转子、传动轴以及轴承等机件上受有单方向的液压不平衡作用力,故轴承负载较大,寿命较短,不宜高压化。所以,单作用叶片泵又称为非卸荷式泵。

(3)困油问题。

为了防止吸油腔、压油腔相通,配流盘的吸油、排油窗口间的密封角应略大于两相邻叶片间的夹角。但是,由于单作用叶片泵的定子不存在与转子同心的圆弧段,因此当上述被封闭的容腔发生变化时,会产生与齿轮泵相类似的困油现象。不过,单作用叶片泵的困油现象并不十分严重,通过在配流盘排油窗口边缘开设三角形卸荷槽(俗称眉毛槽)的方法可以消除困油现象所带来的危害。有时,还利用困油时密封容腔的被压缩过程,当密封容腔中的油液被压缩到接近额定工作压力时,再把容腔与压油腔接通,由于减小了和压油腔接通时的压差,故降低了液压冲击和噪声。

3. 单作用泵的排量和流量

单作用泵的排量近似为:

$$V = 2\pi beD \tag{2-20}$$

泵的实际流量为:

$$q = 2\pi beDn\eta_V \tag{2-21}$$

式中:$b$——叶片宽度;

$e$——偏心距;

$D$——定子内径;

$n$——转速。

4. YBX 限压式变量叶片泵

(1)YBX 限压式变量叶片泵的工作原理(图 2-25)。

转子 3 的中心 $O_1$ 是固定的,定子 2 可以左右移动,在限压弹簧 1 的作用下,定子被推向右端,靠紧在反馈控制活塞 5 的左端面上,使转子中心 $O_1$ 和定子中心 $O_2$ 之间有一原始偏心距 $e_0$,它决定了泵的最大流量,其大小可用流量调节螺钉 7 调节。泵的出口压力油,经泵体内的通道作用于控制活塞 5 的右端面上,使活塞对定子 2 产生一作用力 $pA$($A$ 为活塞有效作用面积)，它平衡限压弹簧1的预紧力$kx_0$($k$为弹簧压缩系数、$x_0$为弹簧的预压缩量)。当负载变化时，$pA$发生变化，定子相对转子移动，使偏心量$e$改变，其工作过程如下所述：当泵的工作压力$p$小于限定压力$p_B$时，$pA < kx_0$，此时限压弹簧的预压缩量不变，定子不做移动，最大偏心量$e_0$保持不变，泵输出流量为最大。当泵的工作压力升高大于限定压力$p_B$时，$pA > kx_0$，此时限压弹簧被压缩，定子左移，偏心量减小，泵输出流量也减小。泵的工作压力越高，偏心量越小，泵输出流量也越小。工作压力达到某一极限值$p_C$(截止压力)时，限压弹簧被压缩到最短，偏心距到最小，泵的实际输出流量为零。因此，这种泵被称为限压式变量叶片泵。

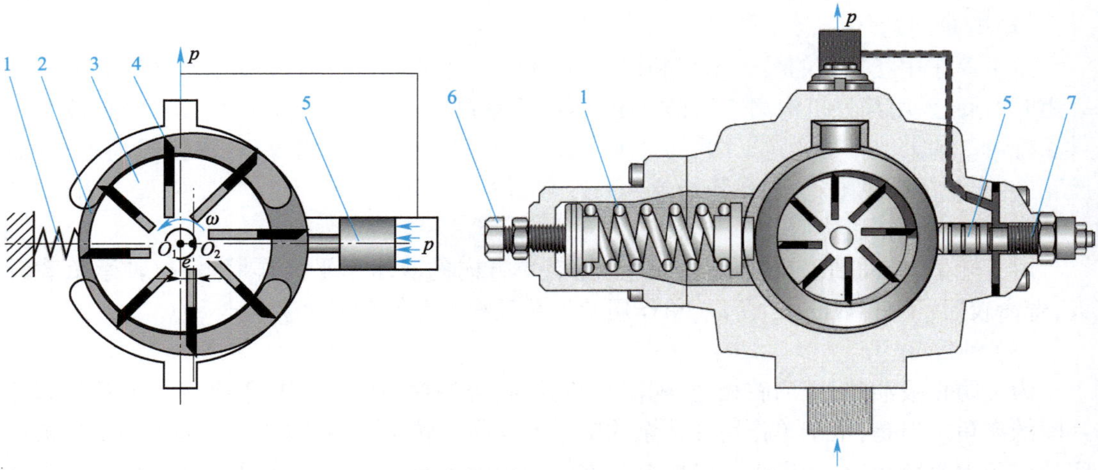


图2-25　YBX限压式变量叶片泵的工作原理

1-限压弹簧;2-定子;3-转子;4-叶片;5-反馈控制活塞;6-压力调节螺钉;7-流量调节螺钉

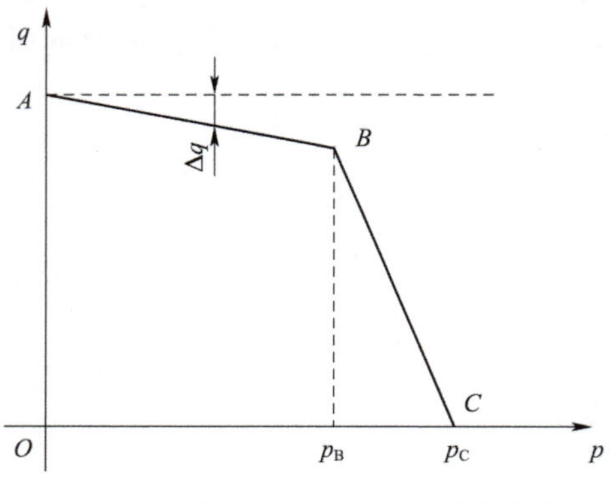


图2-26　限压式变量叶片泵的特性曲线

(2)限压式变量叶片泵的流量与压力特性(图2-26)。

图中$AB$段表示工作压力小于限定压力$p_B$时，流量最大而且基本保持不变。$B$点为拐点，表示泵输出最大流量时可达到的最高工作压力，其大小可通过调节压力调节螺钉6改变限压弹簧1的预压缩量来调节。图中$BC$段表示工作压力超过限定压力后，输出流量开始变化，即流量随压力升高而自动减小，直到$C$点。这时，输出流量为零，压力为截止压力$p_C$。

(3)YBX限压式变量叶片泵的结构(图2-27)。

转子4固定在传动轴7上，轴7支承在两个滚针轴承上。转子4的中心是不变的，定子3可以左右移动。滑块2用来支承定子3，并承受压力油对定子的作用力。当定子移动时，滑块随定子一起移动。为了提高定子对油压变化时反应的灵敏度，滑块支承在滚针1上。在限压弹簧10的作用下，通过弹簧座9将定子推向右面，紧靠在控制活塞6上，使定子中心和转子中心之间有一个偏心距$e$。偏心距的大小可用流量调节螺钉8来调节。螺钉8调定后，在这一工作条件下，定子的偏心量为最大，则液压泵输出流量最大。液压泵出口的压力油引到活塞6的右端，使其产生一个改变偏心量的反馈力。通过调压螺钉11可调节限压弹簧对定子的作用力，从而改变液压泵的限定工作压力。

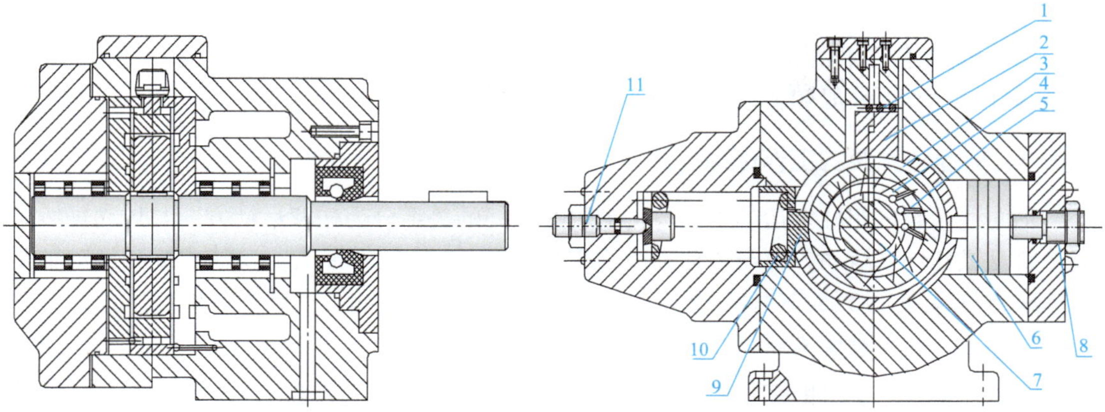


图 2-27　YBX 限压式变量叶片泵的结构

1-滚针;2-滑块;3-定子;4-转子;5-叶片;6-控制活塞;7-轴;8-最大流量调节螺钉;9-弹簧座;10-弹簧;11-压力调节螺钉

### 三、双联泵

几乎所有形式的单泵都可以组合成双联泵的结构形式，但组合形式又有所区别。图2-28所示为双联叶片泵的结构图，在一个泵体中，同一传动轴同时带动两个转子体，分别产生压力油并从两个不同的排油口分别排油，它们共用一个吸油口。此外，还有将两台单泵通过连接凸缘直接组合成双联泵的结构形式。通常，两泵的排量不同，可以满足系统不同的流量要求。双联叶片泵常用于有快速进给和工作进给要求的机床中，这时双联泵由一个小流量泵和一个大流量泵组成。当快速进给时，液压系统的压力较低，要求流量大，这时两个泵同时供油。当工作进给时，工作压力高、速度低，由小流量泵供油，同时在液压系统中使大流量泵卸荷。这与采用一个高压大流量泵相比，可以节省能源，减小油液发热。这种双联叶片泵也常用于液压系统中需要两个互不影响的独立回路中。

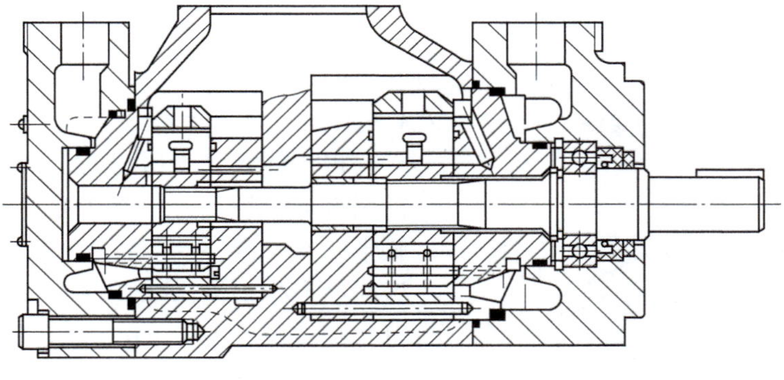

图 2-28　双联叶片泵结构

## 学习项目四　柱　塞　泵

柱塞泵是利用柱塞在缸体柱塞孔中做往复运动，密封容积发生变化而实现吸油与压油来进行工作的。根据柱塞的排列形式不同，柱塞泵可分为轴向柱塞泵和径向柱塞泵两大类。轴向柱塞泵因柱塞的轴线与缸体轴线平行而得名。它具有结构紧凑、单位功率体积小、工作压力高、高压下仍能保持较高的容积效率、容易实现变量等优点，因此广泛用于高压、大流量、大功率的液压系统中。轴向柱塞泵的缺点是对油液的污染比较敏感、对材质和加工精度要求也比较高、使用和维护比较严格、价格高。这种液压泵在龙门刨床、拉床、液压机、工程机械、矿山冶金设备、船舶上得到广泛的应用。

## 一、轴向柱塞泵的工作原理

轴向柱塞泵按照柱塞运动方向与传动轴线之间的关系分为柱塞运动方向与传动轴线平行的斜盘式和柱塞运动方向与传动轴线相交角不大于45°的斜轴式。直轴式按照传动轴是否贯穿斜盘又分为通轴式（传动轴贯穿斜盘）和非通轴式（传动轴不贯穿斜盘）。

### 1. 斜盘式轴向柱塞泵的工作原理

斜盘式轴向柱塞泵的工作原理，如图2-29所示。它主要由斜盘1、柱塞2、缸体3、弹簧4、配流盘5、传动轴6等所组成。泵传动轴中心线与缸体中心线重合，斜盘与缸体间有一倾角$\gamma$，配流盘5上有两个窗口。斜盘1和配流盘5固定不动，缸体由传动轴6带动旋转。在弹簧4的作用下，柱塞头部始终紧贴斜盘。当缸体按图2-29示方向旋转时，由于斜盘和弹簧的共同作用，使柱塞产生往复运动，各柱塞与缸体间的密封腔容积便发生增大或缩小的变化，通过配流盘上的吸油和压油窗口实现吸油和压油。缸体每转一周，每个柱塞各完成吸、压油一次。

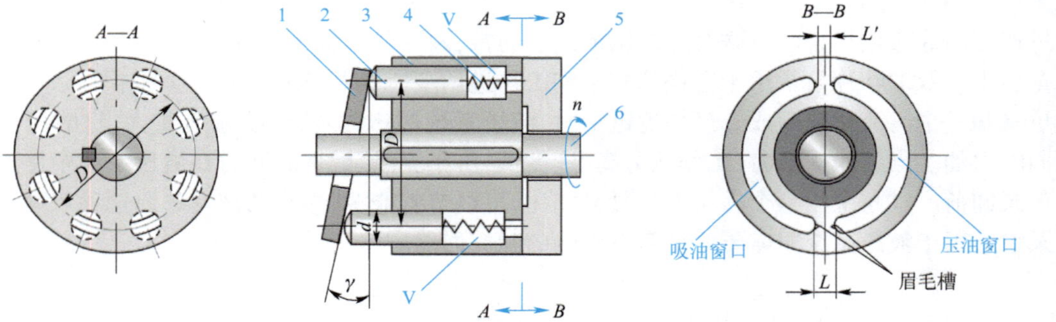


图2-29 斜盘式轴向柱塞泵的工作原理

1-斜盘；2-柱塞；3-缸体；4-弹簧；5-配流盘；6-传动轴

由于配流盘上吸、压油窗口之间的过渡区的长度$L$必须大于缸体上柱塞根部的吸、压油腰形孔的长度，故当柱塞根部密封腔转至过渡区时会产生困油，为减少所引起的振动和噪声，可在配流盘的端面上开眉毛槽。

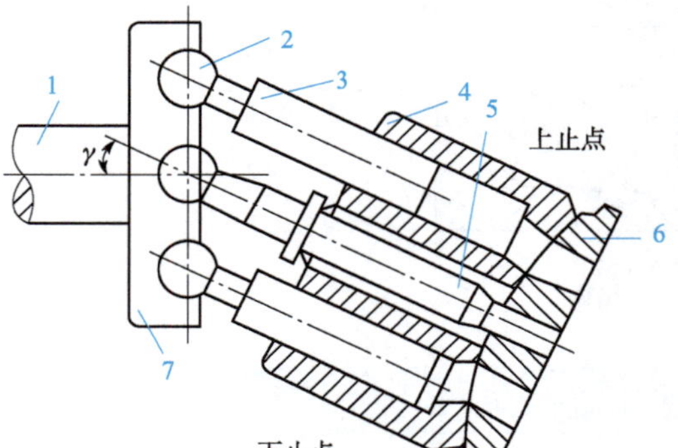


图2-30 斜轴式轴向柱塞泵的工作原理

1-传动主轴；2-连杆；3-柱塞；4-缸体；5-中心轴；6-球面配流轴；7-驱动盘

### 2. 斜轴式轴向柱塞泵工作原理

斜轴式轴向柱塞泵的工作原理，如图2-30所示。它主要由传动主轴1、连杆2、柱塞3、缸体4、中心轴5、球面配流盘6以及壳体和后盖（图中未画出）等组成。缸体与传动主轴轴线形成一个倾斜角$\gamma$，轴端部的驱动盘7采用万向铰链将连杆与缸体中的每个柱塞相连。当原动机带动柱塞泵的传动主轴旋转时，由连杆—柱塞副交替“拨动”缸体在具有腰形窗口的配流盘上做滑动旋转。由于主轴和缸体轴线形成一个夹角，柱塞由下止点向上止点方向运动时便获得一个吸油行程，通过吸油口及配流盘的腰形窗口将油液吸入缸体。当柱塞由上止点向下止点运动时，便产生压油行程，将充满缸体孔里的油液经配流盘和出油口排出。从驱动轴方向看，如果柱塞泵沿顺时针方向旋转（右转），则吸油口在后盖的左侧，而压油口则在后盖的右侧。仍从驱动轴方向看，如果驱动轴逆时针方向旋转（左转），则吸油口在后盖的右侧，而压油口则在后盖的左侧。

3. 轴向柱塞泵的排量和流量

若柱塞数目为 $z$，柱塞直径为 $d$，柱塞孔的分布圆直径为 $D$，斜盘倾角（或缸体与传动主轴轴线夹角）为 $\gamma$，当缸体转动一转时，泵的排量为：

$$V=\frac{\pi}{4}d^2D(\tan\gamma)z \tag{2-22}$$

泵输出的实际流量为：

$$q=\frac{\pi}{4}d^2D(\tan\gamma)zn\eta_V \tag{2-23}$$

## 二、轴向柱塞泵的结构特点

1. 斜盘式轴向柱塞泵的结构特点

（1）变量问题。

如图 2-29 所示，由于斜盘与缸体轴线间保持倾角 $\gamma$，而柱塞泵的排量与倾角 $\gamma$ 有关。故当斜盘倾角 $\gamma$ 不可调节时，即制成定量泵；当斜盘倾角 $\gamma$ 可调节时，改变斜盘倾角 $\gamma$ 的大小，就能改变柱塞的行程，也就改变了泵的排量。如果改变斜盘倾角的方向，就能改变吸、压油方向，这时柱塞泵就成为双向变量轴向柱塞泵。但柱塞泵的输油量是脉动变化的。

（2）柱塞与斜盘的接触形式。

斜盘式轴向柱塞泵的柱塞头部与斜盘有点接触和面接触两种接触形式。图 2-29 所示的柱塞泵为球头型点接触，故称为点接触型轴向柱塞泵。其优点是结构简单，但当柱塞泵工作时柱塞头部与斜盘接触点受到很大的挤压应力。故点接触型轴向柱塞泵不能用于高压和大流量场合，为此出现了面接触型轴向柱塞泵。

如图 2-31 所示，面接触型轴向柱塞泵通常是在柱塞的球头加装滑履（又称滑靴），且缸孔中的压力油可经柱塞和滑履中间的小孔通至滑履油室，在滑履与斜盘的接触平面间形成液体静压推力支承，使得柱塞和斜盘之间变为有润滑的面接触，从而大大降低了柱塞与斜盘的磨损及摩擦损失，使柱塞泵的工作压力大幅提高，但其结构也较为复杂。

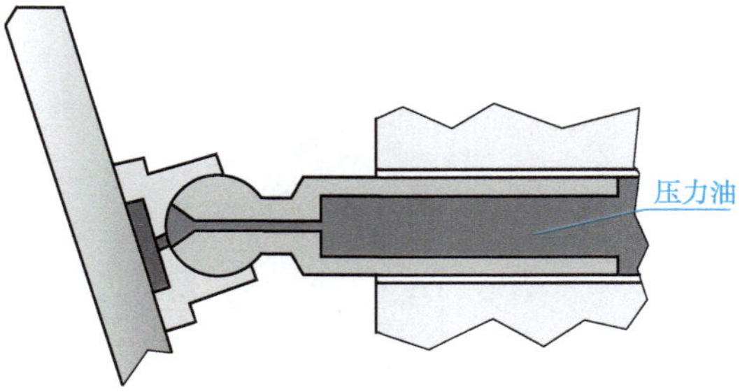

图 2-31 滑履结构

（3）柱塞的回程（外伸）。

柱塞在缸体孔中往复运动是柱塞泵改变密封工作容积以及进行吸油和压油的根本原因。回程机构的作用是保证滑履的端面在任何时候都紧贴斜盘斜面而不脱离。柱塞回程（外伸）的方法有：采用辅助泵供油使柱塞回程、分散弹簧回程、集中中心弹簧回程等。

辅助泵供油至主泵的吸油口,保证工作腔在吸油工况时具有一定的压力以克服摩擦力、惯性力等而使柱塞外伸。为了使主泵不吸空,辅助泵的供油流量一般要比主泵流量大 10% ~ 15%,多余的油液经溢流阀流回油箱。为了减少能量损失和系统发热,供油压力不宜过高,一般调定在 0.5MPa 左右。这种回程方式可靠,但液压系统复杂,并伴有能量损失,一般不单独使用。

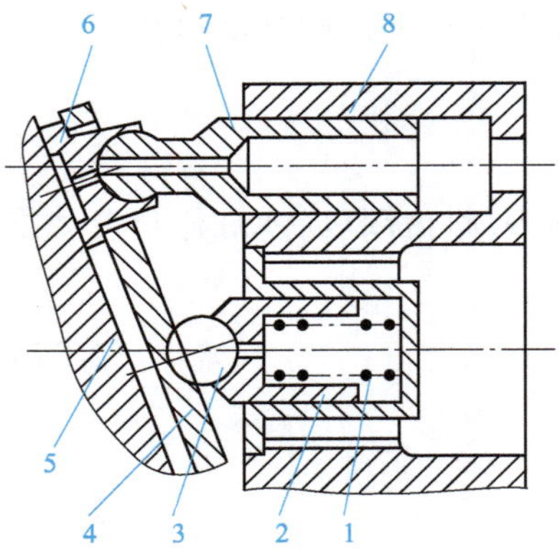


图 2-32　中心弹簧回程机构

1-中心弹簧;2-套筒;3-钢球;4-回程盘;5-斜盘;6-滑履;7-柱塞;8-缸体

图 2-29 所示柱塞泵的柱塞通过分散布置在每个柱塞底部的弹簧使柱塞外伸(回程),通过斜盘作用缩回,自吸能力较差,而且因弹簧高频工作极易引起疲劳破坏,故此种结构已很少采用。通常轴向柱塞泵采用图 2-32 所示的中心弹簧回程机构,中心弹簧 1 的弹簧力通过套筒、钢球或球铰、回程盘带动滑靴和柱塞回程,而通过斜盘强迫缩回,同时弹簧 1 承受静载荷而不会产生疲劳破坏。

图 2-33 所示是目前使用比较广泛的 CY 型斜盘式轴向柱塞泵的结构图。该泵由主体部分和变量机构两部分组成。CY 型斜盘式轴向柱塞泵的主要特点有:

①在柱塞头部加滑靴 3。

②采用中心弹簧回程机构。

③将传动轴改为半轴,悬臂端通过缸体外大轴承 2 支承,这种柱塞泵将来自斜盘的径向力传至大轴承,泵轴只传递转矩,因此传动轴为半轴结构。

由于采用了上述结构,CY 型轴向柱塞泵的额定工作压力可达 32MPa。不过,因为缸体外大轴承不宜用于高速场合,使柱塞泵的转速受到限制;其结构也比较复杂,使用、维护要求高。

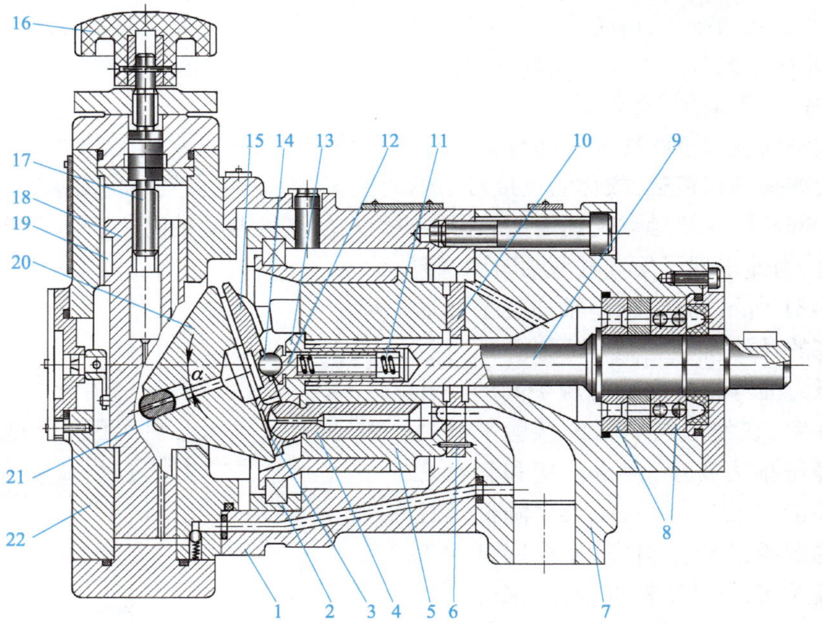


图 2-33　CY 型轴向柱塞泵的结构

1-中间泵体;2-缸外大轴承;3-滑履;4-柱塞;5-缸体;6-定位销;7-前泵体;8-轴承 9-传动轴;10-配流盘;11-中心弹簧;12-内套筒;13-外套筒;14-钢球;15-回程盘 16-调节手轮;17-调节螺杆;18-变量活塞;19-导向键;20-斜盘;21-销轴;22-后泵盖

图 2-33 所示的轴向柱塞泵的左边部分为手动变量机构。转动手轮 16,使调节螺杆 17

转动，在导向键19作用下，带动变量柱塞18做轴向移动。通过变量头及轴销，斜盘20绕钢球14的中心摆动，从而改变了斜盘的倾角。手动变量机构结构简单，但操纵力较大，通常只能在停机或泵压较低的情况下才能实现变量。

图2-33所示的泵是一种非通轴型轴向柱塞泵。非通轴型泵的主要缺点之一是要采用大型滚柱轴承来承受斜盘施加给缸体的径向力，轴承寿命较低，转速受到限制，且噪声大，成本高。近年来发展较快的是通轴型的轴向柱塞泵，图2-34为其典型结构图。与非通轴型泵相比较，通轴泵的主轴采用了两端支承，斜盘通过柱塞作用在缸体上的径向力可以由主轴承受，取消了缸体外缘的大轴承，使转速得以提高；这种泵无单独的配流盘，而是通过缸体和后泵盖端面直接配油。

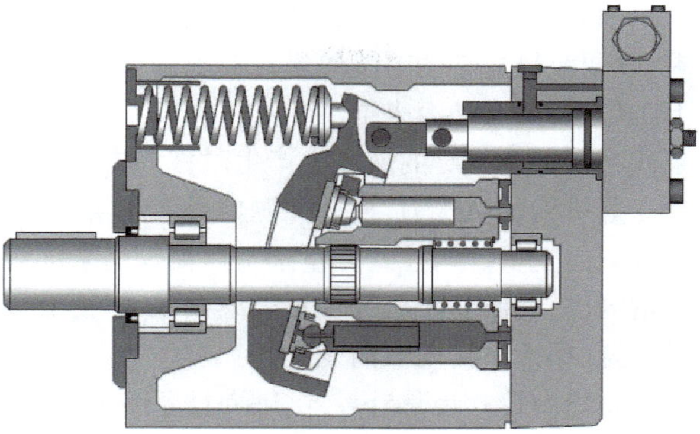

图2-34　通轴型的轴向柱塞泵结构示意图

2. 斜轴式轴向柱塞泵的结构特点

斜轴式轴向柱塞泵的传动轴与缸体轴线倾斜一个角度，因此称为斜轴泵。图2-35所示的A2F型轴向柱塞泵为斜轴式轴向柱塞泵的典型结构。主轴1由三个轴承组成的轴承组2支承，连杆和柱塞经滚压连接在一起组成连杆柱塞副3，连杆大球头由回程盘压在主轴的球窝里，缸体4与配流盘6之间采用球面配流，采用这种结构，即使缸体相对于旋转轴线有些倾斜，仍能保持缸体与配流盘之间的紧密配合，并且由套在中心轴8上的碟形弹簧9将缸体压在配流盘上，因而具有较高的容积效率。中心轴支承在主轴中心球窝和配流盘中心孔之间，它能保证缸体很好地绕着中心轴旋转。当原动机通过主轴、连杆带动缸体旋转时，柱塞在缸体柱塞孔中既随缸体一起旋转，又沿缸体轴线做往复运动，通过配流盘完成吸油、压油过程。由于结构简单，目前这种柱塞泵应用比较广泛。只要轴向柱塞泵设计得当，可以使连杆的轴线与缸孔轴线间的夹角设计得很小，因而柱塞上的径向力大为减小，这对改善柱塞和缸体孔间的磨损以及减小缸体的倾覆力矩都大有益处。斜轴式轴向柱塞泵发展较早，构造成熟。

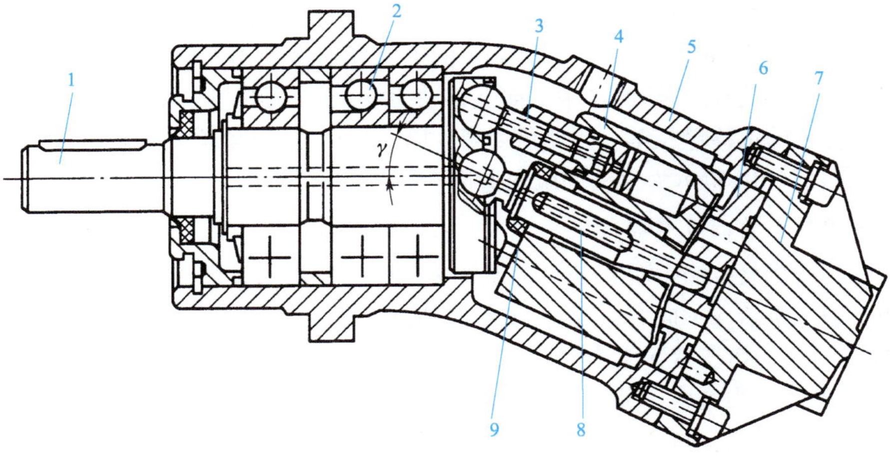


图2-35　斜轴式轴向柱塞泵

1-主轴；2-轴承组；3-连杆柱塞副；4-缸体；5-泵体；6-配流盘；7-后盖；8-中心轴；9-碟形弹簧

## 三、轴向柱塞泵的变量调节原理

轴向柱塞泵的一个很大的优点就是容易做成变量泵，以适应液压系统对流量的不同需求，以便获得显著的节能效果。实现调节排量的机构称为变量机构。当液压泵在一定压力下工作时，要有外力来推动变量机构动作。这个外力由外部能源供给时称为外控式，由液压泵或液压马达本身的液压力产生时称为内控式。外控式变量泵通常由一套控制油源提供推动变量机构的液压力，控制油源不受液压泵本身负载和压力波动的影响，故比较稳定，且可实现双向变量。内控式变量泵不需要任何附加泵源，但由于液压泵处于零排量工况时没有流量输出，所以变量机构便不能继续运动，使液压泵的排量反向，这样液压泵便停留在零排量位置，即无法实现双向变量。

无论内控式还是外控式，轴向柱塞泵的变量机构均有多种分类方式，例如按操纵控制力的方式可分为手动、机动、电控、液控和电—液控制等，按控制调节方式可分为压力控制、流量控制、功率控制等。

### 1. 手动伺服变量调节原理

图 2-36a）所示为典型的手动伺服变量机构的结构图，它由伺服阀芯 1（与拉杆 8 相连）、变量活塞 4 和壳体 5 等零件组成。变量活塞 4 上端的有效面积大于下端的有效面积。同伺服阀芯 1 相配合的阀套 7 与变量活塞 4 制成一体。阀套 7 与变量活塞 4 的三个孔道（腔）e、f、h 分别与变量活塞 4 的下腔 d、上腔 g 和泵体内腔相通，泵体内腔通过泄油口与油箱相通。变量活塞 4 上下移动时，通过球铰 2 使斜盘 3 的倾角 $\gamma$ 发生变化。液压泵输出的液压油经单向阀 6 进入变量活塞 4 的下腔，液压力作用在变量活塞 4 的下端。当与伺服阀芯 1 相连接的拉杆 8 不动时（图示状态），变量活塞 4 的上腔 g 处于封闭状态，变量活塞 4 不动而处于平衡状态，斜盘 3 的倾角 $\gamma$ 保持不变。

当通过拉杆 8 推动伺服阀芯 1 下移时，上面的阀口打开，d 腔的压力油经孔道 e 进入上腔 g。由于变量活塞 4 上端的有效面积大于下端的有效面积，向下的液压力大于向上的液压力，故变量活塞 4 原有的平衡状态被破坏，也随伺服阀芯 1 向下移动，直到将上面的阀口关闭为止。当变量活塞 4 下移时，斜盘倾角 $\gamma$ 增加，液压泵的排量随之增加。变量活塞 4 的位移量等于拉杆 8 的位移量，该位移量也对应着一定的斜盘倾角。当拉杆 8 带动伺服阀芯 1 向上移时，则下面的阀口打开，变量活塞 4 的上腔 g 通过通道 f 与 h 腔相通，上腔压力下降，变量活塞 4 在下腔压力油的作用下向上移动，直至下面的阀口关闭为止。变量活塞 4 的移动量与拉杆 8 的位移量相等。当变量活塞 4 向上移动时，斜盘倾角 $\gamma$ 减小，液压泵的排量随之减小。图 2-36b）所示为手动伺服变量机构的液压原理图。

### 2. 恒压控制变量调节原理

恒压控制变量泵（简称恒压泵）可向系统提供恒定的压力。图 2-37 所示为恒压泵的工作原理图。当变量活塞 1 向右运动时，变量泵的排量减少。

图 2-37 所示的恒压变量泵为内控式。如果液压系统为阻力负载，液压泵的输出流量过大，则会引起系统压力增大。此时，控制滑阀 4 左端的液压力大于调压弹簧 3 的弹性力而使阀芯右移，压力油进入变量活塞 1 的左端，变量活塞 1 的右端始终通压力油。变量活塞 1 两端的承压面积差产生的液压推力推动液压泵的变量机构，使变量泵的排量减小，因而输出流量减小，液压泵的工作压力也随之降低。当控制滑阀 4 左端面上的液压力刚好等于调压弹

簧3的预紧力时,控制滑阀4关闭,变量活塞1停止运动,变量过程结束,液压泵的工作压力稳定在调定值。

同理,如果系统压力下降,则变量机构会使液压泵的输出流量增加,工作压力回升到调定值。调节调压弹簧3的预紧力,即可调节液压泵的工作压力。

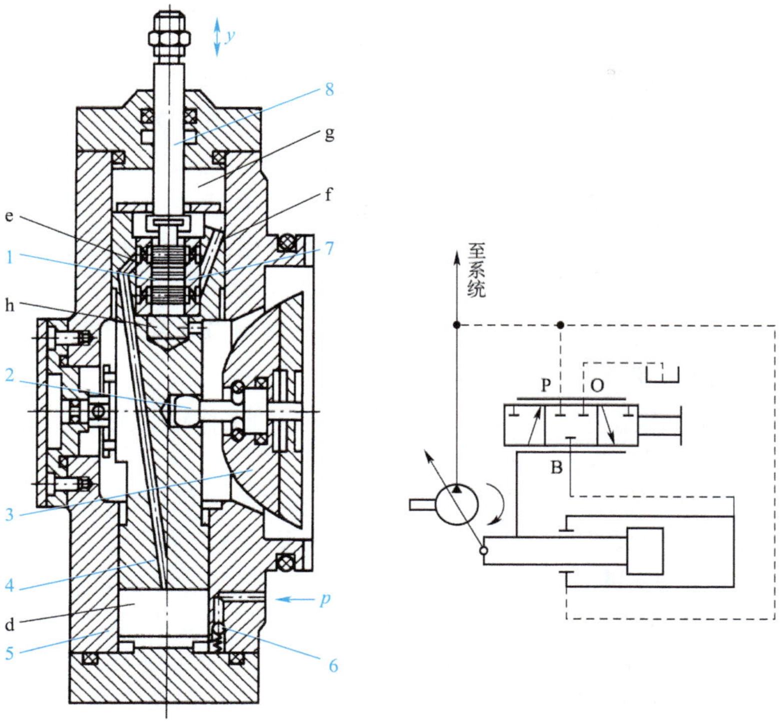


a)结构图

b)液压原理图

图2-36 手动伺服变量机构的结构图及液压原理图

1-伺服阀芯;2-球铰;3-斜盘;4-变量活塞;5-壳体;6-单向阀;7-阀套;8-拉杆

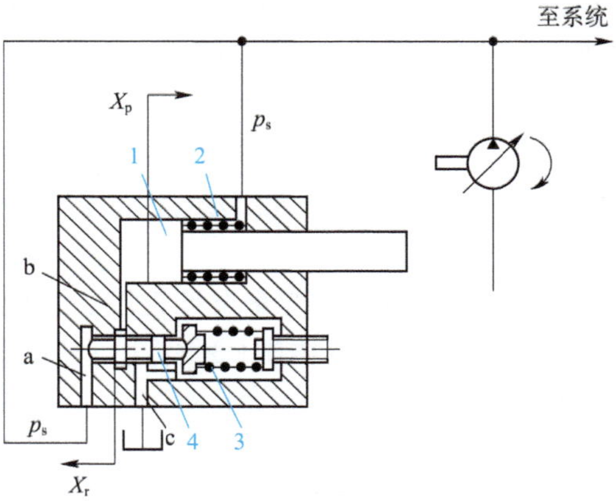


图2-37 恒压泵的工作原理

1-变量活塞;2-复位弹簧;3-调压弹簧;4-控制滑阀;a、b、c-油孔

### 3. 恒流量控制变量调节原理

图2-38所示为压力控制型的恒流量变量泵原理图。恒流控制阀上设置一薄刃形节流

口 2 作为流量检测元件，它将流量变化转化为压力变化信号以控制阀芯 1 的位置。当由于某种原因使液压泵的实际输出流量减小时，节流口的压差降低，弹簧 3 的弹性力大于液压力而使阀芯 1 左移。因而高压油口 a 的高压油经流道 b 进入变量控制活塞 4 的右端，使变量机构移动，故液压泵的排量增加。由于采用恒流量控制，当液压泵在任何压力下（即容积效率不同）工作时，其输出流量均可保持恒定。对于柱塞泵而言，因其容积效率相当高，当转速恒定时，在一定精度范围内，定排量即具有恒流量的作用。对于驱动泵的原动机转速变化相当大的场合（如内燃机驱动），恒流量泵能在一定转速变化范围内保持液压泵输出流量基本恒定。

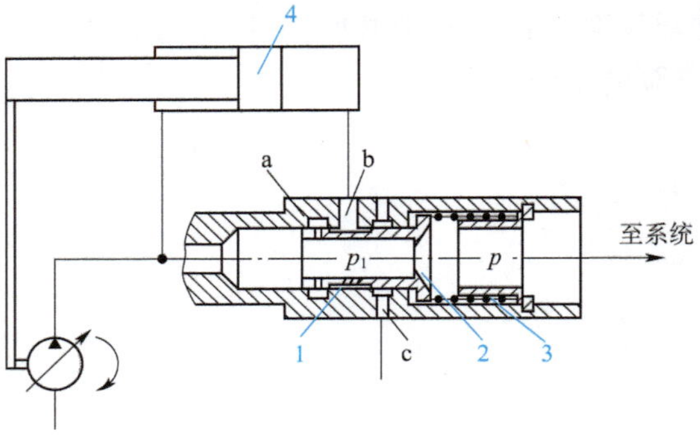

图 2-38　恒流量变量泵的原理图

1-阀芯；2-薄刃形节流口；3-弹簧；4-变量控制活塞；a-高压油口；b、c-流道

#### 4. 恒功率变量和功率匹配变量调节原理

功率匹配（也称功率适应）的控制方式可使变量泵的工作压力及输出流量同时与系统的需求相适应，以提高系统效率。

图 2-39a）所示为一种恒功率（带伺服放大）变量泵的变量机构结构图。图中伺服滑阀 2 装在变量活塞 1 内，故伺服滑阀 2 和变量活塞 1 构成直接的位置反馈关系。来自液压泵出口的高压油通过单向阀 9 进入变量活塞 1 的下腔 a，并通过变量活塞 1 中的孔道 b 引至伺服滑阀 2 的 d 腔和 c 腔，如图 2-39c）所示。控制变量活塞 1 在 d 腔的承压面积为 $\pi(d_2^2-d_1^2)/4$，此承压面积上的液压力与伺服滑阀 1 上的弹簧力相平衡。如液压力大于弹簧力，则伺服滑阀 2 上移，变量活塞 1 上腔的油液通过孔道 I 再经打开的控制阀口及中心孔 h 流至回油腔，因而变量活塞 1 上腔的压力下降。当变量活塞 1 上腔的压力下降到 $p_1 \leqslant p(A_1/A_2)$ 时、（$A_1$、$A_2$ 分别为变量活塞 1 上下端面承压面积），变量活塞 1 上移，并推动变量机构使液压泵变量。

在伺服滑阀 2 上设置两根弹簧 4 和 5，其中内弹簧 4 在初始位置时不受任何压缩。在控制滑阀 2 上移的初期，仅外弹簧 5 起作用。作用在伺服滑阀 2 上的液压力与弹簧 5 的弹簧力相平衡。当伺服滑阀 2 移过一段距离后，内弹簧 4 开始受压缩，两个弹簧力之和与液压力相平衡。由于上述两个弹簧的作用，液压泵的流量—压力特性为图 2-40 所示的折线。适当选择图 2-40 中直线 $ab$ 和 $bc$ 的斜率及截距（即弹簧 4、5 的刚度及预压缩量），可使液压泵的流量—压力特性曲线近似为双曲线，即 $pq=$ 常数，表示液压泵的输出功率近似不变，故称为恒功率机构。

图 2-41 所示为一种功率匹配控制方式的变量泵原理图。它由液动功率匹配阀 1、电—液比例阀 2、梭阀 3 和变量控制活塞 4 组成。梭阀 3 的作用是使变量控制活塞 4 向左或向右运动时，通向液动功率匹配阀 1 的控制油压始终为负载压力 $p_L$。假如电—液比例阀 2 的压力损失调定为 $\Delta p_0$，则当液动功率匹配阀处于平衡状态时，液压泵的工作压力 $p_s$ 等于液压缸或液压马达（图中为液压缸）的负载压力 $p_L$ 与电—液比例阀压力损失 $\Delta p_0$ 之和。当负载压力发生变化时，液压泵的工作压力也相应变化，但始终与负载需要相匹配，不产生很大的压力损失。电—液比例阀 2 的压力损失由液动功率匹配阀弹簧的压紧力设定。若电—液比例阀 2 的压力损失大于调定的 $\Delta p_0$ 值，则意味着通过电—液比例阀 2 的流量过大，液动功率匹配阀阀芯受力不平衡而左移，操纵变量控制活塞 4 使液压泵的排量减小。最后，电—液比例阀 2 的压

力损失回到 $\Delta p_0$，通过电—液比例阀 2 的流量回到调定值。连续改变电—液比例阀的工作电流以控制其阀口开度，即可连续成比例地控制液压泵的输出流量，以满足系统需要。这种控制方式不产生溢流，液压泵的输出压力及流量始终与液压系统的要求相匹配（适应），故系统效率高，能量损失及系统发热均很小，节能效果显著，特别适合大功率液压系统采用。

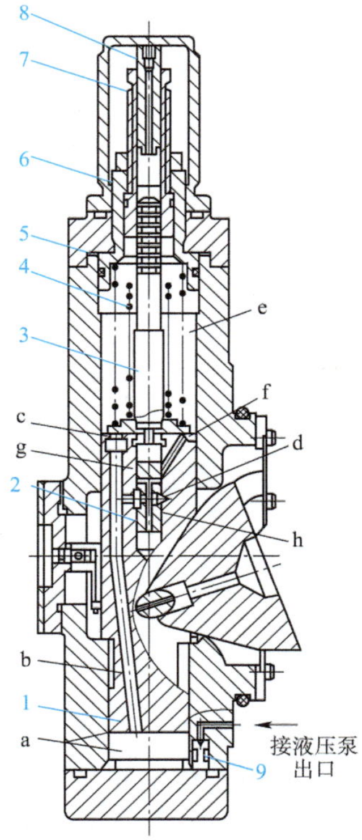

a)结构图

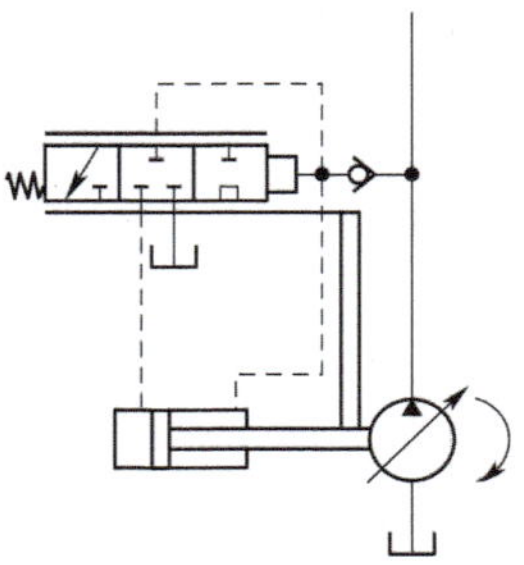
b)液压原理图

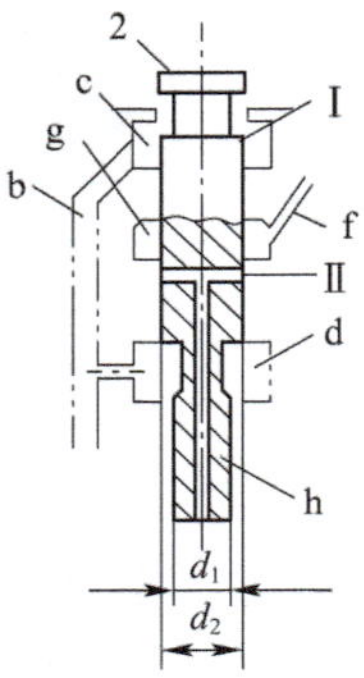

c)伺服滑阀放大图

图 2-39　恒功率（带伺服放大）变量机构

1-变量活塞；2-伺服滑阀；3-芯轴；4-内弹簧；5-外弹簧；6、7-弹簧套；8-调节螺钉；9-单向阀；a-活塞下腔室；b、f-孔道；c、g-环槽；d-腔室；e-活塞上腔室；h-伺服滑阀中心孔

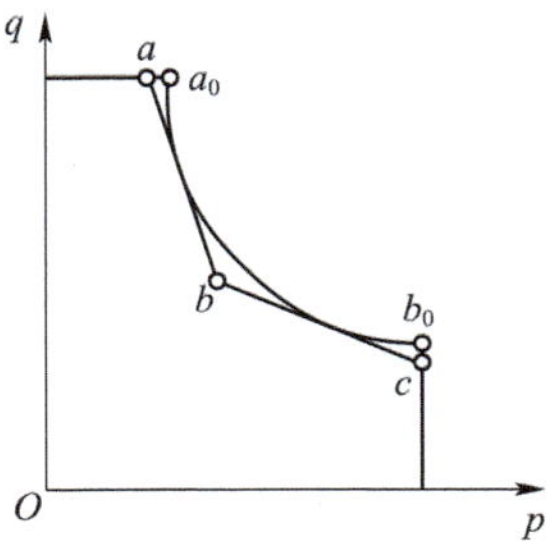

图 2-40　流量—压力特性曲线

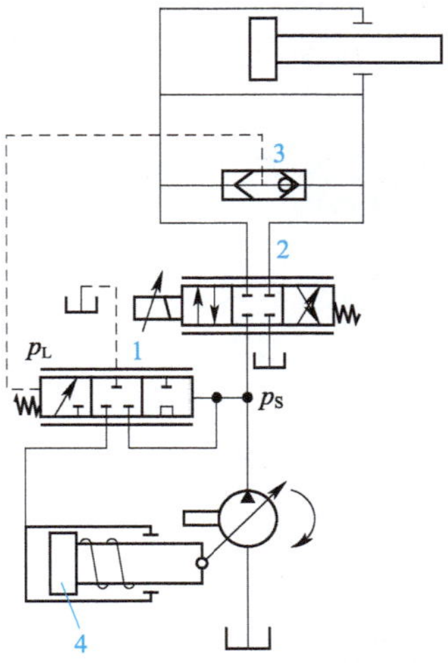

图 2-41　功率匹配变量泵原理图

1-液动功率匹配阀；2-电—液比例阀；3-梭阀；4-变量控制活塞

## 四、径向柱塞泵

径向柱塞泵的工作原理，如图 2-42 所示。它主要由柱塞 1、转子(缸体)2、衬套 3、定子 4、配流轴 5 等组成。柱塞径向均匀布置在转子中。转子和定子之间有一个偏心量 $e$。配流轴固定不动，上部和下部各做成一个缺口，即图示 b 腔和 c 腔，此两缺口又分别通过所在部位的两个轴向孔 a 和 d 与泵的吸、压油口连通。配流轴外的衬套与转子内孔采用过盈配合，随转子一起转动。

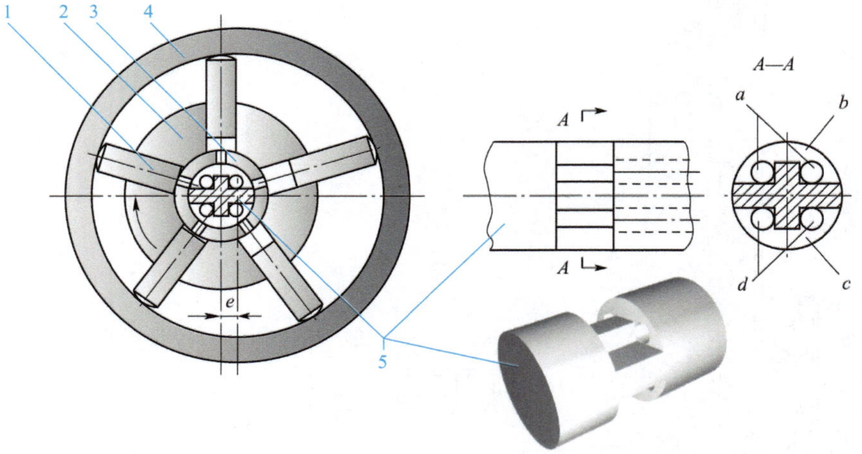


图 2-42 径向柱塞泵的工作原理

1-柱塞;2-转子(缸体)3-衬套;4-定子;5-配流轴

当转子按图 2-42 所示方向转到时，上半周的柱塞在离心力作用下外伸，经过衬套上的油孔通过配流轴吸油；下半周的柱塞则受定子内表面的推压作用而缩回，通过配流轴压油。转子回转一周，每个柱塞根部的密封腔完成一次周期性的变化，实现一次吸、压油。移动定子改变偏心距的大小，便可改变柱塞的行程，从而改变排量。若改变偏心距的方向，则可改变吸、压油的方向。因此，径向柱塞泵可以做成单向或双向变量泵。

径向柱塞泵的优点是流量大，工作压力较高，轴向尺寸小，工作可靠等。其缺点是径向尺寸太，自吸能力差，且配流轴受到径向不平衡液压力的作用，易于磨损，泄漏间隙不能补偿。

# 学习项目五 液 压 马 达

液压马达是使负载做连续旋转的执行元件，结构上和液压泵大致相同，也是依靠密闭容积的变化进行工作的，工作原理上和液压泵是互逆的，差别仅在于液压泵的旋转是由电动机所带动，输出的是液压油；液压马达则是输入液压油，输出转矩和转速。液压马达和液压泵在细部结构上存在一定差别，除了个别型号的齿轮泵和柱塞泵可作液压马达使用外，其他一些泵是不能直接作为液压马达使用的。下面介绍叶片式液压马达和轴向柱塞式液压马达的工作原理。

## 一、叶片式液压马达

图 2-43 所示为双作用叶片液压马达的工作原理图。当马达右侧油口输入高压油，左侧

油口回油时，在叶片1、3、5、7上一面作用高压力油，另一面为低压力油；而叶片2、4、6、8两侧压力相同。由于叶片3、7伸出的面积大于叶片1、5伸出的面积，故液体作用于叶片3、7上的作用力大于作用于叶片1、5上的作用力，从而由于作用力不等而使叶片带动转子做逆时针方向旋转。同理，若马达左侧油口输入高压油，右侧油口回油时，马达将顺时针方向旋转。

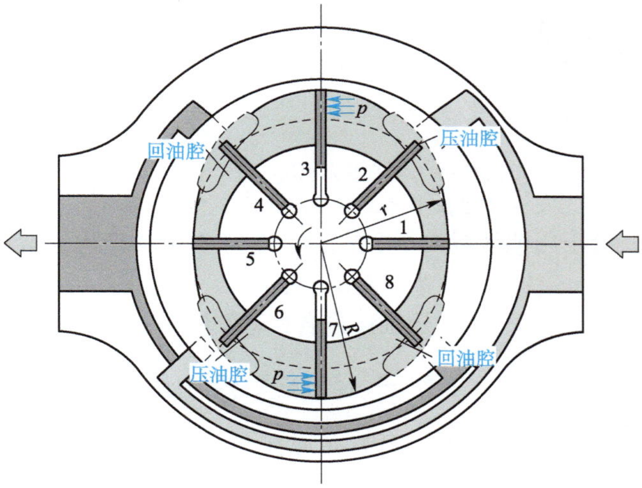

图2-43 叶片式液压马达工作原理图

由于液压马达一般都要求能正、反转，故双作用叶片马达在结构上有以下特点：

(1)叶片数通常取为偶数，叶片在转子中对称布置，工作中转子所承受的径向液压力平衡，因此轴承受力较小。

(2)叶片马达中的叶片径向放置；叶片顶端对称倒角，以适应正反转要求。

(3)叶片底部装有弹簧，以保证马达起动时，叶片能紧贴定子内表面，形成密闭容积，以防起动时高低压腔串通。

(4)叶片底部通高压油，使叶片与定子可靠接触。为了保证叶片底部在马达正反转时都能通入高压油，在回、压油腔通入叶片根部的通路上设置了单向阀。

叶片式液压马达体积小，转动惯量小，动作灵敏，适用于换向频率较高的场合。但其泄漏量较大，低速工作时不稳定。因此，叶片式液压马达一般用于转速高、转矩小和动作要求灵敏的场合。

## 二、轴向柱塞式液压马达

图2-44所示为轴向柱塞液压马达工作原理图。斜盘1和配流盘4固定不动，缸体3及其上的柱塞2可绕缸体的水平轴线旋转。当压力油经配流盘通过缸孔进入柱塞底部时，柱塞受油压作用而向外伸出，紧紧压在斜盘面上，这时斜盘对柱塞的反作用力为 $F$。由于斜盘有一倾斜角 $\gamma$，所以 $F$ 可分解为两个分力，一个是轴向分力 $F_x$，平行于柱塞轴线，并与柱塞底部油压力平衡；另一个分力是 $F_y$，垂直于柱塞轴线。其中：

$$F_y = F_x \tan\gamma = p\frac{\pi}{4}d^2\tan\gamma$$

该力对缸体轴线产生力矩，带动缸体旋转。缸体再通过主轴5向外输出转矩和转速，成为液压马达。

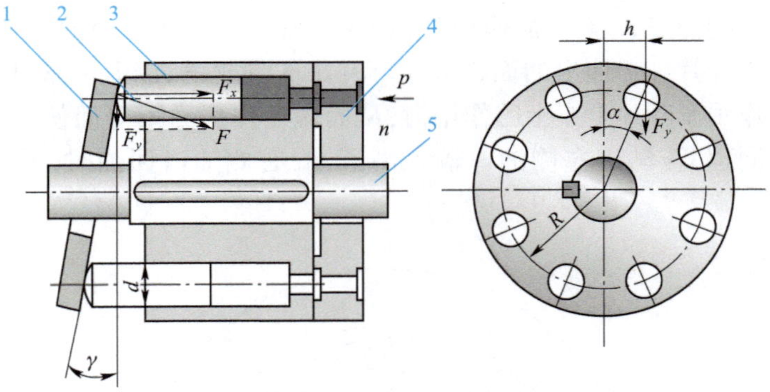


图 2-44　轴向柱塞液压马达工作原理

1-斜盘;2-柱塞;3-缸体;4-配流盘;5-传动轴

由图 2-44 可知,处于压油区域内每个柱塞上的 $F_y$ 对缸体产生的瞬时转矩 $T'$为:

$$T' = F_y h = F_y R\sin\alpha \tag{2-24}$$

液压马达的输出转矩,等于处在压油区内各柱塞瞬时转矩 $T'$的总和。

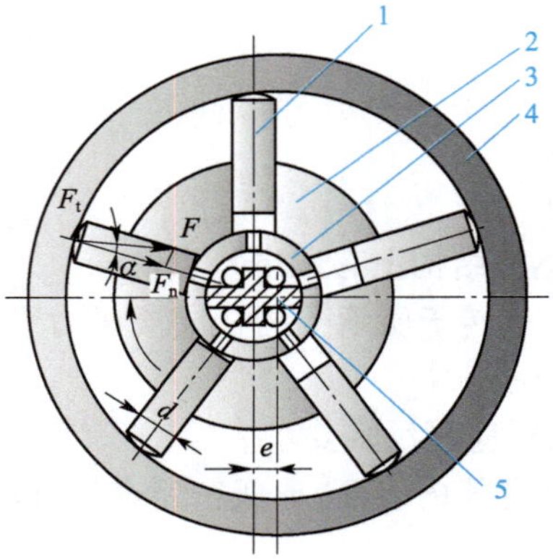


图 2-45　径向柱塞马达的工作原理

1-柱塞;2-转子(缸体);3-衬套;4-定子;5-配流轴

### 三、径向柱塞式液压马达

图 2-45 所示为径向柱塞式液压马达工作原理图,当压力油经固定的配流轴 5 的窗口进入缸体 2 内柱塞 1 的底部时,柱塞向外伸出,紧紧顶住定子 4 的内壁,在柱塞与定子接触处,定子对柱塞有反作用力 $F$,由于定子与缸体存在一偏心距 $e$,$F$ 可分解为 $F_t$ 和 $F_n$ 两个分力。当作用在柱塞底部的油液压力为 $p$ 时,$F_n = p\pi d^2/4$,该力与柱塞轴线一致,并与柱塞底部油压力平衡;另一分力 $F_t = F_n\tan\alpha$,该力对缸体产生一转矩,使缸体旋转,缸体再通过端面连接的传动轴向外输出转矩和转速,成为液压马达。实际上在压油区作用着几个柱塞,在这些柱塞上所产生的转矩都使缸体旋转,并输出转矩。

## 练习题

1. 液压泵的工作原理是什么?
2. 液压泵标牌上注明的额定压力的意义是什么?和泵的实际工作压力有什么区别?
3. 什么是泵的排量?为什么衡量泵的大小时排量比流量更能说明问题?
4. 液压泵的流量与压力有无关系?容积效率表示什么意义?
5. 什么是齿轮泵的困油现象?产生困油现象有何危害?如何消除困油现象?
6. 减小齿轮泵径向力有什么措施?
7. 齿轮泵的泄漏途径有哪些?
8. 试说明限压式变量叶片泵流量压力特性曲线的物理意义。泵的限定压力和最大流量如何调节？调节时泵的流量压力特性曲线将如何变化？

9. 双作用叶片泵和单作用叶片泵在结构上有何区别？

10. 双作用叶片泵与双作用叶片马达在结构上有什么区别？

11. 某液压泵在转速 $n = 950\text{r/min}$ 时，理论流量 $q_t = 160\text{L/min}$。在同样的转速和压力（$p$ = 29.5MPa），测得泵的实际流量为 $q = 150\text{L/min}$，总效率 $\eta = 0.87$，求：

(1) 泵的容积效率。

(2) 泵在上述工况下所需的电动功率。

(3) 泵在上述工况下的机械效率。

(4) 驱动泵的转矩多大？

12. 某液压泵，当负载压力为8MPa时，输出流量为96L/min，而负载压力为10MPa时，输出流量为94L/min。用此泵带动一排量为80 $\text{cm}^3\text{/r}$ 的液压马达，当负载转矩为120N·m时，液压马达的机械效率为0.94，其转速为1100r/min，试求此时液压马达的容积效率为多少？

13. 某变量叶片泵的转子外径 $d = 83\text{mm}$，定子内径 $D = 89\text{mm}$，叶片宽度 $B = 30\text{mm}$。求：

(1) 当泵的排量 $V = 16\text{mL/r}$ 时，定子与转子间的偏心量 $e$ 有多大？

(2) 泵的最大排量是多少？

# 单元三

# 液 压 缸

【学习要求】

1. 掌握单杆活塞缸、双杆活塞缸、柱塞缸、增压缸、伸缩缸的工作原理和结构特点。

2. 掌握液压缸的推力、速度计算。

3. 掌握液压缸的排气装置和缓冲装置。

液压缸与液压马达都是液压系统的执行元件。它们都是将液压油的压力能转换成执行元件的机械能的一种能量转换装置。其区别是:液压马达是将液体的压力能转换成执行元件连续回转的机械能,输出的是转矩与转速;液压缸是将液体的压力能转换为执行元件往复直线运动的机械能,输出的通常是推力(或拉力)与直线运动速度。

# 学习项目一　液压缸的类型和特点

## 一、液压缸的分类

液压缸种类繁多，分类方法各异，可按结构形式、作用方式的不同进行分类。常用液压缸图形符号，见表 3-1。

**常用液压缸图形符号**　　表 3-1

| 类型 | 活塞式液压缸 | | 叶片式液压缸 | 柱塞式液压缸 | 组合式液压缸 | | |
|---|---|---|---|---|---|---|---|
| | 双杆活塞缸 | 单杆活塞缸 | | | 增压缸 | 伸缩缸 | 齿条活塞缸 |
| 图形符号 | 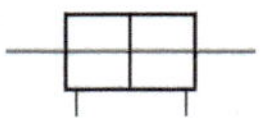 | 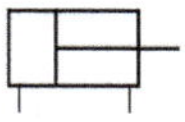 | 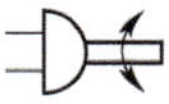 | 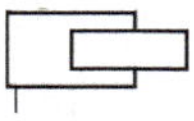 | 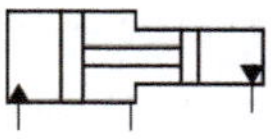 | 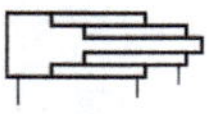 | 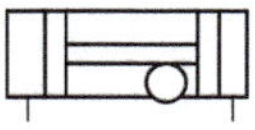 |

1. 按结构分类

(1)柱塞式液压缸。

在缸体内做相对往复直线运动的组件为柱塞的液压缸称柱塞式液压缸，简称柱塞缸。柱塞缸是最简单的液压缸，它只有一个油口，当压力油液从油口供入时，柱塞驱动负载做功，其返回行程靠外力完成。

(2)活塞式液压缸。

在缸体内做相对往复直线运动的组件为活塞的液压缸称活塞式液压缸，简称活塞缸。这类液压缸应用极为广泛，是液压缸的主体。小型活塞缸的活塞与活塞杆为整体式；大中型活塞缸的活塞与活塞杆为分体式，即分为活塞与活塞杆两个基本零件。活塞杆在液压缸一端伸出的称单活塞杆液压缸(或简称单杆缸)；活塞杆在液压缸两端伸出的称双活塞杆式液压缸(或简称双杆缸)。单活塞杆式液压缸的往返行程有两种情况：其一，都是靠液压力驱动的，称为单杆双作用活塞式液压缸；其二，伸出行程是靠液压力驱动的，而返回行程靠外力驱动的，称为单杆单作用活塞式液压缸。双活塞杆式液压缸的往返行程都是靠液压力驱动的。

(3)组合式液压缸。

组合式液压缸通常由两个或两个以上的液压缸组成，是用来达到特殊目的的液压缸。例如，一大和一小液压缸串联(共活塞杆)以实现小液压缸输出端增压的增压缸；由两个或两个以上的液压缸嵌套构成的伸缩液压缸。

(4)叶片式液压缸。

叶片式液压缸又称摆动液压马达，其输出参量为转矩和角速度，与液压马达相同，但其不可连续转动，故称摆动液压马达。按叶片数量可分为单叶片式和双叶片式。

2. 按作用方式分类

(1)单作用液压缸。

通常认为活塞(或柱塞)处于完全缩回状态为液压缸的初始状态(静态)，液压缸活塞(或柱塞)伸出后又回到初始状态为一次工作循环。如果在一次工作循环中，只需供液压油一次，使活塞(或柱塞)伸出，则称单作用液压缸。单作用液压缸的活塞(或柱塞)回程是靠外力(如重力、弹簧力等)完成的。单作用液压缸只有一个油口,既是供油口又是回油口,供油口和回油口的变换是靠换向阀控制的。柱塞式液压缸(包括柱塞式伸缩液压缸)和某些单活塞杆液压缸为单作用液压缸。

(2)双作用液压缸。

双作用液压缸是完成一次工作循环必须供油两次(回油也是两次)的液压缸。柱塞式液压缸不可能为双作用液压缸。双活塞杆液压缸必须是双作用液压缸。绝大多数单活塞杆液压缸为双作用液压缸。

简言之,液压缸与外界只有一条管路连接的称为单作用液压缸,与外界有两条管路连接的称为双作用液压缸。这里,管路多少是对一个液压缸而言。

## 二、活塞式液压缸

活塞式液压缸可分为双杆式和单杆式两种结构,其固定方式有缸体固定和活塞杆固定两种。为了减轻活塞杆重量、减小运动惯性和活塞杆的弯曲变形,活塞杆直径 $d > 50\text{mm}$ 时,可采用空心式。

### 1. 双活塞杆液压缸

图 3-1 为实心双活塞杆液压缸的典型结构图,主要由缸体 6、活塞 5 和两个活塞杆 7 等零件组成。缸体 6 一般采用无缝钢管,内壁加工精度要求很高。活塞 5 和活塞杆 7 用销连接。活塞杆 7 分别由导向套 3 导向,并用密封圈 2 密封。两个端盖 8 上开有进、出油口。通常,两个活塞杆直径是相同的。

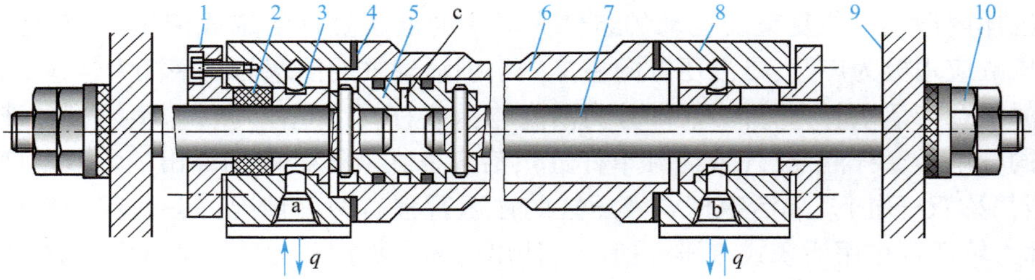


图 3-1 实心双活塞杆液压缸

1-压盖;2-密封圈;3-导向套;4-纸垫;5-活塞;6-缸体;7-活塞杆;8-端盖;9-支架;10-螺母

当液压缸右腔进油、左腔回油时,活塞相对于缸体左移;反之,活塞相对于缸体右移。由于活塞两端有效面积相等,如果供油压力和流量不变,那么活塞(或缸体)在两个方向的运动速度和推力也都相等,即

$$v = \frac{q}{A} = \frac{4q}{\pi(D^2 - d^2)} \tag{3-1}$$

$$F = (p_1 - p_2)A = \frac{\pi}{4}(p_1 - p_2)(D^2 - d^2) \tag{3-2}$$

式中:$v$——活塞(或缸体)的运动速度;

$q$——输入液压缸的流量;

$A$——液压缸的有效工作面积;

$D$——活塞直径;

$d$——活塞杆直径;

$F$——活塞(或缸体)上的液压推力；

$p_1$——液压缸的进油压力；

$p_2$——液压缸的回油压力。

这种两个方向等速、等力的特性使双活塞杆液压缸特别适合用于双向负载基本相等而又要求往复运动速度相同的场合。

液压缸固定方式有缸体固定和活塞杆固定两种。图 3-2a)所示为缸体固定方式，此时，液压缸驱动工作台的运动范围约等于活塞有效行程的3倍，一般用于中小型设备。图3-2b)所示为活塞杆固定方式，此时，液压缸驱动工作台的运动范围约等于缸体有效行程的两倍，常用于大中型设备。

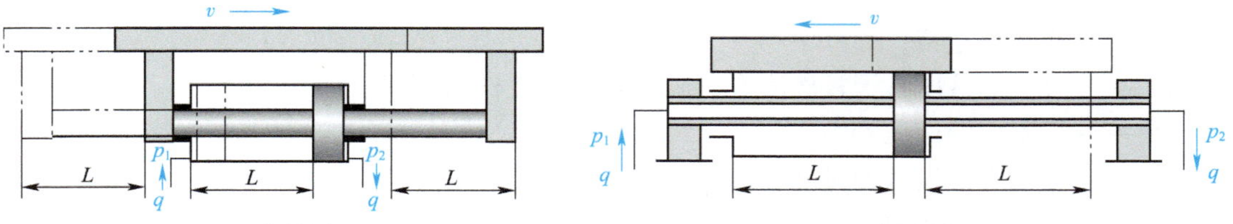


a)缸体固定　　b)活塞杆固定

图 3-2　双活塞杆液压缸

2. 单活塞杆液压缸

图 3-3 所示为单活塞杆液压缸的典型结构。它主要由缸体 3，活塞 2，活塞杆 8，前、后缸盖 1、4，导向套 6，拉杆 7 等组成。当压力油从 a 孔或 b 孔进入缸筒 3 时，可使活塞实现往复运动。

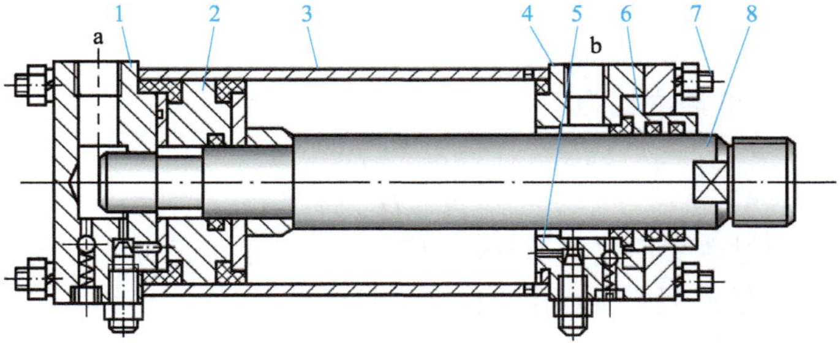


图 3-3　单活塞杆液压缸的典型结构

1、4-缸盖；2-活塞；3-缸体；5-缓冲及排气装置；6-导向套；7-拉杆；8-活塞杆

图 3-4 所示为单活塞杆液压缸的三种不同的工况。单活塞杆液压缸两腔的有效作用面积不同，如果供油压力和流量不变，活塞在两个方向的输出推力和运动速度是不相等的。

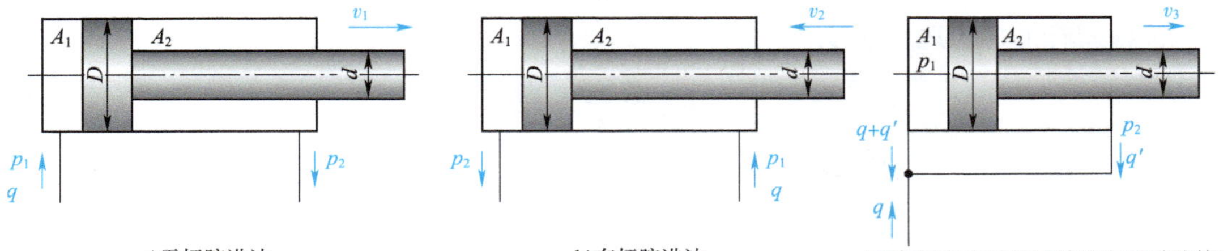


a)无杆腔进油　　b)有杆腔进油　　c)无杆腔和有杆腔同时进油(差动连接)

图 3-4　单活塞杆液压缸的三种工况

(1)无杆腔进油(图3-4a),有杆腔回油,活塞杆伸出,设活塞的运动速度为 $v_1$,推力为 $F_1$,则有:

$$v_1=\frac{q}{A_1}=\frac{4q}{\pi D^2} \tag{3-3}$$

$$\begin{aligned}F_1&=p_1A_1-p_2A_2=\frac{\pi}{4}D^2p_1-\frac{\pi}{4}(D^2-d^2)p_2\\&=\frac{\pi}{4}D^2(p_1-p_2)+\frac{\pi}{4}d^2p_2\end{aligned} \tag{3-4}$$

式中:$q$——输入液压缸的流量;

$D$——活塞直径;

$d$——活塞杆直径;

$A_1$、$A_2$——分别为液压缸无杆腔和有杆腔活塞的有效作用面积;

$F_1$——活塞上的液压推力;

$p_1$、$p_2$——分别为液压缸的进油与回油压力。

(2)有杆腔进油时(图3-4b),无杆腔回油,活塞杆缩回,设活塞的运动速度为 $v_2$,推力为 $F_2$,则有:

$$v_2=\frac{q}{A_2}=\frac{4q}{\pi(D^2-d^2)} \tag{3-5}$$

$$\begin{aligned}F_2&=p_1A_2-p_2A_1=\frac{\pi}{4}(D^2-d^2)p_1-\frac{\pi}{4}D^2p_2\\&=\frac{\pi}{4}D^2(p_1-p_2)-\frac{\pi}{4}d^2p_1\end{aligned} \tag{3-6}$$

由于 $A_1>A_2$,所以 $v_1<v_2$,$F_1>F_2$。

液压缸往复运动时的速度比为

$$\lambda_v=\frac{v_2}{v_1}=\frac{D^2}{D^2-d^2} \tag{3-7}$$

上式表明,可以通过改变活塞与活塞杆的直径比值,来满足两个方向的不同速度要求。

(3)无杆腔和有杆腔同时进油(图3-4c),这种油路连接方式称为差动连接。在忽略两腔连通油路压力损失的情况下,差动连接时液压缸两腔的油液压力相等。但由于无杆腔受力面积大于有杆腔,活塞向右的作用力大于向左的作用力,活塞杆做伸出运动,并将有杆腔的油液挤出,流进无杆腔,加快了活塞杆的伸出速度。

差动连接时,有杆腔排出流量 $q'=v_3A_2$,进入无杆腔后,无杆腔流量为

$$q+q'=q+v_3A_2=v_3A_1$$

故活塞杆的伸出速度 $v_3$ 为:

$$v_3=\frac{q}{A_1-A_2}=\frac{4q}{\pi d^2} \tag{3-8}$$

差动连接时,$p_1\approx p_2$,活塞推力为 $F_3$,故:

$$F_3=p_1A_1-p_2A_2\approx\frac{\pi}{4}D^2p_1-\frac{\pi}{4}(D^2-d^2)p_1=\frac{\pi}{4}d^2p_1 \tag{3-9}$$

由式(3-8)和式(3-9)可知,差动连接时实际起作用的有效面积是活塞杆的横截面积。

综合上述三种情况可得:

(1)在不加大油源流量前提下，单杆缸可获得两种不同的伸出速度 $v_1$、$v_3$ 和一种快速退回速度 $v_2$。要使活塞往、返速度相等，即 $v_3=v_2$，则 $D=\sqrt{2}d$。

(2)无杆腔进油，有杆腔回油时，推力最大，速度最慢，适用于执行机构重载慢速的工作行程(工进)。有杆腔进油，无杆腔回油时，推力较小，运动速度较快，适用于执行机构轻载快速的退回行程(快退)。无杆腔和有杆腔同时进油，推力较小，运动速度较快，适用于执行机构空载快速的进给行程(快进)。

(3)单杆液压缸的非差动与差动连接方式的变换，通常是利用换向阀工作位置的切换来实现的。

单杆活塞液压缸可以是缸体固定、活塞运动；也可以是活塞固定，缸体运动，无论采用哪一种形式，液压缸往复运动范围均为有效行程的两倍，如图 3-5 所示。

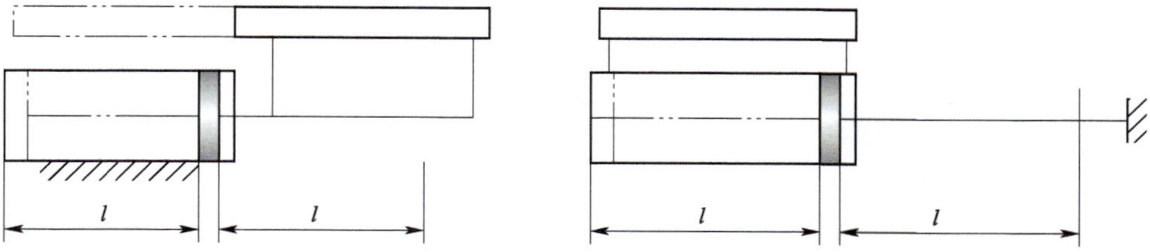


图 3-5　单活塞杆液压缸的运动范围

## 三、柱塞缸

图 3-6 为柱塞缸的结构示意图，它为单作用液压缸，即靠液压力只能实现一个方向的运动，回程要靠自重(当液压缸垂直放置时)或弹簧等其他外力来实现。为了减轻重量，减小运动惯性，防止柱塞下垂(水平放置时)，降低密封装置的单面摩擦，柱塞缸的柱塞通常做成空心的。

油口 a 进油时，柱塞上的有效作用力、柱塞运动速度为：

$$F=pA=p\frac{\pi}{4}d^2 \tag{3-10}$$

$$v=\frac{q}{A}=\frac{4q}{\pi d^2} \tag{3-11}$$

式中：$d$——柱塞直径；

$p$——进油压力；

$q$——输入流量。

为了得到双向运动，柱塞缸常成对使用，如图 3-7 所示。

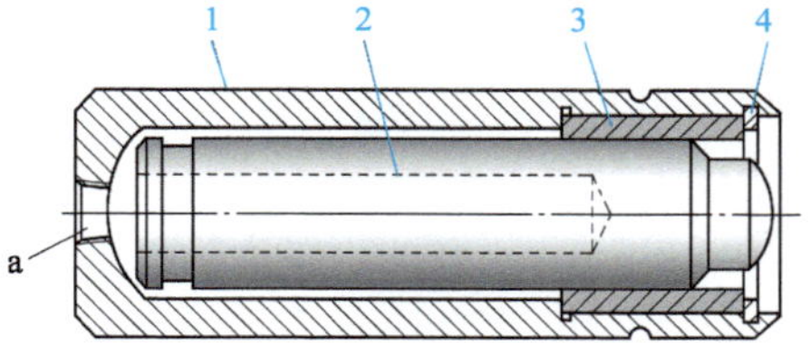


图 3-6　柱塞缸结构示意图

1-缸体；2-柱塞；3-导向套；4-弹簧卡圈

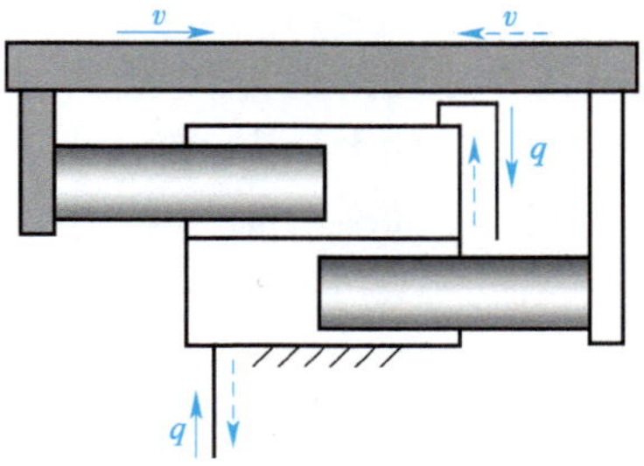


图 3-7　双向运动柱塞缸的工作原理

柱塞缸最大的特点是柱塞不与缸体接触，不形成配合面，因而对缸体内壁的精度要求很低，工艺性好，成本低；运动时，靠缸盖上的导向套来导向，特别适用于行程较长的场合。

## 四、叶片式液压缸

叶片式液压缸也称摆动液压马达，如图 3-8 所示。定子块 1 固定在缸体 4 上，叶片 2 与摆动轴连为一体。当两油口交替通入压力油时，在叶片的带动下，它的主轴能输出小于 360°的摆动运动。

图 3-8a）所示为单叶片式缸，它的摆动角度较大，可达 300°。图 3-8b）所示为双叶片式缸，它的摆动角度较小，可达到 150°，它的输出转矩是单叶片式的两倍，而角速度则是单叶片式的一半。

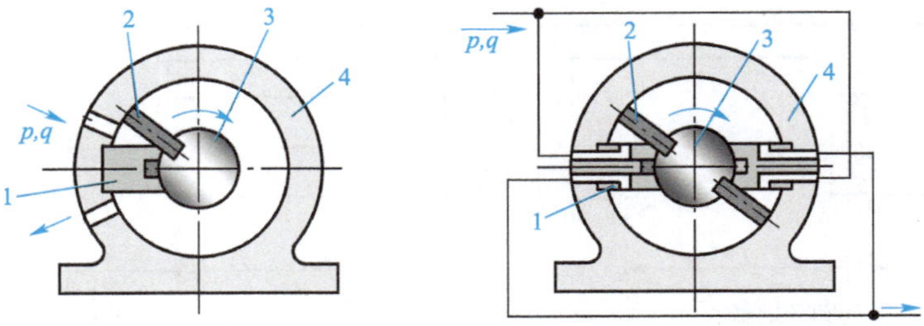


a)单叶片式　　b)双叶片式

图 3-8　叶片式液压缸

1-定子块；2-叶片；3-摆动轴；4-缸体

摆动缸常用于工夹具的夹紧装置、送料装置、转位装置以及需要周期性进给的系统中。

## 五、组合式液压缸

### 1. 伸缩缸

伸缩缸也称多级缸，它由两级或多级活塞缸套装而成，前一级活塞缸的活塞是后一级活塞缸的缸体。图 3-9 所示为其结构示意图。工作时，外伸动作按活塞（或柱塞）有效面积从大到小依次伸出，当输入流量不变时，伸出速度逐渐加快；当负载恒定时，液压缸的工作压力逐渐增高。空载缩回的顺序相反，后伸出者先退回。

伸缩缸的特点是：活塞杆伸出的行程长，收缩后的结构尺寸小，占用空间较小，结构紧凑，常用于工程机械和其他行走机械，如起重机伸缩臂液压缸、自卸汽车举升液压缸等。

### 2. 增压缸

增压缸又称增压器，它是利用活塞和柱塞有效面积的不同使液压系统中的局部区域获得高压。其工作原理如图 3-10 所示，大缸为原动缸，小缸为输出缸。当输入压力为 $p_1$ 的低压油液推动增压缸的大活塞（直径为 $D$）时，大活塞即推动与其连成一体的小活塞（直径为 $d$），输出压力为 $p_2$ 的高压油，根据力平衡关系，有如下等式：

$$\frac{\pi}{4}D^2 p_1 = \frac{\pi}{4}d^2 p_2 \tag{3-12}$$

整理得：

$$p_2 = \frac{D^2}{d^2}p_1 \tag{3-13}$$

式中：$\frac{D^2}{d^2}$——增压比。

增压缸常用于系统或系统的某一支油路需要压力较高但流量又不大，而采用高压泵又不经济，或者根本没有必要增设高压泵的回路中。

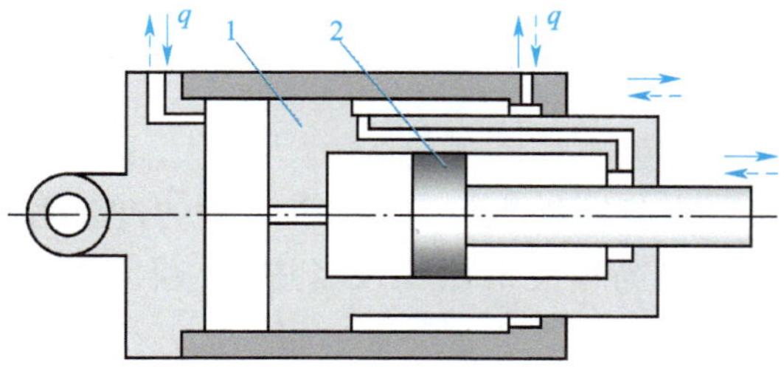


图 3-9　伸缩缸

1-一级活塞；2-二级活塞

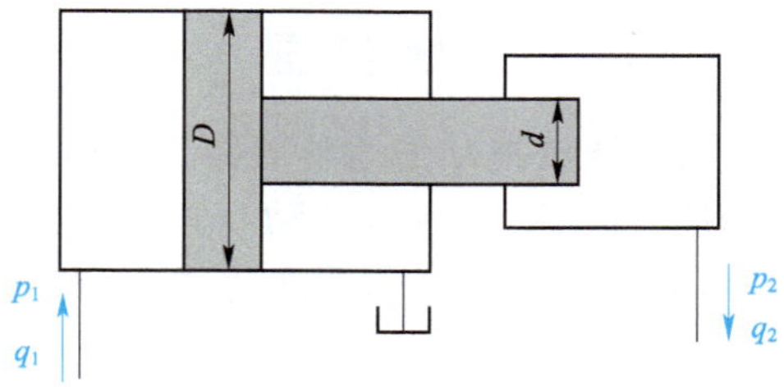


图 3-10　增压缸

3. 齿条活塞缸

齿条活塞缸又称无杆式液压缸，它由带有齿条杆的双活塞缸和齿轮组成，图 3-11 所示为齿条活塞缸结构原理。活塞的往复移动经齿轮齿条机构转换成齿轮轴的周期性往复转动。

齿条活塞缸的最大特点是将直线运动转换为回转运动，结构简单，制造容易，多用于自动生产线、组台机床等的转位或分度机构中。

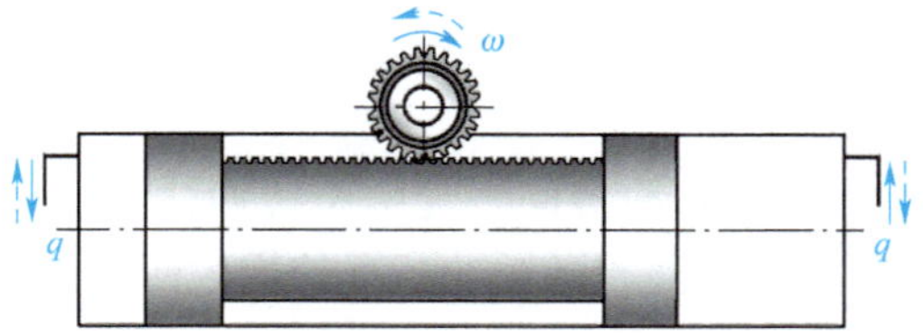


a)

b)

图 3-11　齿条活塞缸结构原理

## 学习项目二　液压缸的结构

液压缸主要由缸体组件（缸体、端盖等）、活塞组件（活塞、活塞杆等）、密封件、缓冲装置和排气装置等基本部分组成。缓冲装置和排气装置根据具体应用场合而定，其他部分必不可少。

### 一、缸体组件

由于缸筒和缸盖承受油液的压力，所以要求有足够的耐压性和耐磨性、较高的表面精度和可靠的密封，一般用钢和优质铸铁制成。高压时，缸筒采用冷拔无缝钢管，为了增加耐磨性和防止密封件的损伤，缸筒内表面可镀上 0.05mm 厚的硬铬。缸筒和缸盖之间可采用凸缘、螺纹、拉杆和焊接等连接形式。

### 二、活塞组件

活塞可以与活塞杆做成整体，但大多是分开的，此时可采用螺纹式、锥销式和半环式等进行连接。活塞受油液的压力,并在缸筒内往复运动,因此,也要求有一定的耐压性和良好的耐磨性。活塞一般用耐磨铸铁或钢制造。活塞杆是连接活塞和工作部件的传力零件,要求有足够的强度和刚度。活塞杆可制成实心或空心的,通常采用优质钢料制造。活塞杆表面最好镀上硬铬,以防损伤密封件。

## 三、液压缸的缓冲装置

当液压缸拖动的运动部件的质量较大,运动速度较高时,由于惯性力较大,具有很大的动能,为了防止活塞运动到缸体的终端时,与端盖发生机械碰撞,产生大的冲击和噪声,引起液压缸或被驱动件的破坏,在大型、高速或高精度的液压设备中,必须设置缓冲装置。

缓冲的一般原理是:当活塞快速运动到接近缸盖时,通过节流的方法增大回油阻力,使液压缸的排油腔产生足够的缓冲压力,活塞因运动受阻而减速,从而避免与缸盖快速相撞。

### 1. 环状间隙式缓冲装置

图 3-12a)所示为一种圆柱形环状间隙式缓冲装置。它由活塞上的圆柱形柱塞和液压缸端盖上的内孔组成。当缓冲柱塞 A 进入缸盖上的内孔时,缸盖和活塞间形成环形缓冲腔 B,被封闭的油液只能经环形间隙 $\delta$ 排出,产生缓冲压力,从而实现减速缓冲。这种装置在缓冲过程中,由于回油通道的节流面积不变,因而缓冲开始时,产生的缓冲制动力很大,其缓冲效果较差,液压冲击较大,且实现减速需较长行程。但这种装置结构简单,便于设计和降低成本。

图 3-12b)所示为圆锥形环隙式缓冲装置,此种缓冲装置由于缓冲柱塞 A 为圆锥形,因此缓冲环形间隙 $\delta$ 随位移量不同而改变,即节流面积随缓冲行程的增大而缩小,使机械能的吸收较均匀,其缓冲效果较好。

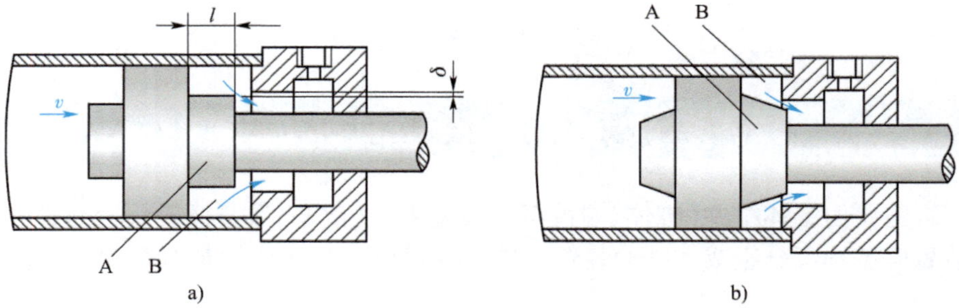


图 3-12 环状间隙式缓冲装置

A-缓冲柱塞;B-缓冲腔

### 2. 可变节流槽式缓冲装置

如图 3-13 所示,可变节流槽式缓冲装置在缓冲柱塞 A 上开有三角节流沟槽,节流面积随着缓冲行程的增大而逐渐减小,其缓冲压力变化较平缓。

### 3. 可调节流孔式缓冲装置

如图 3-14 所示,对于可调节流孔式缓冲装置,当缓冲柱塞 A 进入到缸盖内孔时,回油口被柱塞堵住,只能通过节流阀 C 回油,调节节流阀的开度,可以控制回油量,从而控制活塞的缓冲速度。当活塞反向运动时,压力油通过单向阀 D 进入液压缸,使活塞快速起动。

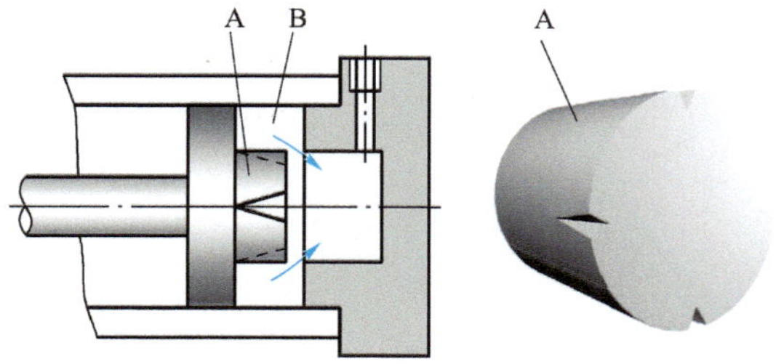


图 3-13　可变节流槽式缓冲装置

A-缓冲柱塞;B-缓冲腔

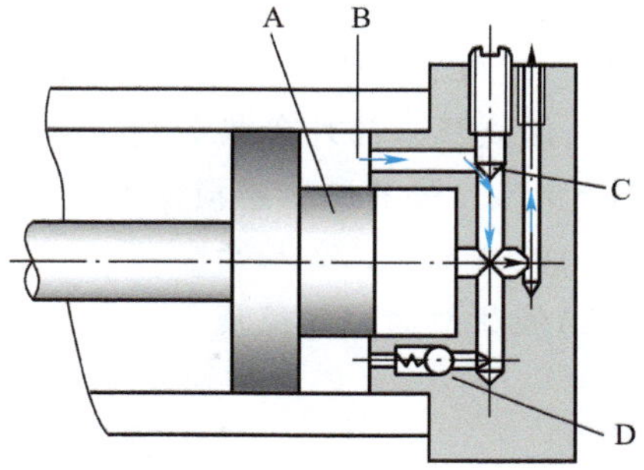


图 3-14　可调节流孔式缓冲装置

A-缓冲柱塞;B-缓冲腔;C-节流阀;D-单向阀

## 四、液压缸的排气装置

液压系统往往会混入空气,使系统工作不稳定,产生爬行和前冲等现象,严重时会使系统无法正常工作。一般液压缸不设专门的排气装置,而是将油口布置在缸体两端的最高处,通过缸的空载往复运动,由流出的液压油将缸中的空气带入油箱,再自然分离出来,直至运动平稳;对于速度稳定性要求较高的液压缸和大型液压缸,常在液压缸的最高处设置专门的排气装置,排气塞(图 3-15),排气时松开螺钉,使缸全行程往复移动数次直至可见油液排出,排气完毕后拧紧螺钉即可。

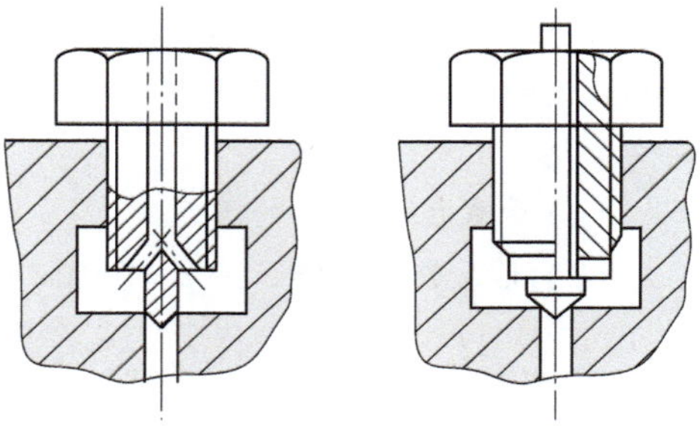


图 3-15　排气塞

## 练习题

1. 液压缸有哪些类型?如果要使机床工作往复运动速度相同,应采用什么类型的液压缸?

2. 试述柱塞式液压缸的特点。

3. 差动连接应用在什么场合?

4. 液压缸为什么要设置排气装置?

5. 液压缸为什么要设置缓冲装置?

6. 已知单杆活塞式液压缸的内径 $D=100\text{mm}$,活塞杆直径 $d=63\text{mm}$,输入工作压力 $p_1=2.5\text{MPa}$,流量 $q=15\text{L/min}$,回油腔压力为 $p_2=0.6\text{MPa}$。试求:

(1)活塞往返运动时的推力。

(2)活塞往返运动时的运动速度。

7. 某单杆液压缸的活塞直径为 100mm,活塞杆直径为 63mm,现用流量 $q=35\text{L/min}$,压力为 $p=6.3\text{MPa}$ 的液压泵供油驱动,试求

(1)液压缸能推动的最大负载。

(2)差动工作时,液压缸的速度。

8. 如题图 3-1 所示,两个结构尺寸相同的液压缸串联,其有效作用面积 $A_1=125\text{cm}^2$、$A_2=100\text{cm}^2$,两液压缸的外负载分别为,$F_1=25\text{kN}$、$F_2=18\text{kN}$,液压泵的输入流量 $q_1=20\text{L/min}$,$p_3=0.5\text{MPa}$。若不计摩擦损失和泄漏,试求:

(1)液压缸的工作压力。

(2)液压缸的运动速度。

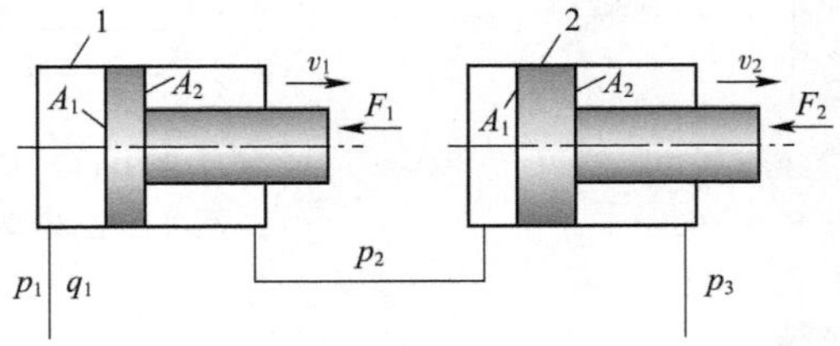


题图 3-1

9. 已知单活塞杆液压缸,前进时油路为差动连接,活塞直径 $D=80\text{mm}$,活塞杆直径 $d=63\text{mm}$,忽略液压缸的泄漏和摩擦,现以 $q=15\text{L/min}$ 液压泵驱动。

试求:

(1)活塞往返运动的速度比。

(2)液压泵的工作压力 $p=5\text{MPa}$ 时,活塞杆往返的负载能力。

# 单元四

# 液压控制阀

【学习要求】

1. 掌握换向阀的功能及职能符号。

2. 熟悉换向阀的操纵方式、复位方式以及定位方式，掌握电磁换向阀、液动换向阀、电液换向阀、机动换向阀、手动换向阀的工作原理和结构。

3. 掌握常用滑阀中位机能的特点。

4. 掌握单向阀和液控单向阀的结构、工作原理、职能符号和应用。

5. 掌握溢流阀、减压阀、顺序阀、压力继电器的结构、工作原理、职能符号和应用。熟悉各压力阀的共同点和不同点。

6. 掌握节流阀和调速阀的工作原理、结构和应用。

7. 了解叠加阀的结构，熟悉叠加阀的特点和应用。

8. 了解插装阀的结构，掌握插装阀的工作原理和应用。

9. 了解电液比例阀的结构，掌握电液比例阀的工作原理和应用。

10. 了解电液伺服阀的结构，掌握电液伺服阀的工作原理。

11. 了解电液数字阀的结构和工作原理。

液压控制阀是用来控制液压系统中液体的流动方向，调节液体压力和流量，从而满足执行元件及其驱动的工作装置达到预定的运动方向、推力(转矩)以及速度(转速)等不同的动作要求。任何一个液压系统，无论如何简单，都不能缺少液压控制阀。

# 学习项目一　液压控制阀概述

## 一、液压控制阀的分类

液压控制阀种类很多,可按不同的特征进行分类,其分类方法见,表4-1。

**液压控制阀的分类**　　表4-1

| 分类方法 | 类　别 | 类别内容 |
| --- | --- | --- |
| 按功能分类 | 压力控制阀 | 溢流阀、减压阀、顺序阀、压力继电器、比例压力控制阀等 |
| | 方向控制阀 | 单向阀、液控单向阀、换向阀、截至阀、梭阀、比例换向阀 |
| | 流量控制阀 | 节流阀、单向节流阀、调速阀、分流—集流阀、比例流量控制阀 |
| 按结构分类 | 滑阀 | 圆柱滑阀、转阀、平板滑阀 |
| | 座阀 | 锥阀、球阀、喷嘴挡板阀 |
| | 射流管阀 | 射流阀 |
| 按操纵方式分类 | 手动阀 | 手柄及手轮、踏板、杠杆 |
| | 电动阀 | 电磁铁、电液动阀、伺服控制 |
| | 机动阀 | 挡块及碰块、弹簧、液压 |
| | 液动阀 | 液动阀 |
| 按连接方式分类 | 管式连接 | 凸缘板式连接、螺纹式连接 |
| | 板式或叠加式连接 | 单(双)层连接板式、叠加阀 |
| | 插装式连接 | 螺纹式插装、凸缘式插装 |

## 二、液压控制阀的共性

尽管液压阀的类型及控制功能各有不同,但具有基本的共性。

(1)从结构上:所有液压阀都由阀芯、阀体以及驱动阀芯相对阀体做运动的元器件组成。阀芯的结构形式多样;阀体上有与阀芯配合的阀体(套)孔或阀座孔,还有外接油管的进、出油口;阀芯的驱动装置可以是手动机构、机动机构、弹簧、电磁铁等,有些场合还采用液压力驱动或电液驱动。

(2)从原理上:所有液压控制阀都是利用阀芯在阀体内的相对运动来控制阀口的通断及开度大小,从而实现对液压油的方向、压力和流量的控制。

(3)只要有油液流过阀孔,都要产生压力降和温度升高等现象。通过阀孔的流量,与通流面积和阀前后压力差有关。

(4)从功能上:阀不能对外做功,只是用来满足执行元件的压力、速度和换向等要求。

## 三、对液压阀的基本要求及其性能参数

### 1. 基本要求

(1)动作灵敏,使用可靠,工作时冲击和振动小,噪声小,使用寿命长。

(2)阀口全开时,液体流过液压阀的压力损失小;阀口关闭时,密封性能好,内泄漏小,

无外泄漏。

(3)所控制的压力或流量稳定,受外部干扰时变化量小。

(4)结构紧凑,安装、调整、使用、维护方便,通用性好。

2. 性能参数

(1)公称通径。公称通径指液压阀的主油口(进出口)的名义尺寸,代表了液压阀规格或通流能力的大小,对应于阀的额定流量。阀工作时的实际流量应小于或等于其额定流量,最大一般不得大于额定流量的1.1倍。

(2)额定压力。额定压力是液压阀长期工作所允许的最高工作压力。额定压力标志着阀的承载能力大小。通常,液压系统的工作压力小于阀的额定压力才是较为安全的。

## 学习项目二　方向控制阀

方向控制阀是用来控制和改变液压系统中油路通、断或油液流通方向,以满足液压执行元件起动、停止以及运动方向的变换等工作要求。方向控制阀的工作原理是利用阀芯相对阀体的移动来改变液压油的通路。方向阀按其用途不同,可分为单向阀和换向阀两种。

### 一、单向阀

1. 普通单向阀(简称单向阀)

普通单向阀又叫止回阀或逆止阀。其作用是允许液流单方向流动,反方向则不通。

(1)普通单向阀的结构及工作原理。

如图4-1所示为普通单向阀的结构,主要由阀体1、阀芯2、弹簧3等零件组成。阀芯有锥阀式和钢球式之分。锥阀密封性好,应用广泛,钢球式一般用于小流量场合。单向阀根据连接方式不同有直通式(图4-1a)和直角式两种(图4-1b),不管哪种形式,其工作原理都相同。

如图4-1所示,压力油从阀体油口 $P_1$ 处流入,克服弹簧3的作用力及阀芯与阀体之间的摩擦力,顶开阀芯2,从阀体油口 $P_2$ 流出。当压力油从油口 $P_2$ 流入时,作用在阀芯上的液压力与弹簧力一起使阀芯压紧在阀座上,使阀口 $P_1$ 关闭,油液不能流过,单向阀的职能符号,如图4-1c)所示。

单向阀中的弹簧主要用来克服阀芯的摩擦阻力和惯性力,使阀芯复位。为使单向阀工作灵敏可靠,普通单向阀的弹簧刚度较小,以免油液流动时产生较大的压差,一般单向阀的开启压力为0.035~0.05MPa。

(2)普通单向阀的应用。

①用于液压泵的出口,防止油液倒流,用来防止由于系统压力的突然升高而损坏液压泵,又可防止系统中油液流失,避免空气进入系统。

②用于隔开油路之间的连接,防止油路互相干扰。

③作背压阀用,使油路保持一定的压力,保证执行元件的运动平稳性。此时,需将单向阀中的弹簧更换成较大刚度的弹簧,使其阀的开启压力为0.2~0.6MPa。

④作旁通阀用,单向阀通常与顺序阀、减压阀、节流阀和调速阀并联组成单向复合阀。如单向顺序阀、单向节流阀等。

a)直通式实物图

b)直角式实物图

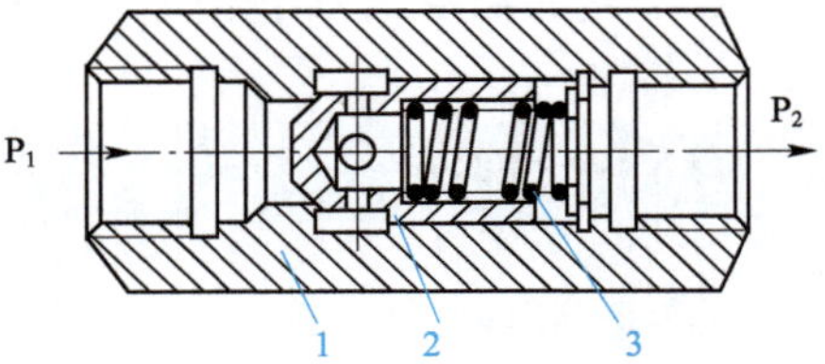


c)直通式(管式)

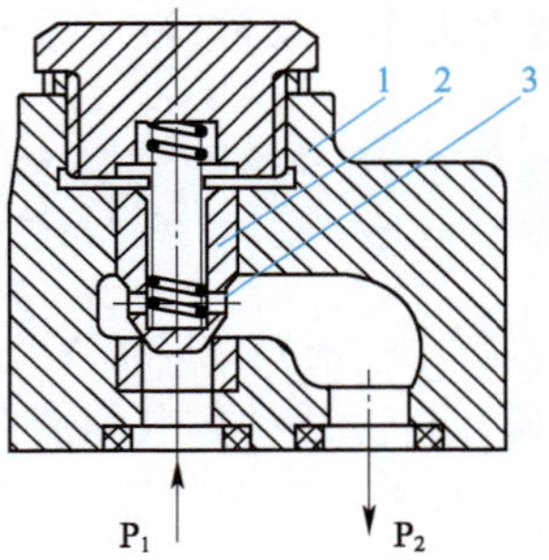


d)直角式(板式)

e)职能符号

图 4-1　普通单向阀外形及结构原理图

1-阀体;2-阀芯;3-弹簧

2. 液控单向阀

普通单向阀使液流只能正向流动而不能反向流动,液控单向阀是可根据需要实现反向流动的单向阀。

(1)液控单向阀的结构及工作原理。

如图 4-2a)所示为液控单向阀的结构,当控制油口 K 不通压力油时,工作原理和普通单向阀相同,压力油只能从通口 $P_1$ 流向通口 $P_2$,不能反向流动。当控制口 K 接通压力油时(a 腔通泄油口),活塞 1 右移通过顶杆 2 顶开阀芯 3,使通口 $P_1$ 和 $P_2$ 接通,油液可在两个方向自由流动。液控单向阀油口 K 的最小控制压力为主油路压力的 30% ~50% 。图 4-2b)为液控单向阀的图形符号。

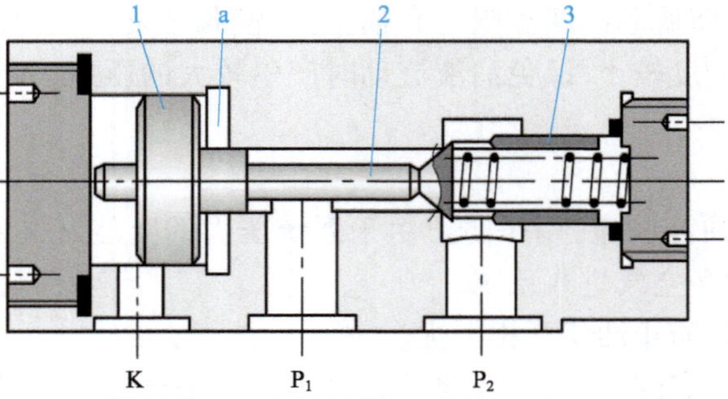


a)结构原理图

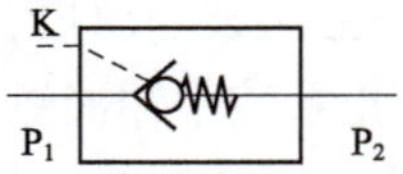


b)图形符号

图 4-2　液控单向阀

1-活塞;2-顶杆;3-阀芯

在高压系统中,液控单向阀反向开启前 $P_2$ 油腔压力很高,顶开锥阀所需的控制压力可能较高。为减小控制油口 K 的开启压力,在锥阀内部可增加一个卸荷阀芯 3(图 4-3)。在控制活塞 1 顶起锥阀芯 2 之前,先顶起卸荷阀芯 3,使左右腔油液经卸压阀芯上的缺口沟通,锥阀右腔的压力油泄到左腔,压力降低。此时,控制活塞可以较小的力将锥阀芯顶起,使 $P_1$ 和 $P_2$ 两腔完全连通。采用带卸压阀芯的液控单向阀,其最小控制油压力约为主油路的 5%。

(2)液控单向阀的应用。

①可用两个液控单向阀组成"液压锁",对液压执行元件进行锁闭,使液压执行元件可停止在任何位置。

②作保压阀用,使系统在规定时间内维持一定的压力。

③作充液阀用。

④作二通阀开关用,使油路能正反双向流动。

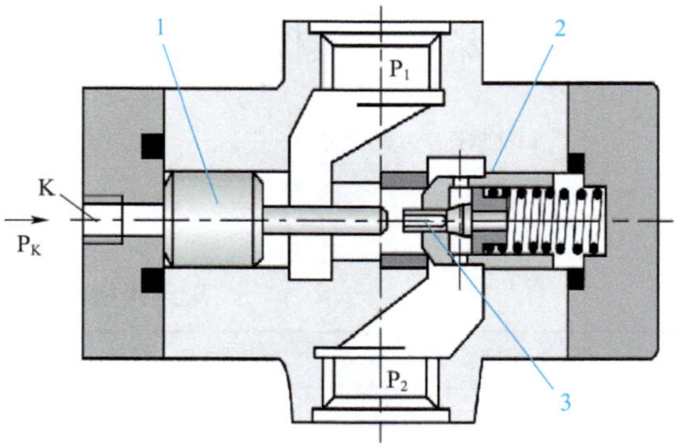


图 4-3　带卸荷阀芯的液控单向阀
1-控制活塞;2-锥心阀;3-卸荷阀芯

## 二、换向阀

换向阀利用阀芯对阀体的相对移动,来改变阀体上各油口的连通状态,从而改变液流的方向,以满足液压执行元件对起、停或变换方向动作要求。

### 1. 换向阀的分类

根据换向阀阀芯运动方式、结构特点和控制方式等可对换向阀进行如下分类。

(1)按换向阀阀芯运动方式可分为:滑阀、锥阀和转阀。

(2)按换向阀的操纵方式可分为:手动式、机动式、电磁式、液动式、电液动式。

(3)按换向阀阀芯工作位置和进出口通路数可分为:二位二通阀、二位三通阀、二位四通阀、三位四通阀和三位五通阀。

(4)按换向阀的安装方式可分为:管式、板式和凸缘式。

### 2. 滑阀式换向阀的结构和工作原理

图 4-4 为滑阀式换向阀的工作原理图,阀芯和阀体是滑动式换向阀的结构主体,阀芯是一个具有多段环形槽的圆柱体,与阀芯配合的阀体孔内有多条沉割槽,每条沉割槽都通过相应的孔道与外部油路相连,P 表示与油液相通,A 和 B 表示分别与执行元件的进、出口相通,T 表示与油箱相通。当阀芯处于图 4-4b)所示位置时,油口 P、A、B 和 T 互不相通,液压缸的活塞处于停止状态。当阀芯向右移动一定距离,处于图 4-4a)所示位置时,由液压泵输出的压力油从阀的 P 口经 A 口输向液压缸的无杆腔,液压缸有杆腔的油液从阀的 B 经 T 口流回油箱,液压缸活塞向右运动;反之,若阀芯向左移动一定距离,处于图 4-4c)所示位置时,由液压泵输出的压力油从阀的 P 口经 B 口输向液压缸的有杆腔,液压缸无杆腔的油液从阀的 A 经 T 口流回油箱,液压缸活塞向左运动。即当阀芯处于不同位置时,各油口可以实现不同的通断状态,从而实现对执行元件起、停、运动方向的控制。

### 3. 滑阀式换向阀的图形符号

(1)主体部分的图形符号及识别。

常见换向阀主体部分的结构形式与图形符号,见表 4-2。主体部分图形符号的规定如下:

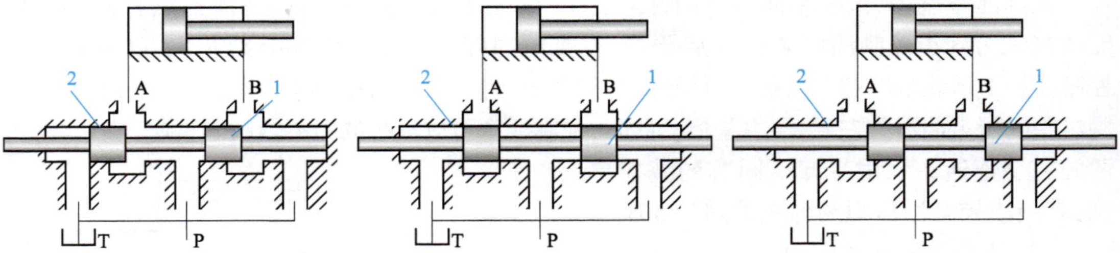


a)阀芯处于左侧位置　　b)阀芯处于中间位置　　c)阀芯处于右侧位置

图 4-4　滑阀式换向阀的工作原理

1-阀芯;2-阀体

**滑阀式换向阀主体部分的结构形式**　　表 4-2

| 阀的名称 | 结构原理图 | 图形符号 | 使用场合 |
|---|---|---|---|
| 二位二通阀 | 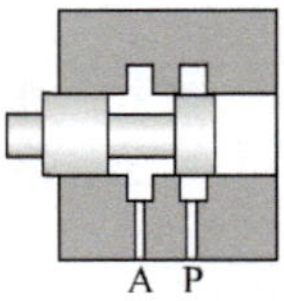  | 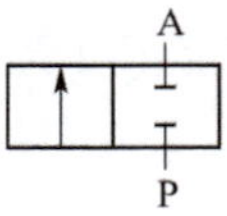  | 控制油路的接通与切断(相当于一个开关) |
| 二位三通阀 | 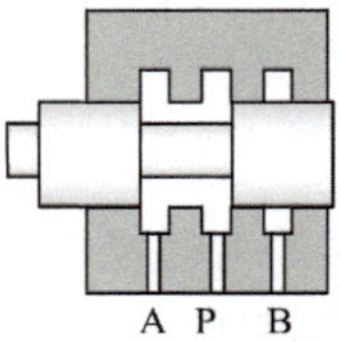  | 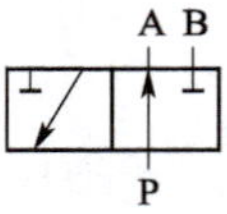  | 控制液流方向(从一个方向变换成另一个方向) |
| 二位四通阀 | 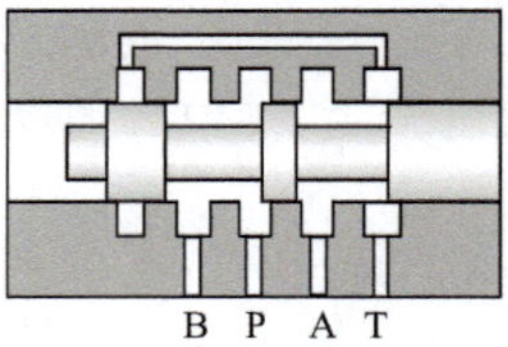  | 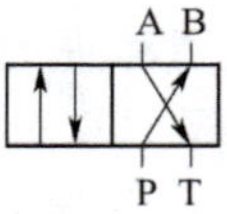  | 不能使执行元件在任一位置上停止运动 |
| 三位四通阀 | 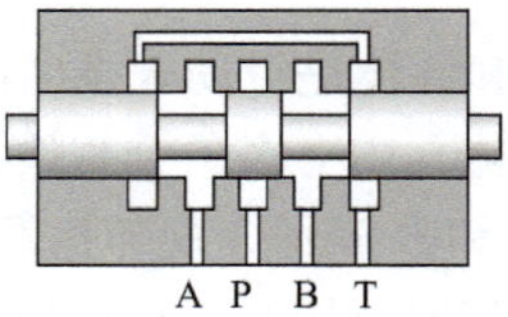  | 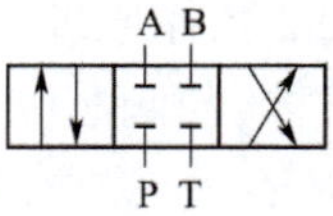  | 能使执行元件在任一位置上停止运动 |
| 二位五通阀 | 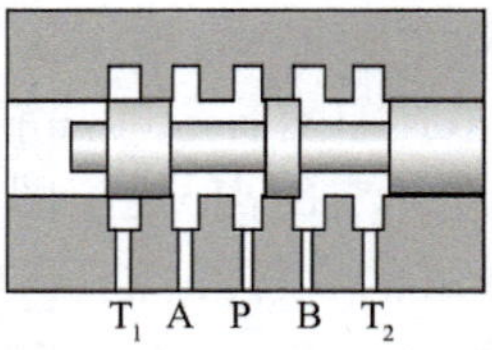  | 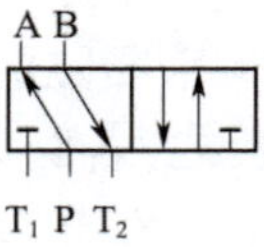  | 不能使执行元件在任一位置上停止运动 |
| 三位五通阀 | 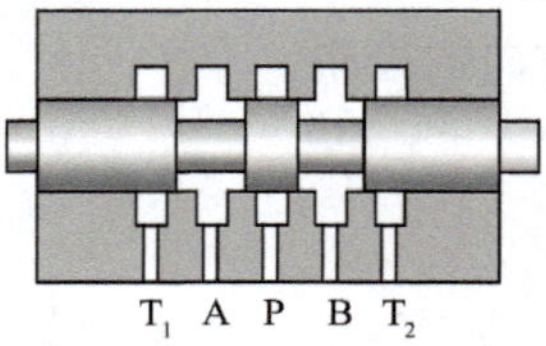  | 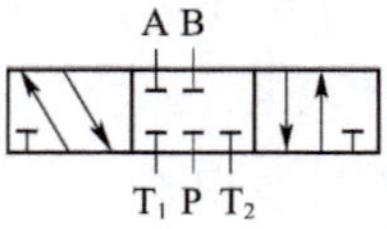  | 能使执行元件在任一位置上停止运动 |

①用方框表示换向阀的一个“位”，方框的个数表示换向阀的工作位置数。

②在方框的上边和下边与外部连接的接口(油口)数表示换向阀的“通”。方框内符号“┬”或“┴”表示此通路被阀芯封闭，即该油路不通。方框内的箭头表示在这一位置上油路处于接通状态，但箭头方向并不一定表示油流的实际流向。

③换向阀通常有两个或两个以上的“位”，阀芯未被操纵时的位置称为常态位。三位阀的中间位置和两位阀侧面画有弹簧的方格为常态位，其余方格为经控制操纵后达到的工作位置。P、T、A、B 应分别标注在常态位的上下两面，绘制系统图时，液压油路应连接在换向阀的常态位置上。

④换向阀图形符号上用 L 表示泄漏油口，用 K 表示控制油口。

(2)控制方式的图形符号。

换向阀图形符号上应表示出操纵方式、复位方式和定位方式。换向阀的操纵方式有：手动换向、机动换向、电磁换向、液动换向、电—液换向等。图 4-5 为常用换向阀操纵方式符号。

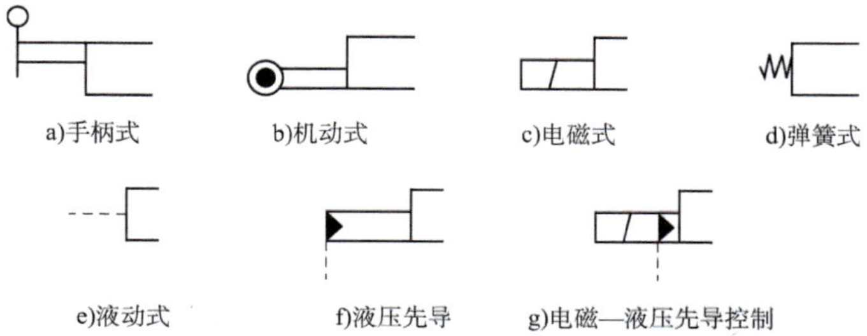


图 4-5　换向阀操纵方式符号

4. 滑阀中位机能

三位阀在常态位置上，各油口的连通方式称为滑阀的中位机能。滑阀中位机能不仅在阀芯处于中位时对系统性能有影响，而且在换向过程中对系统的性能也有影响。表 4-3 为三位四通换向阀常见的中位机能、符号及其特点等。在分析和选择三位换向阀的中位机能时，通常考虑以下几点：

(1)系统保压。

当 P 口被堵住时，系统保压，液压泵能用于多缸系统。

(2)系统卸荷。

当 P 口通畅地与 T 口相通时，系统卸荷。

(3)换向平稳性与精度。

当液压缸 A、B 两口都堵塞时，换向过程中易产生液压冲击，换向不平稳，但换向精度高；反之，A、B 两口都通 T 口时，换向过程中工作部件不易制动，换向精度低，但液压冲击小。

(4)起动平稳性。

阀在中位时，液压缸某腔如通油箱，则起动时该腔内因无足够的油液起缓冲作用，起动不平稳。

(5)液压缸“浮动”和在任意位置上的停止。

阀在中位时，当 A、B 两口互通时，卧式液压缸呈“浮动”状态，可利用其他机构移动工作台调整其位置。当 A、B 两口堵塞，则可以使液压缸在任意位置处停下来，但不能“浮动”。

三位四通换向阀的中位机能 表 4-3

| 机能符号 | 结构原理图 | 中位图形符号 | 中位时的机能特点 |
|---|---|---|---|
| O | 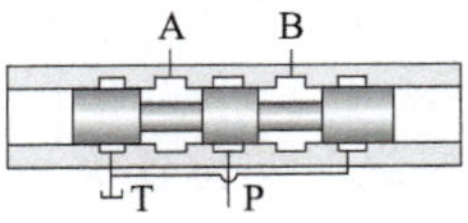 | 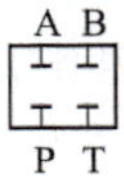 | 各油口全部封闭，缸两腔封闭，系统不卸荷。液压缸充满油，从静止到起动平稳；制动时，运动惯性引起液压冲击较大；换向位置精度高 |
| H | 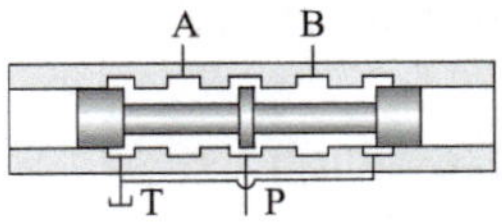 | 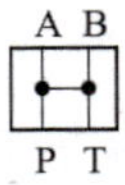 | 各油口全部连通，系统卸荷，缸呈浮动状态。液压缸两腔接油箱，从静止到起动有冲击；制动时油口互通，故制动较 O 型平稳；但换向位置变动大 |
| P | 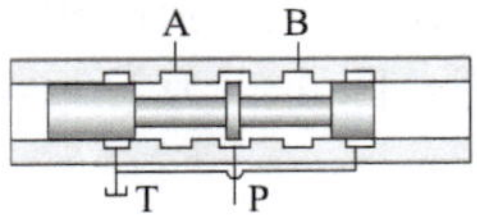 | 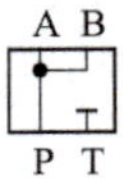 | 压力油口 P 与缸两腔连通，可形成差动回路，回油口封闭。从静止到起动较平稳；制动时缸两腔均通压力油，故制动平稳；换向位置变动比 H 型的小，应用广泛 |
| Y | 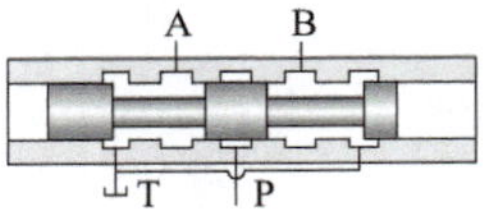 |  | 液压泵不卸荷，缸两腔通回油，缸呈浮动状态。由于缸两腔接油箱，从静止到起动有冲击，制动性能介于 O 型与 H 型之间 |
| K | 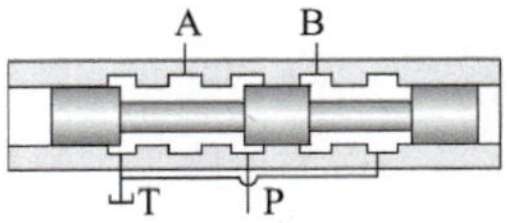 | 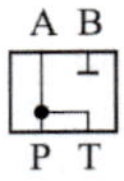 | 液压泵卸荷，液压缸一腔封闭，一腔接回油，两个方向换向时性能不同 |
| M | 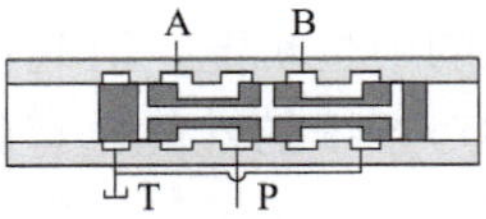 | 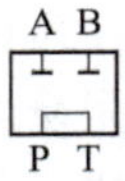 | 液压泵卸荷，缸两腔封闭。从静止到起动较平稳；制动性能与 O 型相同；可用于液压泵卸荷、液压缸锁紧的液压回路中 |

5. 几种常见的换向阀

(1)手动换向阀。

手动换向阀是用手动杠杆操纵或脚踏操纵，使阀芯相对阀体移动，来控制液流方向实现换向的换向阀，它有弹簧自动复位和钢球定位两种形式。

图 4-6 所示为三位四通手动换向阀的结构图和图形符号，通过操纵手柄 1，可以实现左、中、右三个工作位置。图 4-6a)所示扳动手柄即可换向，要想维持在此位置，必须用手扳住手柄不放，松开手后，阀芯在复位弹簧的作用下自动回到中位。图 4-6b)所示为钢球定位式换向阀，它可以在三个工作位置定位。

手动换向阀适用于动作频繁、工作持续时间短的场合，其操作比较安全，常用在工程机械的液压传动系统中。

(2)机动换向阀。

机动换向阀用来控制机械运动部件的行程，也叫行程换向阀，它是利用安装在液压设备运动部件上的撞块或凸轮推动阀芯移动来控制液流的方向。当挡块的运动速度一定时，改变挡块斜面角度便可改变换向时阀芯的移动速度,因而可以调节换向过程的快慢。机动换向阀通常是二位的,有二通、三通、四通、五通几种。对于二位二通阀,又有常闭和常开两种形式,如图 4-7 所示为常闭式行程阀。

机动换向阀结构简单,换向平稳、可靠,位置精度较高,一般安装在运动部件附近,多用于控制运动部件的行程或快慢速度的换接。

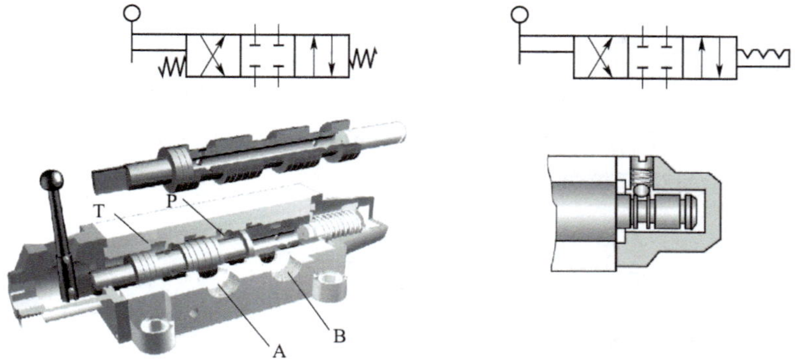


a)弹簧自动复位机构　　　　b)钢球定位机构

图 4-6　三位四通手动换向阀

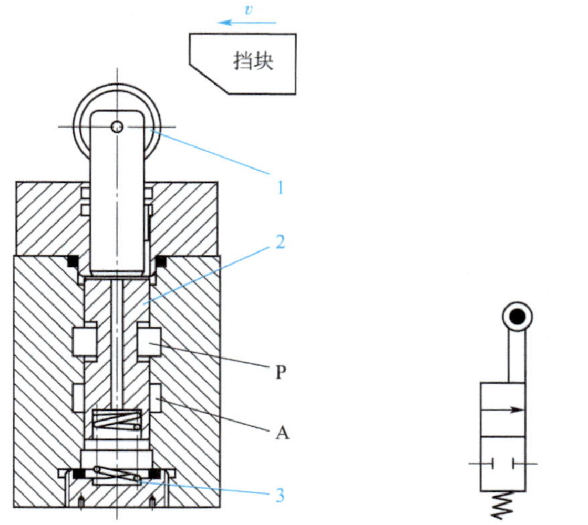


a)结构　　　　b)图形符号

图 4-7　二位二通机动换向阀

1-滚轮;2-阀芯;3-弹簧

(3)电磁换向阀。

电磁换向阀是依靠电磁铁吸力推动阀芯在阀体内做相对运动来变换液流方向或实现液流的通断。电磁换向阀按使用电源的不同,有交流和直流两种;按衔铁工作腔是否有油,又可分成干式型和湿式型两种。交流电磁铁起动力大,吸合、释放快,换向时间为 0.01 ~0.03s,但换向冲击大、噪声大、易发热,因而换向频率不能太高(不能超过 30 次/min);若阀芯被卡住或电压降较大时,电磁吸力明显减小,若阀芯未动作,其线圈很容易烧坏。故常用于换向平稳性要求不高、换向频率不高的液压系统中。直流电磁铁工作可靠,噪声小、发热小、换向冲击小,换向频率可达 120 次/min,若衔铁因某种原因未正常吸合时,线圈一般不会被烧坏,但它起动力小,换向时间较长(为0.05~0.08s),还需配直流电源。故常用于换向性能较高的液压系统中。电磁换向阀的工作位置,一般为二位和三位,油口通道数多为二通、三通、四通、五通。二位阀有一个电磁铁,靠弹簧复位,三位阀有两个电磁阀。

图4-8a)所示为二位三通电磁换向阀的结构原理和图形符号。当电磁铁不通电时(常态位),其油口P与A相通、油口B断开;当电磁铁通电时,衔铁1右移,通过推杆2使阀芯3推压弹簧4右移置右端部,油口P与B相通,同时P与A断开。当电磁铁断电释放时,弹簧4推动阀芯复位。图4-8b)为三位四通电磁换向阀的结构原理和图形符号。

电磁换向阀操纵方便,常借助于按钮开关、行程开关、限位开关、压力继电器、电接点压力表等所发出的电信号进行控制,易于实现自动化。

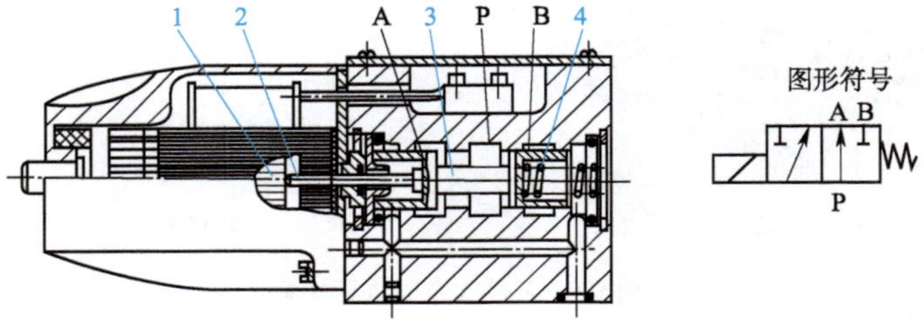


a)二位三通电磁换向阀的结构原理和图形符号

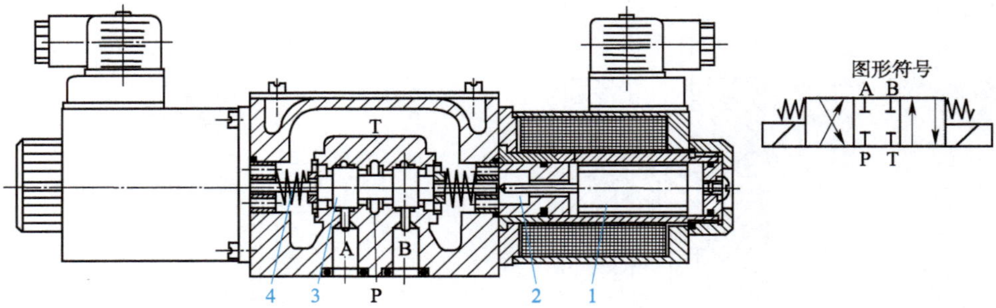


b)三位四通电磁换向阀的结构原理和图形符号

图4-8 电磁换向阀

1-衔铁;2-推杆;3-阀芯;4-弹簧

(4)液动换向阀。

液动换向阀是利用控制油路的压力油推动阀芯相对阀体移动来控制液流方向实现换向的换向阀,液动换向阀有换向时间可调和不可调两种结构形式。图4-9a)所示为换向时间不可调的液动换向阀的结构,图4-9b)所示为换向时间不可调的液动换向阀的图形符号。当两控制油口$K_1$、$K_2$均通油箱时,在弹簧力作用下,阀芯处于中位(图示状态)则A、B、P、T四油口互不相通;当控制油口$K_1$通压力油,$K_2$通油箱时,阀芯右移,油口P与A相通,B与T通;当控制油口$K_2$通压力油,$K_1$通油箱时,阀芯左移,油口P通B,A通T。当换向性能要求较高时,可在阀的两端各装一只单向节流阀,如图4-9c)所示,这样,可以调节阀芯的移动速度,控制换向时间,减小液压冲击。

液动换向阀结构简单,换向平稳、可靠,但液压驱动力较大,可用于流量较大的场合。

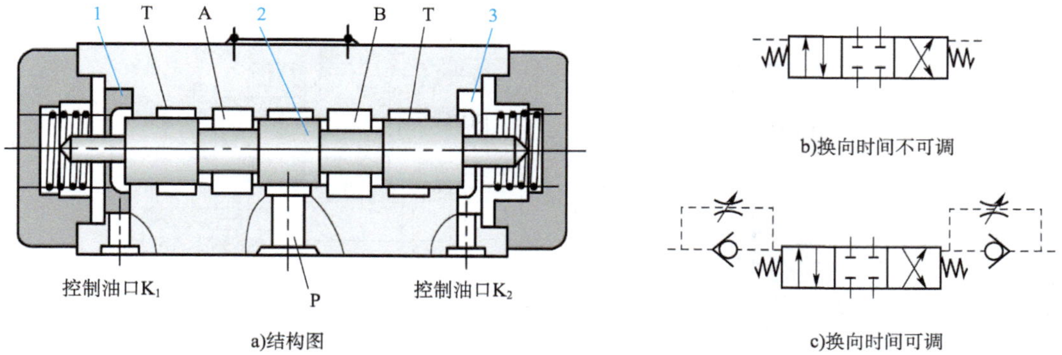


a)结构图

b)换向时间不可调

c)换向时间可调

图 4-9　液动换向阀

(5)电液动换向阀。

电液动换向阀是由电磁换向阀和液动换向阀组合而成,如图 4-10 所示,上部为电磁换向阀,用来控制通到液动换向阀两端控制油路的流向,以改变液动阀阀芯的工作位置,称为先导阀;下部为液动换向阀,用来切换主油路的方向,称为主阀。由于控制压力油的流量很小,因此电磁换向阀的规格较小,其工作位置由液动换向阀的工作位置相应确定。

图 4-10a)所示为弹簧对中型三位四通电液动换向阀的结构,当先导阀左右两端电磁铁不通电时,电磁阀阀芯处于中位,液动主阀阀芯因其两端油室都接通油箱,在两端对中弹簧的作用下亦处于中位,此时,四油口 A、B、P、T 互不相通。当先导阀左边电磁铁通电时,先导阀阀芯移向右位,控制压力油经先导阀和左侧单向阀进入主阀阀芯的左腔,而主阀阀芯右腔液压油经右侧节流阀和先导阀流回油箱,于是主阀阀芯右移,右移速度由右侧节流阀的开口大小决定,此时主油路的 P 通 A,B 通 T。同理,当先导阀右边电磁铁通电时,电磁阀芯左移,主阀阀芯左移实现换向,其移动速度由左侧节流阀的开口大小决定,此时主油路的 P 通 B,A 通 T。液动主阀的换向时间可由两端节流阀调节,因而可使换向平稳、无冲击。电液动换向阀的详细图形符号和简化图形符号,如图 4-10b)、c)所示。

电液换向阀有如下结构特点:

①电液动换向阀控制油路的进油方式有内部进油和外部进油两种控制形式,回油方式也有内部泄油和外部泄油两种泄油方式。所以电液换向阀有外控外泄式、外控内泄式、内控外泄式、内控内泄式四种形式。图 4-10 所示电液换向阀是内控外泄式。

②当电液换向阀的先导阀是弹簧对中式时,先导阀的中位应采用 Y 型的中位机能;当采用先导阀是液压对中式时,先导阀的中位应采用 P 型中位机能,这样才能保证换向阀主阀阀芯可靠的处于中位。

③当电液换向阀的先导阀是内控形式且主阀中位是卸荷状态时,如 M 型、H 型以及 K 型等,应在主阀的回油口加一个背压阀或在主阀的 P 口加一个调压阀,以防止先导阀换向后,主阀因 P 口建立不起来压力而使主阀无法换向。

④可以在先导阀的 A、B 口加一个单向节流阀,又称阻尼器,用来调节主阀的换向时间及换向速度并减小换向冲击。电液换向阀有带阻尼器和不带阻尼器两种形式。调整阻尼器的开口大小可以控制从先导阀进入到主阀阀芯两端的供油流量,从而控制主阀的换向时间。

电液换向阀综合了电磁阀和液动阀的优点,具有控制方便、流量大的优点,适用于高压、大流量的场合。

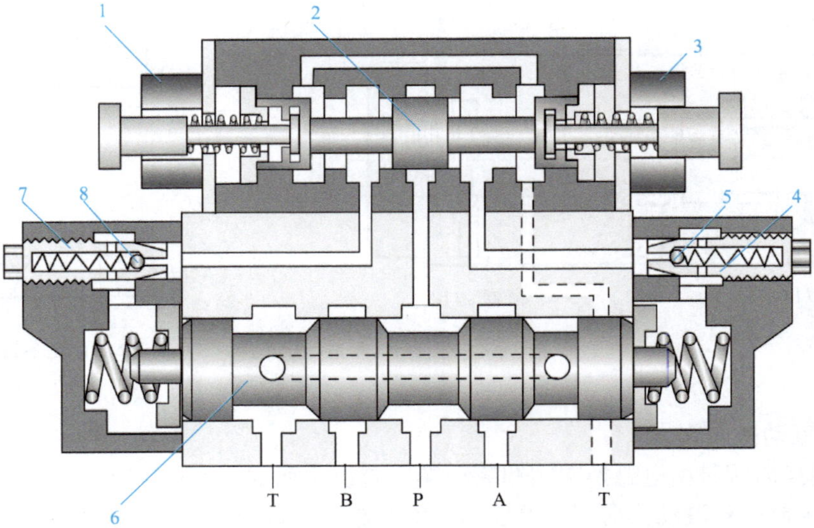


a)结构图

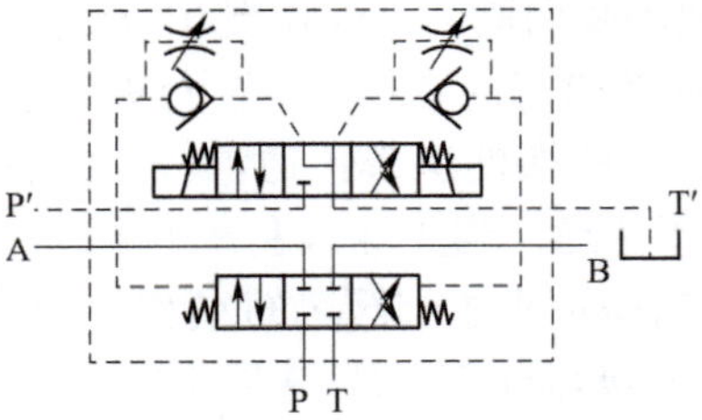


b)详细图形符号

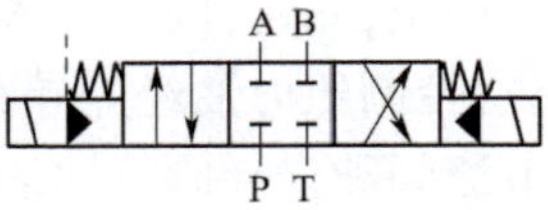


c)简化图形符号

图 4-10　电液换向阀

1-电磁铁;2-电磁阀芯;3-电磁铁;4-节流阀;5-单向阀;6-流动阀阀芯;7-节流阀;8-单向阀

(6)多路换向阀。

多路换向阀是一种集中布置的组合式手动换向阀,其主体是几种手动换向阀,它们共用一个进油口和出油口,对液压系统中的液流进行多路方向切换。按滑阀的连通方式分为并联油路、串联油路、串并联油路。常见的多路换向阀组合形式,如图 4-11 所示。在此图中只画了两个手动换向阀,根据需要可以将更多的手动换向阀组合在一起。

图 4-11a)所示为并联油路多路换向阀,各阀之间进油路和回油路并联,进、回油路互不干扰,液压泵同时向多个换向阀所控制的执行元件供油。每联换向阀可以独立操纵,执行元件分别动作;也可以几个换向阀同时操纵,执行元件先后动作,总是负载小的执行元件先动作。同时工作时,各执行元件的油液仅是泵输出流量的一部分,速度比单个动作慢,各阀处于中位时卸荷。

图 4-11b)所示为串联式多路换向阀,各阀之间进油路串联,后一联换向阀的进油口和前一联换向阀的回油口相连,各阀可单独或同时控制,可实现各执行元件的同步动作,同时控制时液压泵的出口压力等于各执行元件的负载之和,各阀处于中位时卸荷。

图 4-11c)所示为串并联式多路换向阀,各阀之间进油路串联,回油路并联。当某一换向阀工作,其后面的各换向阀的进油路均被切断,因此,一组多路换向阀中只能有一个换向阀工作,它保证前一联换向阀的优先动作,所以又称其为顺序单动式多路换向阀。各阀之间具有互锁功能,从而可以防止误动作,各阀处于中位时卸荷。

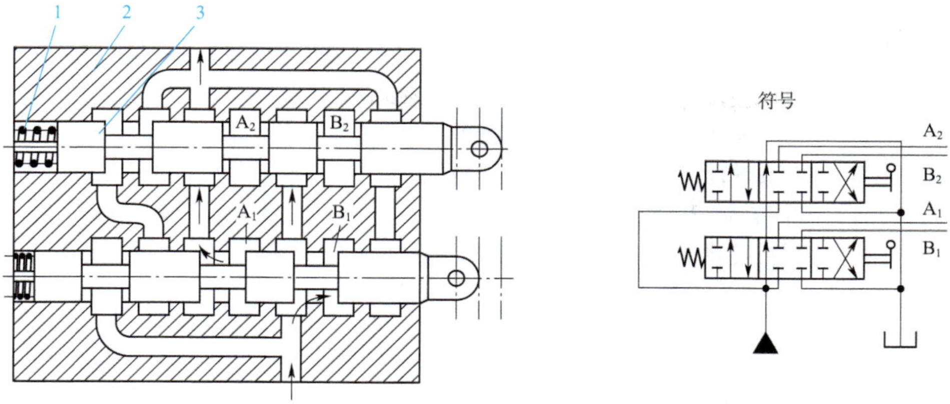


a)并联油路多路换向阀

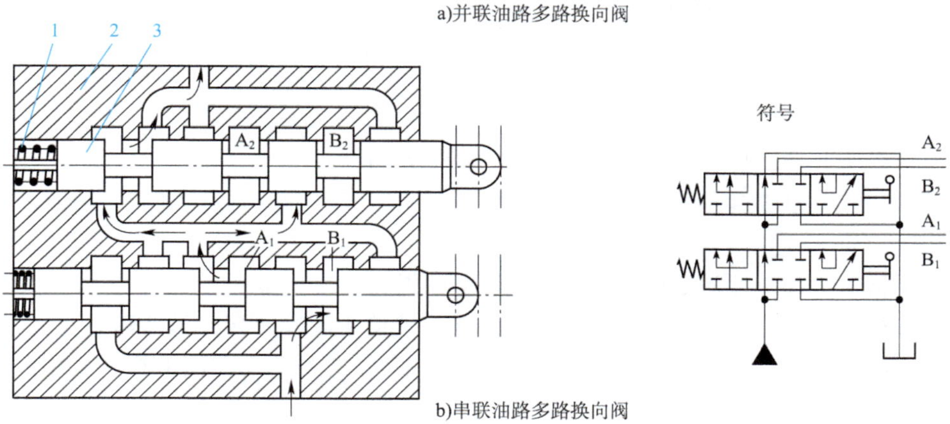


b)串联油路多路换向阀

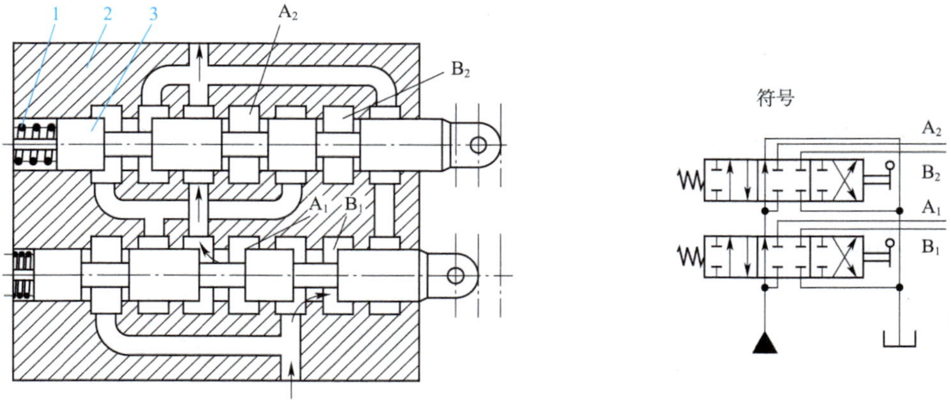


c)串并联油路多路换向阀

图4-11 多路换向阀的组合形式

1-弹簧;2-阀体;3-阀芯

根据不同液压系统的需求,常将主安全阀、单向阀、充液阀等组合在阀块内。它具有结构紧凑、管路简单、压力损失小和安装方便等优点。每一联的进油单向阀是为阻止在换向过程中因执行元件中的压力油可能产生倒流而设置的。在起重运输车辆、工程机械以及其他行走机械上广泛应用,以进行多个执行元件的集中控制。

6. 转阀

转阀是通过阀芯的旋转运动实现油路启闭和换向的方向控制阀。转阀的操纵方式常用的有手动和机动两种。

图4-12所示是三位四通转阀的工作原理图，当阀芯处于图4-12a)位置时，油口P、A、B、T互不相通；当阀芯顺时针方向转过一个角度而处于图4-12b)的位置时，油口P通B、A通T；当阀芯逆时针方向转过一个角度而处于图4-12c)的位置时，油口P通A、B通T。

转阀密封性较差，径向力不易平衡，一般用于压力较低和流量较小的场合。

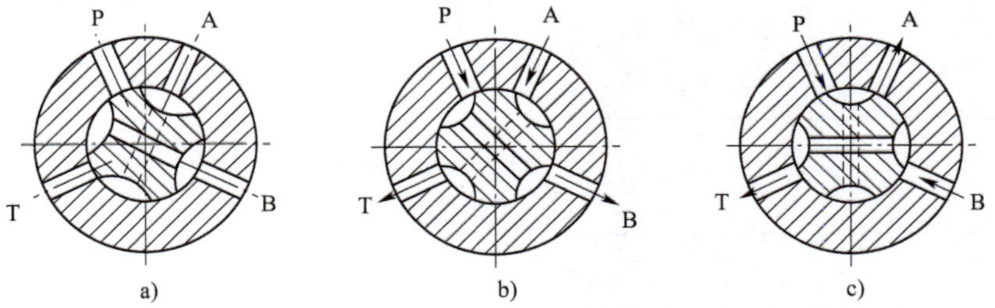


图4-12　三位四通转阀的工作原理

**【例4-1】** 弹簧对中型三位四通电液换向阀，其先导阀的中位机能能否选择O型？为什么？

**解：**弹簧对中型三位四通电液换向阀，其先导阀的中位机能不能选择O型。其原因是当两个电磁铁均断电时，O型中位机能的电磁阀不能使主阀芯两端接通油箱而泄压，从而不能保证先导阀断电时，主阀芯可靠地停留在中位，失去了先导阀对主阀的控制作用。

# 学习项目三　压力控制阀

在液压系统中，控制油液压力或以压力为信号对系统其他元件的动作进行控制的阀，统称为压力控制阀。这类阀的共同点是利用作用在阀芯上的液体压力和弹簧力相平衡的原理进行工作的。根据压力控制阀的功能和用途不同可分为溢流阀、减压阀、顺序阀、压力继电器等。

## 一、溢流阀

溢流阀的主要作用：一是维持液压系统中的压力基本恒定，起稳压作用；二是防止液压系统过载，起限压和保护作用。按其结构形式分为直动型和先导型两种，直动型一般用于低压系统，先导型用于中、高压系统。

1. 直动型溢流阀

直动型溢流阀是依靠作用在阀芯一端有效面积上主油路的油液压力，直接与作用在阀芯另一端的弹簧力相平衡，来控制阀芯启闭的阀。

图4-13a)所示为低压直动型溢流阀的工作原理图，它主要由阀芯、阀体、调节螺母、调压弹簧等组成。进油口P接压力油，经阀芯3上的阻尼小孔a通入到阀芯底部；回油口T接油箱，阀芯上部的弹簧腔通过孔道b、c和回油口T相通。当进油压力较小时，即$pA < F_0$（弹簧预紧力）时，阀芯3在调压弹簧2的作用下处于下端位置，阀口关闭，P和T两油口互不相

通，无溢流量，此时溢流阀起限压和安全保护作用。当进油压力升高时，当达到 $pA > F_0$ 时，阀芯3 抬起，阀口被打开，油口 P 与 T 连通并溢流，阀口的开度经过一个过渡过程，便稳定在某一定值 $x$，进口压力也基本稳定在某一值，即起溢流、定压作用。

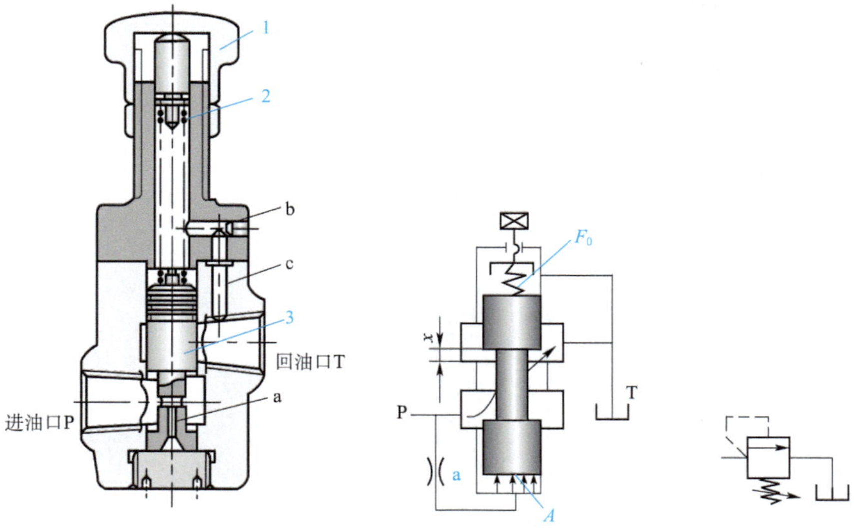


a)结构原理图　　b)工作原理图　　c)图形符号

图 4-13　直动式溢流阀

1-调整螺母;2-弹簧;3-阀芯

阻尼小孔 a 的作用是增加液阻，减小阀芯振动，提高阀工作的平稳性。调节螺母 1，可以改变弹簧的预压紧力，进而调整溢流阀的溢流压力。由阀芯缝隙处泄漏到弹簧腔的油液，经阀体上的孔道 b 和 c 通回油口 T 排入油箱。

直动式溢流阀结构简单，成本低，由于是液压力和弹簧力直接作用，故灵敏度高，同时当压力较高时，弹簧力 $pA < F_0$ 也大，必须增大调压弹簧的刚度，这样不仅使调节困难，而且当溢流量变化时调节压力的变化就大，压力稳定性较差。所以一般用于压力小于 2. 5MPa 的小流量场合，或在中、高压系统中作为先导阀使用。

2. 先导型溢流阀

图 4-14a）所示为先导式溢流阀的结构原理图。先导型溢流阀是由先导阀和溢流主阀两部分组成。先导阀为一直动型溢流阀（多为锥阀式结构），负责调压；主阀负责溢流。阀体 1 上开有进油口 P、出油口 T 和远程控制口 K。

压力油从进油口 P 进入分成两路，一路经主阀芯 2 上的阻尼孔 e 作用于阀芯 2 的下端，另一路又经阻尼小孔 d 进入阀芯 2 上端，并经孔 b 和 a 作用于导阀阀芯 8 的右端部。当进油口油压较低，作用在先导阀阀芯上的油液作用力不足以克服先导阀弹簧 6 的弹簧力时，先导阀关闭，主阀内没有油液流动，主阀芯 2 上、下两端的油压相等，在较弱的主阀弹簧 3 的作用下，主阀阀芯处于最下端位置，溢流口封闭，阀不溢流。当进油口 P 的压力升高时，先导阀进油腔 a 处的油压也随之升高，直至达到先导阀弹簧的调定压力时，先导阀被打开，主阀芯上腔处油液经先导阀口及阀体上的孔道 g，由回油口 T 流回油箱。主阀芯 2 上腔的油液则经过阻尼小孔 d 流动，由于小孔的阻尼作用，压力油流经阻尼小孔 d 时会产生压降，主阀芯 2 上端的油压将小于下端的油压，使主阀芯上、下两端产生压力差，当主阀芯 2 在此压力差所产生的作用力超过主阀弹簧3的弹簧力时,主阀芯2上移,打开溢流口,主阀进、回油口连通,油液从P口流入,经主阀阀口由出油口T流回油箱,实现溢流和稳压的作用。

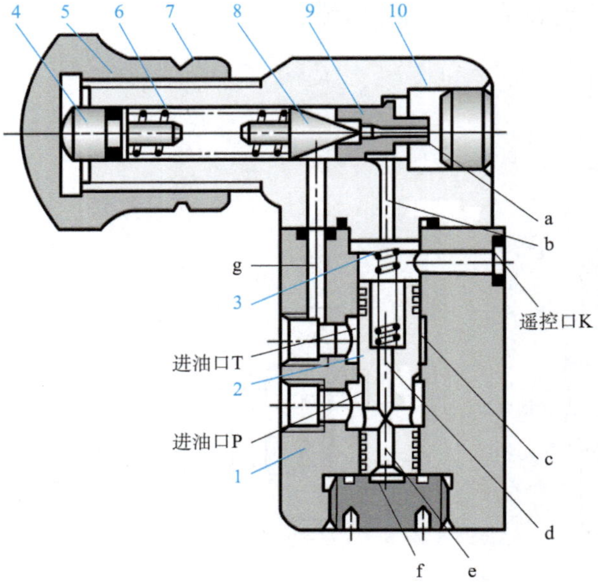


a)结构原理图

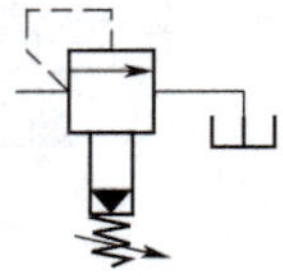

b)图形符号图

图4-14 先导式溢流阀的结构原理图及图形符号

1-阀体;2-主阀阀芯;3-主阀弹簧;4-调节杆;5-调节螺母;6-导阀弹簧;7-锁紧螺母;8-导阀阀芯;9-导阀座;10-上盖;P-进油口;T-回油口;a-导阀小孔;b-孔;c-主阀芯上腔;d-阻尼小孔;e-阻尼孔;f-主阀芯下腔;g-内泄回油口

主阀弹簧3是用来克服阀芯复位时移动的摩擦力,主阀芯是利用压差作用开启的,故做得较软。调节螺母5,便可调节先导阀调压弹簧的工作压力,即可调整溢流阀的溢流压力。更换先导阀的弹簧刚度,便可得到不同的调压范围。

先导型溢流阀的导阀芯前端的孔道结构尺寸一般都较小,调压弹簧不必很强,因此压力调节比较轻便、振动小、噪声低、压力稳定,但因先导阀和主阀都动作后才能起到控制作用,故其灵敏度不如直动型溢流阀高,调压范围一般为0.5~6.3MPa,所以常用在压力较高或流量较大的场合。

先导型溢流阀有一个远程控制口K,它与主阀上腔连通(不用时堵住),若将K口与其他控制阀接通,就可以实现各种控制功能。

(1)当K口通过二位二通电磁换向阀与油箱接通时,可用先导型溢流阀实现系统卸荷;

(2)当K口与远程调压阀(结构和先导阀一样)接通时,调节远程调压阀的弹簧力,即可调节溢流阀主阀芯上端的液压力,从而对溢流阀的溢流压力实现远程控制,此时远程调压阀的调定压力应小于先导阀的调整压力;

(3)当K口通过电磁换向阀外接多个远程调压阀时,可实现多级调压。

### 3. 溢流阀的应用

溢流阀的主要用途有:

(1)作溢流阀用,如图4-15a)所示,维持系统的压力恒定,使多余油液排回油箱。

(2)作安全阀用,如图4-15b)中阀1,当液压缸正常伸出时,阀1关闭;当系统过载时,阀

1 导通,限制了系统的最高工作压力,对系统起过载保护作用。

(3)作卸荷阀用,如图 4-15c)所示,由先导式溢流阀和二位二通电磁阀配合使用,当换向阀处于图示位置时,可使系统卸荷。

(4)作远程调压阀用,如图 4-15d)所示,用管道将先导式溢流阀的遥控口接至调节方便的远程调压阀进口处,以实现远程控制的目的。

(5)作背压阀用,如图 4-15b)中阀 2 串接在执行元件的回油路上,造成可调的回油阻力,形成背压,以改善执行装置的运动平稳性。

(6)多级调压回路,如图 4-15e)所示,换向阀处于上位和下位,系统可以得到两个不同的最高压力值。

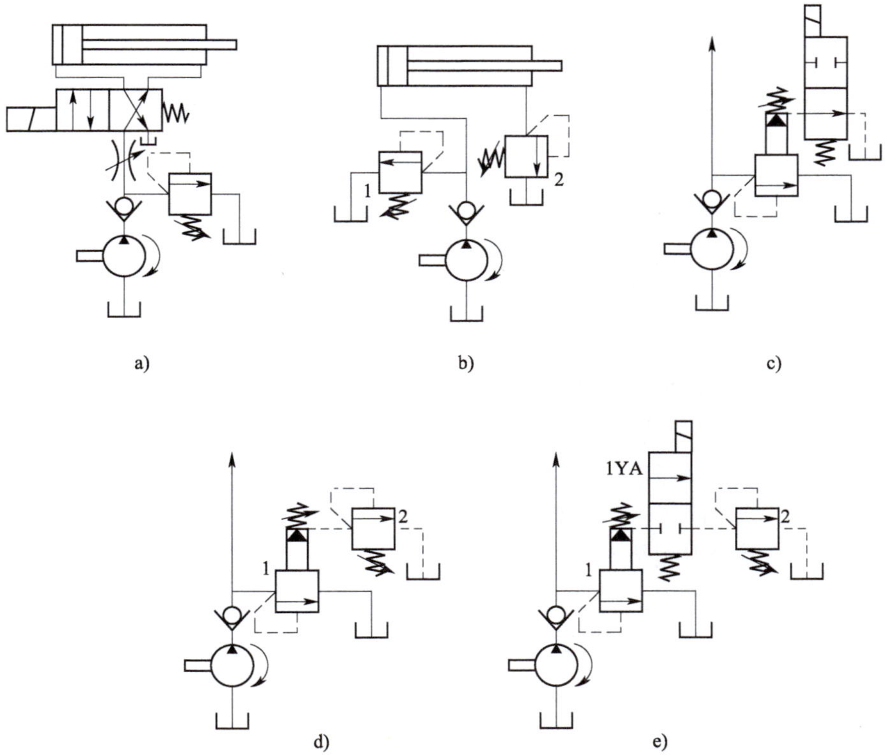


图 4-15 溢流阀的应用

**【例 4-2】** 图 4-16 所示两系统中溢流阀的调整压力分别为 $p_A = 4\text{MPa}$、$p_B = 3\text{MPa}$、$p_C = 2\text{MPa}$,当系统外负载为无穷大时,液压泵的出口压力各为多少?图 4-16a)系统中的溢流量是如何分配的?

**解:**(1)图 4-16a)所示系统泵的出口压力为 2MPa。因为 $p_P = 2\text{MPa}$ 时溢流阀开启,一小股压力为 2MPa 的液流从阀 A 远控口经阀 B 远控口和阀 C 流回油箱。所以,阀 A 和阀 B 均被打开。但大量溢流从阀 A 主阀口流回油箱,而从阀 B 和阀 C 流走的仅为很小一股液流,且 $q_B > q_C$。

(2)图 4-16b)所示系统,当负载为无穷大时泵的出口压力为 6MPa。因为该系统中阀 B 远控口接油箱,阀口全开,相当于一个通道,泵的工作压力由阀 A 和阀 C 决定,即 $p_P = p_A + p_C = 4\text{MPa} + 2\text{MPa} = 6\text{MPa}$。

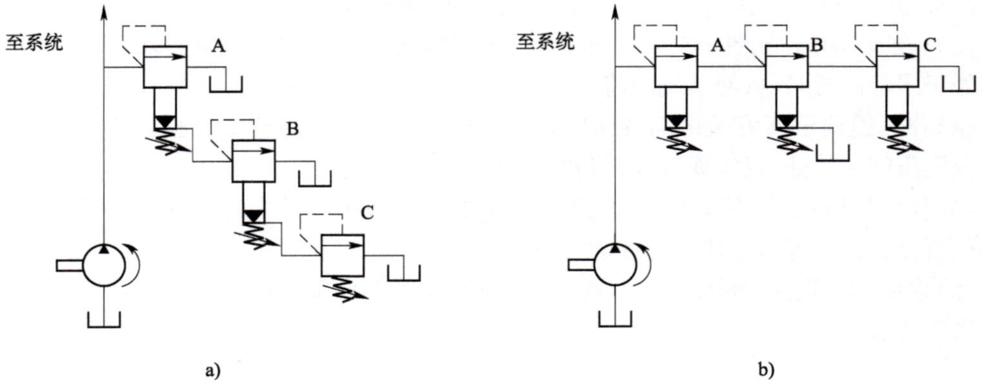


图 4-16 例题 4-2 图

## 二、减压阀

减压阀是利用液流流过缝隙产生压力降的原理，将较高的进口压力降低为所需要的压力，然后输出，并保持输出压力恒定。当液压系统中某一执行元件或某一分支油路所需压力比液压泵供油压力低时，可通过在回路中串联一个减压阀实现。减压阀按结构分为直动型和先导型两种；按功能分为定值减压阀、定差减压阀和定比减压阀。

1. 直动型定值减压阀

图 4-17 所示为直动型定值减压阀，该阀主要由阀芯、阀体、调压弹簧、调节螺钉等组成，进油口压力为 $p_1$，出油口压力为 $p_2$。直动型定值减压阀利用出油口压力油作用于阀芯一端有效面积上的液压力直接与作用于阀芯另一端的弹簧力相平衡来工作。进油口油液经过减压阀阀口 h 后从出油口流出，出油口油液经阻尼小孔 a 进入阀芯底部，形成液压力，与阀芯上部的弹簧腔中的弹簧力相平衡，由于出油口不接回油箱，所以外泄油口 L 必须单独接回油箱。

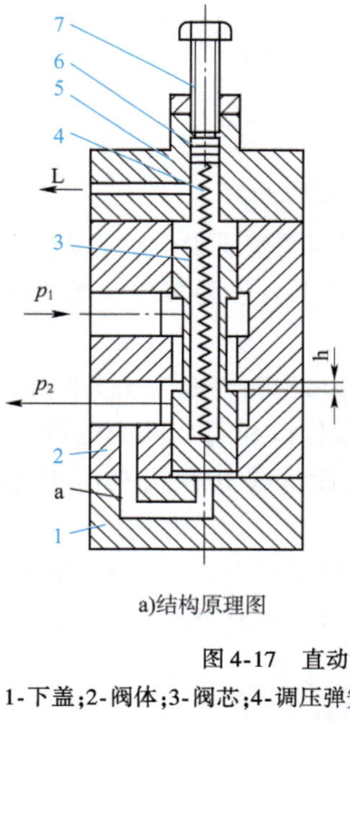


a)结构原理图

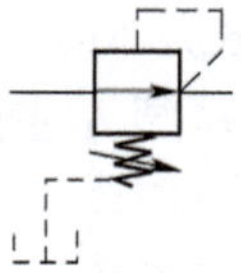

b)图形符号

图 4-17 直动型定值减压阀

1-下盖；2-阀体；3-阀芯；4-调压弹簧；5-上盖；6-弹簧座；7-调节螺钉

当出油口油液的压力 $p_2$ 较小时，未达到阀的设定值时，阀芯在弹簧力的作用下处于最下端，减压阀阀口全开，达到最大，此时减压阀不起减压作用，$p_1=p_2$。出油口油液的压力 $p_2$ 增大，当达到阀的设定值时，阀芯上移，阀口 h 开度减小，减压阀起减压作用，以维持出油口油液压力不随进油口压力的变化而变化。

旋转调节螺钉 7 调节调压弹簧的预压缩量，可以调节出油口压力。直动型减压阀结构简单，只用于低压系统。

2. 先导型定值减压阀

(1)结构和工作原理。

图 4-18 所示为先导型减压阀，它是由先导阀和主阀组成的，先导阀用于调压，主阀用于主油路的减压。阀体 1 上开有进油口 $P_1$、出油口 $P_2$ 和远程控制口 K。高压油经主阀进口 $P_1$ 流入，经缝隙减压后流至出油口 $P_2$。出油口 $P_2$ 的压力油分成两路：一路经主阀阀芯上的小孔 a 作用在主阀芯的底部，另一路经阻尼小孔 c 至主阀芯上腔，同时作用在先导阀阀芯 5 上。当出油口 $P_2$ 的油压力低于先导阀弹簧 6 的调定压力时，先导阀关闭，主阀芯上阻尼小孔 c 中的油液不流动，主阀阀芯 2 上、下两腔压力相等，这时主阀芯在较软主阀弹簧 3 作用下处于最下端位置，阀口处于最大开口状态，不起减压作用。当出油口 $P_2$ 的油压力超过先导阀弹簧 6 的调定压力时，先导阀打开，一小部分油液经阻尼小孔 c、先导阀和泄油口 L 流回油箱。由于阻尼小孔 c 的作用，主阀芯上腔的压力下降，主阀芯下腔压力大于上腔压力，使主阀芯在两端压力差的作用下，克服主阀芯弹簧阻力而向上移动，阀口关小，油液流经缝隙时压降增大，使出油口压力降低，此时出油口的压力即为减压阀的调定压力。若由于负载继续加大，使出口油压力大于调定压力的瞬间，主阀芯立即上移，使阀口的开度 $y$ 迅速减小，油液流动的阻力进一步加大，出油口压力便自动下降，回到原来的调定值。

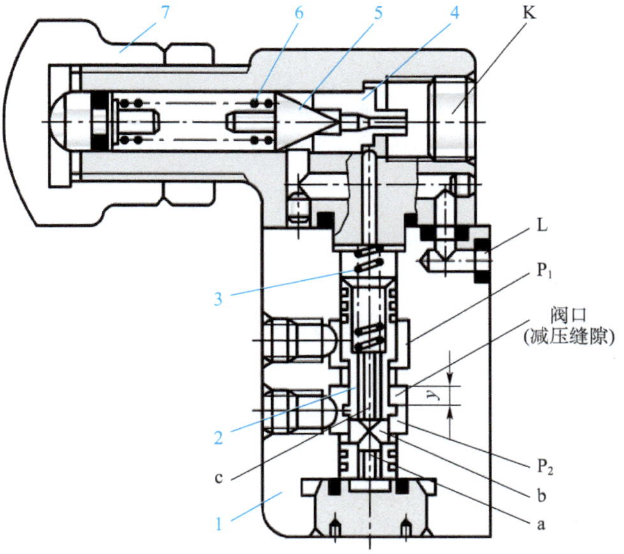


a)结构图

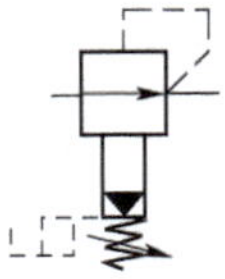

b)图形符号

图 4-18 先导型定值减压阀

1-阀体;2-主阀(减压)阀芯;3-主阀弹簧;4-先导阀(锥)阀座;5-先导阀阀芯;6-先导阀弹簧;7-调节螺母

自动调节出口压力的功能：减压阀利用出口压力 $p_2$ 作为控制信号，自动地控制减压口的开度，以保持出口压力基本恒定。如进口压力 $p_1$ 升高，在阀芯还未作出相应的反应时，出

口压力 $p_2$ 也有瞬时的升高,使主阀阀芯受力不平衡而上移,阀口减小,通过减压口的压降增大,从而使出口压力降至调定值。同理,如出口压力由于某种原因发生变化时,减压阀阀芯也会作出相应的反应,最后使出口压力 $p_2$ 稳定在调定值上。

由此可见,减压阀是利用出油口压力的反馈作用,自动调整减压缝隙(主阀阀口开度)的大小,保持出口压力值基本不变。调整调压弹簧6的预压缩量即可调节减压阀的出口压力。

阀中远程控制口K与主阀芯弹簧腔和先导阀前腔相通,它有三个作用:

①当K通过油管接到远程调压阀(结构和先导型溢流阀一样)时,调节远程调压阀的弹簧力,即可对减压阀的输出压力实现远程调压,但是,远程调压阀所能调节的最高压力不得超过减压阀本身导阀的调整压力。

②通过电磁换向阀外接多个远程调压阀,实现多级减压。

由于先导型减压阀的导阀芯前端的孔道结构尺寸一般都较小,调压弹簧不必很强,故压力调整比较轻便,可用于高压系统。一般减压阀调整的最高值,要比系统中控制主回路压力的溢流阀低0.5~1MPa

(2)减压阀的应用。

①降低液压泵输出油液的压力。在液压系统中,若某一支路所需工作压力低于液压泵的供油压力,可在支路上串接一个减压阀来获得比系统压力低而稳定的压力油,如图4-19所示。

②稳定压力。减压阀输出的二次压力比较稳定,供给执行装置工作可以避免一次压力油波动对它的影响。

③与单向阀并联实现单向减压。

(3)减压阀与溢流阀的区别。

减压阀与溢流阀外形和阀体比较相似,但实际上它们的结构、工作原理和图形符号都有较大的区别,其主要体现为:

①减压阀保持出口处压力基本不变,而溢流阀保持进口处压力基本不变。

②减压阀的进、出油口均有压力,所以它的先导阀弹簧腔的泄油是单独外接油箱,而溢流阀则可以沿内部通道经回油口流回油箱。

③不工作时,减压阀进、出油口互通,而溢流阀进、出油口不通。

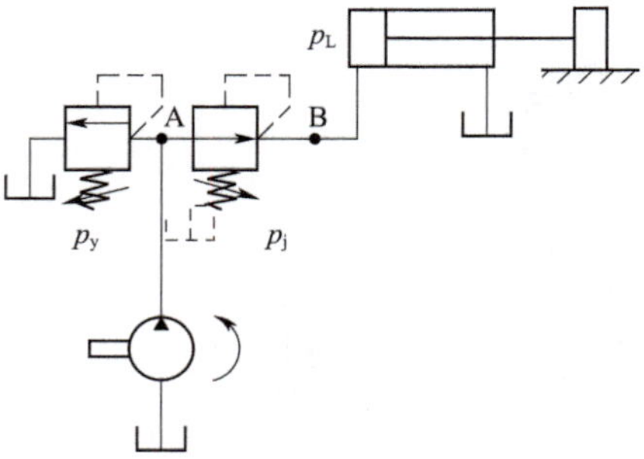


图4-19 例题4-3图

**【例4-3】** 如图4-19所示,水平放置液压缸,推一重物,溢流阀调定压力 $p_y=5\text{MPa}$,减压阀的调定压力 $p_j=3.5\text{MPa}$,活塞面积 $A=20\times10^{-4}\text{m}^2$,减压阀全开时的压力损失及管路损失忽略不计,活塞伸出时,试求:(1)当摩擦力为 $F=1000\text{N}$,活塞在运动时和到达尽头时,$A$、$B$ 两点的压力。(2)当摩擦力为 $F=8000\text{N}$ 时,$A$、$B$ 两点压力是多少?

**解:**(1)活塞运动时,作用在活塞上的工作压力为:

$$p_L=\frac{F}{A}=\frac{1000\text{N}}{20\times10^{-4}\text{m}^2}=0.5\text{MPa}$$

因作用在活塞上的工作压力相当于减压阀的出口压力,且小于减压阀的调定压力,故减压阀不起减压作用，减压阀口全开，此时 $A$、$B$ 两点的压力是：

$$p_A = p_B = p_L = 0.5\text{MPa}$$

（2）活塞到达行程终点时，作用在活塞上的工作压力 $p_L$ 增加且大于减压阀的调定压力时，减压阀起减压作用，此时 $A$、$B$ 两点的压力是：

$$p_A = p_y = 5\text{MPa} \quad p_B = p_j = 3.5\text{MPa}$$

（3）当负载 $F = 8000\text{N}$ 时，活塞所承受的压力为：

$$p_L = \frac{F}{A} = \frac{8000\text{N}}{20 \times 10^{-4}\text{m}^2} = 4\text{MPa}$$

因为减压阀的调定压力 $p_j < p_L$，减压阀阀口关闭，减压阀出口压力最大是 3.5MPa，无法推动活塞，所以，$A$、$B$ 两点的压力分别为：

$$p_A = p_y = 5\text{MPa} \quad p_B = p_j = 3.5\text{MPa}$$

**【例 4-4】** 如图 4-20 所示，溢流阀和两个减压阀的调定压力分别为：$p_y = 5\text{MPa}$、$p_{j1} = 3\text{MPa}$，$p_{j2} = 2.5\text{MPa}$，负载 $F_L = 1200\text{N}$，活塞有效工作面积 $A_1 = 15\text{cm}^2$；减压阀的局部损失及管路损失略去不计。试确定活塞在运动中和到达终点位置时 $a$、$b$、$c$ 点处的压力。当负载加大到 $F_L = 4200\text{N}$ 时，这些压力有何变化？

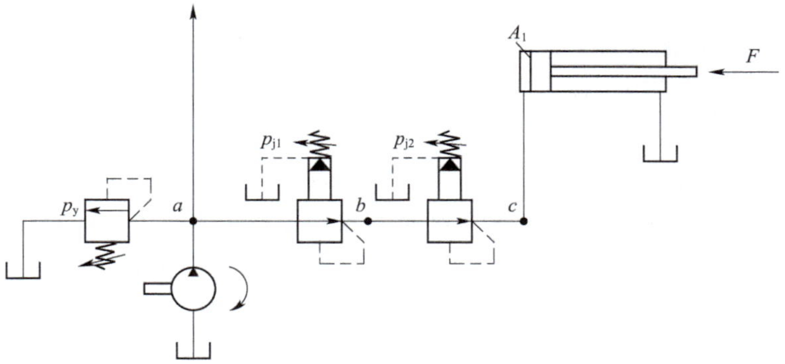


图 4-20 例题 4-4 图

**解：**（1）$F_L = 1200\text{N}$。

①液压缸运动时，液压缸的工作压力为：

$$p_1 = \frac{F_L}{A_1} = \frac{1200\text{N}}{15 \times 10^{-4}\text{m}^2} = 8 \times 10^5\text{Pa}$$

因 $p_1 < p_{j2} = 2.5\text{MPa}$，$p_1 < p_{j1} = 3\text{MPa}$，故两减压阀均不工作，其阀口常开，相当于通道。又因 $p_1 < p_y = 5\text{MPa}$，溢流阀关闭，亦处非工作状态。故此时 $a$、$b$、$c$ 三点压力相等，且都等于液压缸工作压力，即 $p_c = p_b = p_a = p_1 = 8 \times 10^5\text{Pa}$。

②液压缸到终点后，此时液压缸负载相当于无穷大，进油腔油压力迅速上升，当上升到第二个减压阀的调定压力时，第二个减压阀工作（其阀芯抬起、定压），使其出口即 $c$ 点压力定为其调定值，即 $p_c = p_{j2} = 2.5\text{MPa}$；因液压缸已不动，而液压泵还在不断输出油液，故第二个减压阀入口，即第一个减压阀出口油压很快憋高，并在达到第一个减压阀的调定压力时，第一个减压阀工作，从而使其出口即 $b$ 点油压定为第一个减压阀的调定值：$p_b = p_{j1} = 3MPa$。同理，泵的出口即 $a$ 点油压也很快憋高，并在达到溢流阀的调定压力时，溢流阀开启、溢流、定压，使 $a$ 点压力为溢流阀的调定值即：$p_a = p_y = 5\text{MPa}$。

(2) $F_L = 4200\text{N}$。

若是液压缸运动，其工作压力 $p_1$ 为：

$$p_1 = \frac{4200\text{N}}{15\times10^{-4}\text{m}^2} = 28\times10^5\text{Pa}$$

即要使液压缸运动，其进油腔（无杆腔）的油压必须达到 $28\times10^5\text{Pa}$。但在液压泵经两减压阀输入到液压缸油液压力憋高到第二个减压阀的调定压力 $p_{j2} = 2.5\text{MPa}$ 时，第二个减压阀工作，使其出口即 $c$ 点的压力定在 $p_c = p_{j2} = 2.5\text{MPa}$ 上，不再升高，因而也就推不动负载，负载相当于无穷大。但因泵的流量仍在输出，而第二个减压阀出口输出流量又为零（只有远小于泵输出流量的导阀泄漏量），故第二个减压阀入口，亦即第一个减压阀出口油压很快憋高，当憋高到第一个减压阀的调定压力时，第一个减压阀工作，使其出口即 $b$ 点压力定在该阀的调定值上 $p_b = p_{j1} = 3\text{MPa}$。同理，$a$ 点压力也很快憋高，并在达到溢流阀的调定压力时，溢流阀开启，溢流、定压，使 $a$ 点压力为 $p_a = p_y = 5\text{MPa}$。

## 三、顺序阀

顺序阀是以油液压力作为控制信号的自动开关，利用油路中液流压力的变化来控制阀口的启闭，以实现系统中多个执行元件顺序动作的压力控制阀。根据控制方式及泄漏方式的不同，可分为内控内泄式、内控外泄式、外控内泄式、外控外泄式。按其结构形式不同可分为直动型和先导型，前者用于低压系统，后者用于中、高压系统。

### 1. 典型结构和工作原理

直动型顺序阀的结构和工作原理与直动型溢流阀相似，图 4-21 所示为直动型顺序阀的结构原理图。该阀主要由阀芯 2、阀体 3、弹簧 7、调节螺钉 8 等组成。进油口接压力油，出油口可以与另一工作油路相通。控制油液可以从进油口由内部引到控制活塞 6 下端，称为内控；也可将下阀盖 5 转过 90°，并打开螺塞 4，从该处接上控制油管并输入控制油，称为外控，以此种方式工作的顺序阀，称为液控式顺序阀。泄漏油液可以经 a 孔引入油箱，称为外泄；也可将上阀盖转过 90°，并堵上孔 a，使泄漏油液经 c、b 连到出油口，称为内泄。

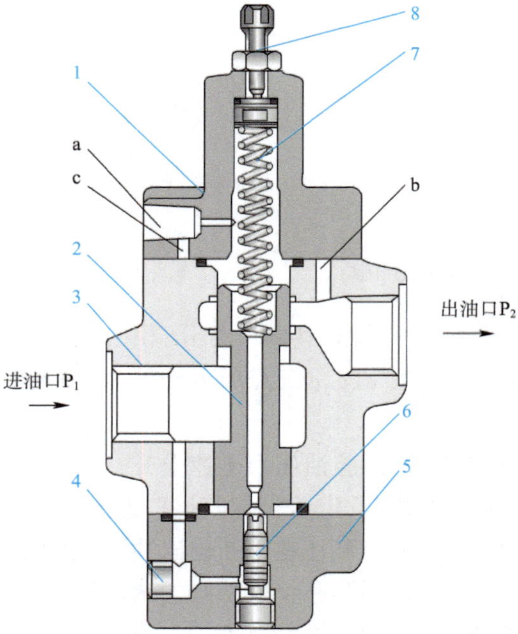

图 4-21　直动型顺序阀原理图

1-上阀盖；2-阀芯；3-阀体；4-螺塞；5-下阀盖；6-控制活塞；7-弹簧；8-调节螺钉

其工作原理：当控制活塞 6 下端作用的油液作用力小于作用在阀芯 2 上端弹簧 7 的作用力时，阀芯保持在初始位置，阀关闭；当控制活塞 6 下端作用的油液作用力大于作用在阀芯 2 上端弹簧 7 的作用力时，阀芯上移，使进出油口相通。直动型顺序阀的图形符号，如图 4-22 所示。

图 4-23 为先导型顺序阀的结构图，其结构及阀芯的启闭原理与先导型溢流阀相似，所不同的是顺序阀有外控、内控、外泄、内泄之分。图 4-24 所示为先导型顺序阀的图形符号。

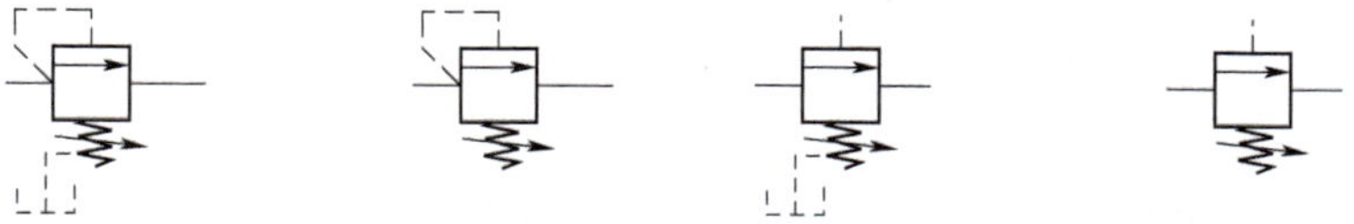

a)内控外泄　　b)内控内泄　　c)外控外泄　　d)外控内泄

图 4-22　直动型顺序阀图形符号

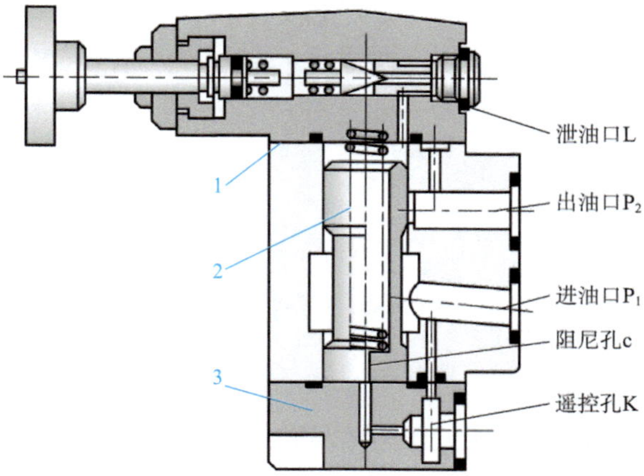


图 4-23　先导式顺序阀

1-先导阀芯;2-主阀芯;3-下端盖

a)内控外泄　　b)内控内泄　　c)外控外泄　　d)外控内泄

图 4-24　先导型顺序阀图形符号

2. 顺序阀的结构特点

顺序阀是压力控制的阀,而溢流阀是控制压力的阀,两者在结构上存在区别,顺序阀的结构特点为:

(1)顺序阀正常工作时,开口量较大,压力损失很小,故进、出口压力基本相等。

(2)顺序阀的主阀阀芯是否开启及其开启压力是由调压弹簧的调定值决定的,但进、出口接通后,出口压力决定于液压系统的工作状态,其值可以远大于其调定值。

(3)因进、出油口可以都是压力油,故采用外泄式结构,使调压弹簧腔的泄漏油经泄油口排回油箱。

由此可见,顺序阀有两种工作状态:一种是顺序阀的进口压力大于调压弹簧的调定压力,此时顺序阀的开口量较大,进口压力和出口压力相等,进、出压差很小,而且越小越好;另一种是顺序阀的进口压力达到调压弹簧的调定压力,但出口压力小于进口压力,此时顺序阀的开口量较小,进出压差损失在阀口处,有压力损失。

3. 顺序阀的应用

顺序阀在液压系统中的应用很广,主要应用有:

(1)用于实现多个执行元件的顺序动作,如图 4-25a)所示。

（2）用于平衡回路，如图4-25b）所示。

（3）用于压力卸荷，作为双泵供油系统中低压泵的卸荷，如图4-25c）所示。

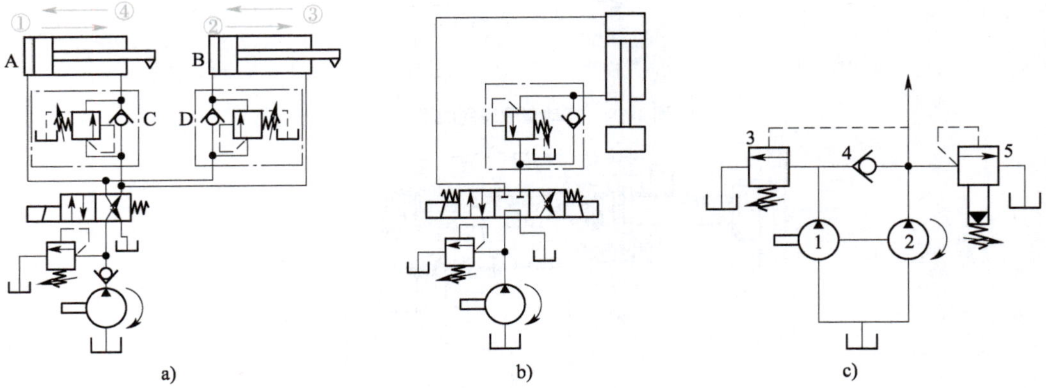


图4-25　顺序阀的应用

## 四、压力继电器

压力继电器是一种将液压系统的压力信号转换为电信号输出的液—电转换元件。它在液压系统中某一点油液压力达到压力继电器的调定压力时，发出电信号，控制电气元件动作，实现液压系统的程序控制和起安全保护作用。

### 1. 压力继电器的结构和工作原理

压力继电器一般由压力—位移转换部件和微动开关两部分组成，按其结构特点可分为柱塞式、弹簧管式、膜片式和波纹式四种形式其中柱塞式压力继电器最常用。图4-26a）所示为柱塞式压力继电器的结构，它主要由柱塞1、顶杆2、调节螺钉3、微动开关4和弹簧5等零件组成。压力继电器的控制油口K与液压系统相通，压力油作用在柱塞的下端，当系统油压$p$产生的液压力大于或等于弹簧力时，柱塞上移推动顶杆压下微动开关触头，接通或断开电气线路。当液压力小于弹簧力时，柱塞下移，微动开关触头复位。拧动调节螺钉3，改变弹簧5的预压缩量，可以调整其发出电信号时的油液工作压力。图4-26b）是压力继电器的图形符号。压力继电器是外泄结构，有一单独的泄油口L。

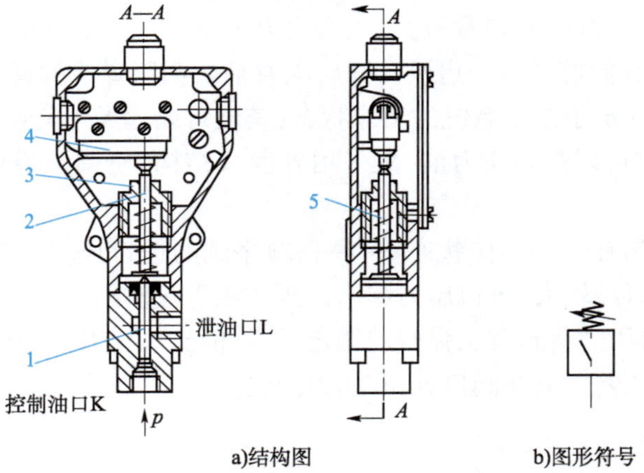


图4-26　压力继电器

1-柱塞；2-顶杆；3-调节螺钉；4-微动开关

2. 压力继电器的应用

压力继电器在液压系统中的用途很广，主要作用有：

(1)用于安全保护。

(2)用于控制执行装置的动作顺序。

(3)用于控制换向阀，使执行元件换向。

(4)用于液压泵的启闭或卸荷。

# 学习项目四　流量控制阀

流量控制阀的功用是通过改变阀芯与阀口之间的通流面积的大小来控制阀通过流量的大小，进而控制执行元件运动速度(或转速)。流量控制阀主要有节流阀和调速阀等。

根据流体力学的有关知识，节流口一般有三种形式，即细长孔、薄壁小孔和短孔。为保证温度变化和孔两端压差变化对通过节流口流量的影响较小，节流口一般为薄壁小孔或短孔。

## 一、节流阀的结构原理

图 4-27 为一种普通节流阀的结构原理和职能符号图，节流阀主要由阀芯、阀体、弹簧、调节手柄等组成。这种节流阀的节流通道呈轴向三角槽式。压力油从进油口 $P_1$ 流入孔道 a 和阀芯 1 左端的三角槽进入孔道 b，再从出油口 $P_2$ 流出。调节手柄 3，即可通过推杆 2 使阀芯做轴向移动，以改变节流口的通流截面积来调节流量。阀芯在弹簧作用下始终贴紧在推杆上。

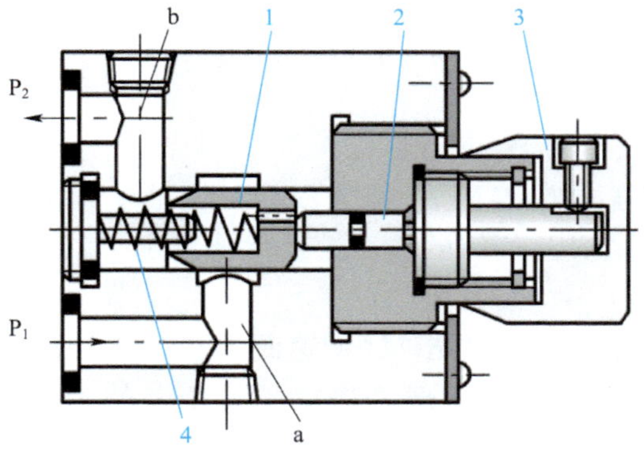


a)结构原理图

b)图形符号

图 4-27　节流阀

1-阀芯；2-推杆；3-调节手柄；4-弹簧

图 4-28 所示为节流阀流量—压力特性曲线，可见当其他条件不变，仅当负载压力发生变化时，流量即发生变化，说明其流量稳定性比较差，节流刚度较小，所以只适用于负载变化不大或对调速稳定性要求不高的场合。

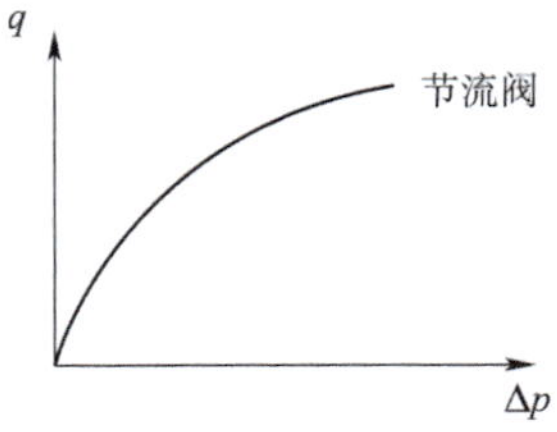


图 4-28　节流阀流量—压力特性曲线

通常，节流阀与定量泵、溢流阀组合进行调速，用以控制执行元件的运动速度。

【例 4-5】　如图 4-29 所示液压回路中，已知泵的流量

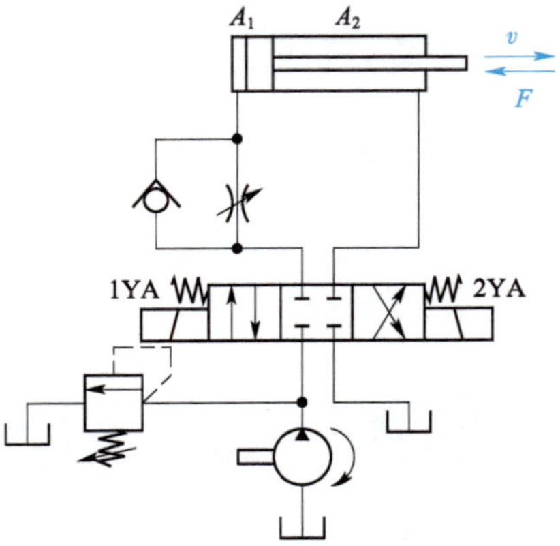


图 4-29　例题 4-5 图

$q_p=8\text{L/min}, A_1=50\ \text{cm}^2, A_2=25\ \text{cm}^2$，溢流阀的调整压力为 $p_y=2.4\text{MPa}$，负载 $F=10000\text{N}$，节流阀孔口为薄壁孔，流量系数 $C_q=0.62$，节流阀通流面积 $A_T=0.06\ \text{cm}^2$，油液密度 $\rho=900\ \text{kg/m}^3$。试计算活塞杆伸出时的运动速度和液压泵的工作压力。

**解：**换向阀处于左位接入时，液压缸活塞的受力平衡方程为：

$$p_1A_1=p_2A_2+F$$

所以：

$$p_1=\frac{p_2A_2+F}{A_1}=\frac{0\times25\times10^{-4}\text{m}^2+10000\text{N}}{50\times10^{-4}\text{m}^2}=2\times10^6\text{Pa}$$

由于液压泵出口压力为溢流阀调整压力 $p_y$，则节流阀进、出口压力差为：

$$\Delta p=p_y-p_1=(2.4\times10^6-2.0\times10^6)\text{Pa}=0.4\times10^6\text{Pa}$$

通过节流阀的流量为：

$$q_1=C_qA_T\sqrt{\frac{2}{\rho}\Delta p}=0.62\times0.06\times10^{-4}\text{m}^2\times\sqrt{\frac{2}{900\ \text{kg/m}^3}\times0.4\times10^6\ \text{N/m}^2}$$

$$=1.11\times10^{-4}\text{m}^3/\text{s}=6.66\text{L/min}<q_p$$

故，液压缸的运动速度为：

$$v=\frac{q_1}{A_1}=\frac{1.11\times10^{-4}\text{m}^3/\text{s}}{50\times10^{-4}\text{m}^2}=0.022\text{m/s}$$

液压泵的工作压力为：

$$p_P=p_y=2.4\text{MPa}$$

## 二、调速阀

调速阀由定差式减压阀和节流阀串接而成，节流阀用以调节输出流量，减压阀用来保证节流阀前后的压力差 $\Delta p$ 基本恒定，使阀的输出流量保持稳定，基本不受负载变化的影响。

图 4-30a）为调速阀的结构原理图，液压泵出口（调速阀的进口）压力 $p_1$ 由溢流阀调整基本不变，而调速阀出口压力 $p_3$ 则由液压缸负载 $F$ 决定。压力 $p_1$ 的入口油液经减压口 h 后由降为 $p_2$ 到达节流阀入口，压力为 $p_2$ 的油液分成两路，一路经通道 e、f 作用到减压阀阀芯的下端 d 腔和 c 腔；一路经节流口压力降为 $p_3$ 流向执行元件，同时节流阀出口压力 $p_3$ 又经反馈通道 a 作用到减压阀阀芯的上端 b。这样，节流阀阀前、后的压力油分别引到定差减压阀阀芯的下端和上端，当减压阀的阀芯在弹簧力 $F_s$、油液压力 $p_2$ 和 $p_3$ 作用下处于某一平衡位置时（忽略摩擦力和液动力等），则有如下平衡方程：

$$p_2A_1+p_2A_2=p_3A+F_s \tag{4-1}$$

式中：$A$、$A_1$ 和 $A_2$——b 腔、c 腔和 d 腔内压力油作用于阀芯的有效面积，且满足 $A=A_1+A_2$。

$$p_2-p_3=\Delta p=\frac{F_s}{A} \tag{4-2}$$

因弹簧刚度较低，且工作过程中减压阀阀芯位移很小，可以认为 $F_s$ 基本不变。故节流

阀两端压力差 $\Delta p = p_1 - p_2$ 也基本不变，当节流阀的开口面积保持一定时，通过调速阀的流量不变。图 4-30b) 为调速阀的图形符号。

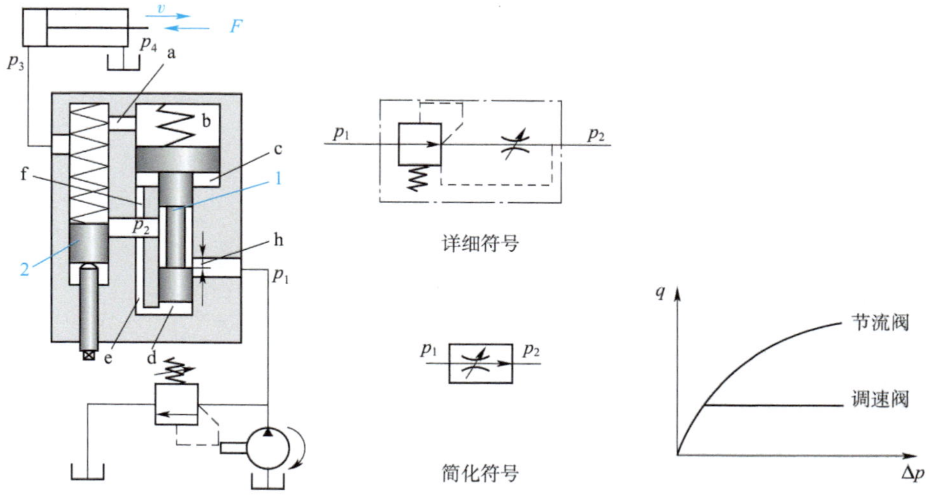


a)工作原理图　　b)图形符号　　c)压力—流量特性曲线

图 4-30　调速阀

当调速阀出口处油液压力 $p_3$ 因外负载增加而增大时，作用在减压阀阀芯上端的油压力随之增大，阀芯失去平衡而下移，减压阀开口 h 变大，减压作用减弱，$p_2$ 也随之升高，直到阀芯在新的位置上达到平衡为止。故当 $p_3$ 增加时，$p_2$ 也随之升高，维持其压差值 $\Delta p = p_2 - p_3$ 基本不变。当外负载减小时，情况相似。当调速阀进口压力 $p_1$ 增大时，由于一开始减压阀阀芯来不及运动，液阻没有变化，故 $p_2$ 在这一瞬间也增加，阀芯 1 失去平衡而上移，使减压阀开口 h 减小，液阻增大，又使 $p_2$ 减小，故 $\Delta p = p_2 - p_3$ 仍保持不变。总之，不管调速阀的进、出油口的油液压力如何变化，调速阀内的节流阀前后的压力差 $\Delta p = p_2 - p_3$ 始终保持不变，从而保持流量的稳定。

调速阀不能反向流动，否则将仅起到节流阀的作用，这是因为当调速阀反向流动时，定差减压阀不起作用。

图 4-30c) 为调速阀的压力—流量特性曲线，由图可见：当调速阀的进、出口压差达到一定值后，通过调速阀的流量不随压差的改变而变化，即流量不随负载的变化而变化；当调速阀的进、出口压差小于定差减压阀的最小工作压力时，减压阀不起减压作用，此时特性曲线与节流阀特性曲线重合。这是因为压差小时，减压阀阀芯在弹簧力作用下处于最下面的位置，减压口全部打开，不能起到稳定节流阀前、后压差的作用，这时调速阀就相当于一个普通节流阀。所以调速阀正常工作时，必须保证其有一最小压差，要求至少在 0.4 ~ 0.5MPa 以上。

## 三、溢流节流阀（旁通型调速阀）

溢流节流阀也是一种压力补偿型节流阀，图 4-31 为其工作原理图及职能符号。从液压泵输出的油液一部分经节流阀 4 进入液压缸左腔推动活塞向右运动，另一部分经溢流阀的溢流口流回油箱，溢流阀阀芯 3 的上端 a 腔同节流阀 4 上腔连通，其压力为 $p_2$，$p_2$ 取决于外负载 $F$；b 腔和下端 c 腔同溢流阀阀芯 3 前的油液相通，其压力为泵的压力 $p_1$，当液压缸活塞

上的负载力 $F$ 增大时，压力 $p_2$ 升高，a 腔的压力随之升高，使阀芯 3 下移，溢流口关小，溢流阻力增加，使泵的供油压力 $p_1$ 也随之增大，从而使节流阀 4 的前、后压力差 $\Delta p = p_1 - p_2$ 基本保持不变。反之亦然。

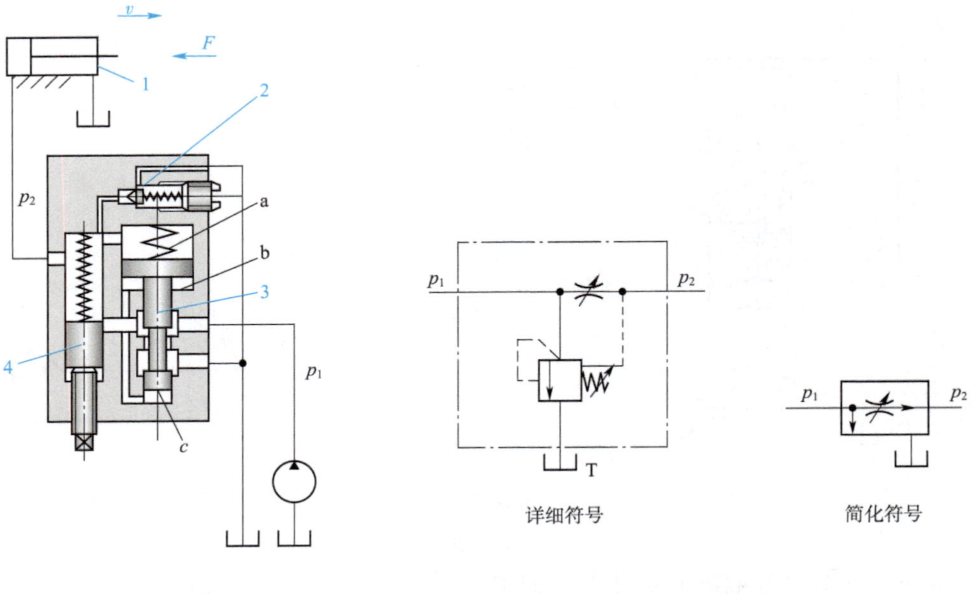


图 4-31　旁通型调速阀（溢流节流阀）

1-液压缸；2-安全阀；3-溢流阀；4-节流阀

这种溢流阀一般附带有一个安全阀 2，平时关闭，只有当负载增加到使 $p_2$ 超过安全阀弹簧的调整压力时，它才打开，溢流阀阀芯上的 a 腔经安全阀 2 通油箱，溢流阀 3 向上移动，溢流阀开口增大，液压泵输出的油液经溢流阀全部溢流回油箱，从而防止系统过载。

溢流节流阀是通过 $p_1$ 随 $p_2$ 的变化来使流量基本保持恒定的，它与调速阀虽都具有压力补偿的作用，但其组成调速系统时是有区别的。调速阀无论在执行元件的进油路或回油路上，执行元件上负载变化时，泵出口处压力都由溢流阀保持不变，而溢流节流阀是通过 $p_1$ 随 $p_2$（负载的压力）的变化来使流量基本上保持恒定的。因而溢流节流阀具有功率损耗低、发热量小的优点。但是，溢流节流阀中流过的流量比调速阀大（一般是系统的全部流量），阀芯运动时阻力较大，弹簧较硬，其结果使节流阀前后压差 $\Delta p$ 加大（需达 0.3 ~ 0.5MPa），因此它的稳定性稍差。

## 四、分流集流阀

分流集流阀包括分流阀、集流阀和分流集流阀三种。分流阀的主要作用是由同一个油源分别向两个执行元件供应相同的或成比例的流量，以实现两个执行元件的速度保持同步或定比关系。集流阀的主要作用是分别从两个执行元件收集相同的或成比例的回油流量，以实现其速度同步或定比关系。分流集流阀兼有分流阀和集流阀的功能。

### 1. 分流阀的结构和工作原理

图 4-32 所示为活塞式分流阀，它主要由阀芯、阀体、弹簧等组成，阀中两路流道尺寸完全相同。阀的进口压力为 $p$ 流量为 $q$。油液进入阀体后分为两路，分别从两个固定节流口

1、2 进入油腔 A、B，此时 A、B 的压力分别为 $p_1$、$p_2$，再经可变节流口 3、4，分别从各自的出口进入执行元件，出口压力分别为 $p_3$、$p_4$，流量分别为 $q_1$、$q_2$。其中，油腔 A 压力为 $p_1$ 的油液经小孔 a 进入到阀的右侧弹簧腔，油腔 B 压力为 $p_2$ 的油液经小孔 b 进入到阀的左侧弹簧腔。若两个固定节流口 1、2 的面积相等，两个执行元件的负载压力相等，则 $p_1=p_2$、$q_1=q_2=q/2$、$p_3=p_4$。改变两个固定节流口 1、2 的面积比，就可以实现不同比例的分流作用。

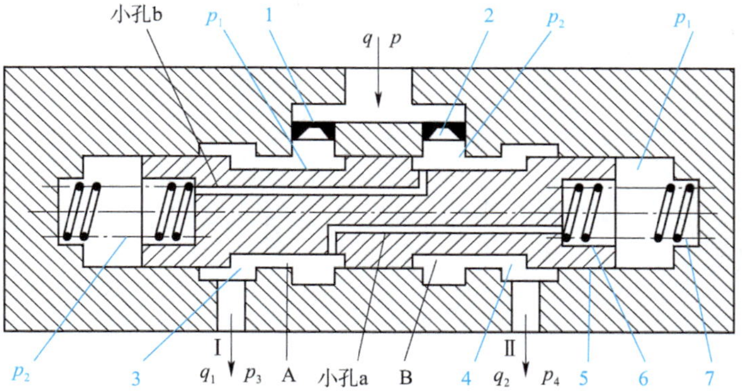


a)结构图

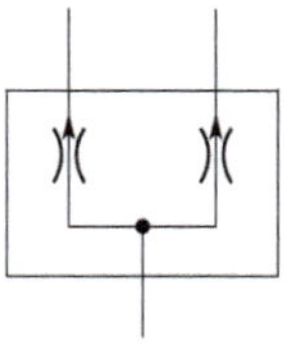

b)图形符号

图 4-32　活塞式分流阀

1、2-固定节流口；3、4-可变节流口；5-阀体；6-阀芯；7-弹簧

若两个执行元件在某时负载发生变化，导致阀的出口压力不相等，设 $p_3>p_4$，此时阀芯未动，可变节流口 3、4 的节流面积未改变，必然导致 $q_1<q_2$、$p_1>p_2$，使阀芯右侧弹簧腔压力增大，阀芯受力平衡破坏，阀芯向左运动，可变节流口 3 增大、可变节流口 4 减小，使 $q_1$ 增大、$q_2$ 减小，阀芯几经振荡变化后，停在一个新的平衡位置上，重新满足 $q_1=q_2$ 的工作状态。

2. 分流集流阀的结构和工作原理

图 4-33a)所示为分流集流阀的结构图。阀芯 5、6 在各弹簧力作用下处于中间平衡状态。图 4-28b)所示为分流集流阀的图形符号。

分流时，由于 $p_0$ 大于 $p_1$ 和 $p_2$，所以阀芯 5 和 6 处于相离状态，互相勾住。若负载压力 $p_4>p_3$，如果阀芯仍留在中间位置，必然使 $p_2>p_1$。这时，连成一体的阀芯将左移，可变节流口 3 减小(图 4-33c)，使 $p_1$ 上升，直至 $p_1\approx p_2$，阀芯停止运动。由于两个固定节流孔 1 和 2 的面积相等，所以通过两个固定节流孔的流量 $q_1\approx q_2$，而不受出口压力 $p_3$ 及 $p_4$ 变化的影响。

集流工况时，由于 $p_0$ 小于 $p_1$ 和 $p_2$，故两阀芯处于相互压紧状态。设负载压力 $p_4>p_3$，若阀芯仍留在中间位置，必然使 $p_2>p_1$。这时，压紧成一体的阀芯左移，可变节流口 4 减小(图 4-33d)，使 $p_2$ 下降，直至 $p_1\approx p_2$，阀芯停止运动。故 $q_1\approx q_2$，而不受进口压力 $p_3$ 及 $p_4$ 变化的影响。

3. 分流集流阀的特点及应用

(1)分流集流阀是控制流量的分配，而不是控制流量的大小。

(2)分流集流阀是控制执行元件的运动速度同步，而不是位置同步。

(3)有 2% ~3% 的同步误差，主要用在同步精度要求不太高的场合。

(4)分流集流阀因有固定节流口和可变节流口，因此要求阀上保持一定的压降，故不宜用于低压系统。

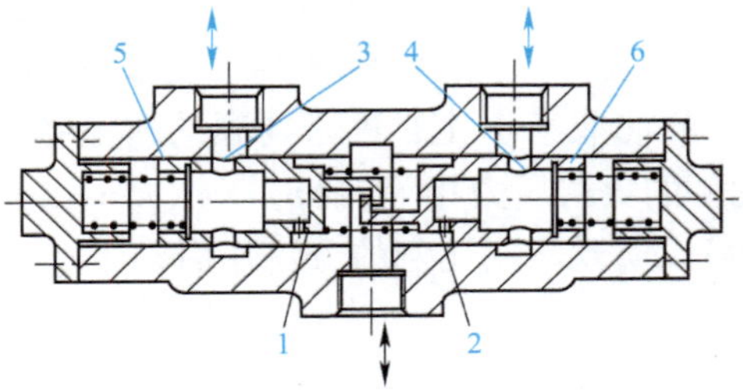


a)结构图

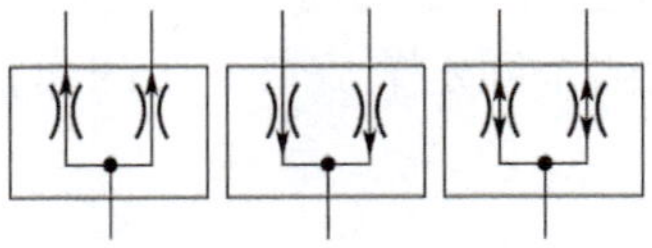

b)图形符号

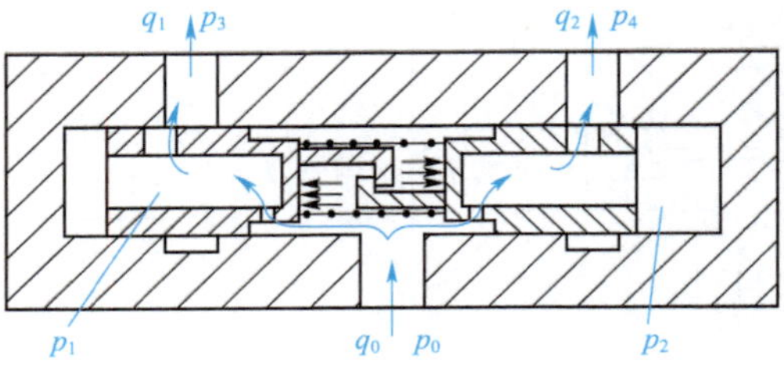


c)分流阀原理图

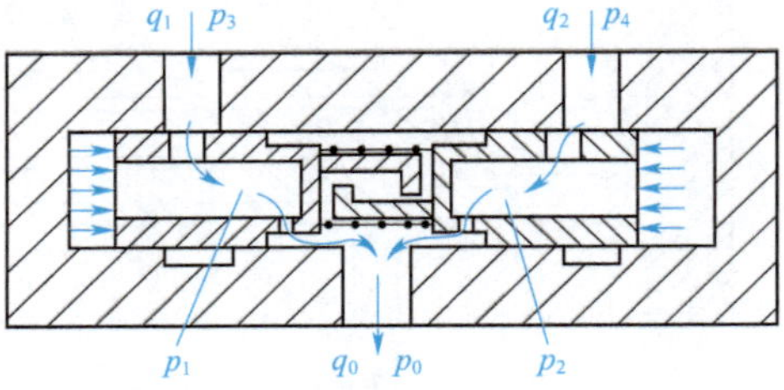


d)集流阀原理图

图 4-33　分流集流阀结构原理图

1-分流变节流口;2-定节流;3-集流阀原理图;4-对中弹簧;5-换向活塞;6-阀芯

# 学习项目五　其他控制阀

## 一、叠加式液压阀

以叠加方式连接的液压阀称为叠加阀,这种阀具有板式液压阀的功能,其分类与一般液压阀相同,分为压力控制阀、流量控制阀、方向控制阀三类,其中方向控制阀仅有单向阀类,换向阀不属于叠加阀。换向阀在叠加阀系统中既起到换向阀的作用,又起到上盖板的作用。叠加阀的工作原理与前述的一般液压阀基本相同,但在结构和连接方式上有其特点,因而自成体系。

叠加阀的外观,如图 4-34 所示。叠加阀及由叠加阀组成的液压系统具有以下特点:

(1)每个叠加阀不仅具有某种控制功能,同时还起着油路通道的作用,所以同一组叠加阀之间无管道连接。

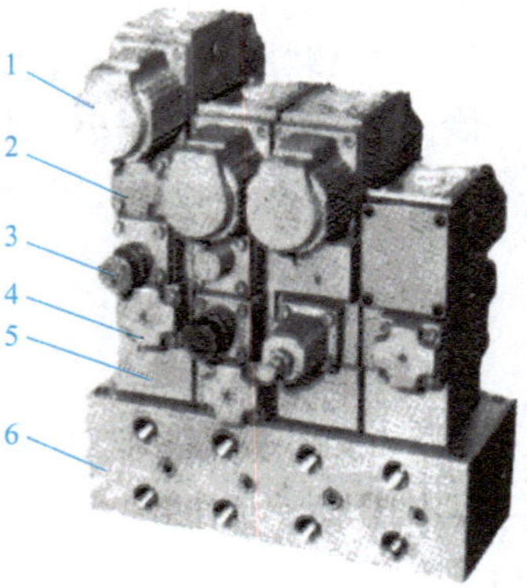


图 4-34　叠加阀总成外观图

1-换向阀;2、3、4、5-叠加阀;6-基座板

(2)一般同一规格系列的叠加阀的油口和螺钉孔的位置、大小、数量都与相同规格的标准换向阀相同,即主换向阀、叠加阀底板块之间通径及连接尺寸相同。

(3)一个叠加阀因在液压系统回路中的位置不同,选择的元件型号也不同。例如,单向阀,工作中放置在油路 A 还是油路 B,所选择的型号是不一样的。

(4)由叠加阀组成的液压系统,阀自身作为通道体,将各种类型叠加阀按要求叠加后,由螺栓将其串联在换向阀与底板之间,可组成各种典型液压回路。

(5)叠加阀系统最下面是底板,底板上具有进、回油口及各回路与执行机构连接的油口。为了测出各点压力,底板上面第一个元件是压力表开关,或压力阀(一般压力阀都有测压点,可以连接压力表);换向阀兼作顶盖用,位于最上层;各种方向、压力和流量控制阀位于中间。

(6)为减小回油压力损失,回油路上的流量控制阀应尽量靠近主换向阀布置。

(7)通常,一组叠加阀回路只控制一个执行元件,将几组叠加阀放在同一个多联底板上,可以组成一个多执行元件的控制系统。

(8)由叠加阀组成的液压系统结构紧凑,配置灵活,系统设计、制造周期短,标准化、通用化和集成化程度较高。

叠加阀现有四个通径系列:$\phi$6mm、$\phi$10mm、$\phi$16mm、$\phi$22mm,额定压力为20MPa,额定流量为30~200L/min。

图4-35为控制两个执行元件(液压缸和液压马达)的叠加阀组应用回路。

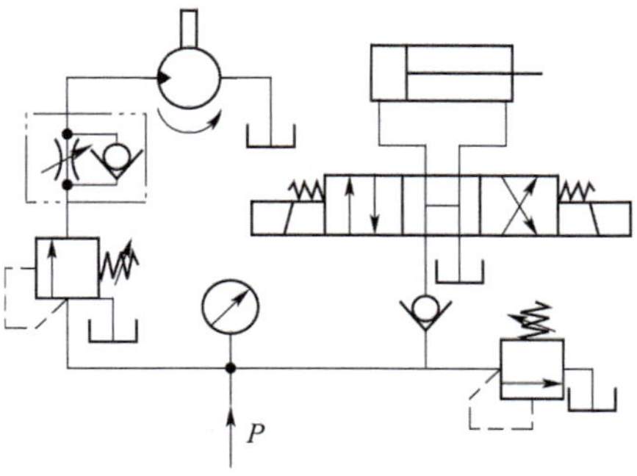


a)采用普通液压阀的回路

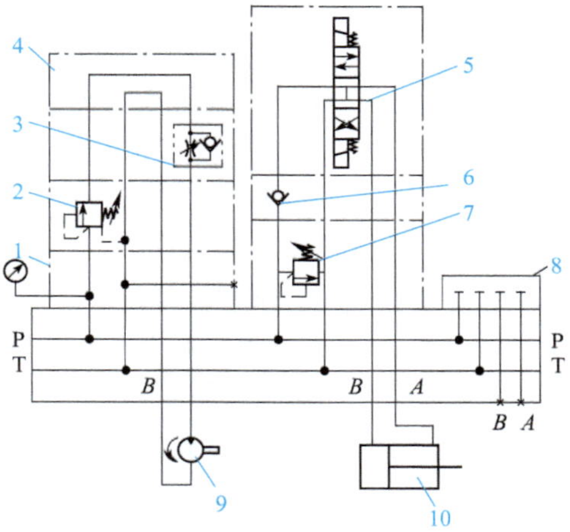


b)采用叠加阀组的回路

图4-35 两个执行元件的叠加阀组应用回路

1-压力表;2-顺序阀;3-单向节流阀;4-顶板;5-换向阀;6-单向阀;7-溢流阀;8-备用回路盲板;9-液压马达;10-液压缸

## 二、插装式锥阀

插装式锥阀是将其基本组件插入特定的阀体内,配以盖板、先导阀等组成的一种具有通、断两种状态的多功能复合阀。插装阀基本组件由阀芯、阀套、弹簧和密封圈组成,与普通阀组合使用,才能实现对系统油液方向、压力、流量的控制。插装阀的阀芯结构简单、动作灵敏,与普通的液压阀相比,具有通流能力大、密封性能好、阀芯动作灵敏、抗堵塞能力强、功率损失小、易于实现集成化等优点,在高压、大流量的液压系统应用很广。

### 1.插装式锥阀的结构和工作原理

图4-36所示为插装式锥阀的结构原理及职能符号图。插装阀由锥阀组件(阀套2、弹簧3和锥阀4)、阀体5和控制盖板1组成,对外有两个主油路口A、B和一个控制油口C。锥阀组件插装在阀体5的孔内,锥阀组件起主油路通断作用,盖板1上设有对锥阀的启闭起控制作用的通道等,锥阀组件上配置不同的盖板,就能实现各种不同的功能。同一阀体内可装入若干个不同机能的锥阀组件,加上相应的盖板和控制元件,组成所需要的液压回路或系统,使结构紧凑、集成化。

图4-36b)中所示插装阀的工作原理相当于一个液控单向阀,设油口A、B、C的油液压

力及有效工作面积分别为 $p_a$、$p_b$、$p_c$ 和 $A_a$、$A_b$、$A_c$，其面积关系为：$A_c = A_a + A_b$，弹簧的作用力为 $F_s$（弹簧刚度很小），若不考虑锥阀的质量、液动力和摩擦力等的影响，在 $p_a$、$p_b$、$p_c$ 均为某一稳定值时，锥阀口通断情况如下：

（1）当 $F_s + p_cA_c > p_aA_a + p_bA_b$ 时，锥阀闭合，A、B 油路不通。

（2）当 $F_s + p_cA_c < p_aA_a + p_bA_b$ 时，锥阀打开，A、B 油路导通。

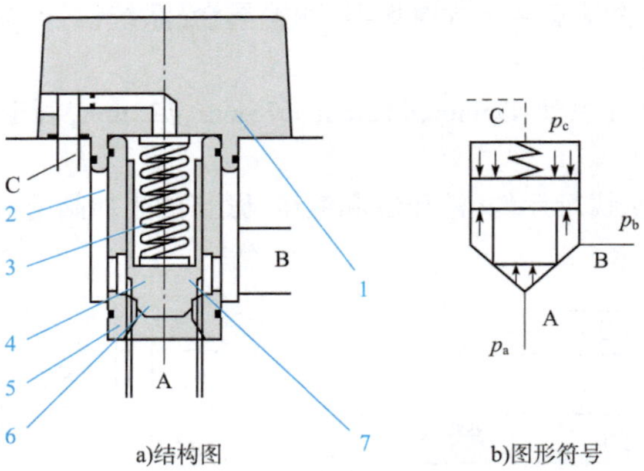


a)结构图　　b)图形符号

图 4-36　插装阀

1-控制盖板；2-阀套；3-弹簧；4-阀芯；5-阀体；6-有缓冲功能的阀芯；7-无缓冲功能的阀芯

插装式锥阀通过不同的盖板和各种插装元件进行不同组合，便可构成方向控制、压力控制、流量控制或复合控制的插装阀。

2. 插装式锥阀作方向控制阀

用不同类型的插装阀与插装阀或插装阀与普通液压阀进行组合，其功用相当于其他普通的液压阀，常见插装阀的组合应用如表 4-4 所示。

**常见插装阀组合应用**　　表 4-4

| 插装阀组合图形符号 | 同功能的液压阀符号 | 插装阀组合图形符号 | 同功能的液压阀符号 |
|---|---|---|---|
| 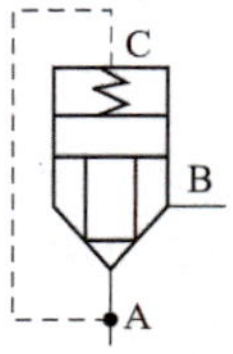 |  | 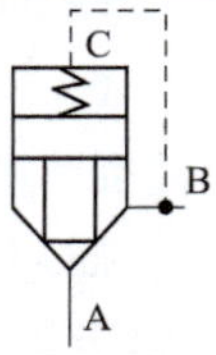 |  |
| 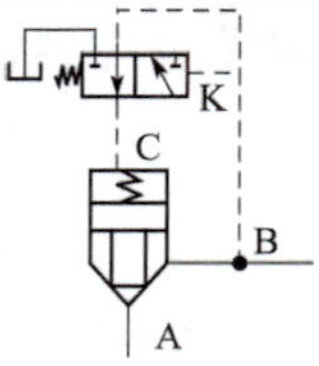 | 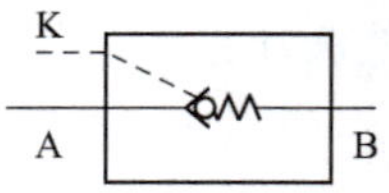 | 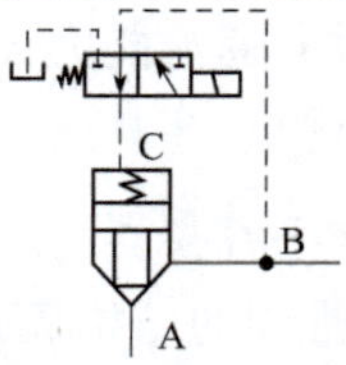 | 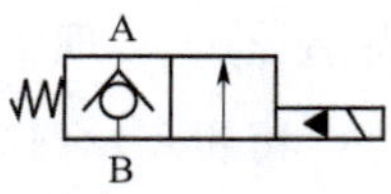 |
| 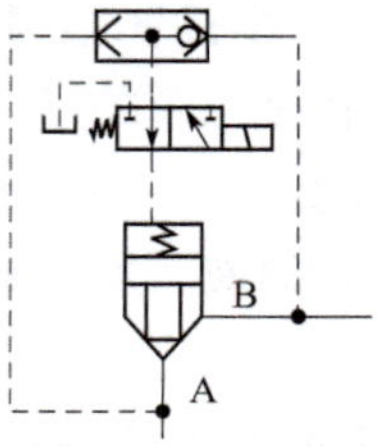 | 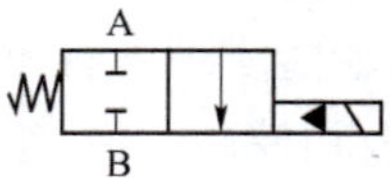 | 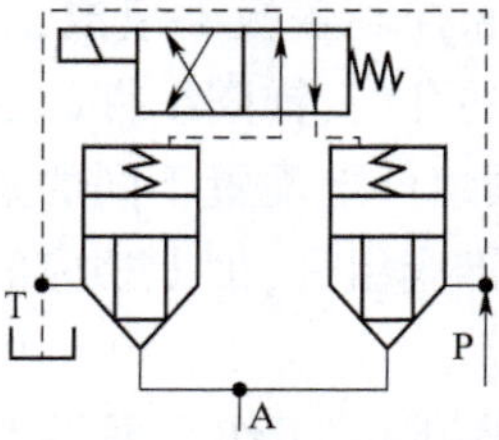 | 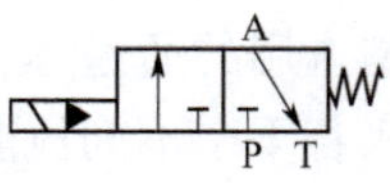 |

续上表

| 插装阀组合图形符号 | 同功能的液压阀符号 | 插装阀组合图形符号 | 同功能的液压阀符号 |
|---|---|---|---|
| 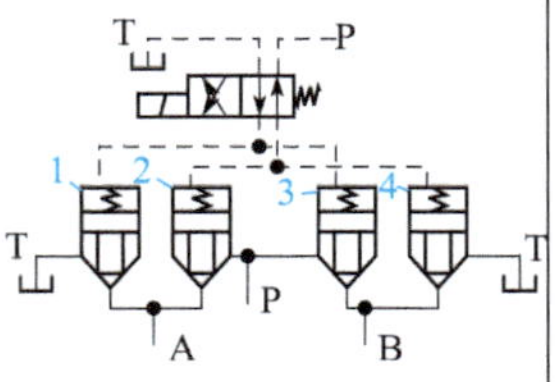 | 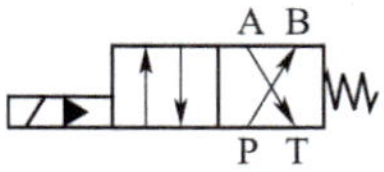 | 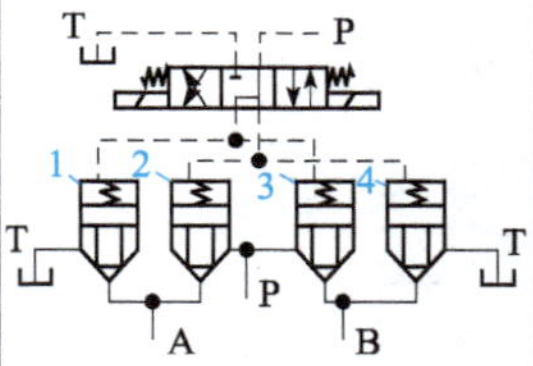 | 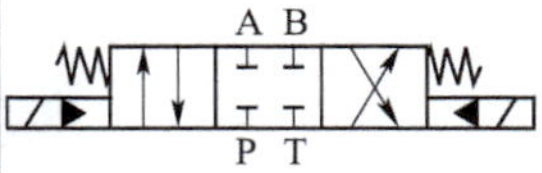 |
| 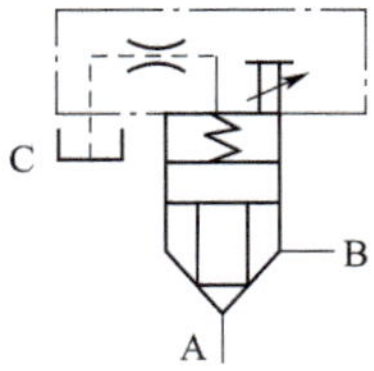 |  | 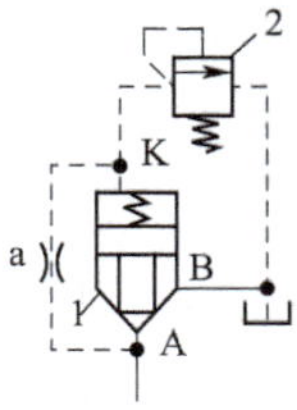 | 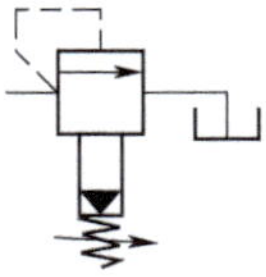 |
| 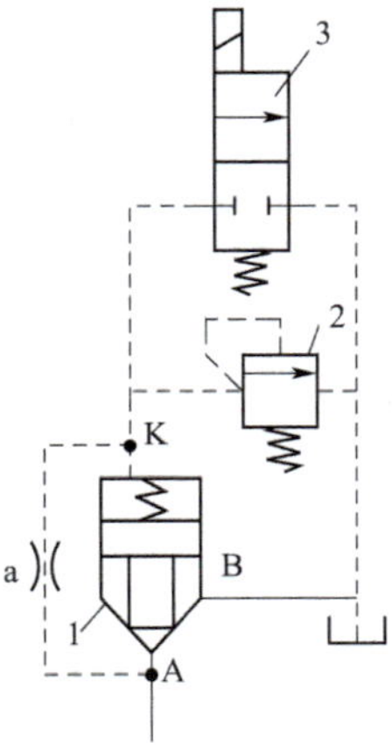 | 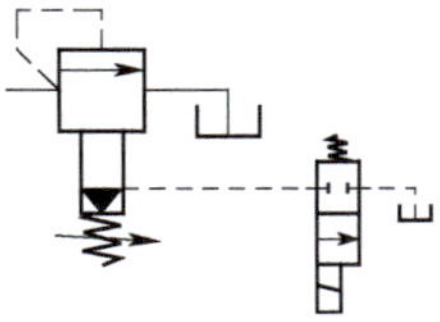 | 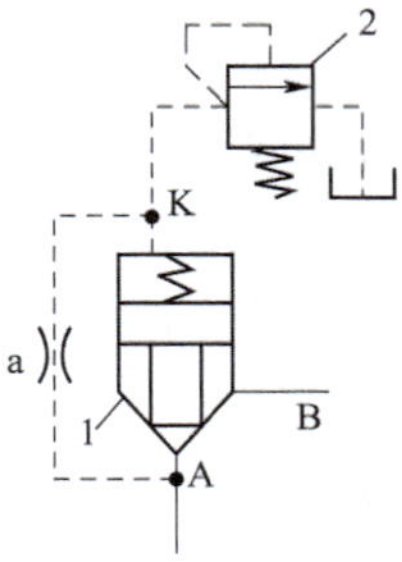 | 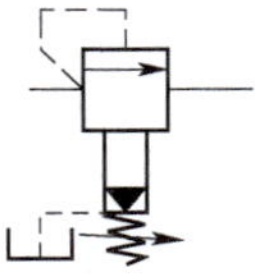 |

## 三、电液比例阀

电液比例阀由直流比例电磁铁与液压阀两部分组成，其液压阀部分与一般液压阀差别不大；直流比例电磁铁作为电—机转换元件取代原来阀的手动调节器或普通的开关电磁铁。电液比例阀可把输入的电信号按比例地转换成力或位移，使工作阀阀芯产生位移，阀口尺寸发生改变并以此完成与输入电信号成比例的压力、流量的输出。其输出压力和流量可以不受负载变化的影响。根据用途和工作特点的不同，分为电液比例压力阀、电液比例流量阀、电液比例方向阀。采用电液比例阀能使液压系统简化，所用液压元件数少，并可用计算机控制，自动化程度较高。

1. 电液比例压力阀工作原理

电液比例压力阀按用途不同有比例溢流阀、比例减压阀和比例顺序阀之分。图 4-37 所示为先导式比例溢流阀的结构原理。当输入电信号（通过线圈 2）时，比例电磁铁 1 产生相应的电磁力通过推杆 3 和弹簧作用在先导阀芯 4 上，从而使先导阀控制的压力与电磁力成比例。这时，分析方法与普通溢流阀相似，当 P 口压力达到先导阀控制压力时，油液从 P 口溢流回 T 口。P 口压力根据给定的电流值来设定，电流变化使电磁力按比例变化。

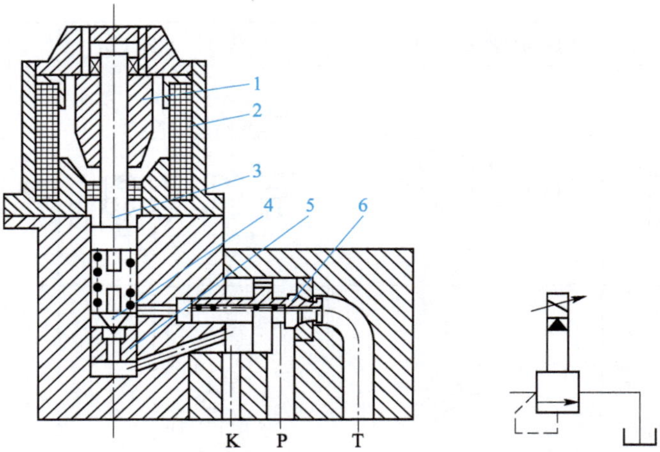


a)结构原理　　b)图形符号

图 4-37　比例溢流阀的结构原理及图形符号

1-比例电磁铁;2-线圈;3-推杆;4-先导阀芯;5-导阀座;6-主阀阀芯

2. 比例调速阀

用比例电磁铁取代节流阀或调速阀的手动调速装置,便成为比例节流阀或比例调速阀。它能用电气信号控制节流阀阀口变化,从而控制通过阀的油液流量,使其与压力和温度的变化无关。图 4-38 为比例调速阀的图形符号。

3. 比例方向阀

用比例电磁铁取代电磁换向阀中的普通电磁铁,便构成直动式比例方向阀。其阀芯的行程可以连续地或按比例地改变,因而利用比例换向阀不仅能改变执行元件的运动方向,还能通过控制换向阀的阀芯位置来调节阀口的开度。所以,它是兼有方向控制和流量控制两种功能的复合控制阀。图 4-39 为比例换向阀的图形符号。

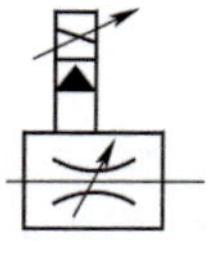

图 4-38　比例调速阀图形符号

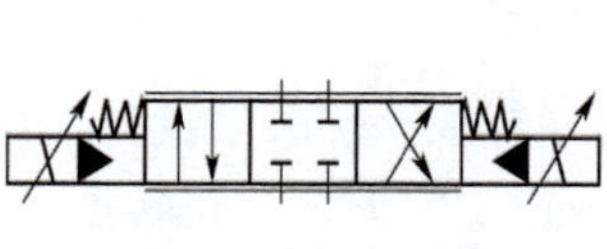

图 4-39　比例换向阀图形符号

## 四、电液伺服阀

电液伺服阀是一种将小功率电信号转换为大功率液压能输出,以实现对流量和压力控制的转换装置。电液伺服阀按输出的液压参数不同,可分为流量伺服阀盒压力伺服阀,其中流量伺服阀应用广泛,在此仅介绍流量伺服阀。

1. 滑阀式电液伺服阀

图 4-40a)所示为两级滑阀式位置反馈电液伺服阀的结构原理图。该阀由电磁部分、控制滑阀和主阀组成。电磁部分是一力矩马达,动圈靠弹簧定位,前置放大器采用滑阀式结构。

压力油由 P 口进入,A、B 口接执行元件,T 口回油。动圈 7 与小滑阀 6 固连,用弹簧 8、9

定位对中。小滑阀6与空心主滑阀4内孔配合，小滑阀上的两条控制边与主滑阀上的两个横向孔形成两个可变节流口11、12。P口来的压力油一路经主控油路，一路经固定节流口3、5，可变节流口11、12，小滑阀环形槽和主滑阀中部的横向孔到T口回油，形成如图4-40b）所示的前置液压放大油路（桥路）。可见，前置级液压放大器是由两个固定节流口3、5和两个可变节流口11、12组成的。桥路中固定节流口与可变节流口连接的节点a、b分别与主滑阀上下两个抬肩端面连通，主滑阀可在节点压力作用下运动。平衡位置时，可变节流口11、12开口大小相同，故节点a、b的压力相同，主滑阀保持不动。如果输入正向信号电流，小滑阀在动圈作用下向下运动，节流口11减小，12增大，a点压力增大，b点压力减小，作用于主滑阀上下端的液压力失去平衡，主滑阀在这一作用力作用下随之向下运动，随之节流口11增大，12减小，当主滑阀向下运动的距离与小滑阀一致时，节流口11、12的开口大小重新相等，节点a、b的压力相同，主滑阀停止运动，主滑阀就停留在新的平衡位置，这时，压力油由P腔到达A腔供给执行元件，B腔通T腔回油，伺服阀有压力油输出。输入的电流信号反向时，阀的动作过程与此相反，油流反向，伺服阀P通B，A通T，有压力油输出。

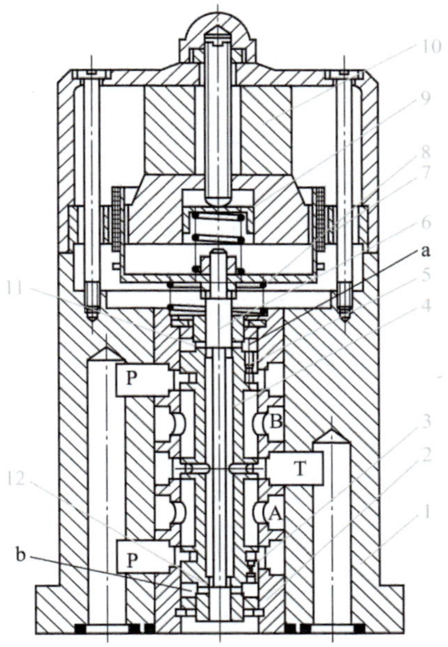


a)结构图

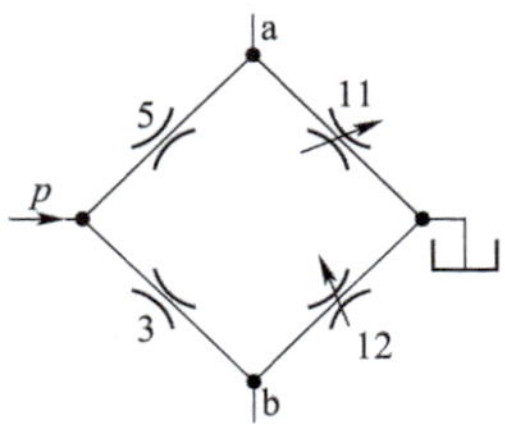


b)前置级液压放大器油路

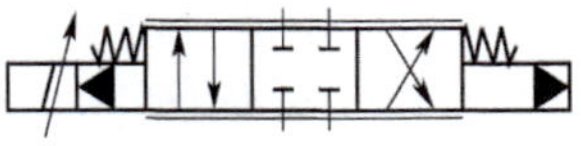

c)二级四通电液伺服阀符号

图4-40　滑阀式两级四通电液伺服阀

1-阀体；2-阀座；3、5-固定节流口；4-主滑阀；6-小滑阀；7-线圈（动圈）；8-下弹簧；9-上弹簧；10-磁钢（永久磁铁）；11、12-可变节流口

上述工作过程中，动圈的位移量、一级阀阀芯的位移量与主阀芯的位移量均相等。因为动圈的位移量与输入的电流信号成正比，所以输出的流量和输入的电流信号成正比。

2. 喷嘴—挡板式电液伺服阀

图4-41所示为喷嘴—挡板式电液伺服阀结构原理图，它由电磁和液压两部分组成。电磁部分由永久磁铁1、两个导磁体9、线圈8和衔铁2等组成，它的作用是把输入的电信号转变为力矩，使衔铁偏转，以便控制液压部分，一般称它为力矩马达。液压元件是一个两级液压伺服阀，前置放大级是双喷嘴挡板式液压伺服阀，功率放大级是滑阀式液压伺服阀。压力为$p$的油液从进油口进入，经过滤器6后再分别流经两个节流孔g进入滑阀7两端的油腔，

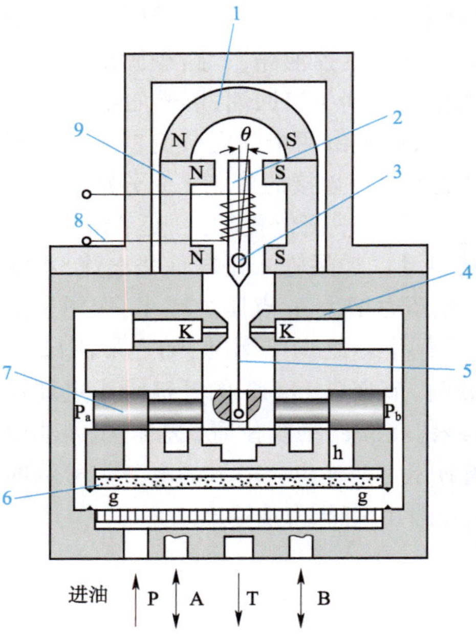

图 4-41　电液伺服阀工作原理
1-永久磁铁;2-衔铁;3-扭轴;4-喷嘴;5-挡板;6-过滤器;7-滑阀;8-线圈;9-导磁体

再从两个喷嘴 4 与挡板 5 中间的缝隙排出。

衔铁由扭轴 3 支撑,当无控制电流输入线圈 8 时,衔铁处于两个导磁体的中间位置。挡板 5 处于两个喷嘴 4 的中间位置。因两边的喷嘴孔 k 和两个固定节流孔 g 的参数分别是相等的,所以滑阀 7 两端油腔中的油压 $p_a$ 和 $p_b$ 相等;又因滑阀的左右两部分是对称的,所以滑阀处于中间平衡位置,伺服阀的 P、A、B、T 口均封闭,无压力油输出。

当有控制电流输入线圈 8 时,衔铁被磁化,若通入的电流方向使衔铁上端为 N 极,下端为 S 极,由图 4-42 可看出,衔铁连同挡板 5 顺时针偏转。衔铁的偏转使得支承它的扭轴 3 产生扭矩变形,并产生一个抵抗衔铁偏转的弹性反转矩,当这一弹性反转矩等于磁通在衔铁上产生的转矩时,衔铁就处于相对平衡位置。同时,连同衔铁的挡板也顺时针偏转同样的角度,这时,左喷嘴与挡板间的间隙减小,液流阻力增加,因此滑阀左端的油压 $p_a$ 增大;同时,由于右喷嘴与挡板间的间隙加大,液流阻力减小,使滑阀右端的油压 $p_b$ 降低。在两端油压差的作用下,滑阀被推向右移,并且带动挡板 5 下端的小球右移,挡板本身的结构是一弹簧片,它在电磁力和滑阀推动力的作用下,产生弯曲变形。弹簧片的变形,一方面使挡板的偏移量减小,从而使滑阀两端的油压差也相应减小;另一方面,弹簧片变形所产生的弹性反作用力阻止滑阀向右移动。当力矩马达的电磁力矩、滑阀两端压差通过挡板作用于衔铁的力矩以及喷嘴压力作用于挡板的力矩三者平衡时,衔铁 3 处于一个新的平衡位置,同时作用于滑阀 7 的液压力与力反馈杆的变形弹性力相互平衡,滑阀 7 在离开零位的一段距离上处于一个新的平衡位置。此时,滑阀向右移动了相应位移量,反之,滑阀向左移动相应位移,伺服阀 P 与 A 通、B 与 T 通,伺服阀输出相应的流量。

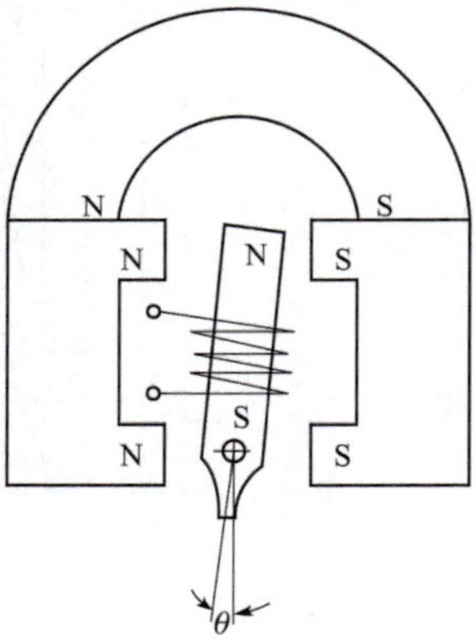

图 4-42　力矩马达的磁通变化情况

滑阀 7 的位移、喷嘴 4 与挡板 5 之间的间隙、衔铁 2 的转角都依次和输入电流成正比,因此这种阀的输出流量也和输入电流成正比。输入电流反向时,输出流量也反向。

## 五、电液数字阀

用计算机的数字信息直接控制的阀,称电液数字阀。数字阀可直接与计算机连接,不需要数—模转换。与伺服阀、比例阀相比,这种阀结构简单,工艺性好,价廉,抗污染能力强,重复性好,工作稳定可靠,功率小。在微机实时控制的电液系统中,它已部分取代了比例阀或伺服阀,为计算机在液压系统中的应用开拓了一个新的道路。

按控制方式划分,可分为增量式和脉宽调制式。增量式数字阀是由步进电动机作为电—机械转换器来驱动阀芯工作的。步进电动机接收计算机发出的经驱动电源放大的脉冲信号,每接收一个脉冲信号便转动一定的角度。步进电动机的转动又通过凸轮或丝杠等机构转换成直线位移量,从而推动阀芯(对于方向阀、流量阀)或压缩弹簧(对于压力阀),实现液压阀对方向、流量以及压力的控制。

图 4-43 所示为由步进电动机直接驱动的数字流量阀。步进电动机 4 按计算机的指令转动,通过滚珠丝杠 5 把转角变化为轴向位移,带动节流阀阀芯 6 移动,阀口开启,从而控制了流量。该阀有两个节流口,阀芯移动时首先打开右边非全周节流口,流量较小;继续移动时打开左边的第二个全周节流口,流量增大。该阀的流量从阀芯 6、阀套 1 和连杆 2 的相对热膨胀中获得温度补偿,从而维持流量稳定。

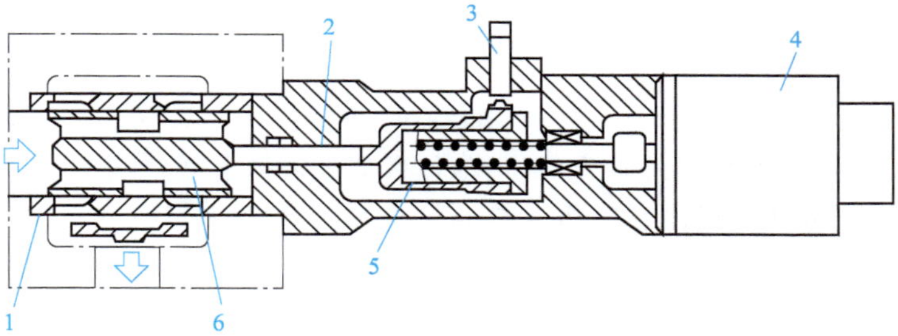

图 4-43 步进电动机直接驱动的数字流量阀

1-阀套;2-连杆;3-零位移传感器;4-步进电动机;5-滚珠丝杠;6-阀芯

## 练习题

1. 按功能不同,液压阀通常分为几大类?

2. 各种控制阀之间有哪些共同点?应具备哪些基本要求?

3. 单向阀在液压系统中作背压阀使用时,与起单向阀作用时的要求有何差异?

4. 画出单向阀和液控单向阀的图形符号,并说明二者的工作原理。

5. 何谓换向阀的"位"与"通"?

6. 滑阀式换向阀有哪些操纵方式?如何判定换向阀的静态位置?

7. 画出二位三通机动换向阀、三位四通电磁换向阀(中位 O 型)、三位四通电液换向阀(中位 H 型)的职能符号。

8. 弹簧对中型的三位四通电液换向阀,其电磁先导阀的中位为什么通常采用 Y 型?

9. 何谓三位换向阀的中位机能?常用的中位机能有哪些?

10. 用一个三位四通电磁换向阀控制单作用液压缸的往复运动,若要求活塞能够平稳地停在任意位置且液压泵保持高压,现有 O、M、H、Y、P 五种中位机能的阀,选择哪一种为好?

11. 识别并说明题图 4-1 中的图形符号所表示的阀的名称。

12. 溢流阀进、出口接反了会出现什么情况?

13. 对先导型溢流阀远程控制口的压力调定有何要求?使用中可否直接通油箱?

14. 将减压阀的进、出油口反接,会产生什么情形?(分两种情况讨论:压力高于减压阀调定压力和低于调定压力)

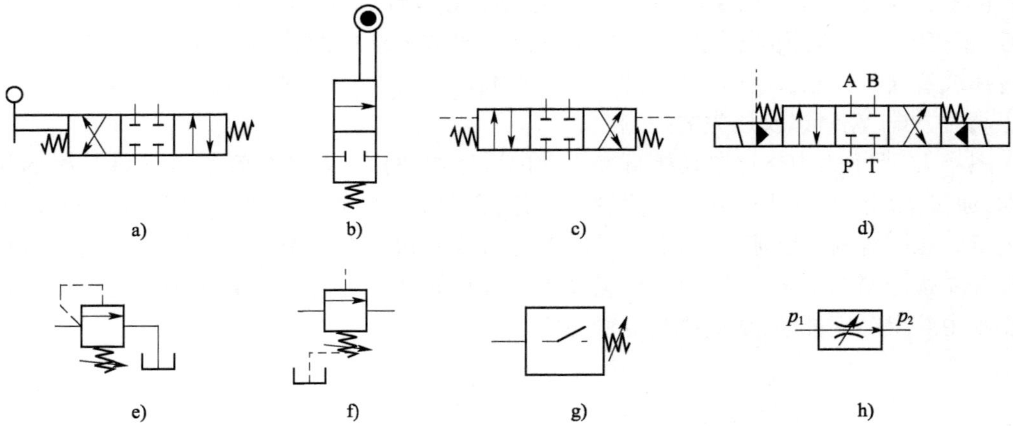


题图 4-1

15. 阀的铭牌不清楚时,不用拆开阀体,如何区别溢流阀和减压阀?

16. 两个不同调整压力的减压阀串联后的出口压力取决于哪个减压阀的调整压力?为什么?若两个不同调整压力的减压阀并联后的出口压力取决于哪个减压阀的调整压力?为什么?

17. 在液压系统中,可以作背压阀的有哪些元件?

18. 如题图 4-2 所示液压系统,各溢流阀的调整压力分别为 $p_A=8\text{MPa}$、$p_B=5\text{MPa}$、$p_C=2\text{MPa}$,问当系统负载趋于无限大时,液压泵出口压力 $p$ 各为多少?

19. 如题图 4-3 所示的液压系统中,溢流阀的调整压力为 $p_y=4\text{MPa}$,减压阀的调整压力为 $p_j=2.5\text{MPa}$。试分析下列情况,并说明减压阀的阀口处于什么状态。

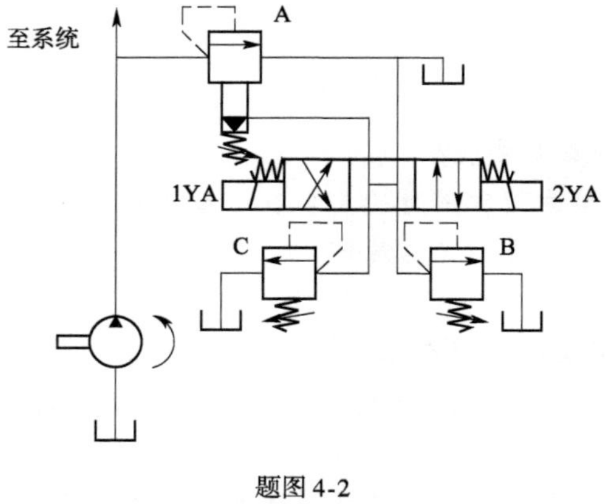


题图 4-2

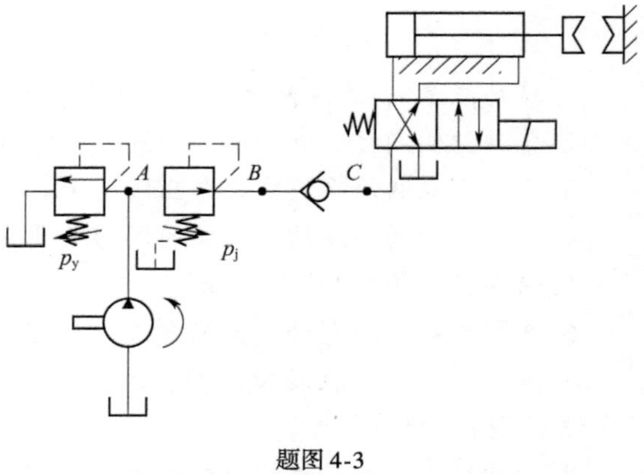


题图 4-3

(1)夹紧缸在夹紧工件前做空载运动时,不计管路各种损失,$A$、$B$、$C$ 三点压力各为多少?

(2)夹紧缸夹紧工件后,主油路截止时,$A$、$B$、$C$ 三点压力各为多少?

(3)工件夹紧后,当工作缸快进时,主油路压力降到 1.5MPa,此时,$A$、$B$、$C$ 三点压力又为多少?

20. 如题图 4-4 所示,溢流阀调整压力为 $p_y=5\text{MPa}$,顺序阀调整压力为 $p_x=2.5\text{MPa}$,在下列各种情况下,$A$、$B$ 二点压力值各为多少?

(1)液压缸活塞空载运动,且不计摩擦等损失时。

(2)液压缸活塞运动时,负载压力为 $p_L=3.5\text{MPa}$ 时。

(3)活塞运动到右端终点时。

21. 如题图 4-5 所示液压系统中，顺序阀与溢流阀串联，试分析下列情况下泵的出口压力是多少？

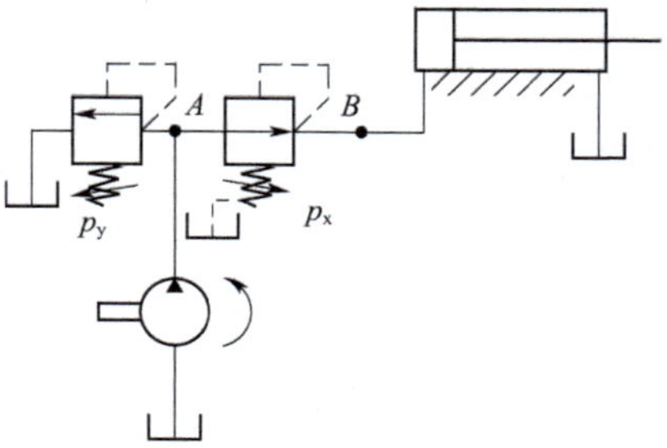


题图 4-4

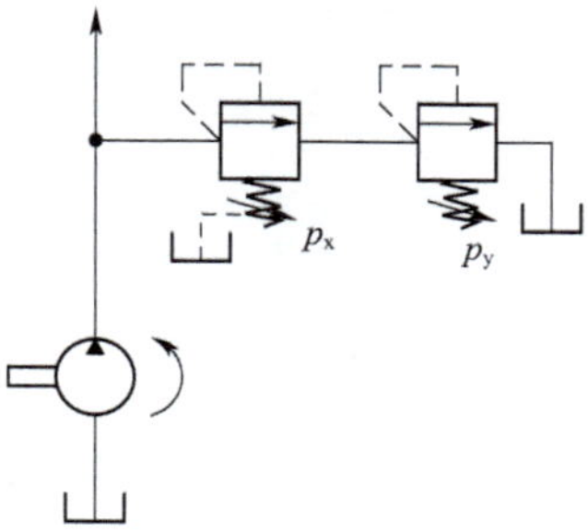


题图 4-5

(1)顺序阀的调整压力为 $p_x = 4\text{MPa}$，溢流阀的调整压力为 $p_y = 5\text{MPa}$。

(2)顺序阀的调整压力为 $p_x = 4\text{MPa}$，溢流阀的调整压力为 $p_y = 3\text{MPa}$。

(3)在上述两种情况下，将两阀的位置对换。

# 单元五

# 液压辅助元件

【学习要求】

1. 掌握各种辅助元件的工作原理、作用和符号。
2. 熟悉过滤器的结构、选用以及安装位置。
3. 掌握蓄能器的使用注意事项。
4. 了解油箱的结构。
5. 掌握密封圈的种类及安装注意事项。

液压系统中的辅助元件，是指除动力元件、执行元件、控制元件和工作介质以外的其他各种元件，如蓄能器、过滤器、压力计、密封件、热交换器、油箱、油管和管接头等，它们是液压系统中必不可少的组成部分。液压辅助元件在液压系统中数量多、分布广、对液压元件和系统的正常工作、工作效率、使用寿命等影响极大，必须予以高度重视。除油箱需根据系统自行设计以外，其他辅助元件均已实现标准化和系列化，在设计、制造和使用液压设备时，应注意合理选用。

# 学习项目一　密　封　件

密封件的作用是防止油液泄漏及外界灰尘和异物侵入，以保证系统容积效率，减少环境污染。它的工作可靠性和使用寿命是衡量液压系统好坏的一个重要指标。密封的基本原理是除间隙密封外，都是利用密封件使相邻两个耦合面表面的间隙控制在需要密封的液体能通过的最小间隙以下。此最小间隙由液体的压力、黏度和分子量决定。

## 一、密封的分类

根据两个需要密封的耦合面间有无相对运动，密封可分为动密封和静密封两大类。按其工作原理不同，密封可分为非接触式和接触式，非接触式密封主要是指间隙密封，接触式主要是指密封件密封。

## 二、常见的密封方法及其特点

1. 间隙密封

间隙密封如图 5-1 所示，它是利用运动部件间的配合间隙起密封作用的。通常，在活塞外圆表面上开有若干个环形槽，使活塞四周都有压力油的作用，减小活塞的摩擦力，利于活塞的对中。

为了减少泄漏，相对运动部件的配合间隙必须足够小，但不能妨碍运动部件的相对运动，因此，对配合面的加工精度和表面粗糙度提出了较高的要求。合理的配合间隙可使这种密封形式的摩擦力较小且泄漏量也不大。间隙密封是非接触式密封，主要用于速度较高、压力较小、尺寸较小的液压缸与活塞配合处，此外也广泛用于各种泵、阀的柱塞配合中。

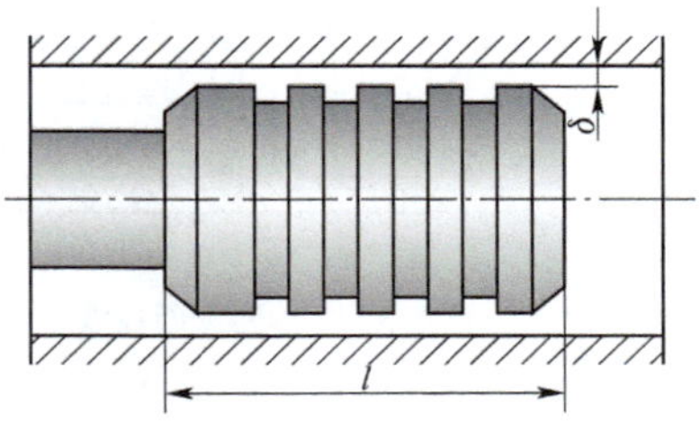

图 5-1　间隙密封

2. 密封圈密封

在液压系统中广泛使用密封圈密封。密封圈由耐油橡胶、尼龙等材料组成。它套装在活塞、柱塞或阀芯上，通过密封圈本身的受压弹性变形来实现密封。密封圈密封是接触式密封，磨损后可自动补偿。因此，结构简单、密封可靠。橡胶密封圈的断面通常做成 O 形、Y 形和 V 形以及组合式等几种。

（1）O 形密封圈。

O 形密封圈是一种截面为圆形的耐油橡胶环，如图 5-2a）所示。这种密封圈结构简单，密封性能良好，摩擦阻力较小，成本低，体积小，安装沟槽尺寸小，使用非常方便。但使用时需要合适的预压缩量 $\delta_1$ 和 $\delta_2$，如图 5-2b）、c）所示。O 形密封圈常用于直线往复运动和回转运动的密封，图 5-3 表示其在液压缸密封中的应用。

这种密封圈的缺点是，当压力较高或沟槽尺寸选择不妥时，密封圈容易拔挤出，从而造成密封圈损坏。

（2）唇形密封圈。

唇形密封圈是指将密封圈的受压面制成某种唇形的密封件，按其截面形状可分为 Y

形、$Y_X$形和 V 形。唇形密封圈的共同特点是都具有与密封面相接触的唇边，安装时唇口对着高压一侧，低压是靠预压缩密封，高压时靠唇边贴紧密封面密封，压力越高贴得越紧，具有磨损后自动补偿的能力。

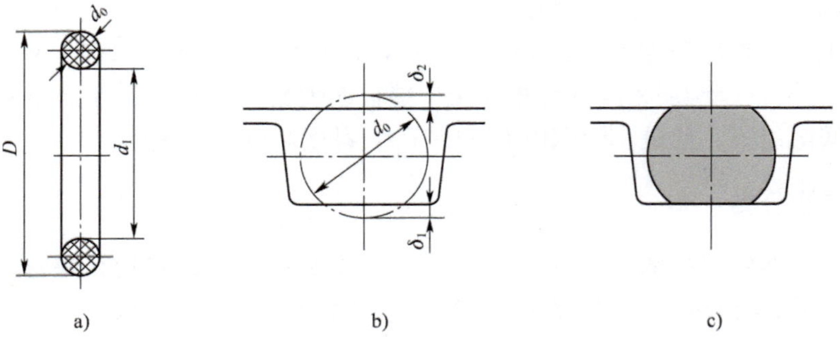


图 5-2　O 形密封圈

①Y 形密封圈密封。图 5-4 所示为 Y 形密封圈，其截面为 Y 形，由耐油橡胶压制而成。Y 形密封圈是一种密封性、稳定性和耐压性较好，摩擦阻力小、安装方便、寿命较长的密封圈，主要用于往复运动的密封，如液压缸活塞和活塞杆处的动密封。

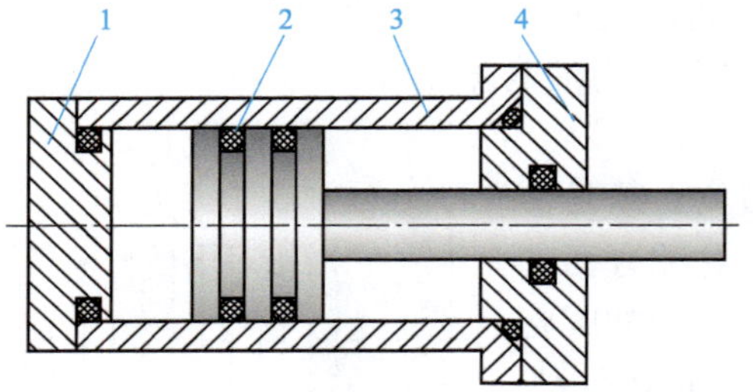


图 5-3　O 形密封圈在液压缸密封中的应用

1-后盖；2-活塞；3-缸体；4-前盖

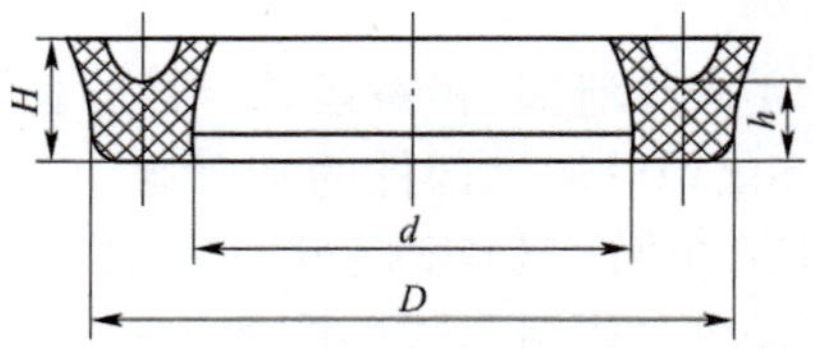


图 5-4　Y 形密封圈

②$Y_x$形密封圈。图 5-5 所示为 $Y_x$形密封圈，常用聚氨酯材料压制而成。$Y_x$形密封圈是由 Y 形密封圈改进设计而成的，其截面高度与宽度之比大于 2，不易翻转，且两个唇边的高度不等。$Y_x$形密封圈具有滑动摩擦阻力小、耐磨性好、稳定性好、不易翻转、寿命长等特点，主要用于往复运动的密封。

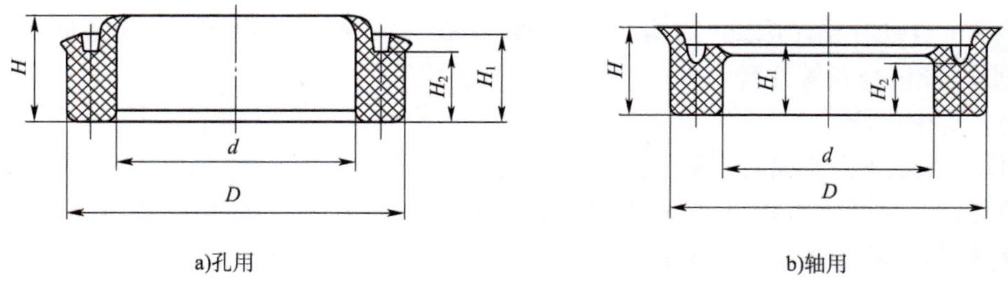


图 5-5　$Y_x$形密封圈

$Y_x$形密封圈装入密封槽后，因受油压的作用，其短边为密封边，与密封面接触而起密封作用，滑动摩擦阻力小；长边与非滑动表面相接触，增加了压缩量，使摩擦阻力增大，工作时不易窜动。值得注意的是，Y 形及 $Y_x$形密封圈用于液压缸密封时，只起密封作用，不起导向作用，因此在活塞上必须设置导向环。

③V 形密封圈。图 5-6 所示为 V 形密封圈，其截面形状为 V 形，由带夹织物的橡胶制成。V 形密封圈由支承环、密封环和压环三部分叠台组成。密封压力高时，可增加密封环的数量。V 形密封圈耐高压，密封性能好，但密封处摩擦力较大。多用于液压缸端盖与活塞杆之间的动密封。

(3)组合式密封。

组合式密封是指由两个或两个以上元件组合而成的密封装置，最常见的是由钢圈和耐油橡胶组成的组合密封垫圈，另外由聚四氟乙烯和耐油橡胶组成的橡胶组合密封装置也因其耐高温、耐高压、耐高速、低摩擦因数、寿命长等特点，得到了广泛的应用。

①组合密封垫圈。图 5-7 所示为组合密封垫圈，其外圈由 Q235 钢制成，内圈是耐油橡胶。主要用在管接头或放油塞等的端面密封，安装时外圈紧贴两密封面，内圈厚度 $h$ 与外圈厚度 $H$ 之差为橡胶的压缩量。组合密封垫圈安装方便，密封可靠，应用广泛。

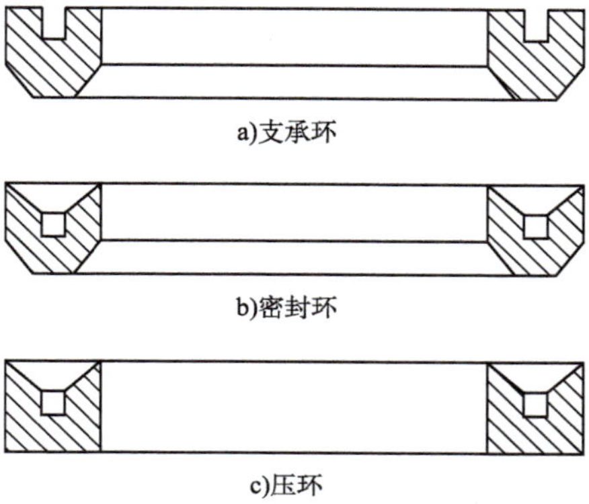


图 5-6　V 形密封圈

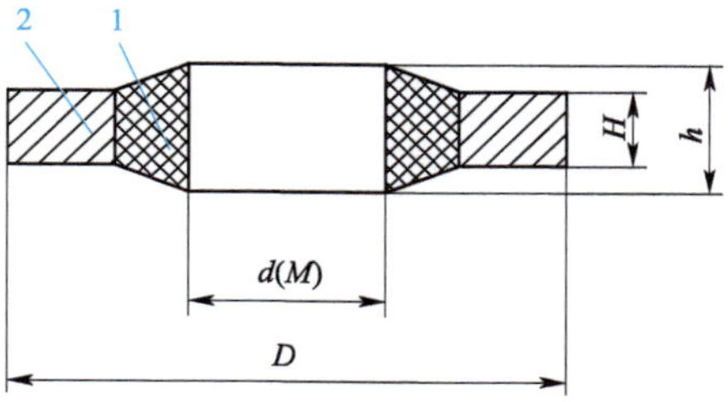


图 5-7　组合密封垫圈

1-耐油橡胶；2-Q235 钢圈

②橡胶组合密封装置。图 5-8 所示为橡胶组合密封装置，它由 O 形密封圈和聚四氟乙烯做成的格来圈或斯特圈组成。图 5-8a)所示为 O 形密封圈和格来圈组合而成的孔用密封装置，图 5-8b)所示为 O 形密封圈和斯特圈组合而成的轴用密封装置。

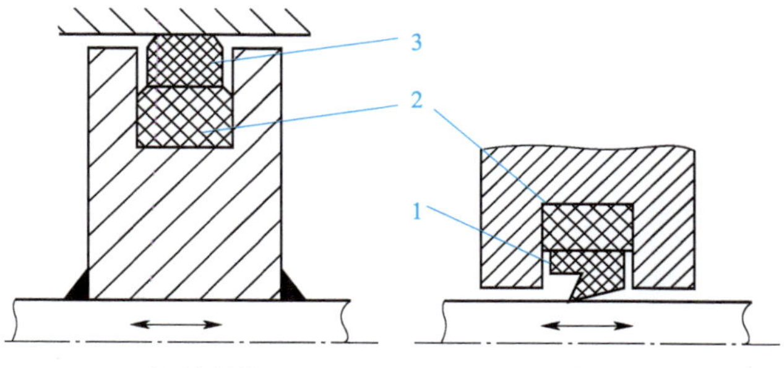


a)孔用密封装置　　b)轴用密封装置

图 5-8　橡胶组合密封装置

1-斯特圈；2-O 形密封圈；3-格来圈

橡胶组合密封装置中的 O 形密封圈不与密封面直接接触，不存在磨损、扭转等问题，对聚四氟乙烯密封环起增加弹力的作用；而与密封面直接接触的格来圈或斯特圈是由聚四氟乙烯制成的，它的摩擦因数极低，耐磨性好，具有自润滑性，不存在橡胶密封时低速的爬行现象，将两者结合起来，互相取长补短，可构成新式的组合式密封。这种密封结构可以耐高压，而且摩擦力很小。

3. 活塞环密封

活塞环密封依靠装在活塞环形槽内的弹性金属环紧贴缸筒内壁实现密封，如图5-9所示。它的密封效果比间隙密封好，适应的压力和温度范围很宽，能自动补偿磨损和温度变化的影响，能在高速中工作，摩擦力小，工作可靠，寿命长，但不能完全密封。活塞环的加工复杂，缸筒内表面加工精度要求高，一般用于高压、高速和高温的场合。

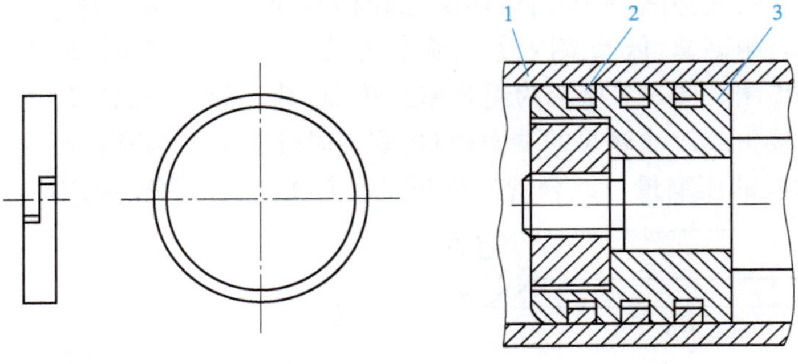


a)活塞环　　b)活塞环的安装

图5-9　活塞环密封

1-缸筒；2-密封环；3-活塞

4. 防尘圈

防尘圈设置在活塞杆或柱塞密封圈的外部，主要用来刮除活塞杆上的脏物，防止外界灰尘、沙粒等异物进入液压缸内，从而可以防止液压油被污染，导致液压元件的磨损，以避免影响液压系统的工作和液压元件的使用寿命。

防尘圈分为骨架式和无骨架式两种。骨架式防尘圈的防尘圈用聚氨酯制成，骨架是钢件，用以增加防尘圈的强度和刚度。图5-10所示为防尘圈及其安装方式。

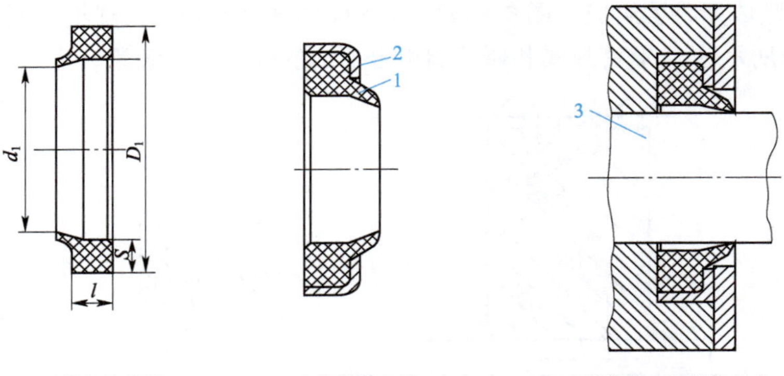


a)无骨架防尘圈　　b)有骨架防尘圈　　c)有骨架防尘圈安装方式

图5-10　防尘圈及其安装方式

1-防尘圈；2-骨架；3-轴

5. 油封

图5-11所示的油封是用于防止旋转处工作介质或润滑油外泄的密封件，同时也可以防止外界脏物侵入，又称为回转轴密封圈。油封分为骨架式和无骨架式两种。骨架式油封的油封是由耐油橡胶制成的，在其内部有一个断面为直角形的金属骨架，起支撑作用，油封的

内边围着一条螺旋弹簧，把内边收紧在轴上，起密封作用。

油封主要用于液压泵、液压马达和摆动马达等的转动轴的密封，以防止油液外泄和灰尘侵入，油封必须在有润滑的情况下工作。

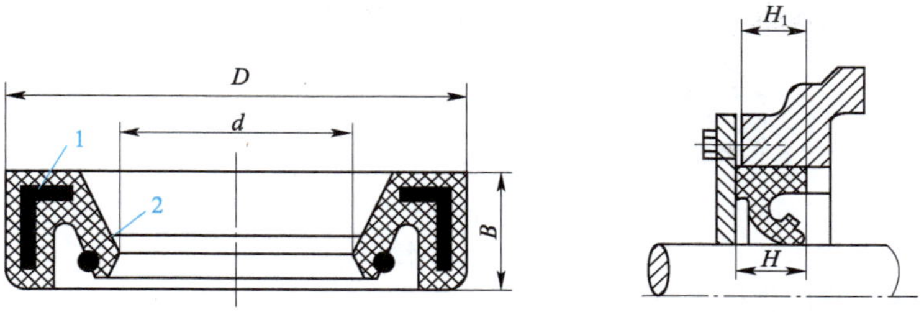


a)有骨架油封　　b)有骨架油封安装方式

图 5-11　有骨架油封及其安装方式

1-金属骨架；2-螺旋弹簧

## 三、常用密封件的安装

密封件的安装质量对密封性能和使用寿命均有重要影响，在更换安装过程中必须注意下列几点：

(1)熟悉密封件结构，掌握拆除、安装顺序。拆除所用的工具必须恰当，防止因选用工具不当而造成密封部位缺陷。有些密封件更换需要使用专用工具，图 5-12 为部分专用工具。

(2)安装前，要检查密封件质量和密封槽尺寸、表面状况。密封件质量不好(变形、伤痕、飞边、毛刺)、库存时间过长(老化)都不准使用。密封槽有磕碰和划伤应修整。

(3)O 形圈、唇形圈在安装时所通过的轴端、孔端必须有倒棱式修圆及引入导角，见图 5-12。

(4)安装 O 形圈、唇形圈需要通过外螺纹和退刀槽时，应用如图 5-12a)、b)所示的金属导套。

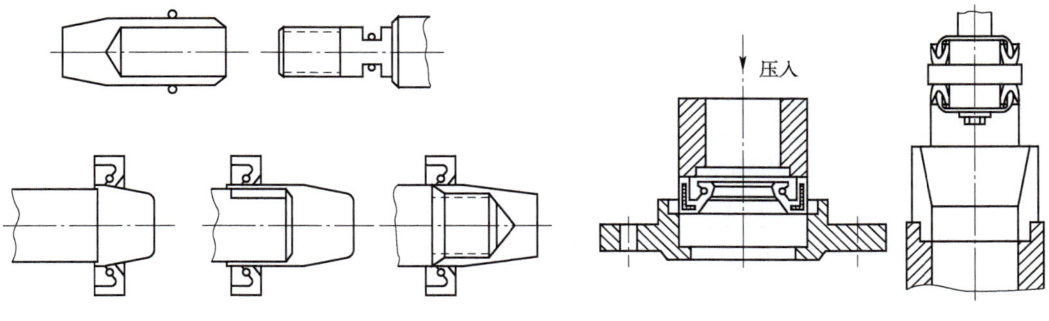


a)　　b)

图 5-12　密封件安装工具

(5)为了减少装配阻力及损伤，应在密封圈安装通过部位涂润滑脂或工作油；应避免密封圈有过大的拉伸，以免引起塑性变形。应防止带入铁屑、砂土以及棉纱等杂物。

(6)安装唇形密封圈，除应使唇口正对压力油方向外，还特别要分清楚轴用密封件和孔用密封件。图 5-13a)所示的是孔用密封，密封件的短脚唇边与相对滑动的液压缸内壁表面接触起密封作用，长脚唇边与密封槽底面接触起固定和密封作用。图 5-13b)所示为轴用密封。

(7)安装 V 形夹织物橡胶密封圈时，如不能从轴向装入，或者当规格不能满足需要而选用相邻大小规格的密封圈时，可切口安装(注意纯橡胶密封圈不能切口安装)。切口的方向是从密封圈的唇边开始向底边呈45°；相邻密封圈的切口必须相互交错90°(2个时，则交错180°)安装。

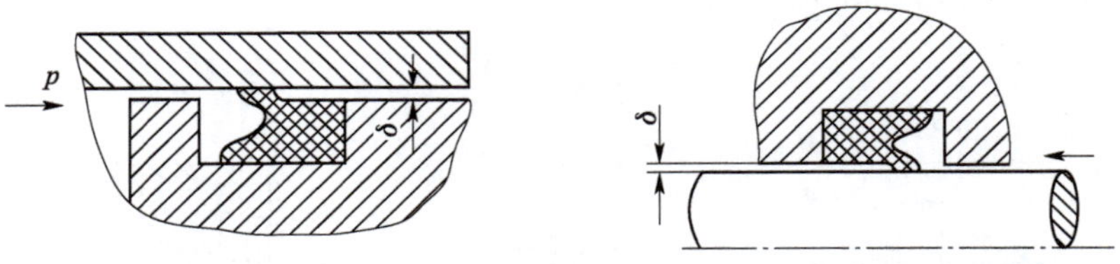


图5-13 唇形密封圈的安装

由于V形圈在使用中逐渐变形磨损，须经常调节其压紧力。调节的方法一般采用加调整垫片或用螺母调松紧度。

(8)采用皮革密封件或挡圈时，应在液压油中浸泡至少24h。

## 学习项目二 油管和管接头

液压系统用油管传送液体，用管接头把油管、液压元件连接起来。油管和管接头应具有足够的强度，良好的密封性，并且压力损失小，装拆方便。

### 一、油管

1. 油管的种类及用途

液压传动系统常用的油管分为金属管、橡胶软管两大类。金属管包括无缝钢管、纯铜管，橡胶软管由钢丝编织缠绕橡胶制成。各种油管的特点及适用场合，见表5-1。

各种油管的特点及适用场合 表5-1

| 种类 | 材料 | 特点 | 适用场合 |
|---|---|---|---|
| 无缝钢管 | 10钢或15钢通过冷拔或热轧制成 | 耐油、耐高压、耐腐蚀、价格低、工作可靠，但不易弯曲 | 多用在经常装拆处作压力管道，一般用在中高压系统中 |
| 铜管 | 纯铜管或黄铜管，纯铜管承压不超过6.5～10MPa，黄铜管承压可达25MPa | 易弯曲成各种形状，但承压能力低、价格高、抗冲击和振动能力差、油液易氧化 | 多用于中低压系统，常配以扩口式管接头，可用于仪表和装配不方便处 |
| 橡胶软管 | 高压软管由耐油橡胶夹以1～3层钢丝编织网或钢丝缠绕层制成，低压软管是用麻线或棉纱编织体为骨架的橡胶管 | 安装连接方便，能减轻液压系统的冲击，但价格高、寿命低 | 多用于有相对运动部件连接，高压软管用于压力管道，低压软管用于回油管道 |
| 塑料管 | 由塑料制成 | 耐油、价格低、装配方便，但易老化 | 用于压力低于0.5MPa油管或泄油管 |
| 尼龙管 | 由尼龙制成，乳白色透明管 | 价格低，加热后可随意弯曲、扩口，冷却后定形，安装方便，承压不超过2.5～8MPa | 多用于低压管路 |

2. 油管装配注意事项

油管的装配质量直接影响液压系统的工作。若装配不符合规范，不仅使压力损失增加，

还可能引起系统振动、噪声。不合理的装配会给维护和检修带来困难。一般来讲,油管装配应注意以下几点:

(1)管道在安装前要进行清洗。一般先用20%硫酸和盐酸进行酸洗。然后用10%的苏打水中和,再用温水洗净,做2倍于工作压力的预压试验,确认合格后才能安装。

(2)管路应尽量短,横平竖直,转弯少,并保证油管有必要的胀缩余地。为避免管路折皱,以减少压力损失,硬管装配时的弯曲半径应大于其直径的3倍。管路悬伸较长时,要适当设置管夹。

(3)管路应尽量平行布置减少交叉,平行管间距要大于10mm,以防止接触振动并便于安装管接头。

(4)软管直线安装时,要有一定的长度余量,以适应软管因温度、压力变化或振动引起的胀缩及受拉和振动的需要,避免软管和管接头间受到拉伸力。

(5)软管装配时或系统工作时,均不允许扭曲现象。弯曲半径要大于软管外径的9倍,弯曲处到管接头的距离至少等于外径的6倍。

(6)软管不能靠近热源,无法避开时应装设隔热板。

3. 油管的内径和壁厚

油管的内径是根据管内允许流速和所通过的流量来确定的,即:

$$d=\sqrt{\frac{4q}{\pi v}} \tag{5-1}$$

式中:$d$——油管内径,m;

$q$——通过油管的最大流量,$m^3/s$;

$v$——油管内的允许流速,m/s。推荐允许流速为:对吸油管路取0.6~1.5m/s,流量大时取大值;对压油管路取2.5~5m/s,压力高、流量大、管路短时取大值;对回油管路取1.5~2.5m/s。

计算出油管内径后,应按标准管径尺寸相近的油管进行圆整。

油管的壁厚可按下式计算:

$$\delta=\frac{pd}{2[\sigma]} \tag{5-2}$$

式中:$\delta$——油管壁厚,mm;

$p$——管内油液最大工作压力,MPa;

$d$——油管内径,mm;

$[\sigma]$——许用应力,MPa。对钢管$[\sigma]=\frac{\sigma_b}{n}$,$\sigma_b$为材料抗拉强度,MPa;$n$为安全系数,当$p<7$MPa时,取$n=8$;$p\leqslant 17.5$MPa时,取$n=6$;$p>17.5$MPa时,取$n=4$。对铜管$[\sigma]\leqslant 25$MPa。

选择油管壁厚时,还应该考虑加工螺纹对强度的影响。

## 二、管接头

管接头是油管与油管、油管与液压元件之间的可拆卸连接件。管接头应具有装拆方便,连接牢固,密封可靠,外形尺寸小,流通能力大等特点,其性能好坏直接影响液压系统的泄漏和压力损失。常用管接头的类型和结构特点,见表5-2。

**常用管接头的类型和结构特点** 表 5-2

| 名　　称 | 结构简图 | 特点和应用 |
| --- | --- | --- |
| 扩口式<br>管接头 | 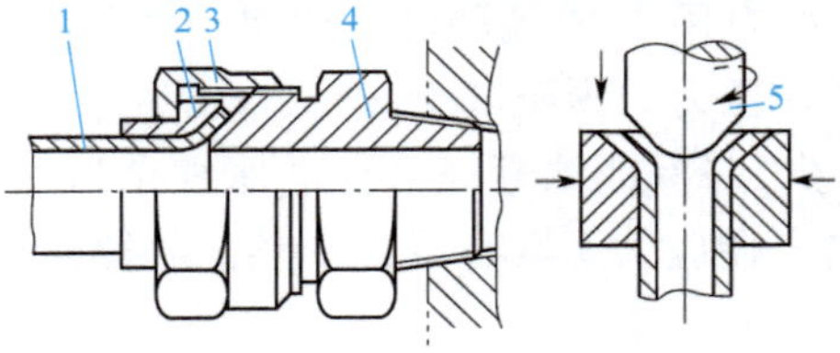<br>a)扩口式管接头　　b)扩口用工具<br>1-管接头;2-导套;3-螺母;4-接头体;5-扩口用工具 | 靠扩口部分的锥面实现连接和密封,结构简单,连接可靠。一般适用于中、低压系统的铜、铝管或薄壁钢管,也可以用来连接尼龙管和塑料管。缺点是,扩口部分易出现皱裂 |
| 焊接式<br>管接头 | 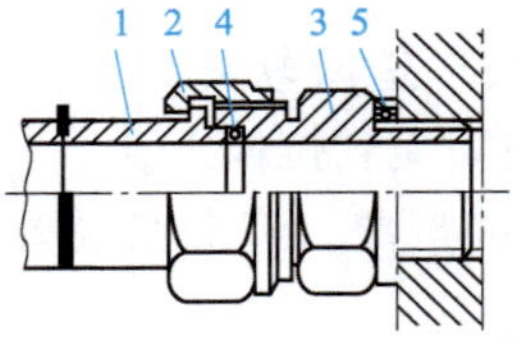<br>1-接管;2-螺母;3-接头体;4-O 形密封圈;5-密封圈 | 接管与钢管采用焊接连接。管接头结构简单、制造方便、耐高压和强烈振动、密封性能好,广泛应用于高压系统($p \leqslant 32\text{MPa}$) |
| 卡套式管接头 | 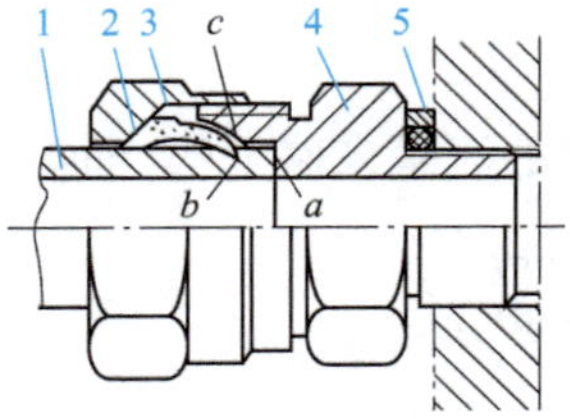<br>1-接管;2-卡套;3-螺母;4-接头体;5-密封圈 | 利用卡套的变形卡住管子并实现密封,轴向尺寸要求不严;工作可靠,拆装方便,且有良好的抗振性,但工艺比较复杂。采用卡套式管接头连接,使用压力可达 32MPa |
| 可拆式<br>软管接头 | 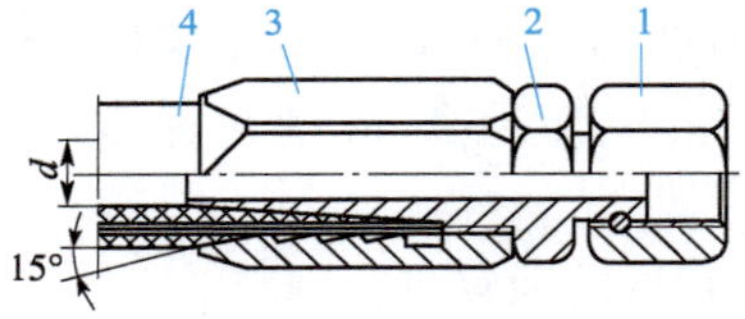<br>A 型可拆式胶管接头<br>1-接头螺母;2-接头体;3-外套;4-胶管 | 为 A 型可拆式软管接头,可和焊接式管接头相连接 |
| 扣压式<br>软管接头 | 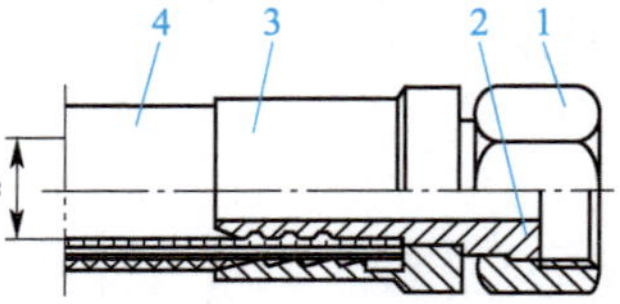<br>A 型扣压式软管接头<br>1-接头螺母;2-接头体;3-外套;4-胶管 | 为 A 型扣压式软管接头,由外套和芯子组成,安装时软管被挤压在外套和接头芯子之间,因而被牢固地连接在一起,它可和焊接式管接头相连接。扣压式软管接头的工作压力在 10MPa 以下 |
| 自动密封式<br>快速管接头 | 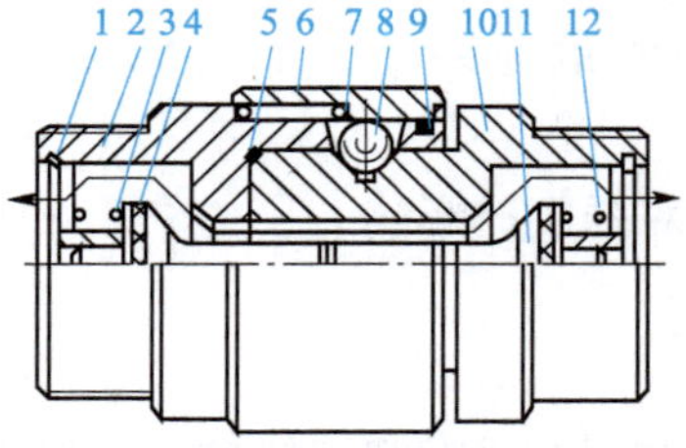<br>自动密封式快速管接头<br>1-弹簧挡圈;2、10-接头体;3、12-弹簧;4、11-单向阀阀芯;5-密封圈;6-外套;7-弹簧;8-钢球;9-密封圈 | 连接管路要经常拆卸时可采用快速管接头,它与高压软管配合使用。管接头工作压力小于 32MPa,通过接头的压力损失小于 0.15MPa,工作温度范围是 -20 ~ +80℃ |

续上表

| 名　称 | 结构简图 | 特点和应用 |
|---|---|---|
| 插销式<br>快速管接头 | 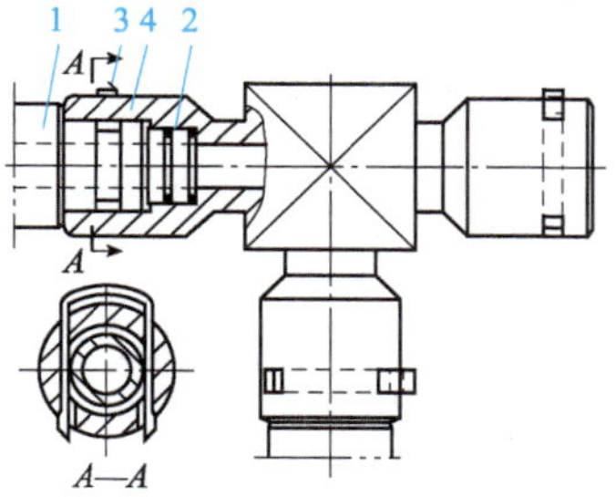<br>插销式快速管接头<br>1-接头体;2-密封圈;3-U 形插销;4-三通接头体 | 装配时先将接头体 1 插入接头体 4 中再插上 U 形插销 3,接头体 1 和 4 即可完成连接。这种管接头的特点是拆装方便,接头体能随意转动。若加上防松弹性卡销,即使受到振动,两个接头体也不会脱开。缺点是拆装时需要借助简单工具,另外没有自动密封能力 |

# 学习项目三　过　滤　器

据统计资料显示,液压系统的故障约有 80% 以上是由于油液污染造成的。油液中的污染物会引起相对运动零件的表面划伤、磨损或卡死运动件,堵塞节流小孔,使系统工作可靠性下降,寿命降低。过滤器主要用来过滤混在液压油液中的杂质,降低进入系统中油液的污染度,保证液压元件和系统的正常工作。

## 一、过滤精度

过滤精度是指油液通过过滤器时,能够穿过滤芯的球形污染物的最大直径(即过滤介质的最大孔口尺寸)。以其外观直径 $d$ 的公称尺寸(μm)表示,粒度越小,精度越高。一般精度分为四个等级:粗($d \geq 100\mu m$)、普通($10 \leq d < 100\mu m$)、精($5 \leq d < 10\mu m$)、特精($1 \leq d < 5\mu m$)。油液的过滤精度要求随液压系统类型及其工作压力的不同而不同,其推荐值见表 5-3。

**推荐的过滤精度**　　表 5-3

| 系统类别 | 润滑系统 | 传动系统 | | | 伺服系统 |
|---|---|---|---|---|---|
| 工作压力 $p$(MPa) | 0～2.5 | <14 | 14～32 | >32 | ≤21 |
| 过滤精度 $d$(μm) | ≤100 | 25～30 | ≤25 | ≤10 | ≤5 |
| 过滤器精度 | 粗 | 普通 | 普通 | 普通 | 精 |

一般来说,选用高精度过滤器可以大大提高液压系统工作可靠性和元件寿命;但是过滤器的过滤精度越高,滤芯堵塞越快,滤芯清洗或更换周期越短,成本也越高。所以,在选择过滤器时,应根据具体情况合理选择过滤精度,以达到所需的油液清洁度。

## 二、结构类型及特点

液压系统中常用的过滤器,按滤芯材料可分为网式、线隙式、纸芯式、烧结式和磁性式等多种形式。

1. 网式过滤器

网式过滤器也称滤油网或滤网,应用最普遍,它是金属丝(常用黄铜丝)织成方格网敷在有一定刚性的骨架上作为滤油元件,如图 5-14 所示。它由上盖 1、下盖 4、铜丝网 3 和塑料圆筒2等组成。铜丝网包在圆筒上(一层或两层),过滤精度由网孔大小和层数决定,有80μm、100μm和180μm三种规格。网式过滤器的结构简单,清洗方便,通油能力强,压力损失小,但过滤精度低。常用于泵的吸油管路,对油进行粗过滤。

2. 线隙式过滤器

图5-15所示为线隙式过滤器。它由芯架1、滤芯2和壳体3等组成。它的滤芯由用铜线或铝线密绕在筒形芯架1的外部而制成。工作时,流入壳体内的油液经线间隙流入滤芯内,再从上部孔道流出。这种过滤器的特点是结构简单、过滤效果好、通油能力强,但滤芯材料强度低、不易清洗。这种过滤器一般安装在回油路或液压泵的吸油口处,一般的压力损失为0.03~0.06MPa。

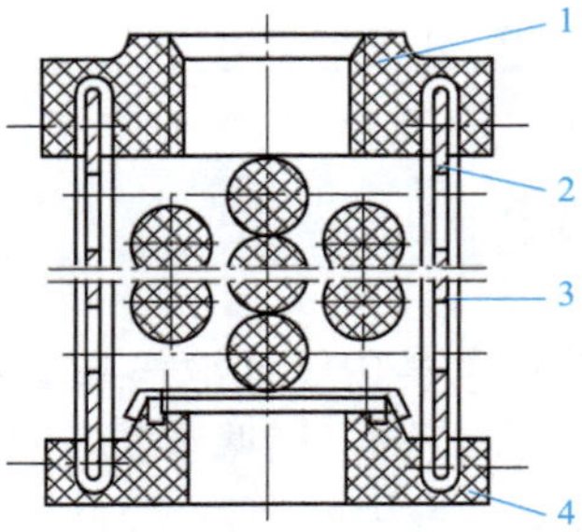

图5-14 网式过滤器

1-上盖;2-圆筒;3-铜丝网;4-下盖

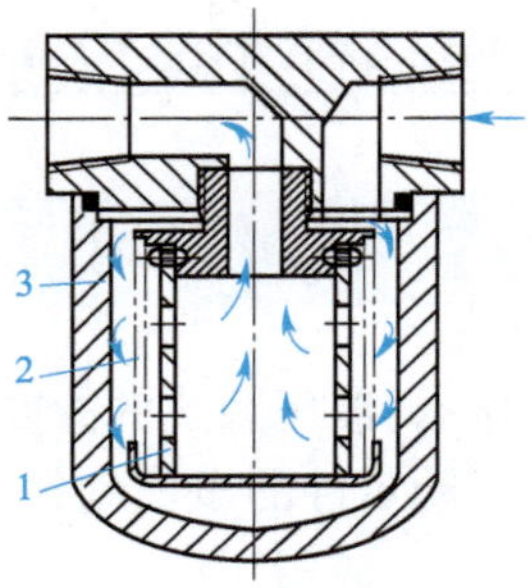

图5-15 线隙式过滤器

1-芯架;2-滤芯;3-壳体

3. 纸芯式过滤器

如图5-16所示为纸芯式过滤器。它由堵塞状态发生装置1、滤芯外层2、滤芯中层3、滤芯里层4、支承弹簧5以及壳体等组成。纸芯过滤器的结构与线隙式过滤器类同,只是滤芯材质和组成结构不同。它的滤芯有三层:外层为粗眼钢板网、中层为折叠成W形的滤纸、内层由金属丝网与滤纸折叠而成。这种结构提高了滤芯强度,增大了滤芯的过滤面积,其过滤精度为5~30μm。主要用于精密机床、数控机床、伺服机构、静压力支承等要求过滤精度高的液压系统,并常与其他类型的过滤器配合使用。纸芯式过滤器结构紧凑,通油能力强,过滤精度高,滤芯价格低,但无法清洗,需要经常更换滤芯。

4. 烧结式过滤器

如图5-17所示为烧结式过滤器。它由端盖1、壳体2和滤芯3组成。其滤芯用球状青铜颗粒粉末压制烧结而成,并利用颗粒间的微孔滤去油液中杂质,其过滤精度为10~100μm,压力损失为0.03~0.2MPa。主要用于工程机械等设备的液压系统中。

烧结式过滤器的强度高、性能稳定、抗冲击性能好、耐高温、过滤精度高、制造简单,但清洗困难,若有脱粒时,会影响过滤精度,甚至损伤液压元件。

5. 磁性过滤器

磁性过滤器是利用磁化原理滤去油液中铁屑、铸铁粉末等铁磁性物质的一种过滤器。如图5-18所示为磁性过滤器。它的中心为一圆筒式永久磁铁3,在磁铁的外部罩有非磁性的罩子2,罩子外面绕着四只铁环1,它们由铜条连接(图中未标出);每只铁环之间保持一定的间隙。当油液中能磁化的杂质经过铁环间隙时,被吸附于铁环上,因而起到滤清的作用,为了便于清洗,铁环分为两半。当杂质将铁环间的间隙堵塞时,可将两个半只铁环取下清洗,然后装上去反复使用。

磁性过滤器用来滤除混入油液中的能磁化的杂质的效果很好,特别适用于经常加工铸件的机床液压系统。磁性滤芯可以与其他过滤材料(如滤纸、铜网)组成组合滤芯,以便同时进行两种方式的过滤。生产实践中,也有几块永久性磁铁放在油箱里,以随时去除油中的铁磁性物质的应用实例。

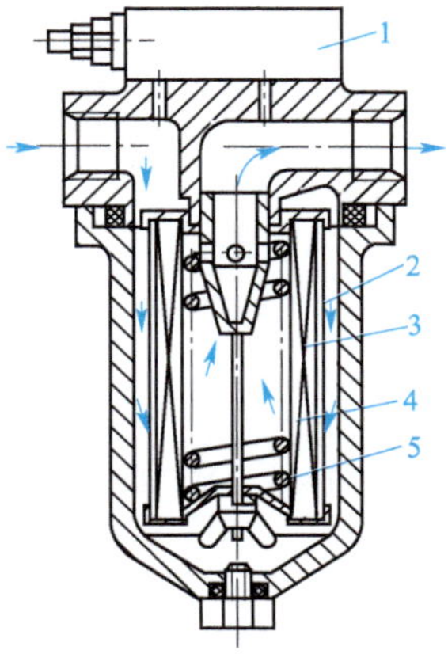


图 5-16　纸芯式过滤器
1-堵塞状态发生装置;2-滤芯外层;3-滤芯中层;4-滤芯里层;5-支承弹簧

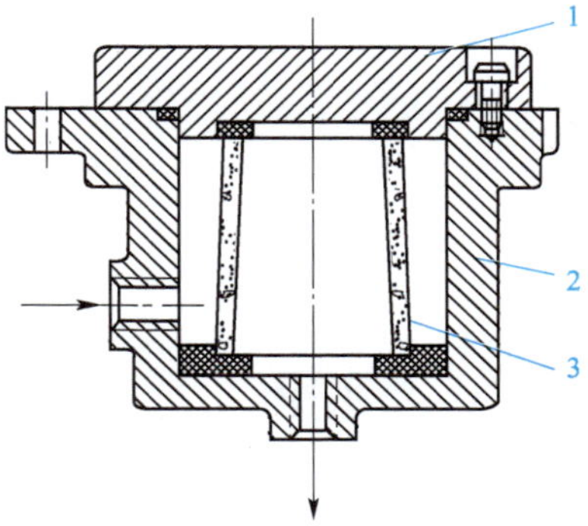


图 5-17　烧结式过滤器
1-端盖;2-壳体;3-滤芯

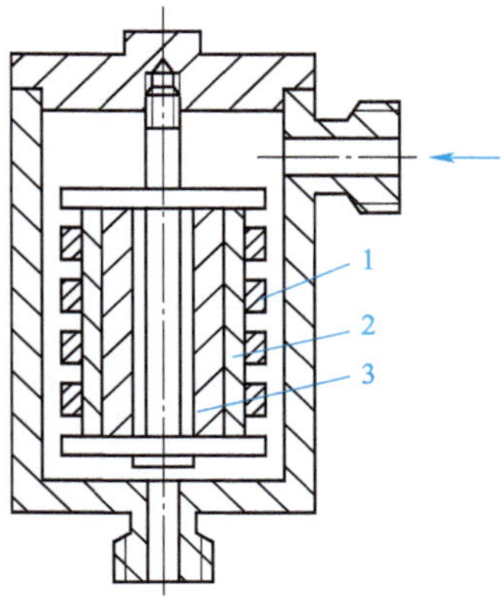


图 5-18　磁性过滤器
1-铁环;2-罩子;3-永久磁铁

## 三、过滤器的选择及使用注意事项

### 1. 过滤器的选择

选用过滤器时,应根据所设计的液压系统的技术要求,按过滤精度、过滤能力、工作压力和工作温度等来选择其类型及型号。主要考虑下列因素:

(1)有足够的过滤精度。采用高精度过滤器,液压泵和液压马达的寿命可延长 4 ~ 10 倍,可基本消除阀的污染、卡紧和堵塞故障,并可延长液压油和过滤器本身的寿命。

(2)有足够的过滤能力。过滤能力即一定压降下允许通过过滤器的最大流量。不同类型的过滤器可通过的流量值有一定的限制,需要时可查阅有关样本和手册。

(3)能承受一定的工作压力。滤芯及外壳应有足够的强度,不致因油压而破坏。

(4)过滤器滤芯应易于清洗和更换。

(5)在规定的工作温度下,过滤器能保持性能稳定,有足够的耐久性。

(6)有良好的抗腐蚀性,不会对油液造成化学的或机械的污染。

(7)结构尽量简单、紧凑、价格低廉。

### 2. 过滤器使用时的注意事项

(1)安装过滤器时,应注意壳体上标明的液流方向,正确安装在系统中,否则将会冲毁滤芯,造成系统污染。

(2)当过滤器堵塞、发信装置报警或压差指示器显示红色信号时,要及时清洗或更换滤芯。

(3)清洗或更换滤芯时,应堵住滤芯端口,防止清洗下的污物进入滤芯内腔造成内污染,同时要防止外界污染物侵入液压系统。

## 四、过滤器在系统中的安装与应用

在液压系统中,根据工作需要,过滤器的安装位置、作用以及要求等有关说明,见表 5-4。

过滤器安装位置说明 表 5-4

| 安装位置 | 图　示 | 作用 | 说　明 |
| --- | --- | --- | --- |
| 液压泵吸油管路上 | 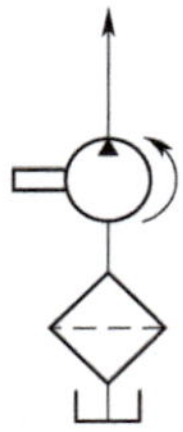 | 保护液压泵 | 要求过滤器通油能力大和压力损失小，否则将造成液压泵吸油不畅或引起气穴。常采用过滤精度较低的网式或线隙式过滤器 |
| 装在供油管路上 | 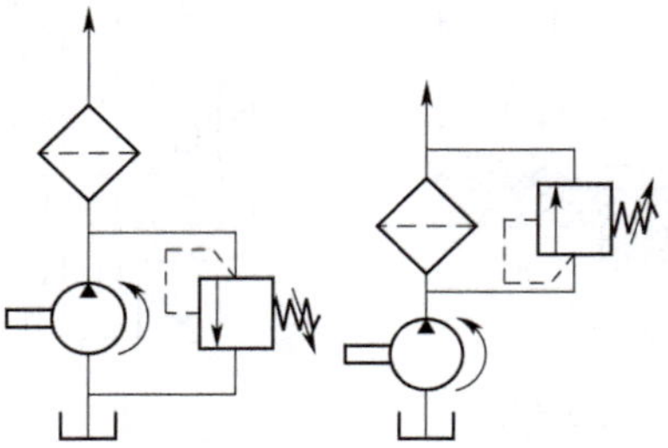 | 保护液压泵以外的液压元件 | 过滤器应能承受系统工作压力和冲击压力，压力损失小。过滤器必须放在溢流阀之后或与压力阀并联，此压力阀的开启压力应略低于过滤器的最大允许压差，或采用带污染指示的过滤器 |
| 回油路上 | 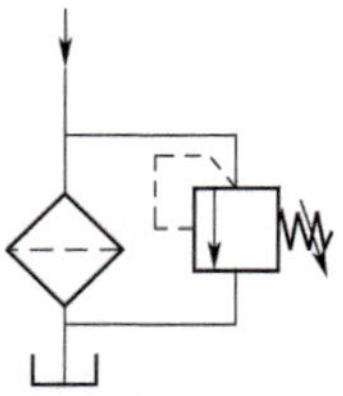 | 滤除液压元件磨损后生成的污物 | 不能直接防止杂质进入液压泵及系统中的其他元件，只能清除系统中的杂质，对系统起间接保护作用。由于回油管路上的压力低，故可采用低强度的过滤器，允许有稍高的过滤阻力。为避免过滤器堵塞引起系统背压过高，应设置旁路阀 |
| 单独过滤 | 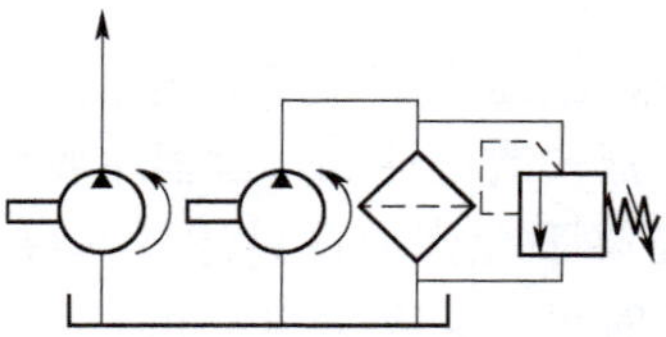 | 独立于主系统之外，连续清楚系统杂质 | 用一个专用的液压泵和过滤器组成一个独立于液压系统之外的过滤回路，以经常清除油液中的杂质，达到保护系统的目的，适用于大型机械设备的液压系统 |
| 装在支流管路上 | 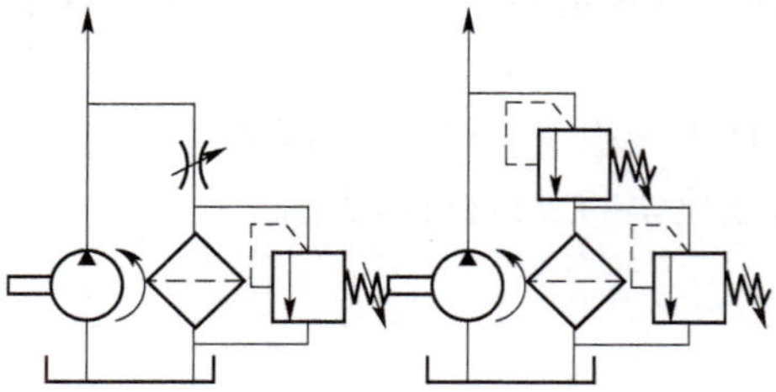 | 局部过滤 | 当泵流量较大时，若采用上述各种油路过滤，通过过滤器的流量可能过大，为此可在只有泵流量 25% 左右的支路上安装一小规格过滤器，对油液起过滤作用，属于局部过滤，方法多种 |
| 装在辅助泵的输油路上 | 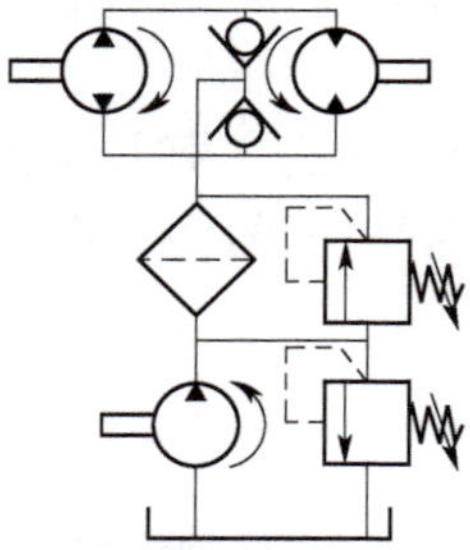 | 保证杂质不进入主油路的液压元件 | 主要用于一些闭式液压系统的辅助油路，辅助液压泵工作压力低，将精过滤器装在辅助泵的输油管路上，保证杂质不进入主油路的液压元件 |

# 学习项目四　油箱和热交换器

## 一、油箱

油箱的主要功用是储油、散热(在周围环境温度较低的情况下则是保持油液中的热量)、沉淀油液中的杂质及分离油液中的空气,兼作电动机—泵装置、液压辅件和阀块的安装板等。

### 1. 油箱的分类

油箱通常分为开式和闭式两种。

(1)开式油箱。

开式油箱应用广泛。油箱内液面与大气相通。为防止油液被大气污染,在油箱顶部设置空气滤清器,并兼作注油口用。

(2)闭式油箱。

闭式油箱一般指箱内液面不直接与大气相通,而将通气孔与具有一定压力的惰性气体相接,充气压力可达0.05MPa。

开式油箱的结构示意图,如图5-19所示。油箱常用2.5~4mm的钢板焊接而成。为便于清洗,盖板一般都是可拆卸的。油箱底部开有放油孔,底板有适当的倾斜度,以利于排净存油。油箱设有吊耳,以便吊装和运输。油箱应有足够的刚度,大容量且较高的油箱要采用骨架式结构。

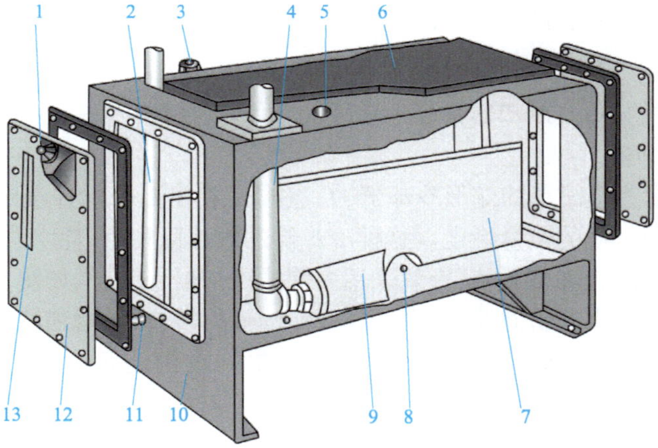


图5-19　油箱结构图

1-注油口;2-回油管;3-泄油管;4-吸油管;5-装空气过滤器的通口;6-电机底板;7-隔板;8-放油口;9-过滤器;10-箱体;11-泄油口;12-清除用侧板;13-油位计

### 2. 油箱结构设计要求

(1)油箱必须有足够大的容量,以保证系统工作时能够保持一定的液位高度;为满足散热要求,对于管路比较长的系统,还应考虑停车时能容纳油液自由流回油箱时的容量;根据不同的用途确定油箱容量,通常为液压泵流量的3~5倍。在油箱容积不能增大而又不能满足散热要求时,需要设冷却装置。

(2)吸、回和泄油管的设置。系统中吸油管和回油管的管口相距应尽量远些，且都应在最低油面之下，以免发生吸空和回油冲溅产生气泡；管端应切成45°切口，以增大吸油及出油的截面，使油液流动时速度变化不致过大；管口面向箱壁，管端与壁面间距离均不宜小于管径的三倍；吸油管与箱底距离不宜小于管径的两倍；回油管与箱底距离不宜小于管径的三倍。

(3)用隔板将吸油侧与回油侧分开，以增加油箱内油液的循环距离，有利于油液冷却和释放油中气泡，并使杂质多沉淀在回油管侧，隔板高度为箱内最低油面高度的3/4。

(4)设置过滤器。油箱的回油口一般都设置系统所要求的过滤精度的回油过滤器，以保持返回油箱的油液具有允许的污染等级。吸油口处，为了防止意外落入油箱中的污染物，也装设过滤器，由于这种过滤器浸入油箱深处，不好清理，同时为减小吸油阻力，通常采用粗过滤器。

(5)为防止脏物混入油箱，油箱上各盖板、管口处都要妥善密封。开式油箱上部的通气孔上必须配置空气滤清器，兼作注油口。油箱注油口一般不从油桶中将油液直接注入油箱，而是经过过滤从注油口注入。

(6)油箱底脚高度应在150mm以上，以便散热、搬移和放油。箱底部应适当倾斜，并在最低处设置放油塞。箱体上在注油口附近要设有液位计，用于监测油面高度，其窗口尺寸应能满足对最高与最低液位的观察。

(7)油温控制。油箱正常工作温度应在15～65℃之间，必要时应安装温控器和热交换器。

## 二、热交换器

液压系统中，油液的工作温度一般以30～50℃为宜，最高不超过65℃，最低不低于15℃。如果液压系统依靠自然冷却仍不能使油温控制在允许的最高温度以下，或是对温度有特殊要求时，则应安装冷却器，强制冷却；反之，如果环境温度太低，液压泵无法正常起动或有油温要求时，则应安装加热器，提高油温。冷却器和加热器统称为热交换器。

### 1. 冷却器

按照冷却介质的不同，冷却器常分为水冷式、风冷式两种。

(1)水冷式冷却器。

如图5-20所示为最简单的蛇形冷却器，它直接安装在油箱内并浸入油液中，冷却水从管内流过时，就将油液中的热量带走。这种冷却器的散热面积小，耗水量大，冷却效果不好。

液压系统，特别是大功率系统，一般采用多管式冷却器，其结构如图5-21所示。冷却水从管内流过，油从筒体中的管间流过，中间隔板使油液折转，从而增加油的循环路线长度，以强化热交换效果。这种冷却器由于采用强制对流的方式，因此散热效率较高、结构紧凑，应用较普遍。

(2)风冷式冷却器。

行走机械设备的液压系统，可以用风冷式冷却器。冷却方式可采用风扇强制吹风冷却，也可采用自然风冷却。图5-22为翅片式风冷却器，每两层通油板之间设置波浪形的翅片板，因此可以大大提高传热系数。如果加上强制通风，冷却效果将更好。它的结构紧凑、体积小，但易堵塞、难清洗。

冷却器的图形符号，如图5-23所示。冷却器一般应安装在回油路或溢流阀的溢流管路上。若溢流功率损失是系统温升的主要原因，如图5-24a)所示，则应将冷却器2设置在溢流阀4的回油管路上，在回油管冷却器2旁要并联旁通溢流阀5，实现冷却器的过压安全保护，同时，在回油管冷却器上游应串联截止阀3，用来切断或接通冷却器；若系统中存在若干个发热量较大的元件，如图 5-24b）所示，则应将冷却器 7 设置在系统的总回油管路上，如果回油管路上同时设置过滤器和冷却器，则应把过滤器 6 安放在回油管路上游，以降低低黏度热油流经过滤器的阻力损失。冷却器在系统中造成的压力损失一般为 0.1MPa 左右。

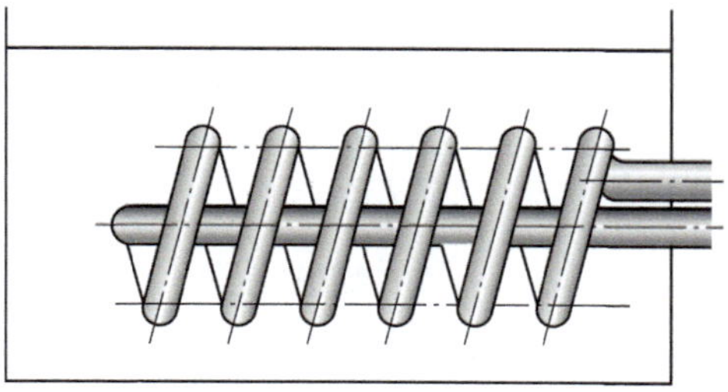

图 5-20　蛇形管冷却器示意图

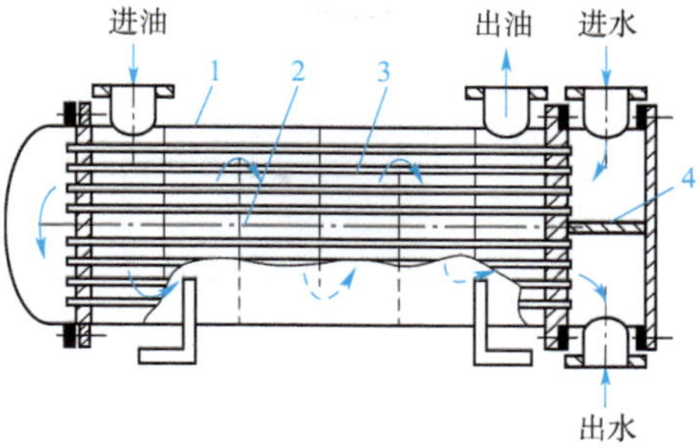


图 5-21　多管式冷却器

1-外壳；2-挡板；3-铜管；4-隔板

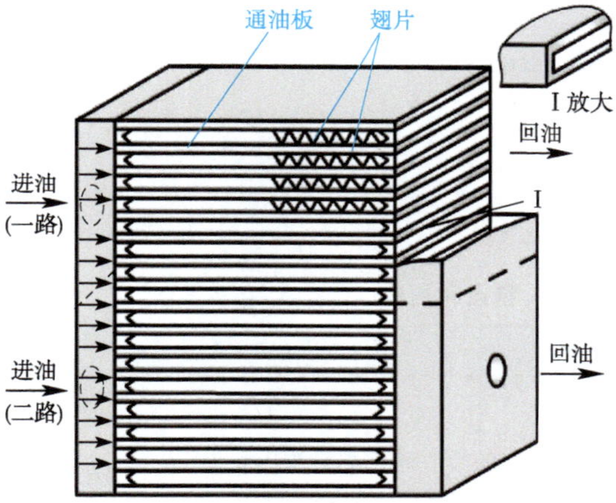


图 5-22　翅片式风冷却器

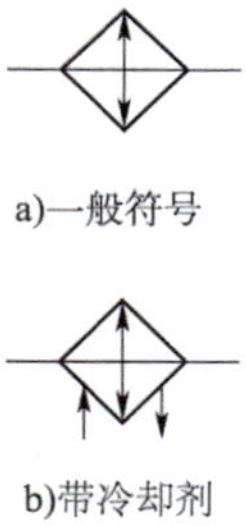


图 5-23　冷却器的图形符号

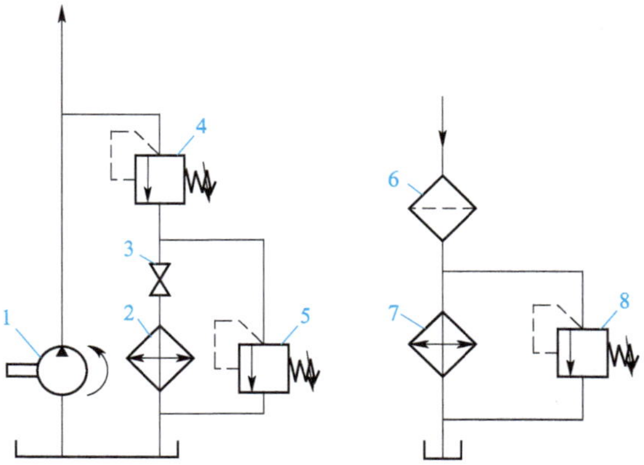


a)　　b)

图 5-24　冷却器的安装位置

1-定量泵；2-冷却器；3-截止阀；4-溢流阀；5-溢流阀；6-过滤器；7-冷却器；8-溢流阀

2. 加热器

液压系统中，油液温度过低时可使用加热器。一般采用结构简单，能按需要自动调节最高、最低温度的电加热器，如图5-25所示。电加热器水平安装，发热部分应全部浸入油中，安装位置应使油箱内的油液有良好的自然对流，单个加热器的功率不能太大，以避免其周围油液过度受热而变质，一般表面功率密度不应大于3W/cm²。图5-26所示为加热器的图形符号。

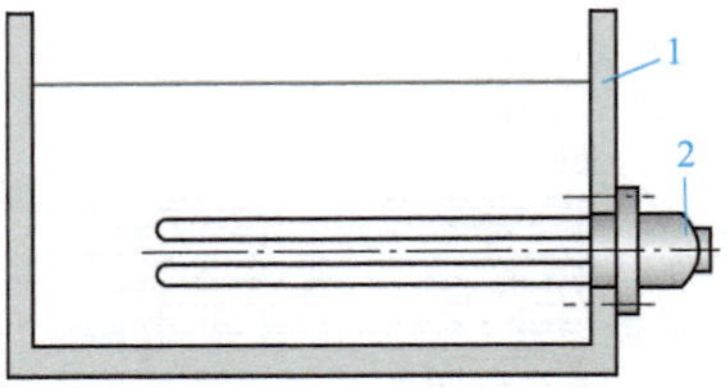


图5-25　加热器安装示意图
1-油箱；2-电加热器

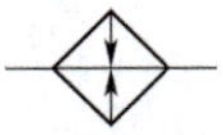

图5-26　加热器图形符号

## 学习项目五　蓄　能　器

蓄能器是液压系统中的储能元件，它储存多余的压力油液，并在需要时释放出来供给系统补充流量和压力。

### 一、蓄能器的类型、特点和用途

蓄能器的类型、特点及和用途，见表5-5。

**蓄能器的类型、特点和用途**　　表5-5

| 类　型 | 简　图 | 特　点 | 用　途 | 说　明 |
|---|---|---|---|---|
| 重力式 | 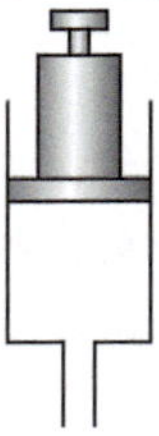 | 结构简单，压力恒定；体积大，笨重，运动惯性大，有噪声，密封处易漏油并有摩擦损失 | 作蓄能或稳定工作压力用（在大型固定设备中），最高工作压力可达45MPa | 应均匀地安置重物，活塞运动的极限位置应设指示器或安全装置 |
| 弹簧式 |  | 结构简单，反应较灵敏；容量小，产生的压力取决于弹簧的刚度和压缩量，有噪声 | 供小容量及低压（≤1.2MPa）系统在循环频率低的情况下蓄能或缓冲用 | 作缓冲用时，要尽量靠近振动源 |
| 活塞式 | 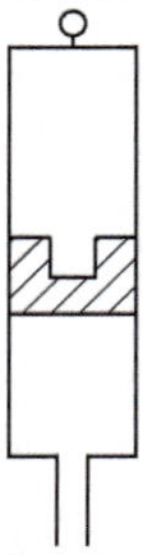 | 气液隔离，油不易氧化，结构简单，寿命长，安装容易，维修方便；容量较小，缸体加工和活塞密封要求较高，反应不灵敏，活塞运动到最低位置时，空气易经活塞与缸体之间的间隙泄漏到油中去，有噪声 | 蓄能用，最高工作压力21MPa | 一般充氮气，绝对禁止充氧气。油口应向下垂直安装，使气体封在壳体上部，避免进入管路；有一种用柱塞代替活塞的柱塞式蓄能器，容量可较大最高压力达45MPa |

续上表

| 类　型 | 简　图 | 特　点 | 用　途 | 说　明 |
| --- | --- | --- | --- | --- |
| 气瓶式 | 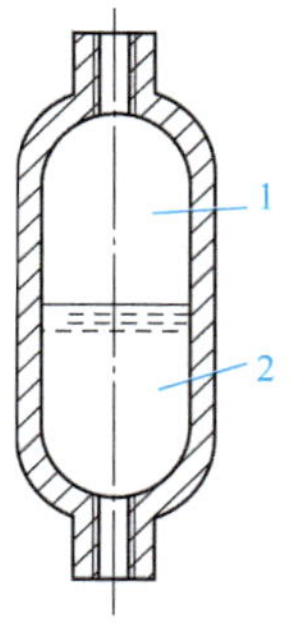<br>1-气体;2-液压油 | 容积大,惯性小,反应灵敏,占地面积小,无机械磨损;气体易混入油中,影响液压系统平稳性,必须经常充气。用惰性气体虽好,但费用较高;用空气时,油易氧化变质 | 适用于大流量的中、低压回路蓄能,也可吸收脉动。最高工作压力为5MPa | 一般充氮气,绝对禁止充氧气。油口应向下垂直安装,使气体封在壳体上部,避免进入管路 |
| 气囊式 | 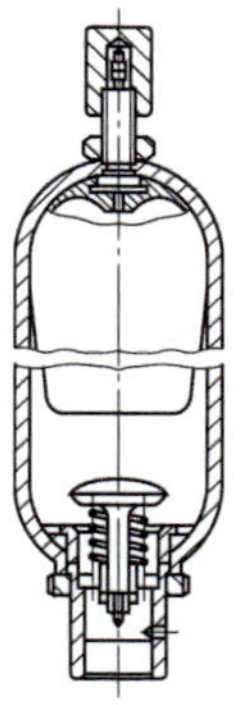 | 空气与油隔离,油不易氧化,尺寸小,重量轻,反应灵敏,充气方便 | 蓄能、吸收冲击,最高工作压力200MPa | 充氮气 |

## 二、蓄能器在液压系统中的应用

蓄能器在液压系统中的应用很多,具体应用及特点,见表5-6。

**蓄能器在液压系统中的应用及特点**　　表5-6

| 用　途 | 特　点 | 使用示例 |
| --- | --- | --- |
| 作辅助动力源 | 在液压系统工作时能补充油量,减少液压泵供油,降低电动机功率,减少液压系统尺寸及重量,节约投资。常用于间歇动作,且工作时间很短,或在一个工作循环中速度差别很大,要求瞬间补充大量液压油的场合 | 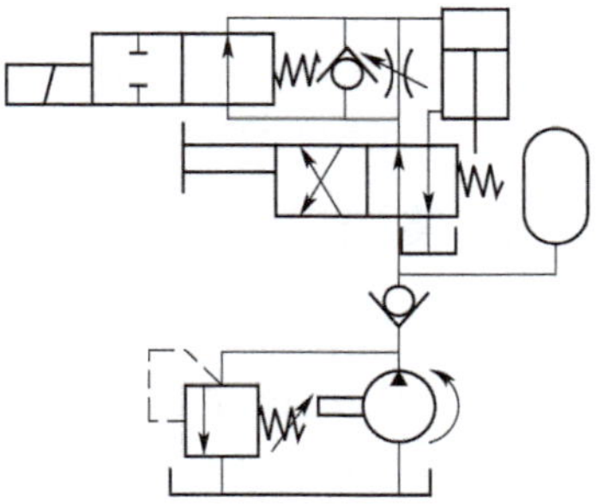<br>液压机液压系统中,当模具接触工件慢进及保压时,部分液压油储入蓄能器;而在冲模工序中快速向工件移动及快速退回时,蓄能器与泵同时供油,使液压缸快速动作 |

| 用　途 | 特　点 | 使用示例 |
| --- | --- | --- |
| 保持恒压 | 液压系统泄漏(内漏)时,蓄能器能向系统中补充供油,使系统压力保持恒定。常用于执行元件长时间不动作,并要求系统压力恒定的场合 | 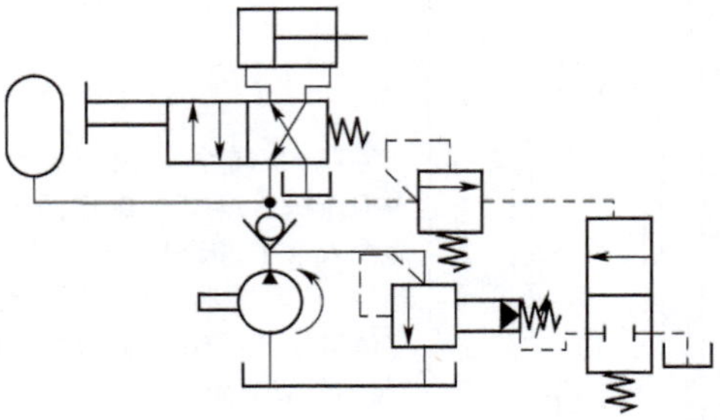<br>液压夹紧系统中二位四通阀左位接入,工件夹紧,油压升高,通过顺序阀、二位二通阀、溢流阀使液压泵卸荷,利用蓄能器供油,保持恒压 |
| 作应急动力源 | 突然停电,或发生故障,液压泵中断供油,蓄能器能提供一定的油量作为应急动力源,使执行元件能继续完成必要的动作 | 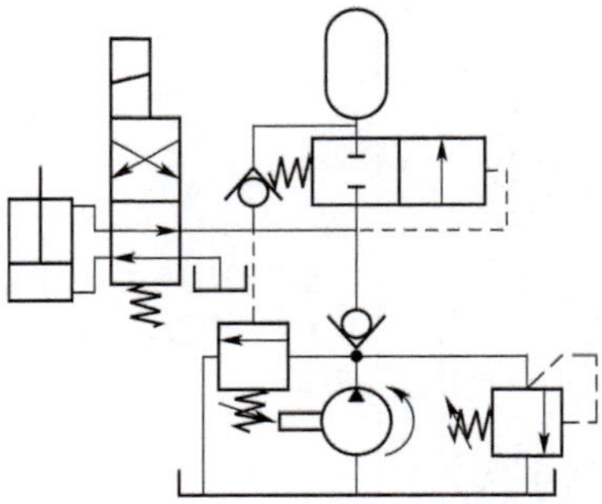<br>停电时,二位四通阀右位接入,蓄能器放出油量经单向阀进入液压缸有杆腔,使活塞杆缩回,达到安全目的 |
| 吸收液压冲击 | 蓄能器通常装在换向阀或液压缸之前,可以吸收或缓和换向阀突然换向、液压缸突然停止运动产生的冲击压力 | 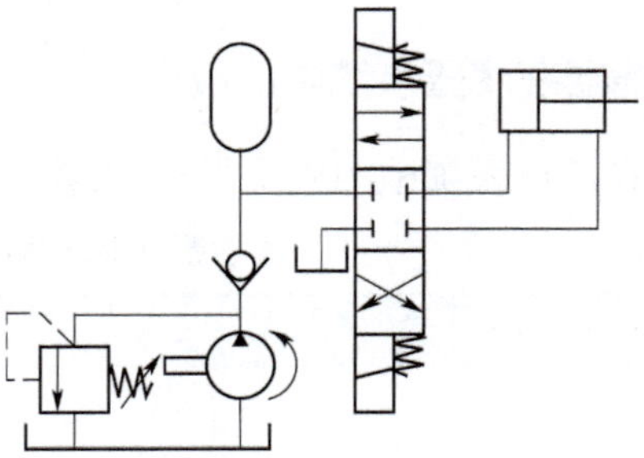<br>换向阀突然换向时,蓄能器吸收了液压冲击,使压力不会剧增 |

## ▶▶ 三、蓄能器的安装与使用

蓄能器安装、使用时应注意以下问题:

(1)在安装蓄能器时,应将油口朝下垂直安装。

(2)装在管路上的蓄能器必须用支板或支架固定。

(3)用于吸收冲击压力和脉动压力的蓄能器,应尽可能安装在靠近振源处。

(4)蓄能器是压力容器,搬运和拆装时应先排出内部的气体,并注意安全。

(5)蓄能器与管路之间应安装截止阀,供充气和检修时使用。蓄能器与液压泵之间应安装单向阀,防止液压泵停止时蓄能器内压力油倒流。

# 学习项目六　压力表与压力表开关

## 一、压力表

压力表用于观察和测量各工作点的工作压力，以达到调整和控制的目的。图 5-27 所示为最常见的弹簧弯管式压力表。它由金属弯管 1、指针 2、刻度盘 3、杠杆 4、扇形齿轮 5 和齿轮 6 等组成。压力油进入压力表的金属弯管 1，使弯管变形而曲率半径增大，通过杠杆 4 使扇形齿轮 5 摆动，经齿轮 6 带动指针 2 偏转，从刻度盘 3 上就可以读出压力值。压力越高，指针偏转越大。

压力表精度等级的数值是压力表最大误差占量程（压力表的测量范围）的百分数。选用压力表时，一般取系统压力为量程的 2/3 ~ 3/4，被测压力不应超过压力表量程的 3/4，否则将影响压力表的使用寿命。压力计必须直立安装。压力油接入压力表时，应通过阻尼小孔，以防止被测压力突然升高而将表冲坏。液压系统用压力表一般采用 1.5 ~ 4 级精度。

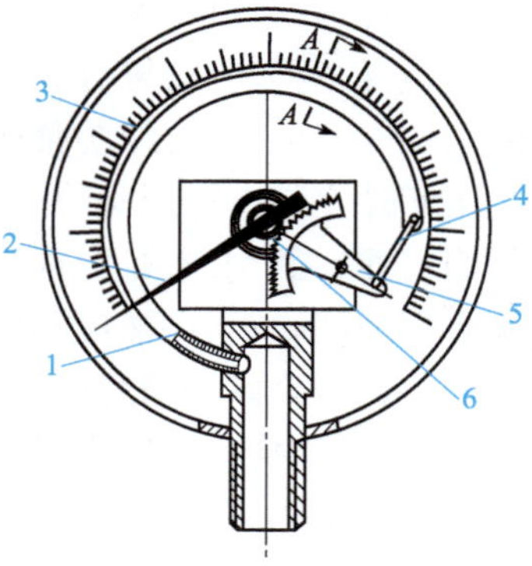


图 5-27　弹簧管式压力表图
1-金属弯管；2-指针；3-刻度盘；4-杠杆；5-扇形齿轮；6-齿轮

## 二、压力表开关

压力油路与压力表之间往往需要安装压力表开关，用来接通或切断压力表和测量点的通道，相当于一个截止阀。压力表开关按测量点数目不同可分为一点、三点、六点等几种。

图 5-28 为板式连接的 K－6B 型压力表开关结构图。图示位置为非测量位置，此时压力表经沟槽 a、小孔 b 与油箱相通。测压时，将手柄向右推进去并转到测量点位置，使沟槽 a 将压力表油路与测量点油路连通，与此同时，压力表油路与通往油箱的油路被断开，这时便测出该测量点的压力。如将手柄转至另一个测量点，便可测出另一个点的压力。压力表的过油通道很小，可防止指针的剧烈摆动。不需测压时，应将手柄拉出，使压力表油路与系统油路断开（与油箱接通），以保护压力表并延长压力表的使用寿命。

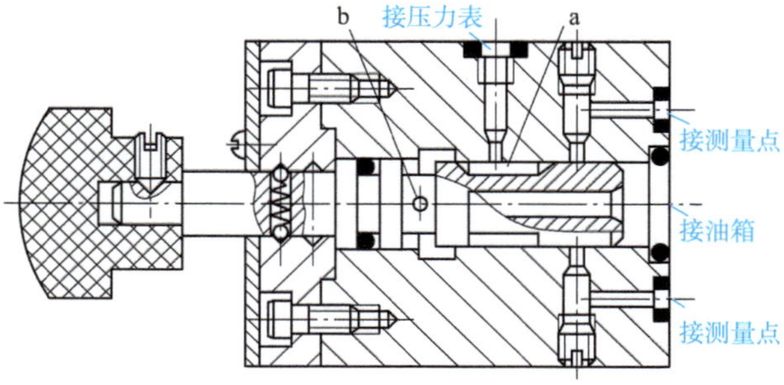


图 5-28　压力表开关的结构原理

# 学习项目七　阀　　块

液压元件一般有两种连接形式，即管式和板式连接。管式连接是通过油管和管接头实现元件之间的连接，此方式所用液压元件越多，连接的管件越多，结构越复杂，压力损失越多，维护和装拆越困难，所以一般用于结构简单的系统。板式连接是将元件用螺钉规则地固定安装在一块阀块的各个面上，元件之间由阀块上的孔道连通，此方式维护和装拆方便，压力损失小，外形美观，消除了因油管和接头引起的泄漏、振动和噪声。

阀块体是用于安装选定的各类液压元件，并加工有要求的油路孔道，以组成具有预定液压控制功能的金属块体，简称阀块。阀块是安装各种液压元件，并且能在其内按照已有液压系统原理图的要求，实现各元件间油路连通的复杂功能块。阀块可用铸铁、碳钢、不锈钢或铝合金等材料制成，可分为液压阀块、集成块和叠加阀阀块。液压阀块是板式连接液压元件的固定安装板，具有结构紧凑，维护、安装、调整和更换液压元件方便等特点。用螺钉将板式液压元件安装在液压阀块的上面或其他各个侧面(一般保持底面或某个面为安装液压阀块的固定面)，阀与阀之间、阀与外界之间的连接孔道均在阀块上实现，各孔之间按照液压系统原理图的要求，在液压阀块内部钻纵向、横向孔道，在孔口加工有螺纹，用来安装管接头并接管。将一个液压系统中的全部元件合理地布置在一个液压阀块上，其标准化程度较差，互换性不好，结构不够紧凑，设计、制造与加工困难。将一个液压系统中的全部元件分别布置在几个液压集成块上，再把各阀块按设计规律装配成一个液压集成回路，其标准化、系列化程度较高，互换性好，结构合理，性能可靠。叠加阀阀块是将叠加阀直接叠加在其上，阀块的结构更为紧凑，体积小，重量轻，无管件连接。

## 练习题

1. 在液压系统中，常用的密封装置有哪几类？各有何特点？
2. 油箱的功用是什么？结构设计时，应注意哪些问题？
3. 蓄能器的功用有哪些？安装使用应注意哪些问题？
4. 常用的过滤器有哪几种？它们各适用于什么场合？过滤器一般安装在什么位置？
5. 常用的管接头有哪几种？它们的各适用于什么场合？
6. 常用管道有哪几种？它们的适用范围有何不同？
7. 系统在什么情况下需要设置冷却器或加热器？

# 单元六

# 液压基本回路

【学习要求】

1. 掌握节流调速的三种基本形式，学会分析速度负载特性。

2. 掌握容积调速回路和容积节流调速回路的组成和工作原理。

3. 掌握快速运动回路和速度切换回路的组成、工作原理以及特点。

4. 掌握调压、减压、平衡回路的工作原理。

5. 熟悉卸荷回路的组成和工作原理，了解卸压回路的组成和工作原理。

6. 掌握换向回路和锁紧回路的工作原理。

7. 掌握顺序动作回路的组成、工作原理以及特点。

8. 掌握同步回路的组成和工作原理。

9. 掌握互不干扰回路的组成、工作原理。

所谓基本回路，就是由一定的液压元件所构成的用来完成特定功能的典型回路。液压基本回路是构成液压系统最基本的结构和功能单元。机械设备的液压传动系统有时会很复杂，但都是由一些液压基本回路组成的。例如，用来调节执行元件运动速度的速度控制回路、用来控制系统中液体压力的压力控制回路、用来改变执行元件运动方向的方向控制回路等。熟悉和掌握这些回路的组成、工作原理和性能是分析和设计液压系统的重要基础。

# 学习项目一　速度控制回路

速度控制回路是调节和变换执行元件运动速度的回路。它包括调速回路、快速回路和速度换接回路。

## 一、调速回路

在液压传动系统中,调速回路主要是用来调节执行元件的工作速度。在不考虑油液压缩性和泄漏的情况下,液压缸的运动速度 $v$ 由输入流量 $q$ 和液压缸的有效作用面积 $A$ 决定,即 $v=q/A$;液压马达的转速 $n$ 由输入液压马达的流量 $q$ 和液压马达的排量 $V_m$ 决定,即 $n=q/V_m$。由此可知,要调节 $v$ 或 $n$,可用改变输入流量 $q$ 或改变液压马达的排量 $V_m$ 的方法来实现。调速回路主要有以下三种方式:

(1)节流调速回路:用定量泵供油,用流量阀调节进入执行元件的流量,以实现速度调节。

(2)容积调速回路:调节变量泵或变量马达的排量,以实现速度调节。

(3)容积节流调速回路:用变量泵和流量阀相配合的调速方法,又称联合调速。

### 1. 节流调速回路

利用节流的方法,即改变液流截面积大小的方法调节进入执行元件的流量,从而改变执行元件速度的方法叫节流调速。这种调速方法适用于定量泵和定量执行元件所组成的液压系统。根据流量控制阀在回路中的位置不同,分为进口节流调速、出口节流调速以及旁路节流调速三种调速回路。

(1)节流阀调速。

①进口节流阀式节流调速回路。

进口节流阀式节流调速回路,如图 6-1a)所示。节流阀串接在定量泵和液压缸之间的进油路上,调节节流阀开口面积,便可改变进入液压缸的流量,从而调节液压缸的运动速度。泵的多余流量经溢流阀流回油箱。泵的出口压力由溢流阀调定。

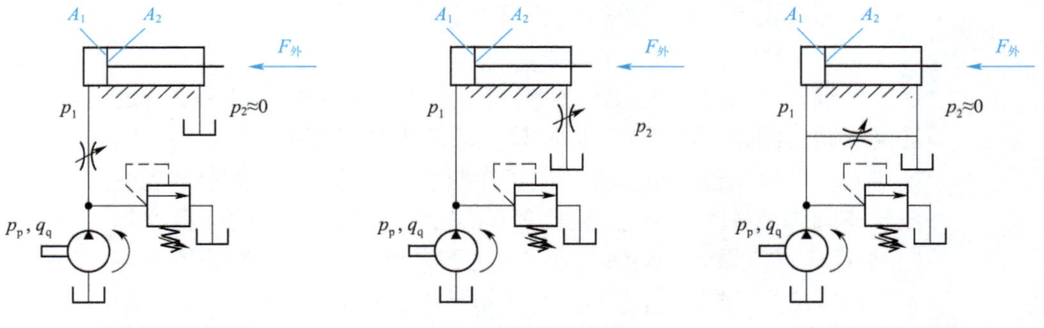


a)进油节流调速回路　　b)出口节流调速回路　　c)旁路节流调速回路

图 6-1　节流阀式节流调速回路

A. 速度—负载特性。

该回路在工作过程中,溢流阀处于开启状态,所以液压泵总是按溢流阀调整的压力供油,与外负载的变化无关。当工作机构匀速运动时,作用在液压缸活塞两端的力是相互平衡的,即:

$$p_1A_1=F_外+p_2A_2$$

式中：$p_1$、$p_2$——液压缸进、回油腔压力，由于回油腔通油箱，所以 $p_2 \approx 0$；

$F_{外}$——液压缸的负载；

$A_1$、$A_2$——液压缸有无杆腔、有杆腔的有效工作面积。

所以：

$$p_1 = \frac{F_{外}}{A}$$

设液压泵的供油压力为 $p_P$，则节流阀进出口的压力差为：

$$\Delta p = p_P - p_1 = p_P - \frac{F_{外}}{A} \tag{6-1}$$

由小孔流量公式可知，流经节流阀进入液压缸的流量为：

$$q_1 = CA_T\left(p_P - \frac{F_{外}}{A}\right)^{\varphi} \tag{6-2}$$

式中：$C$——节流阀系数，视为常数；

$A_T$——节流阀通流截面积；

$\varphi$——节流阀指数。

故液压缸的运动速度为：

$$v = \frac{q_1}{A} = C\frac{A_T}{A}\left(p_P - \frac{F}{A}\right)^{\varphi} \tag{6-3}$$

式(6-3)为进口节流调速回路的速度负载特性方程。由该式可知，液压缸的工作速度 $v$ 主要与节流阀通流面积 $A_T$ 和负载 $F$ 有关。从式(6-3)可看出，进油路节流调速回路具有以下几方面特点：

a. 液压缸的运动速度与节流阀通流面积成正比，调节 $A_T$ 可实现无级调速。

b. 当 $A_T$ 一定时，当液压缸承受的外负载 $F_{外}$ 增大时，节流阀前后的压力差 $\Delta p$ 就降低，液压缸的运动速度随之降低。同理，当外负载 $F_{外}$ 减小时，节流阀前后的压力差 $\Delta p$ 就增大，液压缸的运动速度随之提高。由于液压缸的运动速度随外负载而变化，所以进油节流调速回路不能保证液压缸运动速度的平稳性。

c. 最大承载能力，无论节流阀通流面积 $A_T$ 为何值，只要负载 $F_{外} = p_P A_1$ 时，节流阀两端的压力差 $\Delta p$ 即为零，活塞停止运动，负载力 $F$ 值就是该回路的最大承载能力值，即 $F_{外\max} = p_P A_1$。

B. 功率特性。

该调速回路的输入功率，即液压泵输出功率 $P_P = p_P q_P =$ 常数。

该调速回路的输出功率，即液压缸的输入功率 $P_1 = p_1 q_1$。

回路的功率损失：

$$\Delta P = P_P - P_1 = p_P q_P - p_1 q_1 = p_P \Delta q - \Delta p q_1 \tag{6-4}$$

式中：$q_P$——液压泵供油流量；

$\Delta q$——溢流阀溢流量；

其余符号意义同前。

由式(6-4)可知，这种调速回路的功率损失由两部分组成，即溢流损失 $p_p\Delta q$ 和节流损失 $\Delta p q_1$。

回路效率为：

$$\eta = \frac{P_1}{P_P} = \frac{p_1 q_1}{p_P q_P} \tag{6-5}$$

②出口节流阀式节流调速回路。

出口节流阀式节流调速回路，如图6-1b)所示。它是将节流阀放置在回油路上，用它来控制从液压缸回油腔流出的流量，进而控制进入液压缸的流量，达到调速的目的。

出口节流阀式节流调速回路的静态特性和最大负载力与进口节流阀式节流调速回路完全相同。但两种回路的差别在于：

A. 出口节流阀式节流调速回路中的节流阀能使液压缸回油腔形成一定背压，因而，它能承受负值负载(与液压缸运动方向相同的负载力)。进口节流调速回路中，若承受负值负载，必须在回油路上增加背压阀，这会增大功率损失，增大油液发热量。

B. 由于节流阀在回油路上起背压作用，故运动平稳性好于进口节流调速回路。

C. 出口节流调速回路油液流经节流阀而发热的油液，可直接流回油箱冷却。

D. 出口节流调速回路中若停车时间较长，液压缸回油路的油液会泄回油箱，再次起动时背压不能立即建立，会引起瞬间工作机构的前冲现象，对于进口节流调速，只要在开车时关小节流阀即可避免起动前冲。

进油节流调速和出口节流调速的回路在工作过程中液压泵的供油压力和流量是不变的，且液压泵流量和溢流阀调整压力按最大运动速度和最大外负载来选择。所以当液压系统低速轻载工作时，能量损耗相当大，且损耗的能量又转化为热能使系统油温升高。因此，在高压大流量的液压系统中很少应用。

③旁路节流阀式节流调速回路。

旁路节流阀式节流调速回路，如图6-1c)所示，节流阀安放在与执行元件并联的支路上。液压泵输出的压力油分成两路，一路进入液压缸，另一路经节流阀流回油箱。用节流阀调节从支路流回油箱的流量，进而控制进入液压缸的流量来达到调速的目的。在正常工作时溢流量不开启，只有当系统过载时溢流阀才打开起安全保护作用。

A. 速度—负载特性。

在工作过程中液压泵的供油压力为：

$$p_P = p_1 = \frac{F_{外}}{A_1} \tag{6-6}$$

通过节流阀的流量为：

$$q = CA_T\left(\frac{F_{外}}{A_1}\right)^{\varphi} \tag{6-7}$$

旁路节流调速回路的速度—负载特性方程为：

$$v = \frac{q_P}{A_1} = \frac{q_p - CA_T\left(\dfrac{F_{外}}{A_1}\right)^{\varphi}}{A_1} \tag{6-8}$$

式中：$q_P$——泵的输出流量；

其余符号意义同前。

由式(6-8)分析可知旁路节流调速回路有以下特点：

a. 当负载 $F_{外}$ 恒定时，液压缸运动速度 $v$ 随节流阀开口面积 $A_T$ 的增大而减小。

b. 当节流阀通流面积 $A_T$ 调定后，液压缸运动速度随负载的增大而减小。

c. 旁路节流调速回路只有节流损失，而没有溢流损失，故功率损失小，效率高。

B. 最大承载能力。

旁路节流调速回路的最大承载能力随节流阀开口面积 $A_T$ 的增大而减小，即该回路低速时承载能力很差，调速范围也小。同时，该回路最大承载能力还受溢流阀的安全压力值的限制。

C. 调速范围。

这种调速回路的调速范围不仅与节流阀的调速范围有关，而且还与负载、液压缸的泄漏有关。因此，其数值要比进口、出口节流阀式调速回路的调速范围要小。

(2)采用调速阀的节流调速回路。

采用节流阀的节流调速回路，节流阀两端的压力差和液压缸速度都随负载的变化而变化，故速度平稳性差。若用调速阀代替节流阀，则由于调速阀本身能在负载变化的条件下保证节流阀进、出油口间压力差基本不变，通过的流量也基本不变，因而回路的速度—负载特性将得到改善。但功率损失将会增大。

(3)换向阀调速。

工程机械的液压系统一般很少使用专门的节流阀调速，而是利用控制换向阀的阀口开度来实现节流和采取改变内燃机节气门开度的方法来改变速度。现介绍利用手动换向阀的调速回路。

手动换向阀直接用操纵杆来推动滑阀移动，劳动强度大，速度微调性能较差，但结构简单。常用于中小型液压机械。图 6-2a)所示的例子是由手动 M 机能三位换向阀控制的进油节流兼回油节流调速回路。按图示方向，阀芯正向右移，泵的卸荷通道已被切断，同时打开阀口 $f_1$ 和 $f_2$，将泵供给的压力油从阀口 $f_1$ 引入液压缸的无杆腔，而将液压缸有杆腔的油经阀口 $f_2$ 引回油箱。调节阀口的通流面积实质上就是借助节流阻尼来改变主油路流阻的大小重新分配油流，从而实现无级调速。这种调速回路具有进油节流和回油节流两种基本形式的综合调速特性。

图 6-2b)所示的例子是 M 机能换向阀控制的旁路节流兼回油节流调速回路。这里的换向阀与前例虽属同一机能，但轴向尺寸不同。按图示方向，阀芯正向左移，泵输出的油进入阀内分成两路，一部分通过阀口 $f_0$ 从旁路流回油箱；另一部分通过阀口 $f_1$ 进入液压缸无杆腔。回路的油压随着旁路节流阀口 $f_0$ 的关小而升高，直到推动活塞工作。这时，液压缸有杆腔的回油则通过阀口 $f_2$ 排回油箱。随着阀芯左移，阀口 $f_0$ 逐渐关小而阀口 $f_1$ 和 $f_2$ 逐渐扩大，使旁路流阻增大而主油路流阻减小，旁路流量减少而液压缸获得增速。换向后，就要利用节流阀口 $f_2$ 来实现回油节流调速。因此，这种调速回路在不同负载下具有旁路节流和回油节流的调速特性，常用于功率较大而速度稳定性要求不高的机械。

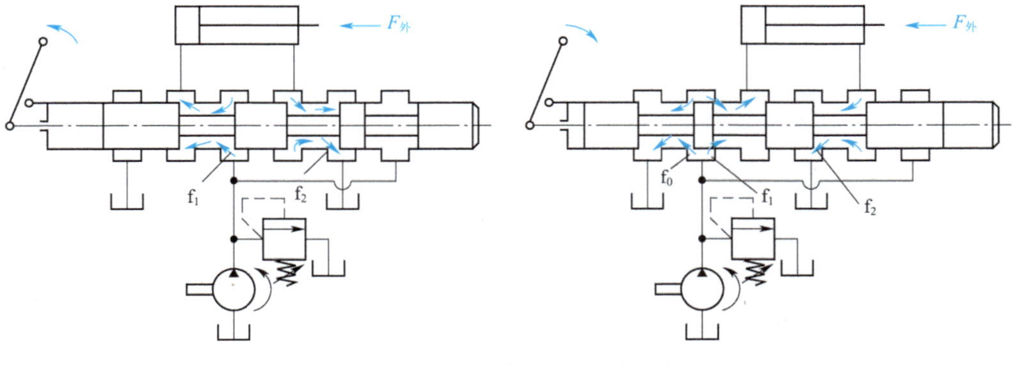


图 6-2　使用手动换向阀的调速回路

2. 容积式调速回路

容积式调速回路是通过改变变量泵或变量马达的排量来调节执行元件的运行速度。在容积式调速回路中，不需要节流和溢流，液压泵输出的液压油全部进入液压缸或液压马达，而且液压泵的工作压力随负载的变化而变化，能量利用比较合理，效率高而发热少。在大功率工程机械的液压系统中获得越来越多的应用。

液压系统中的油液循环有开式和闭式两种方式。在开式循环回路中，液压泵从油箱中吸入液压油，同时压送到液压执行元件中，执行元件的回油排至油箱。在闭式循环回路中，液压泵将液压油送到执行元件的进油腔，同时又从执行元件的回油腔吸入液压油。但为了补充泄漏，并进行换油和冷却，需附设补液压泵（流量为主泵的10% ~15%，压力为0.3 ~0.5MPa）。

容积调速回路通常有三种基本形式：变量泵和定量执行元件的容积调速回路；定量泵和变量马达的容积调速回路；变量泵和变量马达的容积调速回路。

(1)变量泵和定量执行元件组成的容积调速回路。

这种调速回路可由变量泵与液压缸或变量泵与定量液压马达组成。变量泵与液压缸组成的容积调速回路的开式循环回路结构如图6-3所示。它由变量泵、液压缸和起安全作用的溢流阀组成。

当不考虑管路、液压缸的泄漏时，液压缸的速度为：

$$v = \frac{q_P}{A_1} = \frac{nV_P}{A_1} \tag{6-9}$$

液压泵的功率为：

$$P_P = p_P n_P V_P \tag{6-10}$$

由式(6-9)可知，活塞运动速度与泵的排量成正比，改变液压泵的排量 $V_P$，便可调节液压缸的运动速度 $v$。由式(6-10)可知，液压缸的输出功率与泵的排量也成正比。由于泵的最高工作压力由溢流阀调定，因而在调速过程中液压缸的最大推力为定值，即液压缸的最大推力与泵的排量无关，不会因调速而发生变化。故此回路又称为恒推力调速回路。由于变量泵有泄漏，液压缸运动速度会随着负载的加大而减小。

图6-4所示为闭式循环的变量泵—定量马达组成的容积调速回路。回路由补油泵1、溢流阀2、单向阀3、变量泵4、溢流阀5和定量马达6组成。改变变量泵的排量 $V_P$，即可以调节变量马达的转速 $n_m$。溢流阀5起安全阀作用，用来限定回路的最高压力，起过载保护作用；单向阀3用来防止停机时油液倒流入油箱和空气进入系统。

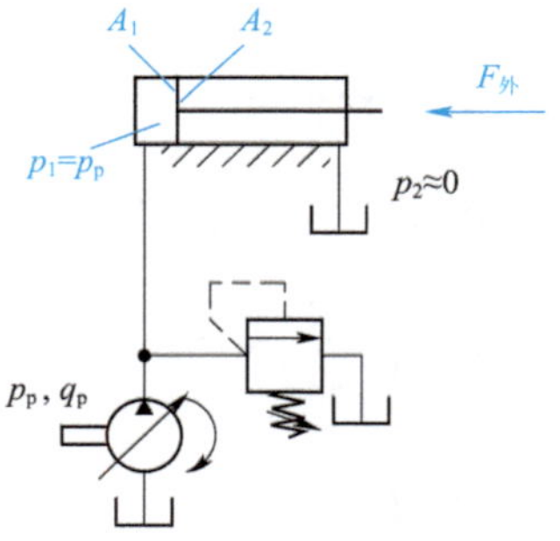


图6-3　变量泵与液压缸组成的容积调速

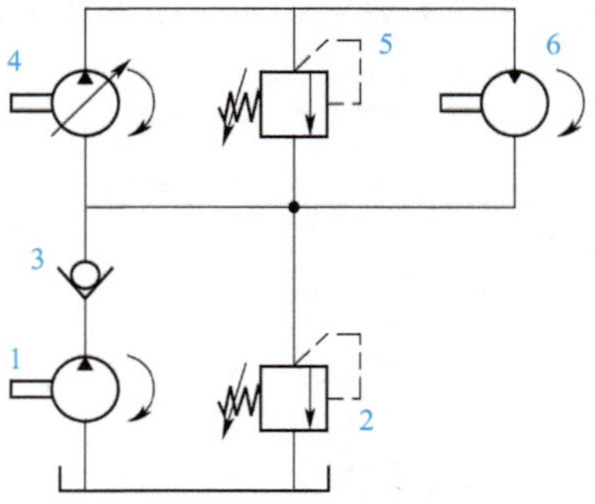


图6-4　变量泵—定量马达容积调速回路

1-补油泵；2-溢流阀；3-单向阀；4-变量泵；5-溢流阀；6-定量马达

为了补偿泵4和马达6的泄漏,增加了补油泵1。补油泵1将冷却后的油液送入回路,而从溢流阀2溢出回路中多余的热油,进入油箱冷却。补液压泵的工作压力由溢流阀2来调节。

在不考虑管路压力损失和泄漏时,马达转速为:

$$n_m = \frac{q_P}{V_m} = \frac{V_P}{V_m} n_P \tag{6-11}$$

式中:$V_P$——液压泵的排量;

$V_m$——液压马达的排量。

定量马达输出的转矩为:

$$T_{m\,max} = \frac{\Delta p V_m}{2\pi} \eta_{mm} \tag{6-12}$$

式中:$\eta_{mm}$——液压马达的机械效率;

$\Delta p$——$\Delta p = p_y - p_0$,$p_0$ 为补油压力。

当回路以最大转矩输出时,定量马达输出的最大功率为:

$$P_{m\,max} = 2\pi T_{m\,max} n_m = \Delta p V_m n_m \eta_{mm} = p_y n_P V_P \eta_{mm} \tag{6-13}$$

由上式(6-11)~式(6-13)分析可知:

①调节变量泵的排量,便可调节定量马达的转速。由于变量泵的排量可调得较小,所以这种回路的调速范围可达40左右。当回路中的液压泵和马达都能双向转动时,马达可实现平稳的反向。

②液压马达排量为恒定值,由正常工作条件下(除了 $V_P$ 过小而不能承受负载的工况外),回路输出转矩与实际的负载转矩相等。当回路的工作压力随负载增大到安全阀调定的压力 $p_P$ 时,负载转矩如果再增大,回路就无力驱动负载,则马达停止转动。这样,安全阀调定的压力就决定了这种回路输出转矩的最大能力。

③定量马达输出的最大转矩不受变量泵的排量 $V_P$ 的影响,而且与调速无关,在高速和低速时,回路输出的最大转矩相同,并且是个恒定值,故称这个回路为恒转矩回路。

④回路输出的最大功率随变量泵的排量变化而变化,即输出功率随马达转速的提高而增大。

(2)定量泵—变量马达容积调速回路。

图6-5所示为定量泵—变量马达回路。泵4为定量泵,马达6为变量马达。调节变量马达6的排量 $V_m$ 来改变马达的输出转速,从而实现调速。

这种回路中的液压泵4的转速 $n_P$ 和排量 $V_P$ 均为常数,马达的转矩 $T_m$ 与马达的排量 $V_m$ 成正比变化,马达的转速 $n_m$ 与马达排量 $V_m$ 成反比变化。当马达排量 $V_m$ 减小到一定程度,马达转矩 $T_m$ 不足以克服负载时,马达便停止转动。这种回路不仅不能在运转过程中用改变 $V_m$ 的办法使马达通过 $V_m=0$ 点来实现反向,而且其调速范围也很小,即使采用了高效率的轴向柱塞马达,也只有4左右。在不考虑泵和马达效率变化的情况下,由于定量泵的最大输出功率不变,因而在改变马达 $V_m$ 时,马达的输出功率 $P_m$ 也不变,故称这种回路为恒功率调速回路。这种回路,能最大限度地发挥原动机的作用。

(3)变量泵和变量马达调速回路。

由双向变量泵和双向变量马达组成的容积调速回路,如图6-6所示。回路中各元件对称布置,改变泵的供油方向,就可实现马达的正反转,单向阀4和5用于使辅助液压泵7能双向补油，单向阀2和3使溢流阀9在两个方向上都能对回路起过载保护作用。调节变量泵和变量马达均可调节液压马达的转速，所以这种回路的工作特性是上述两种回路工作特性的综合。

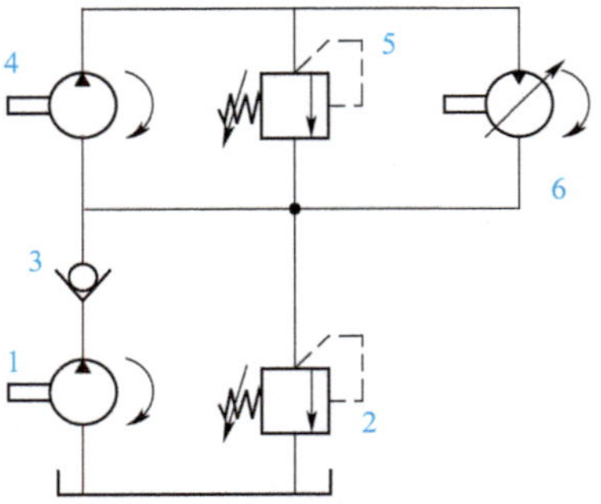


图6-5　定量泵—变量马达容积调速回路

1-补油泵；2-溢流阀；3-单向阀；4-定量泵；5-溢流阀；6-变量马达

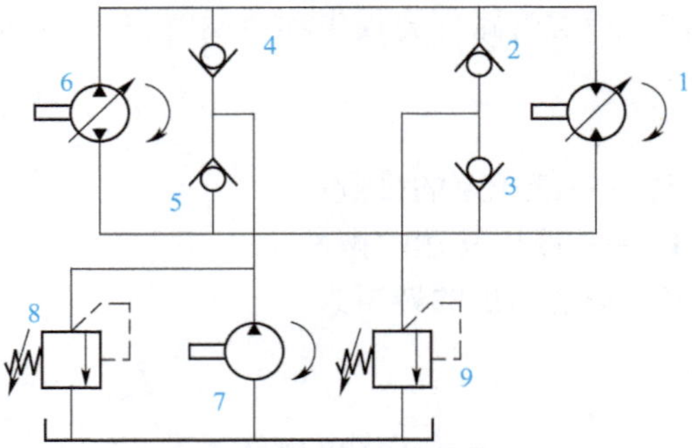


图6-6　变量泵—变量马达调速回路

1-双向变量马达；2-单向阀；3-单向阀；4-单向阀；5-单向阀；6-双向变量泵；7-辅助液压泵；8、9-溢流阀

一般机械要求，低速时输出转矩大，高速时能输出较大的功率，这种回路可以满足这一要求。在低速段，先将马达排量调到最大，用变量泵调速，当泵的排量由小调到最大，马达的转速随之升高，输出功率随之线性增大，此时因马达排量最大，马达能获得最大输出转矩，且处于恒转矩状态。在高速段，泵为最大排量，用变量马达调速，使马达排量由大调小，马达转速继续升高，输出转矩随之降低，此时因泵处于最大输出功率状态，故马达处于恒功率状态。这种回路的调速范围很大，等于泵的调速范围和马达调速范围的乘积。这种回路适用于大功率的液压系统。

3. 容积节流调速回路

容积节流调速回路是由变量泵和节流阀或调速阀组合而成的一种调速回路。它保留了容积调速回路无溢流损失、效率高和发热少的长处，同时它的负载特性与单纯的容积调速相比得到提高和改善。下面讨论两种容积节流调速回路的工作原理及其工作特性。

(1)限压式变量泵—调速阀式容积节流调速回路。

限压式变量叶片泵和调速阀组成的容积节流调速回路，如图6-7所示。变量泵输出的压力油经调速阀进入液压缸工作腔，回油返回油箱。活塞运动速度由调速阀来控制，调节调速阀开口的大小，就改变了进入液压缸的流量，从而改变了液压缸活塞的运动速度。变量泵输出的流量 $q_P$ 和进入液压缸的流量 $q_1$ 相适应。由于系统中没有设置溢流阀，当 $q_P>q_1$ 时，泵的供油压力 $p_P$ 上升，使限压式变量泵的流量自动减少到 $q_P\approx q_1$；反之，当 $q_P<q_1$ 时，泵的供油压力 $p_P$ 下降，该泵又会自动使 $q_P\approx q_1$。可见，调速阀在回路中的作用不仅是使进入液压缸的流量保持恒定，而且还使泵的供油量基本上保持不变，从而使变量泵和进入液压缸的流量匹配。

这种调速回路的调速特性，如图6-8所示。很明显，液压缸工作腔压力的正常工作范围是：

$$0\leqslant p_1\leqslant(p_P-\Delta p_T) \tag{6-14}$$

式中：$\Delta p_T$——保持调速阀正常工作所需的压差，一般在0.5MPa左右。

这种调速回路的效率为：

$$\eta=\frac{p_1q_1}{p_Pq_P}=\frac{p_1}{p_P} \tag{6-15}$$

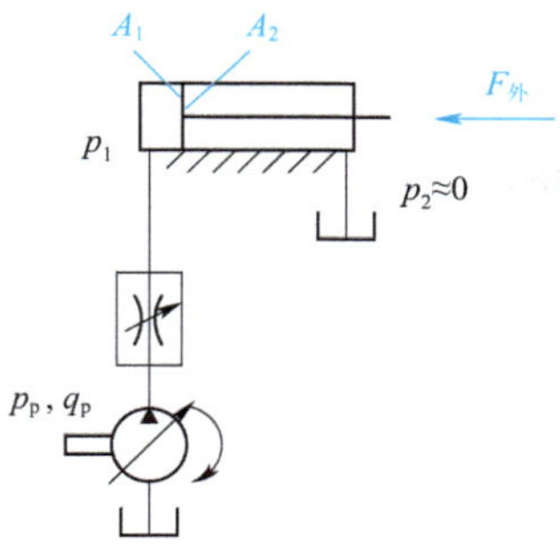


图 6-7　限压式变量泵和调速阀的容积节流调速回路

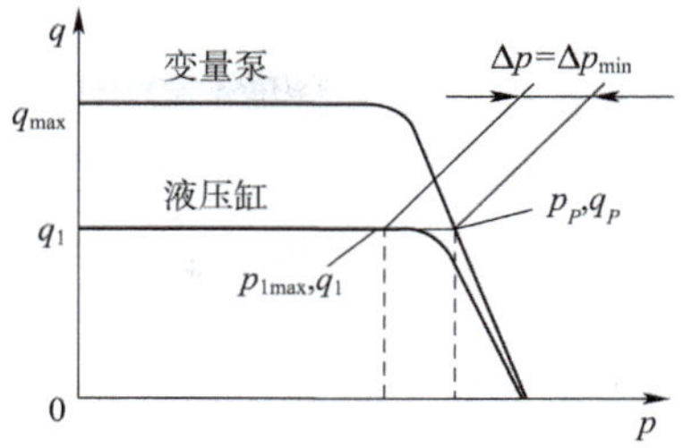


图 6-8　限压式变量泵和调速阀的调速特性

该回路中,泵的输出流量与通过调速阀的流量是相适应的,回路没有溢流损失,因此效率高,发热量小。同时,采用调速阀,液压缸的运动速度基本不受负载变化的影响,即使在较低的运动速度下工作,运动也较稳定。该回路广泛应用在负载变化不大的中、小功率的液压系统中,不适合用于大部分时间处于低负载工作的场合。

(2)差压式变量泵—节流阀式的容积节流调速回路。

差压式变量泵和节流阀组成的容积节流调速回路,如图6-9所示。由节流阀控制进入液压缸的流量 $q_1$,并使变量泵输出的流量 $q_P$ 自动和 $q_1$ 相适应。当 $q_P > q_1$ 时,泵的供油压力上升,定子在左右两侧控制柱塞的作用下向右移动,减小泵的偏心量,使液压泵输出的流量减小到 $q_P = q_1$。反之,当 $q_P < q_1$ 时,泵的供油压力下降,加大泵的偏心量,使泵输出的流量增大到 $q_P = q_1$。

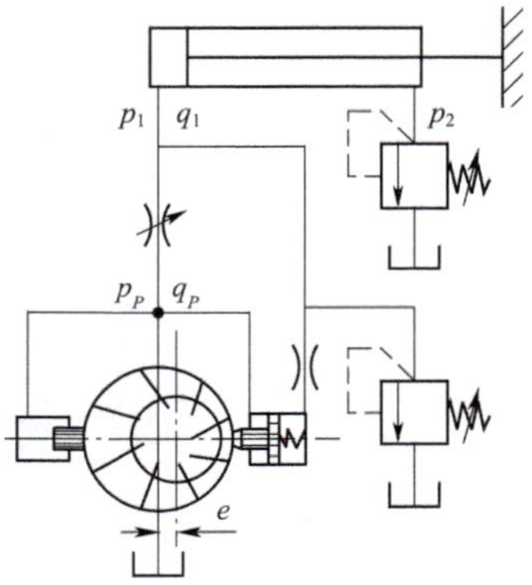


图 6-9　差压式变量泵和节流阀的容积节流调速回路

在这种容积节流调速回路中,因为节流阀进出口压差基本上是由作用在变量泵控制柱塞上的弹簧力确定的,这和调速阀的原理相似,所以输入液压缸的流量基本上不受负载变化的影响。故该回路的速度刚性、运动平稳性和承载能力与限压式变量泵和调速阀组成的调速回路相似。此外,因该回路能补偿由负载变化引起的泵泄漏量的变化,因此它在低速小流量场合下使用显得更加优越。

这种容积节流调速回路不但没有溢流损失,而且泵的供油压力随负载而变化,回路中的功率损失只有节流阀压降造成的节流损失一项,因此发热少,效率高。这种回路的效率表达式为:

$$\eta = \frac{p_1 q_1}{p_P q_P} = \frac{p_1}{p_1 + \Delta p} \tag{6-16}$$

式中:$p_1$——液压缸工作压力;

$p_P$——液压泵的供油压力;

$\Delta p$——节流阀进出口压差。

该回路效率高,适用于对速度稳定性要求较高的场合。

## 二、快速运动回路

快速运动回路的功用是加快执行元件在空载时的运行速度,以提高系统的效率和充分利用功率。常用的方法有如下几种。

1. 液压缸差动连接的快速运动回路

图 6-10 所示为液压缸差动连接回路，当换向阀处于右位时，液压缸 3 形成差动连接，于是无杆腔排出的油液与泵 1 输出的油液合流进入无杆腔，亦即相当于在不增加泵的流量的前提下增加了供给无杆腔的油液量，实现活塞快速向右运动。当活塞两端有效面积为 2∶1 时，快进速度将是非差动连接的 2 倍。这种回路比较简单也比较经济，但液压缸的速度加快有限。

2. 采用蓄能器的快速运动回路

图 6-11 所示为采用蓄能器供油，以实现快速运动的回路。当换向阀处于中位时，液压缸停止工作，液压泵经单向阀 3 向蓄能器 4 充油，随着蓄能器内油量的增加，压力亦升高，当达到卸荷阀 2 的调定值时，阀 2 被打开，液压泵 1 卸荷。当换向阀处于左位或右位时，蓄能器和液压泵同时向液压缸供油，实现快速运动。这种回路可以用较小流量的液压泵来获得快速运动，主要用于短期需要大流量的场合。但蓄能器充油时，液压缸必须有足够的停歇时间。

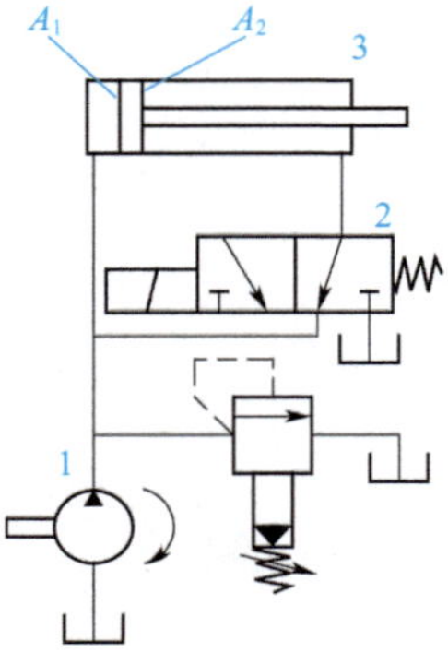


图 6-10　液压缸差动连接的快速运动回路

1-单向定量泵；2-二位三通电磁换向阀；3-液压缸

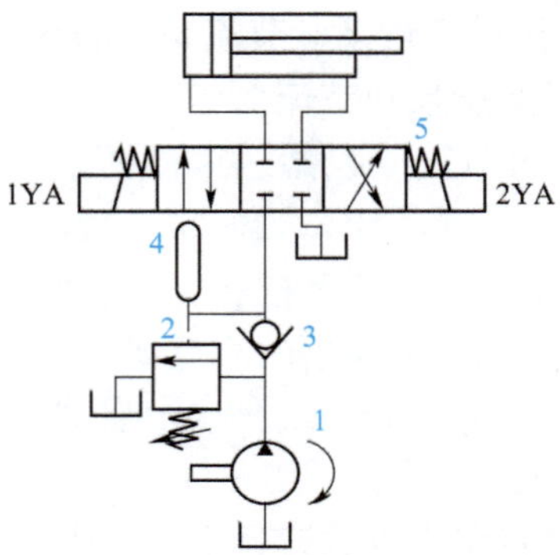


图 6-11　蓄能器供油快速运动回路

1-液压泵；2-卸荷阀；3-单向阀；4-蓄能器；5-三位四通电磁换向阀

3. 双泵供油的快速运动回路

如图 6-12 所示，由低压大流量泵 1 和高压小流量泵 2 组成的双联泵作为动力源。泵 1 用以实现快速运动，泵 2 用以实现工作进给运动。当换向阀 6 处于图示位置且外负载很小时，两个泵同时向系统供油，活塞快速向右运动；当换向阀 6 的电磁铁通电右位工作时，液压缸有杆腔油液经节流阀 7 回油箱，进油路压力升高，卸荷阀 3 打开，泵 1 通过阀 3 卸荷，单向阀 4 自动关闭，只有小流量泵 2 单独向系统供油，活塞慢速向右运动。阀 3 使泵 1 在快速运动时供油，在工作进给时卸荷，因此它的调整压力比快速运动时系统所需的压力高，但比溢流阀 5 的调整压力低。外控顺序阀 3 设定双泵供油时系统的最高工作压力，溢流阀 5 设定泵 2 单独供油时系统的最高工作压力。

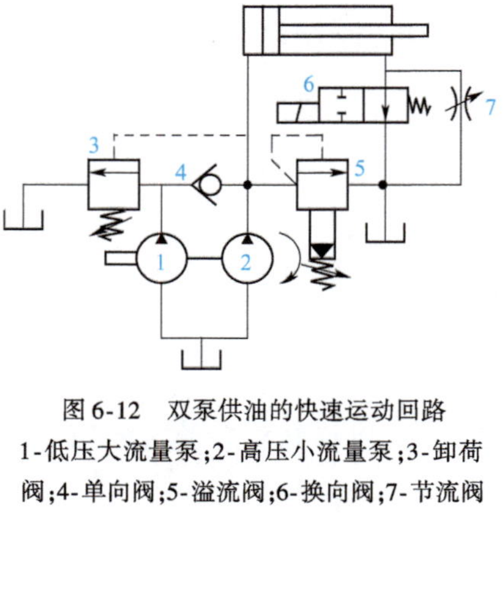


图 6-12　双泵供油的快速运动回路

1-低压大流量泵；2-高压小流量泵；3-卸荷阀；4-单向阀；5-溢流阀；6-换向阀；7-节流阀

双泵供油快速运动回路效率高，功率利用合理，快慢换接平稳，常用在执行元件快进和工进速度相差较大的场合，特别是在组合机床液压系统中得到了广泛的应用。但要用一个双联泵,油路系统稍复杂。

## 三、速度换接回路

速度换接回路的功用是使执行元件在一个工作循环中从一种运动速度切换到另一种运动速度,并要求在速度换接过程中,尽可能不产生前冲现象,以保持速度换接平稳。

1. 快速与慢速的换接回路

图 6-13 所示是用二位二通电磁阀与节流阀并联的快慢速换接回路。这种回路可实现快进→工进→快退→停止的工作循环。当电磁铁 1YA、3YA 通电时,液压泵的压力油经三位四通换向阀左位,二位二通换向阀左位进入液压缸无杆腔,液压缸有杆腔的油液经三位四通换向阀左位流回油箱,工作部件实现快速运动。当 3YA 断电,则液压泵的压力油必须经节流阀才能进入液压缸有杆腔,将快进换接为工作进给。当工进结束后,运动部件碰到止挡块停留,液压缸工作腔压力升高,压力继电器发信号,使 1YA 断电,2YA、3YA 通电,工作部件快速退回。

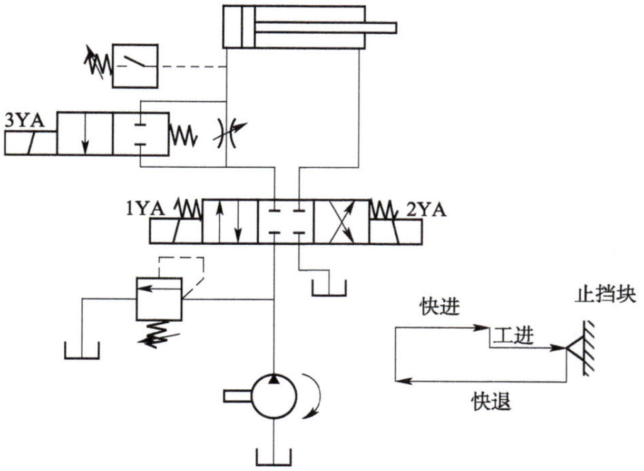

图 6-13　采用电磁阀的速度换接回路

图 6-14 所示是用行程阀切换的速度换接回路。在图示状态下,液压泵输出的压力油经换向阀 2 的右位进入液压缸无杆腔,液压缸有杆腔的油液经行程阀 6 下位,换向阀 2 右位流回油箱,液压缸快进;当活塞上的挡块压下行程阀 6 时,行程阀关闭,液压缸有杆腔的油液必须通过节流阀 5 才能流回油箱,液压缸则由快进转换为慢速;当换向阀 2 电磁铁得电,左位接入油路时,液压泵输出的压力油经换向阀 2 左位,单向阀 4 进入液压缸有杆腔,液压缸无杆腔的油液经换向阀 2 的左位流回油箱,活塞快速向左运动。这种回路的快慢速换接比较平稳,而且换接点位置比较准确。缺点是行程阀必须有合理的安装位置,管路

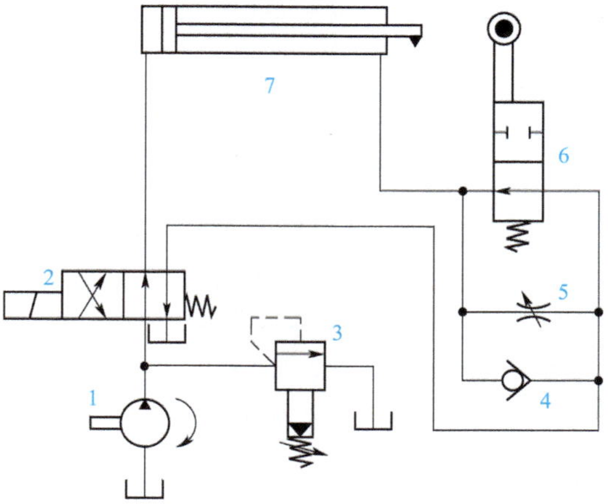

图 6-14　用行程阀的速度换接回路

1-单向定量泵;2-二位四通电磁换向阀;3-溢流阀;4-单向阀;5-节流阀;6-行程阀;7-液压缸

连接较复杂。

2. 两种进给速度的换接回路

图 6-15 所示为两个调速阀串联的二次工进速度换接回路。当电磁铁 1YA 通电，3YA 断电时，压力油经调速阀 B 和二位二通换向阀进入液压缸有杆腔，进给速度由调速阀 B 控制，实现第一次进给；当电磁铁 1YA 和 3YA 同时通电时，调速阀 A 接入回路，压力油先经调速阀 B，再经调速阀 A 进入液压缸有杆腔，速度由调速阀 A 控制，实现第二次进给。在这种回路中，调速阀 A 的开口必须小于调速阀 B 的开口。

图 6-16 所示为两个调速阀并联的二次工进速度换接回路。当换向阀 1 处于左位，换向阀 2 处于右位工作时，压力油需经调速阀 A 进入液压缸有杆腔，此时液压缸速度由调速阀 A 调节；当换向阀 1 处于左位，换向阀 2 处于左位工作时，压力油需经调速阀 B 进入液压缸有杆腔，此时液压缸速度由调速阀 B 调节。两个调速阀可单独调节，两种速度互不限制。在速度转换过程中，由于原来没工作的调速阀的减压阀处于最大开口的非减压位置，速度转换时，在减压阀阀口还未来得及关小时，已有大量油液流过此阀进入液压缸，从而使工作部件产生前冲现象。

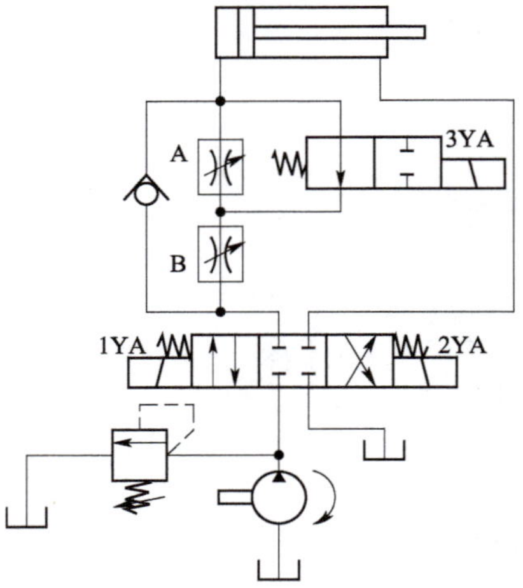


图 6-15 调速阀串联的二次工进速度换接回路

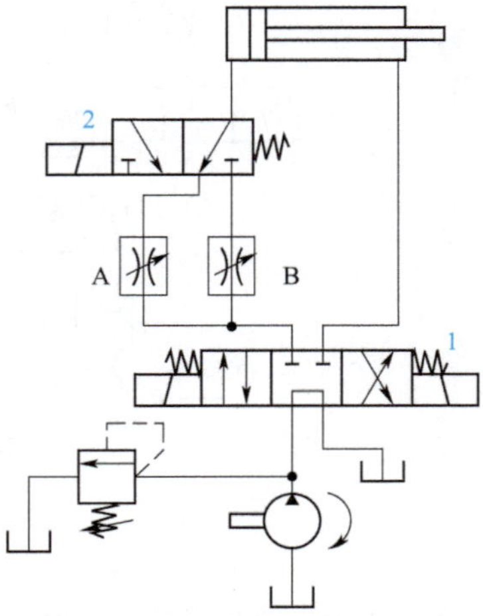


图 6-16 调速阀并联的两次进给速度换接回路

## 学习项目二 压力控制回路

压力控制回路是利用压力控制阀来控制系统整体或局部的压力，以满足各个执行机构所需的力或力矩。利用压力控制回路可以实现对系统进行的调压、卸荷、卸压、减压、增压、保压以及平衡等各种控制。在一个工作循环中，某一段时间内各支路不需要提供液压能时，则考虑用卸荷回路；当某支路需要稳定的低于动力源的压力时，应考虑减压回路；当载荷变化较大时，应考虑多级压力控制回路；当有升降运动部件的液压系统中，应考虑平衡回路。

### 一、调压回路

调压回路用来控制整个液压系统或系统局部支路油液压力，使之保持恒定或限制其最高值。液压系统中的压力调节必须与载荷相适应，才能既满足机械设备要求，又减少动力消耗。在定量泵系统中，液压泵的供油压力可以通过溢流阀来调节。在变量泵系统中，用安全阀来限定系统的最高压力，防止系统过载。当系统中如需要两种以上压力时，则可采用多级调压回路。

1. 单级调压回路

图 6-17 所示为单级调压回路，在回路中，节流阀可以调节进入液压缸的流量，定量泵输出的流量大于进入液压缸的流量，多余油液便从溢流阀流回油箱，溢流阀起稳压溢流作用，以保持系统压力稳定，且不受负载变化的影响，调节溢流阀便可调节泵的供油压力。溢流阀的调定压力必须大于液压缸最大工作压力和油路上各种压力损失的总和。

2. 多级调压回路

为了降低功率损失，合理利用能源，减少油液发热，提高执行元件运动的平稳性，当在不同的工作阶段，液压系统需要不同的工作压力，可采用二级或多级调压回路。

图 6-18 所示为二级调压回路，远程调压阀 2 通过二位二通电磁换向阀与溢流阀 1 的遥控口相连。当 1YA 断电时，溢流阀 1 工作，泵出口压力较高；当 1YA 得电时，远程调压阀 2 工作，泵出口压力较低。该回路中溢流阀 1 的调定压力应高于远程调压阀 2 调定的压力，否则阀 2 将不起作用。

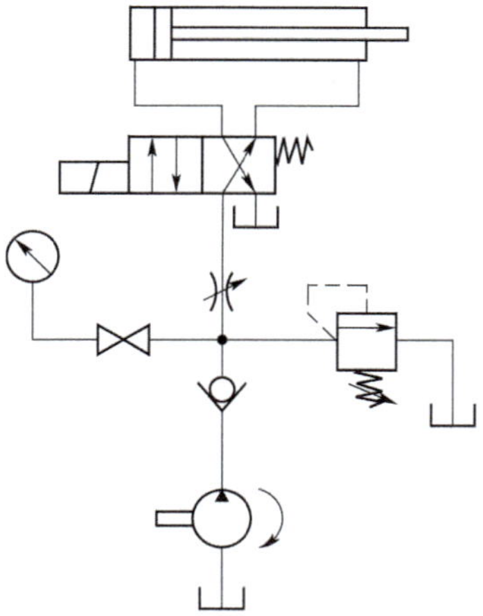

图 6-17　单级调压回路

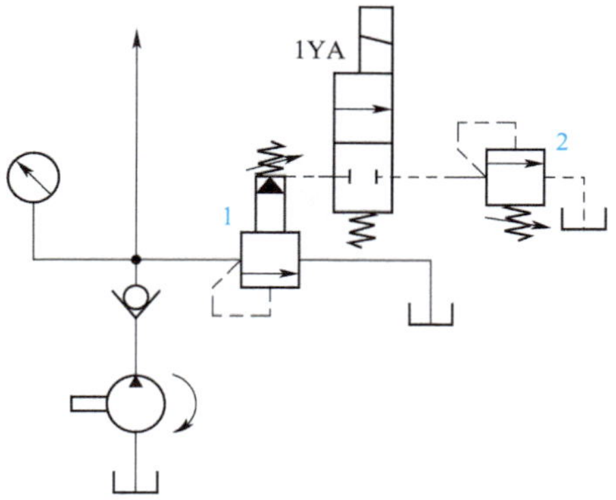


图 6-18　二级调压回路

1-溢流阀；2-远程调压阀

图 6-19 所示为三级调压回路，三级压力分别由溢流阀 1、2、3 调定，先导式溢流阀 1 的远程控制口通过换向阀分别接远程调压阀 2、3。当 1YA、2YA 均不得电时，泵的出口压力由阀 1 调定；当 1YA 得电、2YA 不得电时，泵的出口压力由阀 2 调定；当 1YA 不得电、2YA 得电时，泵的出口压力由阀 3 调定。这样，通过换向阀的切换可以得到三种不同的压力值。该回路中溢流阀 1 的调定压力应高于远程调压阀 2、3 的调定的压力，否则阀 2、3 将不起作用，而阀 2 和阀 3 的调定压力之间没有一定的关系。

图 6-20 所示为五级调压回路，在溢流阀 1 的遥控口并联连接四个远程调压阀 4、6、8、10，它们分别由二位二通换向阀 3、5、7、9 控制。当四个由二位二通换向阀 3、5、7、9 的电磁铁均不得电时，系统压力由溢流阀 1 的调定压力确定；当二位二通换向阀 3 的电磁铁得电时，系统压力由远程调压阀 4 的调定压力确定；同理，当其他的二位二通换向阀的电磁铁得

电,系统压力由相应支路中的远程调压阀的调定压力确定。该回路中阻尼孔2用来减少主油路压力转换时的冲击。

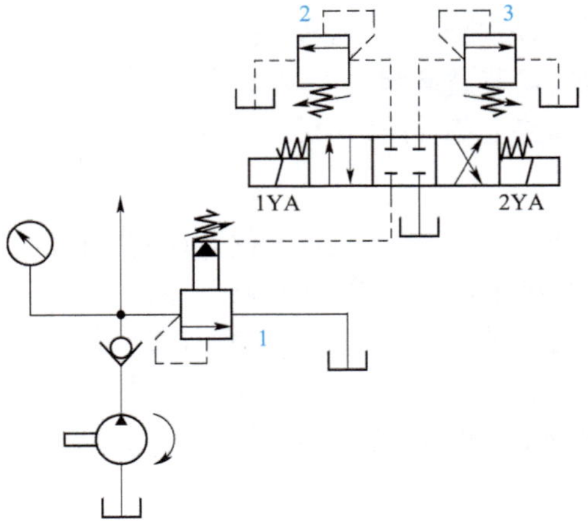


图6-19　三级调压回路

1、2、3-溢流阀

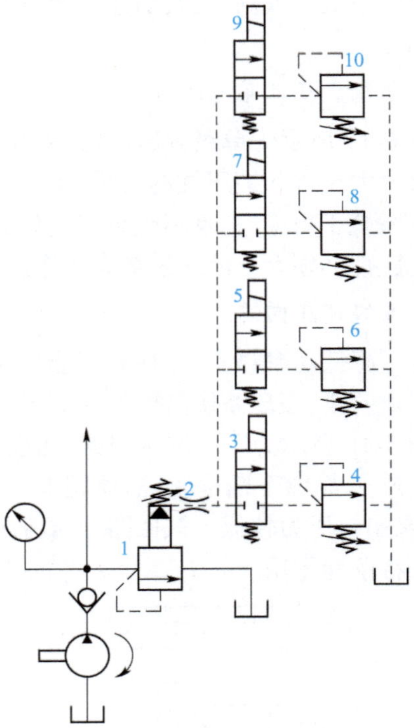


图6-20　五级调压回路

1-溢流阀;2-阻尼孔;3、5、7、9-二位二通电磁换向阀;4、6、8、10-远程调压阀

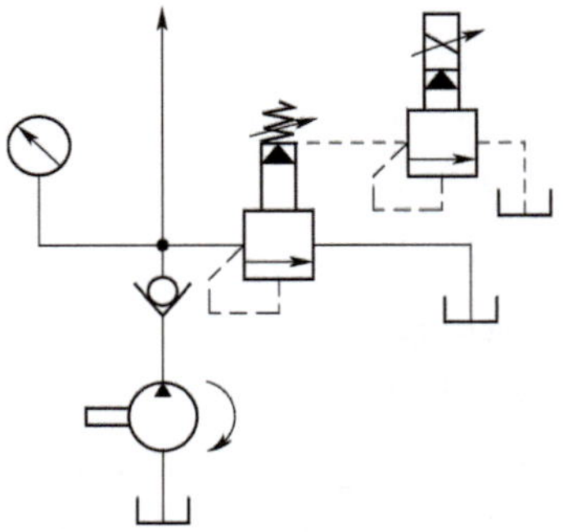

图6-21　无极调压回路

3. 无级调压回路

图6-21所示为采用比例溢流阀的无级调压回路。通过比例溢流阀的输入电流的变化,系统工作压力连续地或按比例的变化,来实现回路的无级调压,还可实现系统的远距离控制或程控。它比利用普通溢流阀的多级调压回路所用液压元件数量少,回路简单,且能对系统压力进行连续控制。

4. 双向调压回路

当执行元件正反向运动需要不同的供油压力时,可采用双向调压回路。如图6-22a)所示,当换向阀在左位工作时,液压缸活塞杆伸出时,泵出口压力由溢流阀1调定;当换向阀在右位工作时,液压缸活塞杆缩回时,泵出口压力由溢流阀2调定。该回路中溢流阀2调定压力应小于溢流阀1的调定压力。如图6-22b)所示,远程调压阀接先导式溢流阀的遥控口,当换向阀3左位接入时,液压缸活塞向右运动,阀2的出口被高压油封闭,即阀1的远控口被堵塞,故泵出口压力由阀1调定为较高压力。当换向阀3在右位工作时,液压缸活塞向左运动,液压缸有杆腔通油箱,阀2相当于阀1的远程调压阀,泵的出口压力由阀2调定。该回路中远程调压阀2的调定压力应小于先导式溢流阀1的调定压力。

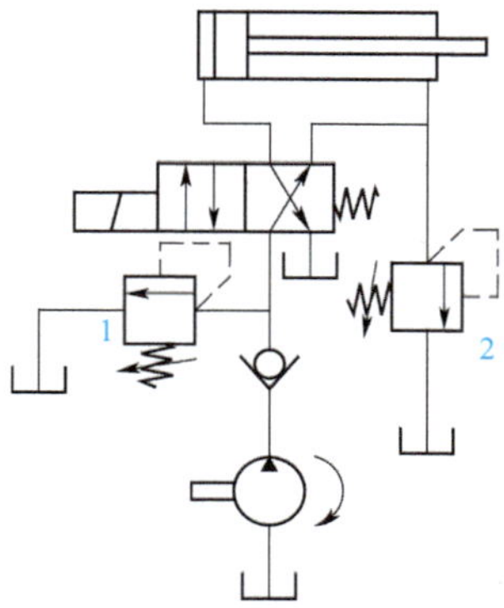


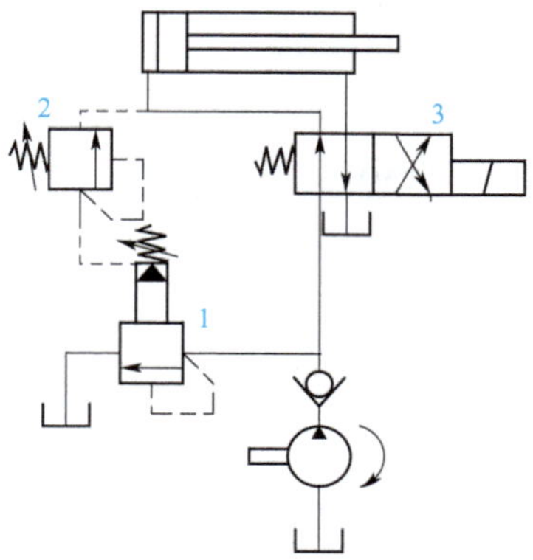


图 6-22　双向调压回路
1-溢流阀;2-溢流阀;3-二位四通电磁换向阀

## 二、卸荷回路

在液压系统工作过程中,有时执行元件暂时停止运动或在某段工作时间内需保持很大作用力而运动速度极慢(甚至不动)。这种情况下,不需要消耗液压系统的功率,若泵的全部流量或绝大部分流量能在零压(或很低的压力)下流回油箱,或泵(变量泵)能在仍维持原来的高压,而流量为零(或接近零)的情况下运转,则功率损失可为零或很小。将液压泵在很小功率输出下运转的状态称为液压泵的卸荷。前者称为压力卸荷,后者(变量泵的情况)称为流量卸荷。采用卸荷回路可以实现液驱动压泵的电动机不频繁起停的情况下,使液压泵在功率输出接近零的情况下运转,减少功率损耗,降低系统发热,延长液压泵和电动机的使用寿命。

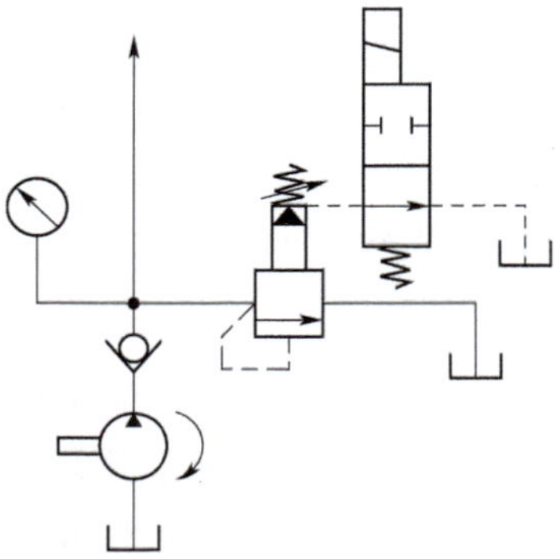

图 6-23　电磁溢流阀卸荷回路

1. 采用电磁溢流阀的卸荷回路

图 6-23 所示为用先导式溢流阀的卸荷回路。先导式溢流阀的遥控口直接与二位二通电磁阀相连,当电磁铁不得电时,溢流阀的遥控口与油箱相通,液压泵输出的液压油将以很低的压力开启溢流阀的溢流口流回油箱,实现卸荷。

2. 采用换向阀的卸荷回路

图 6-24a)所示为利用 M 型中位机能的三位换向阀处于中位时,液压泵卸荷。

图 6-24b)所示为利用二位二通阀直接回油箱,液压泵卸荷。这种回路,因二位二通阀中通过泵的全部流量,故选用的规格应与泵的额定流量相适应。

图 6-24c)所示为的电液换向阀卸荷回路。此回路适用流量较大的系统,卸荷效果很好。为保证先导控制油路能获得必需的控制压力,要在回油路上安装背压阀,当泵卸荷时,以使控制油路保持 0.3 ~0.5MPa 的起动压力。

3. 采用顺序阀的卸荷回路

把外控式顺序阀的出油口接通油箱,将外泄改为内泄,即可构成卸荷阀,如图 6-12 所示。即当系统压力低于顺序阀的调定压力时,顺序阀不打开;当系统压力升高且超过顺序阀的调定压力时，顺序阀打开，泵1通过顺序阀卸荷。

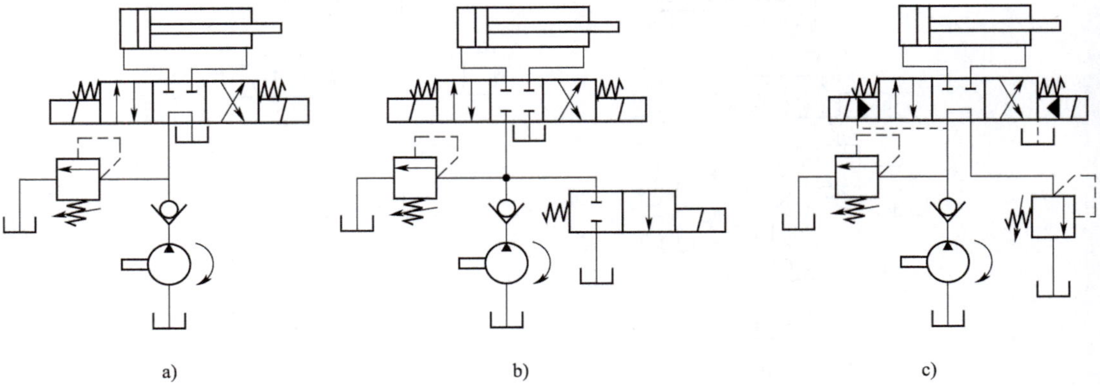


图6-24　换向阀卸荷回路

## 三、保压回路

在液压系统中，如要求液压执行元件在一定位置停止运动，稳定地保持规定的压力，就要采用保压回路。

1. 利用蓄能器保压的回路

图6-25所示为利用蓄能器的保压回路。当系统工作时，电磁铁1YA得电，主换向阀左位接通，液压泵向蓄能器和液压缸左腔供油，并推动活塞右移，压紧（夹紧）工件后，液压泵输出的油液主要向蓄能器蓄能，进油路压力升高，当升至压力继电器调定值时，压力继电器发出信号，使二位二通阀的电磁铁3YA得电，泵通过先导式溢流阀卸荷，单向阀自动关闭。此时，液压缸中油液压力由蓄能器保持。当蓄能器的压力不足时，压力继电器复位使泵停止卸荷，系统压力升高后，泵又卸荷。蓄能器容量要根据保压时间的长短和系统泄漏量来确定。该回路既能满足保压工作需求，又能节省功率，减少系统发热。

2. 利用液控单向阀的自动补油保压回路

图6-26所示为利用液控单向阀的自动补油保压回路，在液压缸无杆腔安装电接点压力表监测保压压力的变化，从而发出电信号控制电路工作。具体原理：当1YA得电时，三位四通电磁换向阀左位工作。液压缸无杆腔进油，有杆腔回油，活塞右行并对工件进行夹紧。当液压缸无杆腔压力达到保压压力，即电接点压力表上限压力时，压力表高压触点通电，使电磁铁1YA断电，三位四通换向阀中位接入，液压泵经换向阀中位卸荷，液压缸无杆腔压力通过液控单向阀保持。当液压缸无杆腔保压压力随泄漏而下降至电接点压力表下限压力时，电接点压力表发出信号使1YA重新得电，液压泵通过三位四通阀向液压缸无杆腔供油，使压力上升。该回路能自动保持液压缸无杆腔的压力在某一范围内，保压时间长，压力稳定性高。

## 四、平衡回路

为了防止垂直放置或倾斜放置的液压缸及其工作部件因自重而自行下滑，或在下行运动中由于自重而造成失控超速的不稳定运动，可在液压系统中设置平衡回路，即在液压缸下行的回路上增设适当的阻力，以平衡自重。平衡回路通常用单向顺序阀或液控单向阀来实现平衡控制。

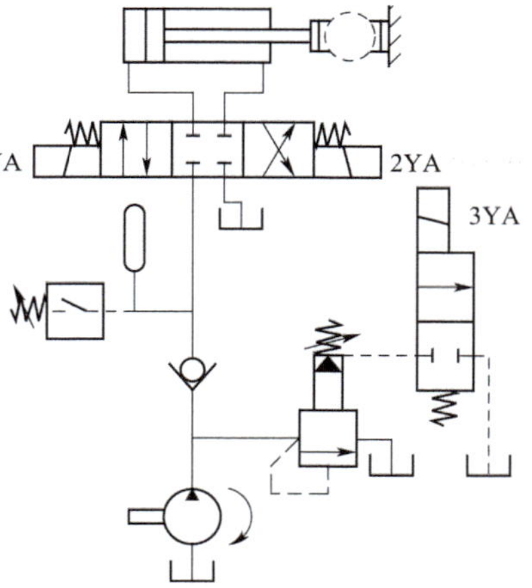


图 6-25　利用蓄能器的保压回路

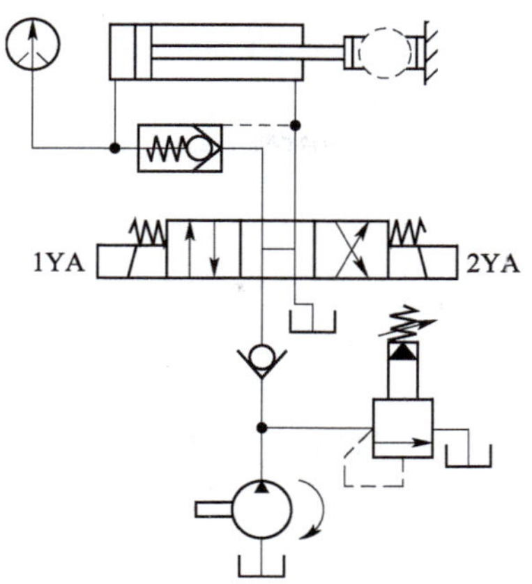


图 6-26　利用液控单向阀的自动补油保压回路

图 6-27a）所示为采用单向顺序阀（平衡阀）组成的平衡回路，单向顺序阀的调定压力应稍大于活塞和与之相连工作部件自重在液压缸下腔中所形成的压力。当换向阀处于中位时，由于在液压缸的下腔油路加设了单向顺序阀，使液压缸下腔形成一个与液压缸运动部分重量相平衡的压力，可防止其因自重而下滑；当换向阀切换至左位后，液压缸上腔进油，液压缸下腔的油液经单向顺序阀流回油箱，因回油路上存在足够背压，活塞平稳下落。该回路当活塞向下快速运动时功率损失大，锁住时活塞和与之相连的工作部件会因单向顺序阀和换向阀的泄漏缓慢下落，故只适用于工作部件重量不大、活塞锁住时定位要求不高的场合。

图 6-27b）所示为利用液控顺序阀的平衡回路，当活塞下行时，来自液压缸上腔的控制压力油打开液控顺序阀，背压消失，因而回路效率较高；当停止工作时，液控顺序阀关闭防止活塞和工作部件因自重而下降。液压顺序阀的调定值与活塞及工作部件自重无关，通常是系统压力的 30% 左右。节流阀的作用是使液控顺序阀的开启和关闭状态变得不再频繁，活塞下行平稳性大大改善。该回路的优点是只有液压缸上腔进油时，活塞才能下行，适用于平衡质量变化较大的液压机械，如液压起重机。

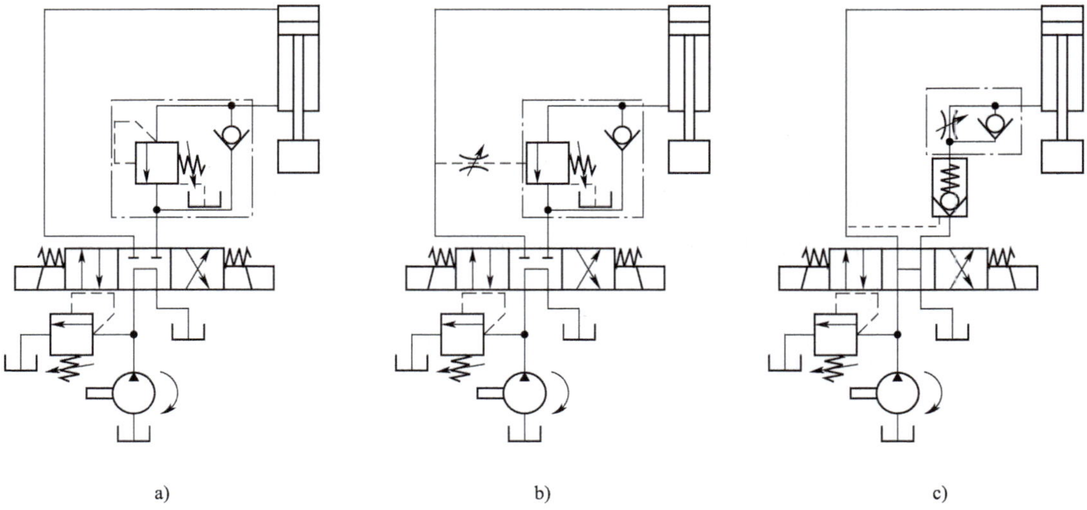


图 6-27　平衡回路

图 6-27c)所示为采用液控单向阀的平衡回路。当换向阀右位工作时,液压缸下腔进油,液压缸上升至终点;当换向阀处于中位时,液压泵卸荷,液压缸停止运动,由液控单向阀锁紧;当换向阀左位工作时,液压缸上腔进油,当液压缸上腔压力足以打开液控单向阀时,液压缸才能下行。液压缸下腔的回油由节流阀限速,由于液控单向阀泄漏量极小,故其闭锁性能较好。

## 五、减压回路

当系统压力较高,而局部回路或支路要求较低压力时,可以采用减压回路,如机床液压系统中的定位、夹紧回路以及液压元件的控制油路等,往往要求比主油路较低的压力。减压回路一般在所需低压支路上串接一个减压阀。

图 6-28 所示为用于工件夹紧的减压回路。夹紧工件时,为了防止系统压力降低(例如进给缸空载快进)油液倒流,并短时保压,通常在减压阀后串接一个单向阀。图示状态,夹紧缸最高压力由减压阀 1 调定;当二通阀通电后,阀 1 出口压力则由远程调压阀 2 决定,故此回路为二级减压回路。

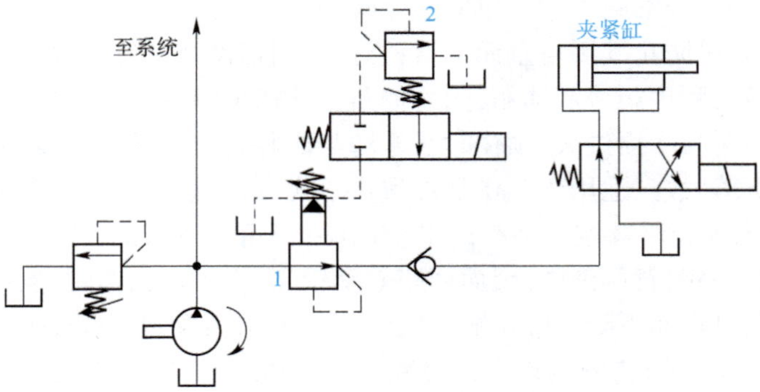


图 6-28 工件夹紧减压回路

1-溢流阀;2-远程调压阀

为了使减压回路工作可靠,减压阀的最低调整压力不应小于 0.5MPa,最高调整压力至少比系统压力小 0.5MPa。当减压回路中的执行元件需要调速时,调速元件应放在减压阀的下游,以避免减压阀泄漏(指由减压阀泄油口流回油箱的油液)对执行元件速度产生影响。

图 6-29 所示为无级减压回路。此回路中,采用电液比例先导减压阀减压,根据输入电流信号的变化,便可获得连续无级的稳定低压。适用于需要连续调压的场合。

## 六、增压回路

增压回路可以提高系统中局部油路的工作压力,它能使局部压力远远高于油源压力,以满足局部工作机构需要。采用增压回路比选用高压大流量泵要经济得多。

### 1. 单作用增压缸的增压回路

图 6-30 所示为单作用增压缸的增压回路,当换向阀在左位接入时,压力为 $p_1$ 的油液进入增压缸的大活塞腔,此时在小活塞腔即可得到压力为 $p_2$ 的高压油液,增压的倍数等于增

压缸大、小活塞的工作面积之比。当换向阀右位接入时，增压器的活塞返回，补油箱中的油液经单向阀补入小活塞缸。这种回路只能间断增压。

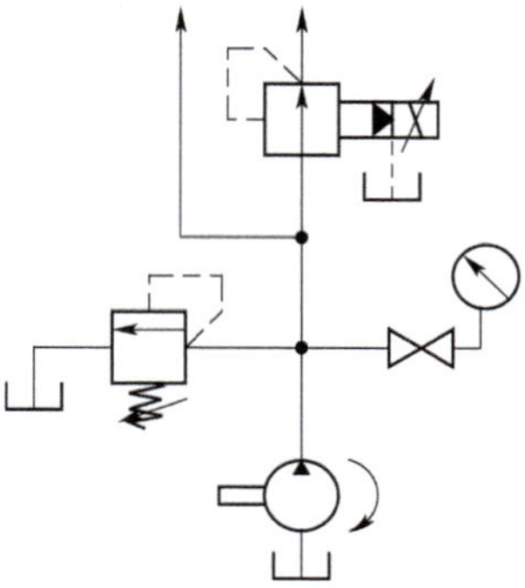

图 6-29　无级减压回路

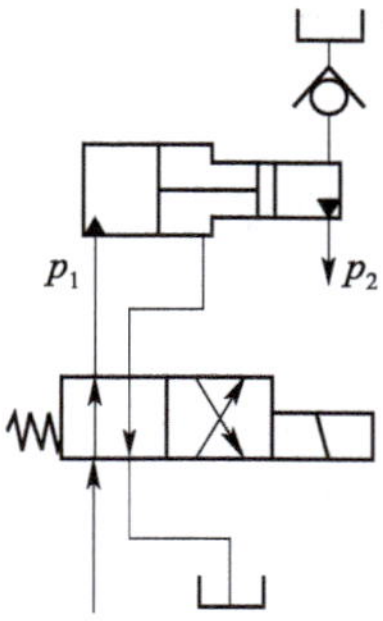


图 6-30　单作用增压缸的增压回路

2. 双作用增压缸的增压回路

图 6-31 所示为双作用增压缸的增压回路，换向阀右位接入时，泵输出的压力油进入右端大腔和小腔，左端大腔油液经换向阀回油箱，左端小腔增压后的压力油经单向阀 4 输出，此时单向阀 3 和 2 均关闭，活塞左移。当活塞移至左端时，触动行程开关 6 使换向阀换向，活塞开始右移，右端小腔的压力油增压后经单向阀 3 输出。这样，增压缸的活塞不断往复运动，两端便交替输出高压油，实现连续增压。

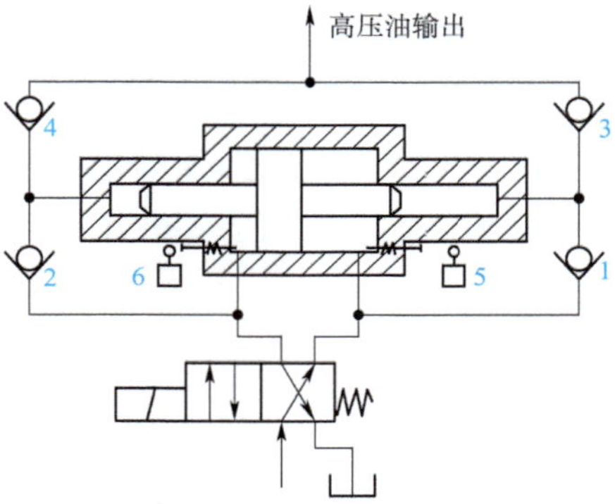


图 6-31　双作用增压缸的增压回路

1～4-单向阀；5、6-行程开关

## 七、卸压回路

为使高压大容量液压缸中存储的能量缓慢释放，以免在突然释放时产生很大的液压冲击，可采用卸压回路。一般在液压缸的直径较大、压力较高时，其高压油腔在排油前就需卸压，例如压力机液压系统。

1. 节流阀卸压回路

图 6-32 所示为节流阀卸压回路，当换向阀左位接入时，液压油经换向阀左位、单向节流阀进入液压缸上腔，活塞杆下移，开始加压。加压结束后，换向阀先切换至中位，使泵卸荷，同时液压缸上腔通过单向节流阀卸压。当压力降至压力继电器调定的压力时，微动开关复位发出信号，使电磁换向阀切换至右位，压力油打开液控单向阀，液压缸上腔回油，活塞上升。

2. 溢流阀卸压回路

图 6-33 所示为溢流阀卸压回路，当换向阀右位接入时，液压油经换向阀右位进入液压缸上腔，活塞杆下移，开始加压。加压结束后，换向阀先切换至中位，使泵卸荷，同时溢流阀的外控口通过节流阀和单向阀通油箱，因而溢流阀开启使液压缸上腔卸压。调节节流阀即可调节溢流阀的开启速度，也就调节了液压缸的卸压速度。溢流阀的调定压力应大于系统的最高工作压力，因此溢流阀也起安全阀的作用。

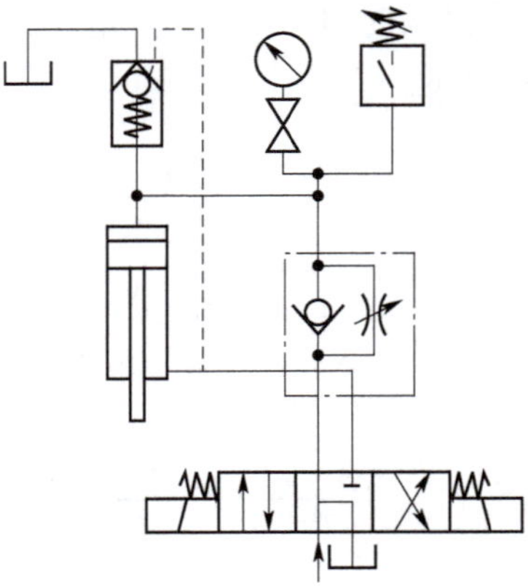

图 6-32　节流阀卸压回路

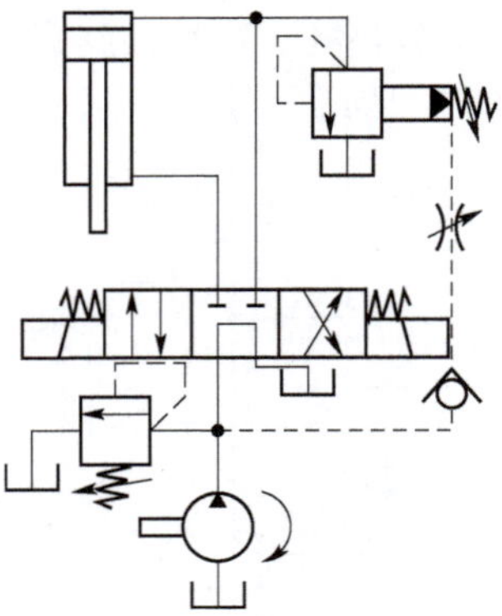

图 6-33　溢流阀卸压回路

## 学习项目三　方向控制回路

在液压系统中，方向控制回路的作用是利用各种方向阀来控制系统中各油路油液的接通、断开以及变向，以便使执行元件起动、停止或变换运动方向。方向控制回路主要有换向回路和锁紧回路两类。

### 一、换向回路

采用二位四通、二位五通、三位四通或三位五通换向阀都可以使执行元件换向。

二位阀可以使执行元件正反两个方向运动，因其没有中位，所以在此回路中，活塞只能停留在液压缸的两端，不能停留在任意位置。三位阀有中位，可以使执行元件在其行程中的任意位置停止，利用阀的不同中位机能可使系统获得不同的性能（如差动连接选用 P 型中位机能，M 型中位机能可使执行元件停止和液压泵卸荷）。五通阀有两个回油口，执行元件正反向运动时，两回油路上可设置不同的背压。

各种操纵方式的换向阀都可组成换向回路，只是性能和应用场合不同，这些回路遍及本章相关回路或系统中，在此不再赘述。

### 二、锁紧回路

为了使液压执行元件能在任意位置上停留，或者在停止工作时，切断其进、出油路，使之不因外力的作用而发生移动或窜动，准确停留在原定位置上，可以采用锁紧回路。

图 6-34 所示为采用换向阀中位机能的锁紧回路，采用中位机能为 M 型（图 6-34a）或 O 型（图 6-34b）换向阀，当阀芯处于中位时，液压缸的进出口都被封闭，可以将活塞锁紧。但由于换向阀存在较大的泄漏，锁紧功能较差，只适用于锁紧时间短，且要求不高的回路中。

图 6-35 所示为采用液控单向阀组成的锁紧回路，在液压缸的进出油路中都串接液控单向阀（又称液压锁），换向阀中位机能应能使液控单向阀的控制油液卸压，即换向阀只宜采用 H 型或 Y 型。当换向阀处于左位或右位时，液控单向阀控制口 $K_1$ 或 $K_2$ 通入压力油，缸的回油便可反向流过单向阀口，此时活塞可向右或左移动；换向阀处于中位时，因阀的中位机能为 H 型（或 Y 型），液压泵卸荷，由于控制油直接通油箱，控制压力消失，液控单向阀反

向不能导通,液压缸因两腔油液被封死而被锁紧。该回路中液压缸活塞可以在任意位置锁紧,由于液控单向阀有良好的密封性,闭锁效果较好,因此广泛用于工程机械、起重运输机械等有较高锁紧要求的场合。

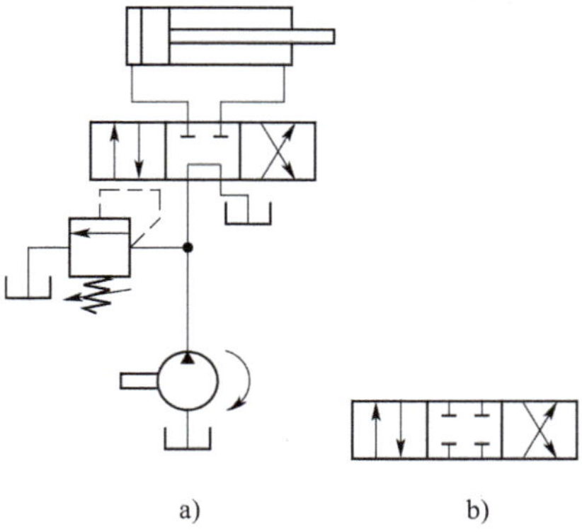


图 6-34 采用换向阀中位机能的锁紧回路

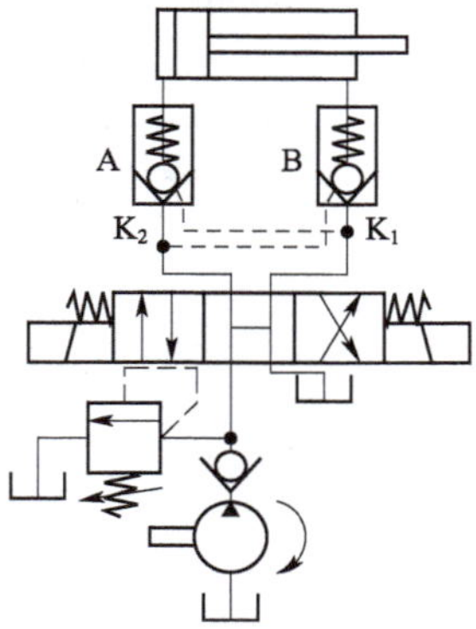


图 6-35 采用液控单向阀锁紧回路

## 学习项目四 多缸工作控制回路

用一个液压泵驱动两个或两个以上的执行元件工作的回路,称为多缸工作控制回路。根据液压缸(或液压马达)动作间的配合关系,多缸控制回路可以分为多缸顺序动作回路、多缸同步动作回路和互不干扰动作回路等。

### 一、顺序动作回路

在多执行元件液压系统中,执行元件往往需要按照一定的要求顺序动作。顺序动作回路的功用是使多个执行元件按预计顺序依次动作。按控制方式不同,有行程控制、压力控制和时间控制式三种类型。

1. 行程控制式顺序动作回路

(1)用行程开关控制的顺序动作回路。

图 6-36 所示为用行程开关控制的顺序动作回路,图示状态,液压缸 A、B 的活塞均在左端。当电磁换向阀 1YA 通电换向时,缸 A 右行完成动作①;缸 A 到达预定位置时触动行程开关 $C_1$,使阀 2YA 通电换向,缸 B 右行完成动作②;缸 B 到达预定位置时触动行程开关 $C_2$,使阀 1YA 断电,缸 A 返回完成动作③;缸 A 左行到达预定位置时又触动行程开关 $C_3$,使阀 2YA 断电,缸 B 返回实现动作④,缸 B 左行到达预定位置时最后触动行程开关 $C_4$,行程开关 $C_4$ 发出信号使泵卸荷或引起其他动作,完成一个工作循环。该回路采用电气行程开关控制的顺序回路,调整行程大小和改变动作顺序均很方便,且可利用电气互锁使动作顺序可靠。

(2)用机动换向阀控制的顺序动作回路。

图 6-37 所示为用机动换向控制的顺序动作回路,图示状态,液压缸 A、B 的活塞均在左端。当电磁换向阀通电换向时,阀 1 左位接入,缸 A 右行完成动作①;缸 A 到达预定位置时压下机动换向阀 2,阀 2 上位接入,缸 B 右行完成动作②;当电磁换向阀 1 端的复位后,缸 A 返回完成动作③;随着挡块左移,机动换向阀 2 复位后,缸 B 左行实现动作④,完成一个工作循环。该回路工作可靠,但动作顺序一经确定再改变比较困难。

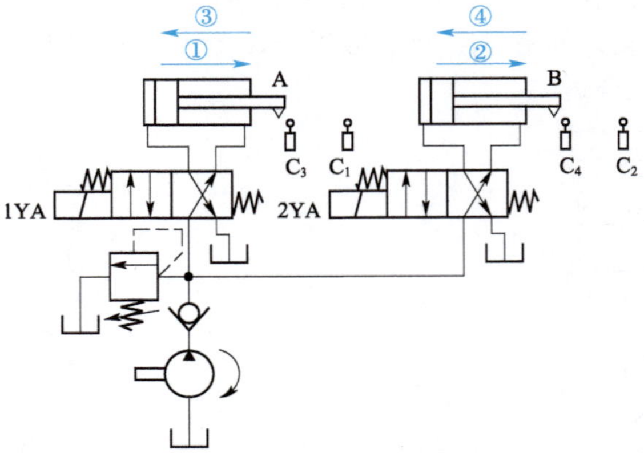


图 6-36　用行程开关控制的顺序动作回路

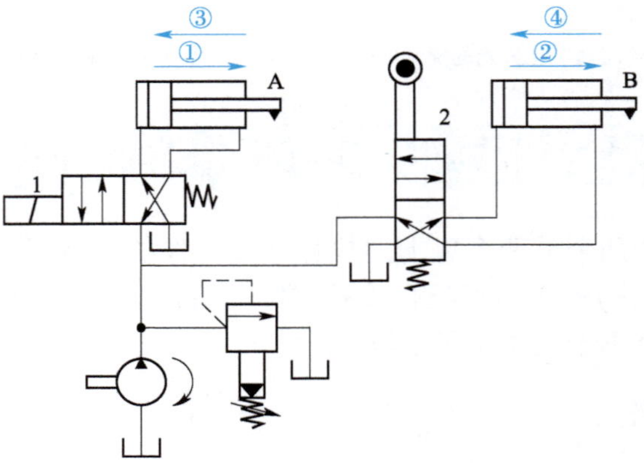


图 6-37　用机动换向阀控制的顺序动作回路

### 2. 压力控制式顺序动作回路

压力控制就是利用管道本身压力的变化来控制阀口的启闭，使执行元件实现顺序动作，其主要控制元件是顺序阀和压力继电器。

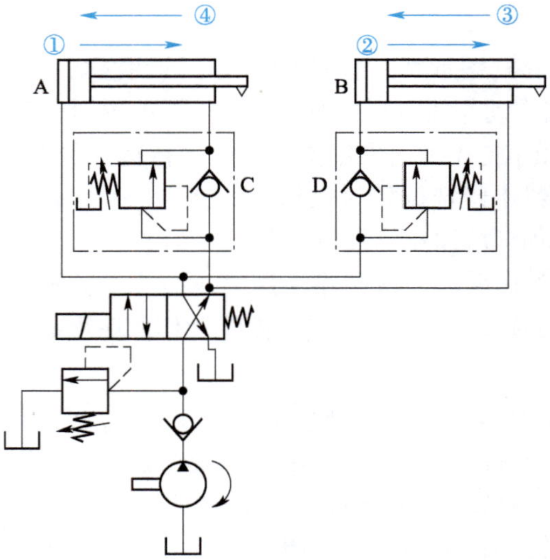


图 6-38　用顺序阀控制的顺序动作回路

（1）采用顺序阀控制的顺序动作回路。

图 6-38 所示为用顺序阀控制的顺序动作回路，回路中采用两个单向顺序阀，用来控制液压缸顺序动作。其中，顺序阀 D 的调定压力值大于液压缸 A 右行时的最大工作压力，顺序阀 C 的调定压力值大于液压缸 B 左行时的最大工作压力。当换向阀得电，左位接入时，压力油先进入液压缸 A 的左腔，实现动作①；缸 A 移动到位后，压力上升，直到打开顺序阀 D 进入液压缸 B 的左腔，实现动作②；换向阀断电切换至右位后，压力油先进入液压缸 B 的右腔，实现动作③；缸 B 移动到位后，压力上升，直到打开顺序阀 C 进入液压缸 A 的右腔，

实现动作④。

该回路的可靠性很大程度上取决于顺序阀的性能及其压力调整值，顺序阀的调定压力应比前一个动作的工作压力高出1MPa(中低压阀约为0.5MPa)左右，以免顺序阀因系统压力脉动造成误动作。其优点是动作较灵敏，安装连接方便。缺点是可靠性差，位置精度低。故适用于液压缸数目不多、负载变化小的系统。

(2)采用压力继电器的顺序动作回路。

图6-39所示为采用压力继电器的顺序动作回路。其工作原理是：电磁铁1YA通电时，压力油通过换向阀1的左位，进入液压缸5左腔，推动其活塞向右运动，实现运动①；当缸5的活塞运动到预定位置，碰上挡铁后，回路压力升高，压力继电器3发出信号，使电磁铁3YA通电，压力油通过换向阀2的左位进入液压缸6左腔，推动其活塞向右运动，实现运动②；按返回按钮，电磁铁3YA断电，4YA通电，压力油通过换向阀2的右位进入液压缸6的右腔，使其活塞向左运动退回，实现运动③；当它到达终点后，回路压力又升高。压力继电器4发出信号，使电磁铁1YA断电，2YA通电。压力油通过换向阀1的右位进入液压缸5右腔，推动其活塞向左退回，实现运动④。该回路为了防止压力继电器误发信号，压力继电器的调整压力应比先动作液压缸的最高工作压力高出$(3\sim5)\times10^5$Pa。

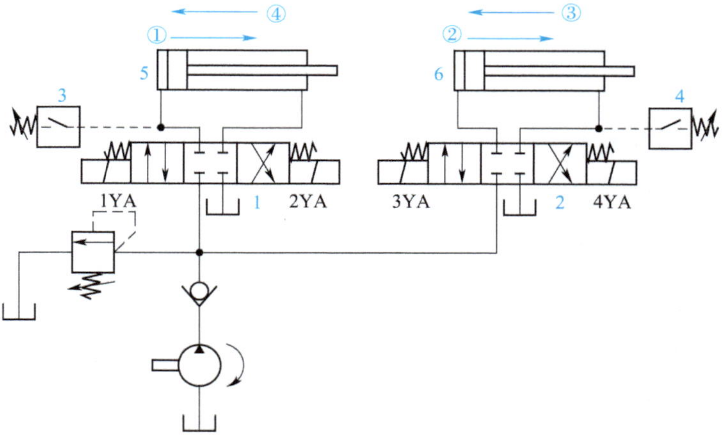


图6-39　用压力继电器控制的顺序动作回路

1-换向阀;2-换向阀;3-压力继电器;4-压力继电器;5-液压缸;6-液压缸

### 3. 时间控制式顺序动作回路

时间控制式就是在一个液压缸开始动作后，经过一段规定的时间，另一个液压缸才动作的控制方式。在液压系统中，时间的控制一般是由延时阀来完成的。

图6-40为采用延时阀的时间控制式顺序动作回路。其工作原理如下：阀5的左位接入时，压力油经阀5左位进入液压缸6的左腔，推动活塞向右运动，实现运动①。同时，压力油进入延时阀的油口1，经延时阀延时一定时间后，油口1和油口2接通，压力油进入液压缸7的左腔，推动其活塞向右运动实现运动②。当阀5的右位接入时，压力油使延时阀的二位三通液动阀阀芯迅速复位，这样压力油同时进入液压缸6、7的右腔，使两液压缸快速返回、复位。这种控制方式简单易行，但由于通过节流阀的流量受压力、油温等影响，不能保持恒定，因此控制时间不够稳定。故这种回路很少单独使用，一般都需与行程控制配合使用。

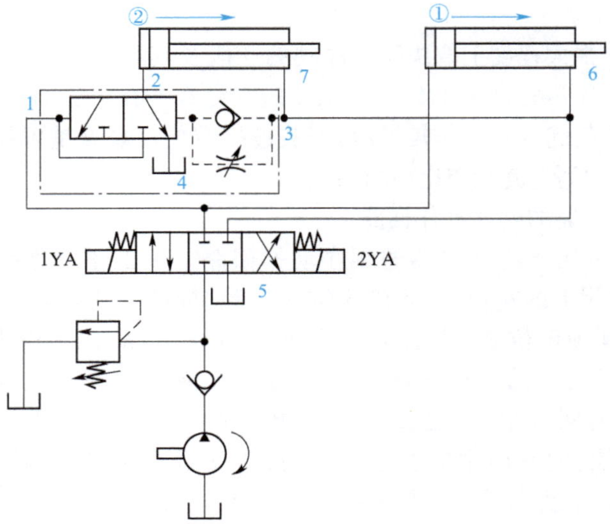


图 6-40　时间控制式顺序动作回路

## 二、多缸同步动作回路

在两个或两个以上液压缸同时动作的液压系统中，有时会需要它们在运动过程中能够克服负载、泄漏、摩擦、制造误差以及结构变形上的差异，保持相同的速度或相同的位移，实现同步运动，这就需要采用同步回路。

### 1. 节流式同步动作回路

节流式同步动作回路是采用节流方式（如分流集流阀、比例阀或伺服阀）实现同步运动的。

图 6-41 所示为采用分流阀的同步回路，分流集流阀是流量控制阀当中的一种，它能自动对其输入（或输出）油液的流量等量或按比例地进行分配。图中两液压缸有效工作面积相同，由等量分流阀 2 将液压泵输出的流量等量地分配给两液压缸，实现同步运动。若某液压缸先到达行程终点，可经阀内节流孔窜油，使各液压缸都能到达终点，从而消除积累误差。

分流集流阀的同步回路简单经济，两缸在承受不同负载时仍能实现同步，同步精度一般为 2% ~5%（同步精度是两个液压缸间最大位置误差与行程的百分比），这种同步回路较好地解决了同步效果不能调整或不易调整的问题。但分流集流阀的压力损失大、效率低，不适用于低压系统，且分流集流阀只能实现速度同步。

### 2. 带补偿装置的串联液压缸同步回路

图 6-42 所示为带补偿装置的串联液压缸同步回路，图中两液压缸串联，液压缸 1 有杆腔 A 的有效面积与液压缸 2 无杆腔 B 的有效面积相等、进出流量相等，两液压缸的升降便可得到同步运动。补偿装置是使同步误差在每一次下行运动中都可消除。即当阀 5 在右位工作时，液压缸下降，若缸 1 的活塞先运动到底，它就触动电气行程开关（图中未画）使阀 4 通电，压力油便通过阀 4 和单向阀向缸 2 的 B 腔补油，推动活塞继续运动到底，位置误差即被消除；若缸 2 先运动到底，阀 3 通电，控制压力油打开液控单向阀的反向通道，缸 1 的 A 腔通过液控单向阀回油，其活塞便可继续运动到底。这种串联液压缸同步回路，只适用于负载较小的液压系统。

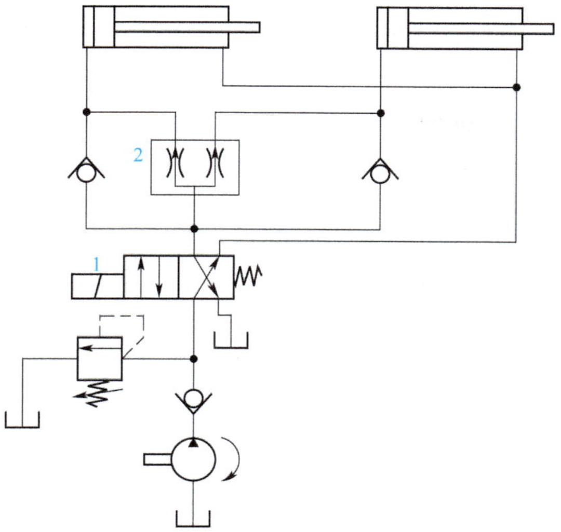


图 6-41　采用分流集流阀的同步回路
1-二位四通电磁换向阀;2-等量分流阀

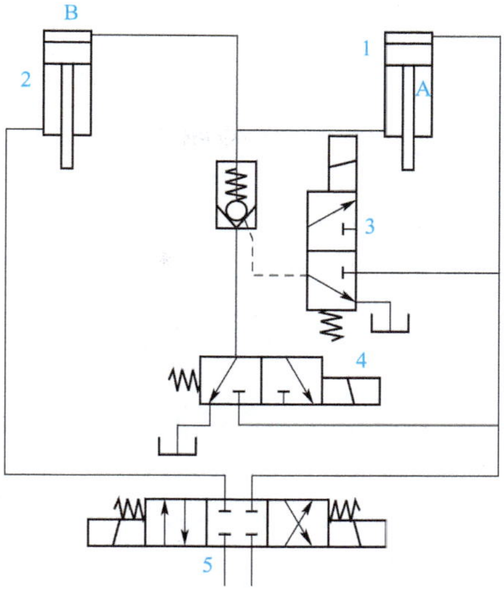


图 6-42　带补偿装置的串联液压缸同步回路
1、2-液压缸;3、4、5-换向阀

## 三、多缸快慢速互不干扰回路

在一个多执行元件的液压系统中,往往由于一个液压缸快速运动时,会造成系统的压力下降,影响其他缸工作进给的稳定性。因此,在工作进给要求比较稳定的多缸液压系统中,必须采用快慢速互不干扰回路。

双泵供油互不干扰回路,如图 6-43 所示。回路中各液压缸快进、快退都由大流量泵 2 供油,且快进时为差动连接;工进则由小流量泵 1 供油,彼此互不干扰。具体工作情况参见该回路的电磁铁动作表 6-1。

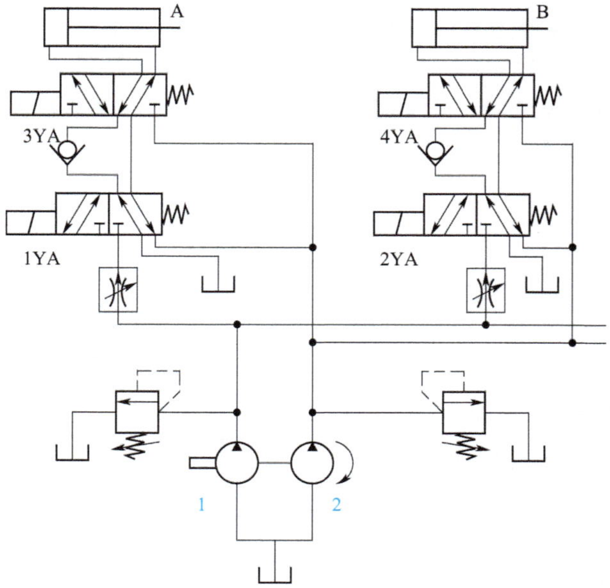


图 6-43　双泵供油互不干扰回路

双泵供油互不干扰回路电磁铁动作表　　　　表 6-1

| 项目 | A 缸 | | B 缸 | |
|---|---|---|---|---|
| | 1YA | 3YA | 2YA | 4YA |
| 快进 | - | + | - | + |
| 工进 | + | - | + | - |
| 快退 | + | + | + | + |
| 停止 | - | - | - | - |

注："+"为电磁铁通电；"-"为电磁铁断电

# 学习项目五　液压马达制动回路

当工作部件停止工作时，由于液压马达的旋转惯性(该惯性较液压缸的惯性大得多)，液压马达还要继续旋转。为使液压马达迅速停转，需要采用制动回路。常用的方法有液压制动和机械制动。

## 一、液压制动回路

图 6-44 所示为在液压马达的回油路上安置背压阀(溢流阀)，使液压马达制动的回路。当换向阀处于右位时，液压马达出口接通油箱，液压泵向液压马达供油(最高供油压力由溢流阀限定)，液压马达运转。当换向阀处于左位时，液压泵卸荷，液压马达的回油因背压阀的作用，压力升高，对液压马达起制动作用，使马达迅速停转。当换向阀处于中位时，液压泵卸荷，液压马达出口通油箱，在机械摩擦的阻力作用下，液压马达缓慢停转。

## 二、机械制动回路

图 6-45 为机械制动的液压马达回路。当三位电磁阀的左位或右位起作用时，泵 1 的压力油进入液压马达 7 的左腔或右腔，同时制动液压缸 5 中的活塞在压力油的作用下缩回，使制动块 6 松开液压马达，于是液压马达便正常旋转。当阀 3 处于中位时(如图所示)，泵卸荷，制动液压缸的活塞在弹簧力的作用下，促使缸内油液经单向节流阀 4 排回油箱，制动块 6 压下，液压马达迅速制动。

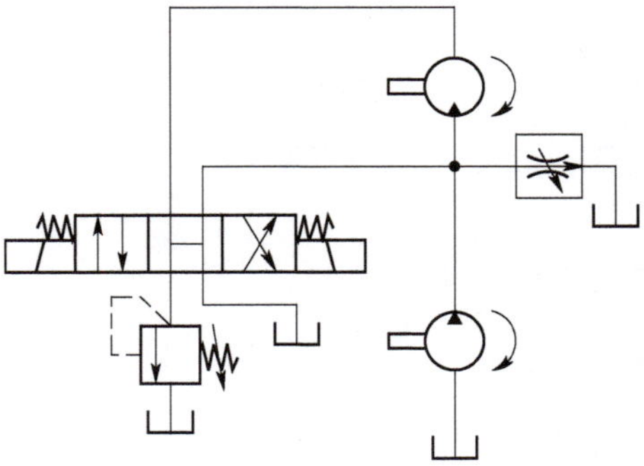

图 6-44　用背压阀(溢流阀)的制动回路

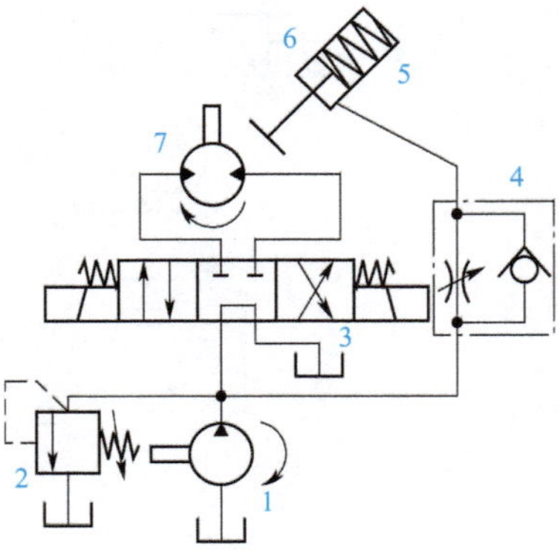


图 6-45　机械制动回路

1-单向定量泵；2-溢流阀；3-三位四通电磁换向阀；4-单向节流阀；5-液压缸；6-制动块；7-液压马达

图 6-45 中,单向节流阀 4 的作用是当换向阀处于中位时,制动缸 6 无杆腔油液在弹簧力作用下,通过单向节流阀 4 中的单向阀迅速排出,快速对液压马达制动;当换向阀处于左位或右位时,油液通过单向节流阀 4 中的节流阀进入制动缸 6 的无杆腔,克服弹簧力,推动活塞动作,松开液压马达,调节节流阀开口,控制制动块的松开时间,使松闸较慢,以避免液压马达起动时的冲击。这种制动回路常应用于起重运输机械的液压系统。

## 练习题

1. 在节流调速系统中,如果调速阀的进出油口接反了,将会出现怎样的情况?试根据调速阀的工作原理进行分析。

2. 三种容积式无级调速回路的共同特点是什么?

3. 什么情况下采用卸荷回路?何谓压力卸荷与流量卸荷?常用的卸荷回路有哪些?

4. 采用电液换向阀的中位机能实现压力卸荷时,应注意什么问题?

5. 增压回路的功能是什么?

6. 减压回路的工作条件(场合)是什么?

7. 如题图 6-1 所示,若阀 1 的调定压力 $p_y=4\text{MPa}$,阀 2 的调定压力 $p_j=4\text{MPa}$,试回答下列问题:

(1) 阀 1 是(　　)阀,阀 2 是(　　)阀。

(2) 当液压缸运动时(无负载),$A$ 点的压力值为(　　)、$B$ 点的压力值为(　　)。

(3) 当液压缸运动至终点碰到挡块时,$A$ 点的压力值为(　　)、$B$ 点的压力值为(　　)。

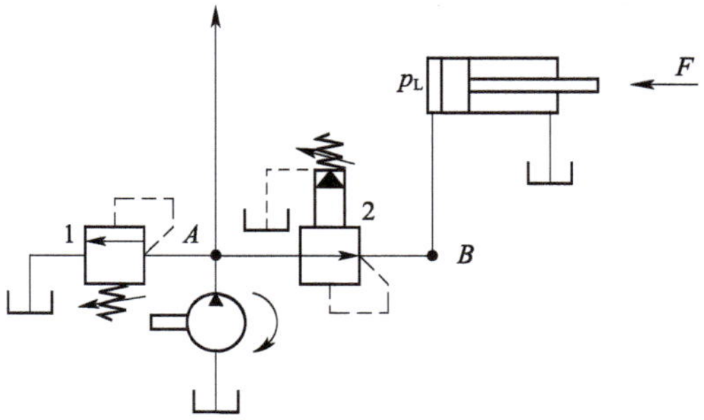


题图 6-1

8. 如题图 6-2 所示,各液压缸完全相同,负载 $F_2 > F_1$。已知节流阀能调节液压缸速度并不计压力损失。试判断在题图 6-2a) 和题图 6-2b) 的两个液压回路中,哪个液压缸先动?试说明道理。

9. 题图 6-3 所示的回路最多能实现几级调压?阀 1、2、3 的调整压力之间应是怎样的关系?

10. 题图 6-4 所示的回路是利用定值减压阀与节流阀串联来代替调速阀,试问,能否起到调速阀稳定速度的作用?为什么?

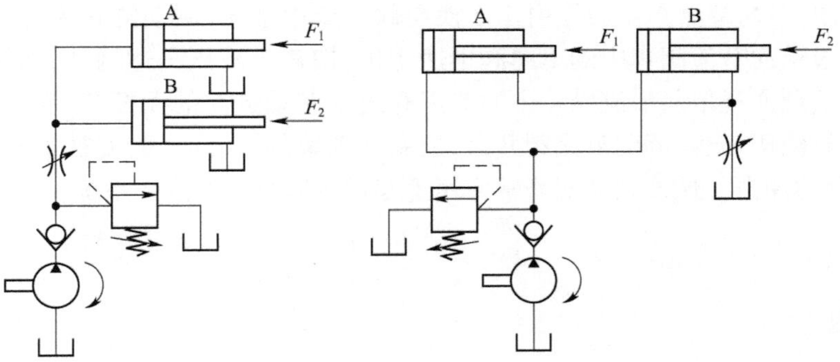


a)　　　　　　　b)

题图 6-2

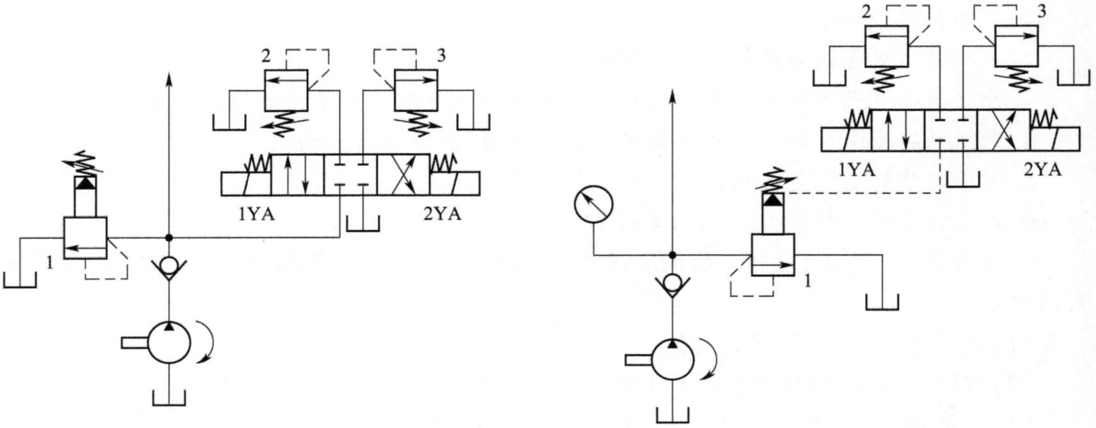


题图 6-3

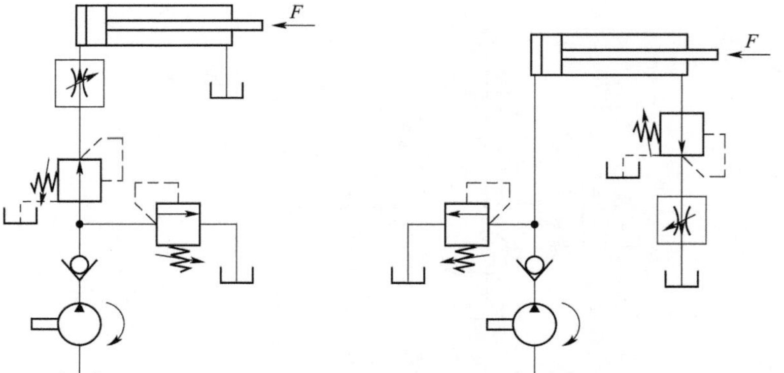


题图 6-4

11. 液压缸 A 和 B 并联，要求缸 A 先动作、速度可调，当缸 A 活塞运动到终点后缸 B 才动作。试问，题图 6-5 所示的回路能否实现所要求的顺序动作？

12. 如题图 6-6 所示的液压回路，如果液压泵的输出流量 $q_p = 10\text{L/min}$，溢流阀的调整压力 $q_y = 2\text{MPa}$，两个薄壁孔型节流阀的流量系数都是 $C_q = 0.67$，开口面积 $A_{T1} = 0.02\ \text{cm}^2$，$A_{T2} = 0.01\ \text{cm}^2$，油液密度 $\rho = 900\text{kg/m}^3$。试求，在不考虑溢流阀的调压偏差时：(1) 液压缸无杆腔的最高工作压力；(2) 溢流阀可能出现的最大溢流量。

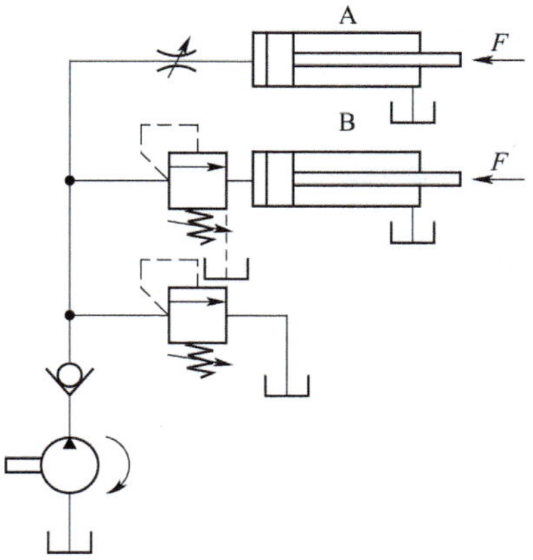


题图 6-5

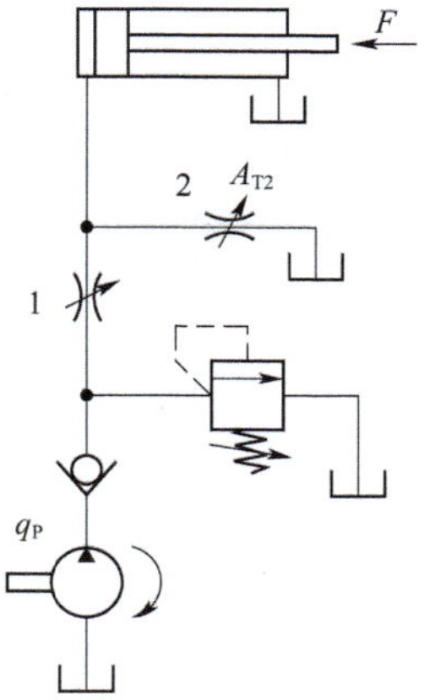


题图 6-6

13. 请列表说明题图 6-7 所示压力继电器式顺序动作回路是怎样实现 1→2→3→4 顺序动作的？在元件数目不增加的情况下，排列位置容许变更，如何实现 1→2→4→3 的顺序动作，画出变动顺序后的液压回路图。

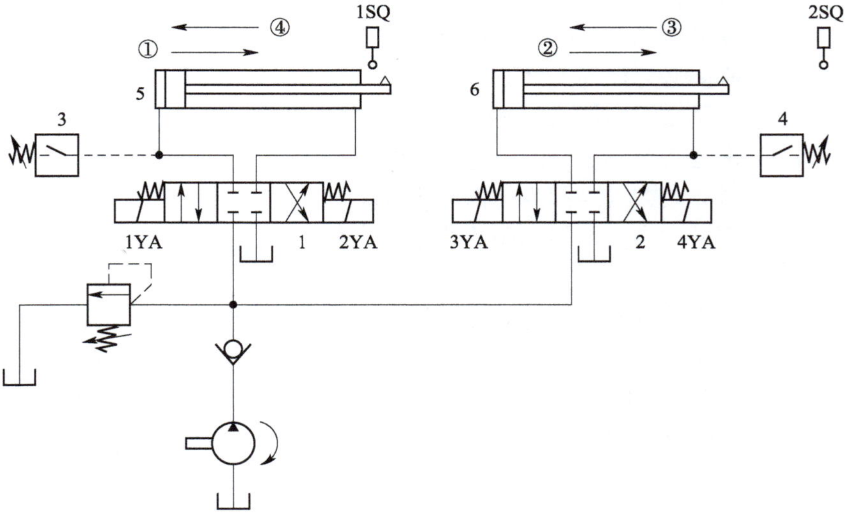


题图 6-7

# 单元七

# 液 力 传 动

【学习要求】

1. 理解液力传动的概念及用途。
2. 掌握液力传动的优缺点。
3. 理解力矩方程式的物理意义，并学会应用。
4. 掌握液力耦合器的结构与工作原理。
5. 掌握液力变矩器的结构与工作原理。
6. 了解液力变矩器的使用和维护注意事项。

液力传动是与液压传动完全不同的一种传动方式，液力传动虽然也是以液体为工作介质，但却是以液体的动能来实现能量的传递或控制，即将液体的动能转变为机械能。液力传动的理论基础是液力传动流体力学，其核心为力矩方程式。

# 学习项目一　液力传动概述

## 一、液力传动的工作原理

液力传动是利用液体的动能，通过液力传动装置中叶轮内动量矩的变化，进行能量转换和传递的技术。

图7-1为液力传动的工作原理图，原动机带动泵轮1高速旋转，泵轮通过吸油管8由储液池4吸入液体，液体在泵轮内加速获得动能，即泵轮1是将原动机的机械能转换成液体的动能的主要装置。由泵轮打出的高速液体通过导轮3和喷嘴7进入涡轮2，冲击涡轮叶片使之旋转，通过输出轴推动工作机运动。由涡轮排出的液体速度降低，动能减少，流回储液池，即涡轮2是将液体的动能重新转换成机械能的装置。液体按这种方式周而复始地循环流动，并在循环流动中先后与离心泵叶轮和涡轮叶轮相互作用，完成能量的转换和传递，从而构成液力传动的原始雏形。

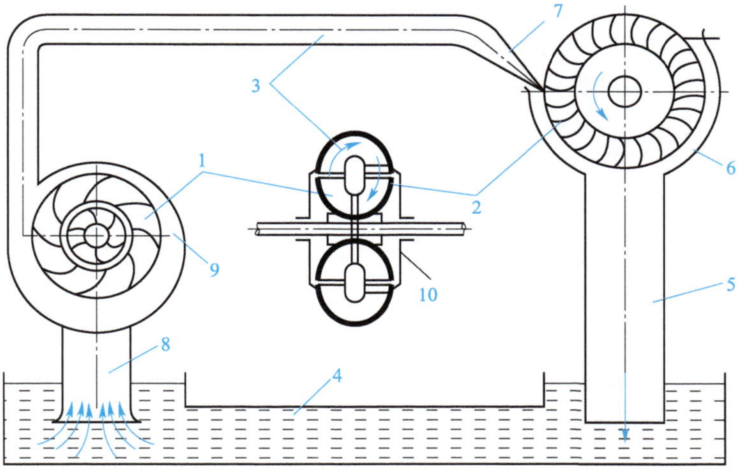


图7-1　液力传动的工作原理图

1-泵轮；2-涡轮；3-导轮；4-储液池；5-涡轮出油管；6-涡轮壳体；7-喷嘴；8-泵轮吸油管；9-泵轮壳体；10-液力变矩器

因为泵轮与涡轮的效率低，再加上管路损失，系统总效率一般低于0.7，实际上不宜使用。为了提高效率，设法将泵轮与涡轮尽量靠近，取消中间的连接管路和导向装置，从而形成了液力传动的基本形式之一——液力偶合器。这样不但简化了结构，而且效率有了很大提高。

## 二、液力传动的结构形式

液力传动的结构包括：

(1)泵轮。

能量输入部件，它接收原动机传来的机械能，并将其转换为液体的动能，以"B"表示。

(2)涡轮。

能量输出部件，它将液体的动能转换为机械能而输出，以"T"表示。

(3)导轮。

液体导流部件，它对流动的液体导向，使其根据一定的要求，按照一定的方向冲击泵轮的叶片,以“D”表示。

如果液力传动装置只有泵轮和涡轮组成,则称这一传动装置为液力偶合器,见图7-2。

如果液力传动装置有泵轮、涡轮和导轮(可以装在泵轮的出口处或入口处)组成,则称这个液力传动装置为液力变矩器,见图7-3。

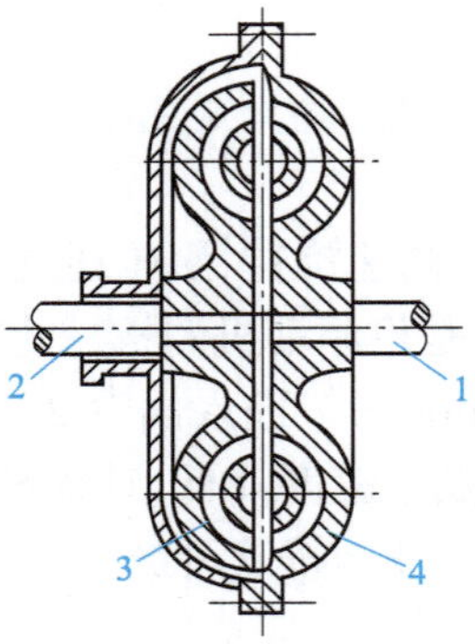

图7-2 液力偶合器

1-主动轴;2-输出轴;3-涡轮;4-泵轮

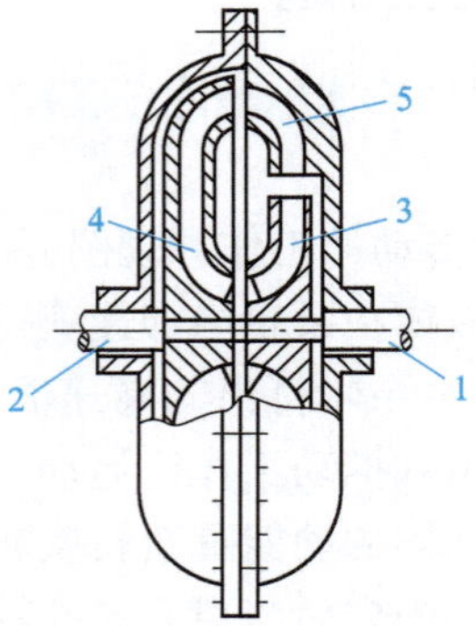

图7-3 液力变矩器

1-主动轴;2-输出轴;3-泵轮;4-涡轮;5-导轮

为了扩大液力元件的使用范围,可将液力偶合器或液力变矩器与各种机械元件组合成一个整体,称为液力机械元件(液力机械偶合器或液力机械变矩器)。

## 三、液力传动的特点

1. 液力传动的优点

(1)自动变矩,根据外载荷的变化输出的转矩随之改变。

(2)吸收振动,延长机器的使用寿命。

(3)具有良好的通过性能,能以任意小的速度通过。

(4)简化操作,减轻驾驶员的劳动强度。

(5)提高舒适性,车辆可以平稳起步并在较大范围内无级变速,吸收或消除冲击与振动。

2. 液力传动的缺点

(1)传动效率较低,液力变矩器的最高效率一般为85%~92%。

(2)体积、质量比机械传动略大,结构复杂、制造精度要求高、成本高。

液力传动的优点是突出的。随着工业技术的发展,使液力传动性能提高,缺点改善,它将具有更加广泛的发展前景。

# 学习项目二　液力传动中的流体力学基本知识

## 一、液体在叶轮中运动的假设条件

液体在叶片式叶轮(叶轮)中的运动是十分复杂的空间运动。为了利于问题的讨论分析,作如下假设:

(1)运动的液体为理想液体,即液体是连续的、不可压缩的、无黏性的。因此,在工作中液流是连续的、无摩擦损失的。

(2)叶轮叶片无限多,且形状相同,厚度无限小。因而液流被分成无限多的与叶片股线(图7-4a)一致的流束。

(3)各流束上液流的运动速度相等。

(4)叶片系统对液体的作用相当于对中间流束的作用。

由上述假设可知,液体在叶轮中的运动(流动)是轴对称的。即每一相应点的液体质点在叶轮中的运动轨迹都相同,运动速度也相等。流量也是轴对称的。因此,只需要对一些"相应点"的流动状况进行讨论,而不必分析空间每一个点的运动情况。这样就可以将液体在叶轮中的复杂的空间运动简化为理想流速运动来研究。只要研究其中一条流速,就可以体现液体的全部运动。

## 二、液体在叶轮中的运动

研究液体在旋转叶轮中的运动情况时,常常应用速度三角形概念。

任取一叶轮(图7-4),假定叶轮的流道充满工作液体,当叶轮做顺时针方向旋转时,叶轮流道内液体的任一质点的运动将由两种运动组成。

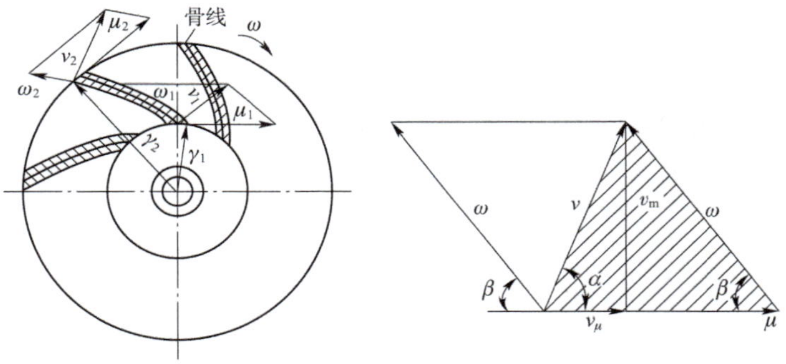


a)液体质点在工作轮中的流动　　b)速度三角形

图7-4　流束速度在叶轮中的变化

一种是由叶轮带动液体质点一起旋转的圆周运动,也叫牵连运动。其运动速度以 $\mu$ 表示,称为液体的圆周速度,其方向为圆周的切线方向。

一种是液体质点沿叶轮中叶片形成的流道流动,即相对于叶片的相对运动。其运动速度以 $\omega$ 表示,称为液体的相对速度。其方向为叶片骨线的切线方向。

将两种速度按向量合成的原则相加,即可得到液体质点在叶轮中的绝对速度 $\nu$:

$$\nu=\omega+\mu \tag{7-1}$$

在液力传动中,由于叶轮叶片对液流的作用,使液体质点在叶轮中进出口处的速度发生变化。通常用速度 $\mu$、$\omega$、$\nu$ 组成的速度平行四边形来反映它们的液流速度矢量关系,并可简化为一个封闭的三角形来替代,即所谓速度三角形,如图7-4b)中有阴影的三角形。在速度三角形中,$\alpha$ 为绝对速度 $\nu$ 与圆周速度 $\mu$ 之间的夹角;$\beta$ 为相对速度 $\omega$ 与圆周速度 $\mu$ 之间的夹角。

注脚"1"表示叶轮入口处的参数符号;注脚"2"表示叶轮出口处的参数符号。

为了便于研究,在速度三角形中常将绝对速度 $\nu$ 分解成两个相互垂直的分量:$\nu_\mu$、$\nu_m$。$\nu_\mu$ 是绝对速度 $\nu$ 在圆周速度 $\mu$ 方向的投影,称为圆周分速度;$\nu_m$ 是绝对速度 $\nu$ 在轴面内的投影,称为轴面分速度。投影 $\nu_{\mu}$ 从右向左为正,反之为负;$\nu_{m}$ 由叶轮中心向外为正,反之为负。

## ▶▶ 三、力矩方程式

力矩方程式是研究叶轮叶片与液流之间相互作用力矩的关系式,可以利用动量方程式来推导。在第一章中讨论了流动液体的动量方程式:

$$F=\frac{\mathrm{d}(mv)}{\mathrm{d}t}=\rho q(v_2-v_1)$$

应用流动液体的动量方程式,可以方便地计算出液流与固体平面之间的相互作用力。图 7-5 为液流冲击某一固定平面叶片的情况。液流射向平面后受平面作用而改变了方向,则平面对液流的作用力为:

$$F_1=\rho q\left(\cos\frac{\pi}{2}-v_1\right)=-\rho qv$$

而液流对平面的作用力 $F$ 与 $F_1$ 大小相等,方向相反,则:

$$F=\rho qv \tag{7-2}$$

在 $F$ 力的作用下,该平面企图绕 $O$ 点转动,若 $r$ 为 $F$ 力的作用半径,则转动力矩 $M$ 为:

$$M=Fr=\rho qvr \tag{7-3}$$

$\rho qvr$ 称为液流对 $O$ 的动量矩。上述关系不仅适用于液流冲击某一平面叶片的情况,也适用于液流冲击并离开某一弯曲叶片的情况。假如液流从某一曲面叶片的一侧射入,而从另一侧射出(图 7-6),则:

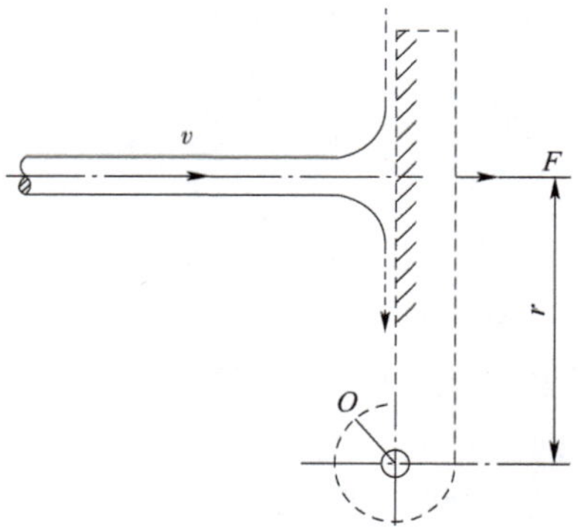


图 7-5　液流喷到固定平面叶片的情况

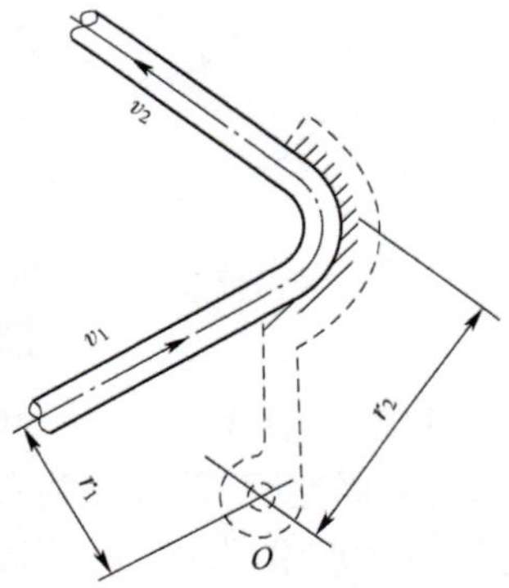


图 7-6　液流射到固定曲面的情况

弯曲叶片入口处液流的动量矩为 $-\rho qv_1r_1$(相对 $O$ 点,顺时针为负)。

弯曲叶片入口处液流的动量矩为 $\rho qv_2r_2$(相对 $O$ 点,逆时针为正)。

弯曲叶片所获得的转动力矩为液流进入和流出弯曲叶片的动量矩之差,即:

$$M_0=-\rho qv_1r_1-\rho qv_2r_2=-(\rho qv_1r_1+\rho qv_2r_2) \tag{7-4}$$

负号表示曲面叶片绕 $O$ 轴顺时针转动。

上述均属液流冲击到固定不动物体的情况。如果被冲击的物体本身也在运动,则情况就要有所不同。图 7-7 所示为弯曲叶片本身以圆周速度 $\mu$ 运动。液流进入叶片的绝对速度 $\nu_1$,因叶片本身具有速度 $\mu$,液流相对叶片的速度将为 $\omega_1$。$\omega_1$ 的大小和方向可用进口处的速度三角形来决定。当液流离开叶片时具有相对速度 $\omega_2$。仍因叶片具有圆周速度 $\mu$,则液流的绝对速度 $\nu_2$ 由出口处的速度三角形决定。

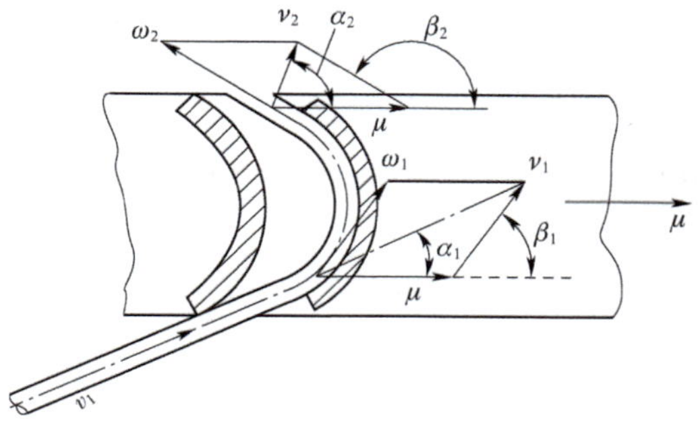


图7-7　液流流过运动着的曲面叶片的情况

这种情况下，液流对叶片的作用力 $F$ 仍可按类似的方法计算。故有：

$$F=\rho q(\omega_1\cos\beta_1-\omega_2\cos\beta_2)$$

根据三角形关系：

$$\omega_1\cos\beta_1=\mu-\nu_1\cos\alpha_1=\mu-\nu_{1\mu}$$

$$\omega_2\cos\beta_2=\mu-\nu_2\cos\alpha_2=\mu-\nu_{2\mu}$$

所以有：

$$F=\rho q(\nu_2\cos\alpha_2-\nu_1\cos\alpha_1)=\rho q(\nu_{2\mu}-\nu_{1\mu}) \tag{7-5}$$

同样办法，可以计算液流穿过旋转的叶轮时的情况。当液流穿过旋转着的叶轮时，对叶轮的力矩仍然等于液流在叶轮入口和出口处动量矩的变化，即：

$$M=-Fr=-\rho q(\nu_{2\mu}r_2-\nu_{1\mu}r_1) \tag{7-6}$$

式中，负号表示叶轮顺时针转动。

因为所有叶片间的液流情况相同，若将 $q$ 表示整个叶轮流量，则 $M$ 即表示工作液体对所有叶轮叶片的力矩之和。根据作用力矩与反作用力矩大小相等方向相反的原理，工作液体的力矩大小与上述的力矩之和相等，方向相反。

为了方便，将式(7-6)等号右边加上正负号来表示液力传动的基本方程式，称为力矩方程式。

$$M=\pm Fr=-\rho q(\nu_{2\mu}r_2-\nu_{1\mu}r_1) \tag{7-7}$$

力矩方程式表明了液体流经叶轮时，工作液体与叶轮叶片相互作用的力矩关系。

## 四、相似理论和力矩公式

力矩方程式一般只作理论研究，定性地分析问题。实际上液流流动极为复杂，为研究它的特性，往往依靠试验及相似原理，科学地把这些研究试验数据进行概括总结，用模型特性推算相似系列的液力传动特性。即实际计算中，不直接应用力矩方程式，而是用相似理论导出力矩公式。

在流体力学中，把满足下面三个条件的液流叫作相似液流，并认为，当两个液流相似时，它们具有相同的水力特性。这三个条件是：

(1)几何相似。

两个液流对应尺寸成比例，对应角相等。几何相似的变矩器叫作同一系列的变矩器。

(2)运动相似。

同一系列的变矩器中，液流对应点的速度三角形相似。运动相似时，叫作相似工况下工作。

(3)动力相似。

同一系列变矩器在相似工况下工作时,液流对应点作用着方向一致大小成比例的同名力时即为动力相似。

变矩器液流中的主要作用力是惯性力和黏性力。为了简单,通常忽略黏性力,据此可推导出力矩公式及几个重要的关系式。

设两个变矩器 1 和 2 是动力相似,则根据相似条件,它们的泵轮间有:

$$\frac{D_1}{D_2}=\frac{r_{11}}{r_{21}}=\frac{r_{12}}{r_{22}}=\text{常数}$$

式中:$D_1$、$r_{11}$、$r_{12}$——变矩器 1 的有效直径、有效进口半径、有效出口半径;

$D_2$、$r_{21}$、$r_{22}$——变矩器 2 的有效直径、有效进口半径、有效出口半径。同理有:

$$\frac{\nu_{11}}{\nu_{21}}=\frac{\nu_{11\mu}}{\nu_{21\mu}}=\frac{\mu_{11}}{\mu_{21}}=\frac{\omega_{11}r_{11}}{\omega_{21}r_{21}}=\frac{n_{11}D_1}{n_{21}D_2}=\text{常数}$$

$$\frac{\nu_{12}}{\nu_{22}}=\frac{\nu_{12\mu}}{\nu_{22\mu}}=\frac{\mu_{12}}{\mu_{22}}=\frac{\omega_{12}r_{12}}{\omega_{22}r_{22}}=\frac{n_{11}D_1}{n_{21}D_2}=\text{常数}$$

$$\frac{q_1}{q_2}=\frac{A_{11}\nu_{11\mathrm{m}}}{A_{21}\nu_{21\mathrm{m}}}=\frac{A_{11}\nu_{11}}{A_{21}\nu_{21}}=\frac{D_1{}^2n_{11}D_1}{D_2{}^2n_{21}D_2}=\frac{n_{11}D_1{}^3}{n_{21}D_2{}^3}=\text{常数}$$

式中:$A$——泵轮进口过流端面面积;

$\nu_{\mathrm{m}}$——绝对速度的径向分速度。

两变矩器力矩之比为:

$$\frac{M_1}{M_2}=\frac{\rho_1q_1(\nu_{11\mu}r_{11}-\nu_{12\mu}r_{12})}{\rho_2q_2(\nu_{21\mu}r_{21}-\nu_{22\mu}r_{22})}=\frac{\rho_1q_1\left(\frac{n_{11}D_1{}^2}{n_{21}D_2{}^2}\nu_{21\mu}r_{21}-\frac{n_{11}D_1{}^2}{n_{21}D_2{}^2}\nu_{22\mu}r_{22}\right)}{\rho_2q_2(\nu_{21\mu}r_{21}-\nu_{22\mu}r_{22})}$$

$$=\frac{\rho_1q_1n_{11}D_1{}^2}{\rho_2q_2n_{21}D_2{}^2}=\frac{\rho_1n_{11}{}^2D_1{}^5}{\rho_2n_{21}{}^2D_2{}^5}$$

或写成

$$\frac{M_1}{\rho_1n_{11}{}^2D_1{}^5}=\frac{M_2}{\rho_2n_{21}{}^2D_2{}^5}=\text{常数}=\lambda$$

此式说明,同一系列的变矩器,在相似工况下工作时,其泵轮的力矩 $M$ 与油液的密度 $\rho$、泵轮的转速 $n_1$ 的平方、泵轮的有效直径 $D_1$ 的五次方成比例。因此,泵轮的力矩的一般形式可以写为:

$$M_{\mathrm{B}}=\lambda_1\rho n_1{}^2D_1{}^5 \tag{7-8}$$

同理,也可以得到同一系列变矩器涡轮的力矩公式:

$$M_{\mathrm{T}}=\lambda_2\rho n_2{}^2D_2{}^5 \tag{7-9}$$

根据泵轮与涡轮的力矩公式,同一系列变矩器内变矩系数 $K$ 可为:

$$K=\frac{M_{\mathrm{T}}}{M_{\mathrm{B}}}=\frac{\lambda_2\rho n_2{}^2D_2{}^5}{\lambda_1\rho n_1{}^2D_1{}^5}=\frac{\lambda_2n_2{}^2D_2{}^5}{\lambda_1n_1{}^2D_1{}^5} \tag{7-10}$$

以上各式中,符号意义如下:

$q$——流量;

$\rho$——油液的密度;

$n_1$、$n_2$——泵轮、涡轮的转速;

$D_1$、$D_2$——泵轮、涡轮的有效直径；
$M_B$、$M_T$——泵轮、涡轮所传递的转矩；
$\lambda_1$、$\lambda_2$——泵轮、涡轮的力矩系数。

## 学习项目三　液力偶合器

### 一、液力偶合器的结构和工作原理

如图7-8a)所示，泵轮B通过输入盘3与发动机的曲轴1(主动轴)相连，并随着曲轴一起旋转，为液力偶合器的主动部分。涡轮T装在密封的外壳中，在涡轮上固装有被动轴2，为液力偶合器的从动部分。如图7-8b)、c)所示，泵轮与涡轮内部径向装有许多扭曲的叶片，且扭曲方向相反。泵轮与涡轮端面相对，二者之间留有3~5mm的间隙，没有机械连接。它们的内腔共同构成椭圆形的环状空腔。此环状空腔称为循环圆，工作时工作液体即在其间流动。

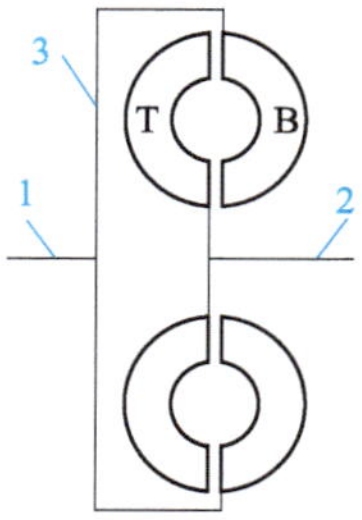

a)结构示意图

b)泵轮

c)涡轮

图7-8　液力偶合器

1-主动轴;2-被动轴;3-泵轮输入盘

当发动机带动泵轮旋转时，充满在泵轮内的工作液体被叶片带着一起旋转(绕泵轴做圆周运动)，并在离心力的作用下力图从叶片的内缘向外缘流动；造成叶片外缘(泵轮出口处)压力较高(高于大气压)，而内缘(泵轮中心)压力较低(低于大气压)。其压力差的大小取决于泵轮的半径与转速。此时，如果充满工作液体的涡轮仍处于静止状态，则涡轮外缘与中心的压力一样同为一个大气压。这样，涡轮外缘的压力低于泵轮外缘的压力，而涡轮中心的压力则高于泵轮中心的压力。由于两个面对面的叶轮是同为一个外壳所封闭，所以此时被泵轮甩到外缘的工作液体就朝着涡轮外缘冲去，顺着涡轮叶片向其中心流动，然后再返回到泵轮中心。由于泵轮不停地旋转，返回到泵轮中心的工作液体又被泵轮叶片再次甩到外缘。工作液体就这样循环地流动。

泵轮内的工作液体除了径向流动(沿循环圆环流)外，还要随泵轮的旋转绕轴线做圆周运动。前者径向流动为相对运动，后者为牵连运动。两者合成的绝对运动则斜对着涡轮，冲击其叶片，然后顺着涡轮叶片再流回泵轮中心。

斜向冲击涡轮叶片的液流遇到静止的涡轮，其圆周速度将顿时被迫下降到趋于零，从而对涡轮叶片造成一个沿涡轮圆周方向的冲击力，此力对涡轮产生一个与泵轮同向旋转的力矩，于是涡轮便开始旋转，通过从动轴向外输出力矩和转速。这就是液力偶合器以液体为工作介质开始传递动能的情况。

液力偶合器实现传动的必要条件是工作液体在泵轮和涡轮之间循环流动。而这种循环流动的产生是由于两个叶轮转速不等，离心力也就不等，致使两轮叶片的外缘产生压力差所致。故液力偶合器在正常工作时泵轮转速总是大于涡轮转速。

根据液力偶合器的工作原理可见，在传递能量的过程中，工作液体的环流运动没有受到任何附加外力。因此，发动机传给泵轮的力矩等于泵轮通过工作液体传给涡轮的力矩。这就是说，液力偶合器只能起传递力矩的作用。

根据工作原理的分析，液力偶合器的性能可归纳为以下几点：

当液力偶合器稳定工作时，若忽略摩擦阻力，则作用于泵轮上的力矩 $M_B$ 的大小等于涡轮所受的力矩 $M_T$。即：

$$M_B = M_T \tag{7-11}$$

当涡轮转速 $n_T$ 等于泵轮转速 $n_B$ 时，环流运动停止，此时不传递力矩。故液力偶合器在一般正常工作时总是 $n_B > n_T$。

液力偶合器的效率 $\eta$ 为：

$$\eta = \frac{P_T}{P_B} = \frac{M_T \cdot n_T}{M_B \cdot n_B} = \frac{n_T}{n_B} = i \tag{7-12}$$

式中：$P_T$——涡轮的功率；

$P_B$——泵轮的功率；

$i$——传动比。

## 二、液力偶合器的特性

液力偶合器的特性，就是当泵轮转速 $n_B$（输入转速）为常数时，涡轮力矩 $M_T$ 与涡轮转速 $n_T$ 的关系、偶合器效率 $\eta$ 与涡轮转速 $n_T$ 的关系。其可用特性曲线表示，如图 7-9 所示。涡轮力矩 $M_T$ 与涡轮转速 $n_T$ 的关系曲线是由实验测出的一条二次曲线。由该曲线看出，输出力矩（阻力矩）随涡轮转速的减小而增大。这是由于当 $n_B$ 一定时，若 $n_T$ 减小，则 $n_B$ 与 $n_T$ 之转速差增大，而使传递力矩增大。

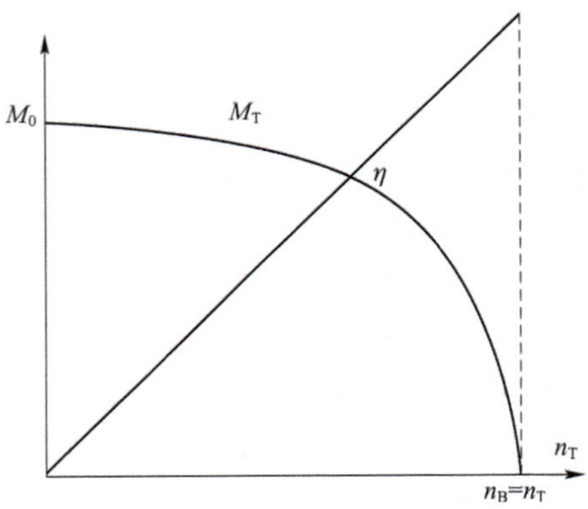

图 7-9　液力偶合器的特性曲线

当外载荷过大时，如大于图中 $M_0$，涡轮便被阻止不动，即 $n_T = 0$。这时，附加到发动机轴上的力矩 $M_0$ 叫作制动力矩，$M_0$ 由液力偶合器的结构形式和尺寸决定，与外载荷无关。因此，加到发动机轴上的载荷不能超过 $M_0$，这是液力传动最大特点之一。利用这个特点，合理地选择液力偶合器，可以有效地防止发动机过载，改善发动机的起动性能，使之能重载起动。

# 学习项目四　液力变矩器

## 一、液力变矩器的一般结构

液力变矩器的结构与液力偶合器相近，只是液力变矩器在循环圆内多加装了工作液导向装置——导轮。另外,为了保证液力变矩器具有一定的性能,使工作液在循环圆中很好地循环流动,各叶轮采用弯曲成一定形状的叶片,并且各叶轮带有内环。

最简单的液力变矩器由泵轮4、涡轮3、导轮5等元件组成,如图7-10所示。导轮5是一个固定不动的叶轮,通过导轮固定座与液力变矩器壳体连接。各叶轮与泵轮、涡轮、导轮的内外环构成相互衔接的封闭空腔,形成工作液流的环流通道。工作液就在环流通道内循环流动。此封闭的环流通道称为循环圆。为分析方便,通常用循环圆在轴面上的断面图来表示整个循环圆,并把这个断面图称为液力变矩器的循环圆,如图7-11所示。它表示出变矩器内各叶轮的相互位置和几何尺寸,说明了一个液力变矩器的几何特性。故某一型号的液力变矩器一般就用它的循环圆来表示。循环圆的最大直径$D$,称为液力变矩器的有效直径。由于循环圆在轴面上的断面相对于传动轴是完全对称的,因此也常用传动轴上半部的图形来表示循环圆。

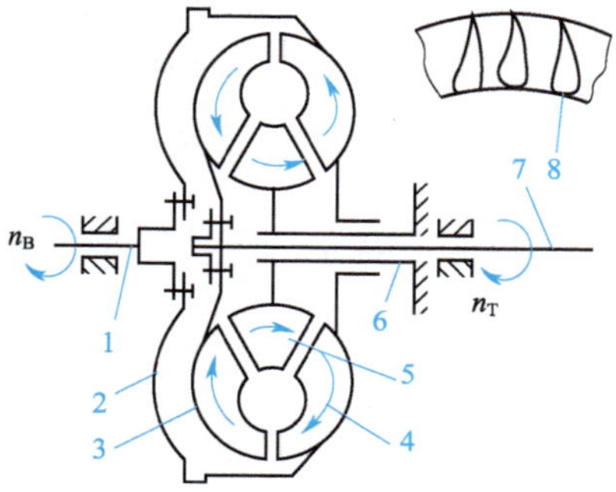


图7-10 液力变矩器工作原理和主要元件

1-发动机曲轴;2-变矩器壳;3-涡轮;4-泵轮;5-导轮;6-导轮固定套筒;7-从动轴;8-起动齿圈

图7-11中A为变矩器的进油口,B为排油口。

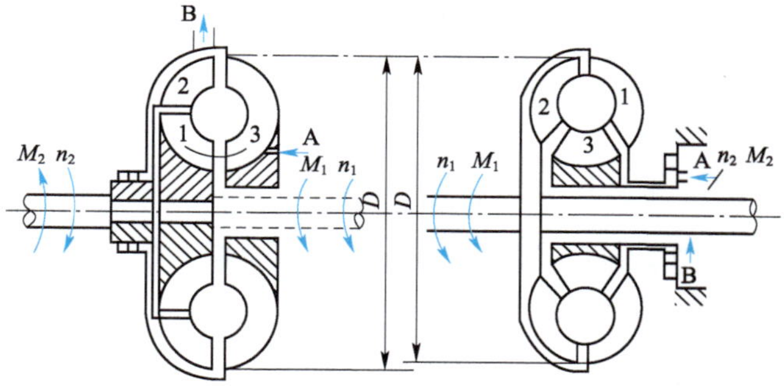


图7-11 循环圆简图

1-泵轮;2-涡轮;3-导轮

## 二、液力变矩器的工作原理

### 1.液力变矩器的变矩原理

液力变矩器,能够改变发动机所供给的力矩,使得其涡轮输出的力矩有可能超过发动机通过泵轮所输入力矩的若干倍,从而改善主机的性能。

液力变矩器之所以能变矩,主要是由于不动的导轮能给涡轮施加一个反作用力矩。

液力变矩器工作时,同液力偶合器一样由发动机带动泵轮旋转,并将发动机的力矩施加于泵轮。泵轮旋转时泵轮内的叶片带动工作液体一起做牵连圆周运动,并迫使液体沿循环圆做相对运动。工作液体经受泵轮叶片的作用获得一定的动能和压力能,从而将发动机的机械能变为液体的动能和压力能。由泵轮流出的高速液流进入涡轮冲击涡轮的叶片,使涡轮开始旋转,并且使涡轮输出轴获得一定的力矩去克服外阻力做功。这同液力偶合器的工作过程一样。但与液力偶合器不同的是,工作液流此时并不是立即从涡轮叶片出口直接进入泵轮叶片入口,而是流经导轮后才重新进入泵轮。这样,工作液体才完成了在各叶轮之间的循环运动。由涡轮流出的工作液体进入导轮，由于导轮固定不转，因此它没有能量输出。

设想，将三元件的液力变矩器沿着循环圆的截面展开布置，如图7-12所示。在液力变矩器的工作过程中，液流自泵轮冲向涡轮时使涡轮受一力矩，其大小与方向都和发动机传给泵轮的力矩 $M_B$ 相同。液流自涡轮冲向导轮时也使导轮受一力矩，由于导轮是固定的，此时它便以一大小相等方向相反的反作用力矩 $M_D$ 作用于涡轮上。因此，涡轮所受的总力矩 $M_T$ 为泵轮力矩 $M_B$ 与导轮反作用力矩 $M_D$ 的向量和，即：

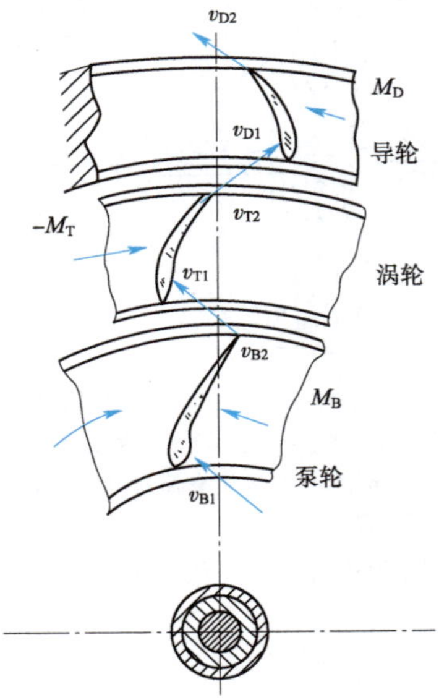


图7-12　简单液力变矩器工作简图

$$M_T = M_B + M_D$$

这就是说，液力变矩器可以起增大力矩的作用，这个所增加的力矩就是导轮的反作用力矩 $M_D$。

还可以通过变矩器中工作液体周而复始的环流特性说明变矩原理。现设泵轮、涡轮和导轮对工作液流的作用力矩分别为 $M_B$、$-M_T$（负号表示涡轮对工作液流的作用力矩与泵轮转向相反）和 $M_D$。由于液体的环流是一种周而复始的循环运动，根据力学原理，三个叶轮对工作液流的作用力矩总和应为零，即：

$$M_B + (-M_T) + M_D = 0$$

或

$$M_T = M_B + M_D \qquad (7\text{-}13)$$

因为液流对涡轮的作用力矩与涡轮对液流的作用力矩 $-M_T$ 大小相等，方向相反（即为 $M_T$），所以涡轮力矩 $M_T$ 等于泵轮力矩 $M_B$ 与导轮力矩 $M_D$ 的向量和。可见，液力变矩器起到了增大力矩的作用。

式(7-13)说明，液力变矩器是可以放大发动机的力矩的。这就是液力变矩器能够改变力矩的理论依据。

2. 液力变矩器变矩具有自动适应性

液力变矩器不仅能传递转矩，而且能在泵轮转速和转矩不变的情况下，随着涡轮转速的不同而改变涡轮上的转矩数值，即涡轮上的转矩能随着车辆行驶阻力的增加、涡轮转速的降低而自动地增加。下面设想将液力变矩器沿循环圆截面展开布置成图7-13加以说明。

机械起步前，涡轮不动，转速为零（$n_T=0$）。这时，液力变矩器的工况如图7-13a）所示。工作液体在泵轮叶片的带动下，以一定数值的绝对速度沿图中箭头1的方向冲向涡轮叶片，但因涡轮是静止不动的，工作液流将沿着涡轮叶片流出去，并冲向导轮。工作液流的方向如图7-13a）中箭头2所示。然后工作液流流经固定不动的导轮叶片沿着箭头3所示方向流入泵轮中去。此时，涡轮不动，出涡轮而入导轮的工作液流对导轮叶片的冲击角度最大，导轮反作用力矩 $M_D$ 也最大。即在机械起步时，涡轮力矩 $M_T$ 最大。

机械起步后，涡轮转速 $n_T$ 逐渐增加。这时，工作液流在涡轮出口处不仅具有沿叶片方向的相对速度 $\omega_{T2}$，同时具有沿着圆周方向的牵连速度 $\mu_{T2}$，故冲向导轮叶片的工作液流的绝对速度 $\nu_{T2}$ 应是两者的合成速度。图7-13b）所示为液力变矩器的泵轮转速 $n_B$ 等于常数，涡

轮转速 $n_T$ 逐渐增加时的工况。

假设泵轮转速 $n_B$ 不变，起变化的只是涡轮转速 $n_T$，则涡轮出口处相对速度 $\omega_{T2}$ 也就不变，只是牵连速度 $\mu_{T2}$ 起了变化。由图7-13b）可见，冲向导轮叶片的工作液流的绝对速度 $\nu_{T2}$ 将随着牵连速度 $\mu_{T2}$ 的增加（即涡轮转速 $n_T$ 的增加）而逐渐向左倾斜。即工作液流冲击导轮叶片的角度随着涡轮转速 $n_T$ 的增加而逐渐减小，导轮反作用力矩随之减小，故涡轮力矩也随之减小。

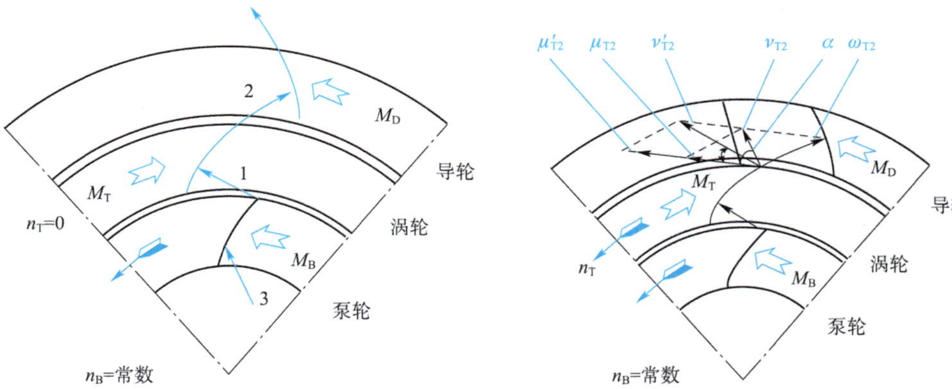


a）当 $n_B$=常数，$n_T$=0时的情况　　b）当 $n_B$=常数，$n_T$ 逐渐增加的情况

图7-13　液力变矩器自动适应性原理图

当涡轮转速增大到某一数值时，从涡轮流出的工作液流（如图 $\nu_{T2}$ 所指方向）正好沿着导轮出口方向冲向导轮。对导轮叶片的冲击角度正好为零（没有冲击作用），此时故导轮反作用力矩 $M_D$ 为零。则涡轮力矩 $M_T$ 与泵轮力矩 $M_B$ 相等。

如果涡轮转速继续增加，则工作液流绝对速度 $\nu_{T2}$ 的方向继续向左倾，如图中所示的 $\nu'_{T2}$ 的方向。这时，工作液流已冲击到导轮叶片的背面。导轮反作用力矩已成负值，与泵轮力矩方向相反。涡轮力矩反而小于泵轮力矩。这就是说，液力变矩器输出力矩反而小于输入力矩。当涡轮转速 $n_T$ 增加到与泵轮转速 $n_B$ 相等时，工作液流在循环圆中的循环流动停止，故此时涡轮力矩等于零。

上面的分析说明，涡轮轴的力矩主要与其转速有关。而涡轮转速又是随着阻力矩的改变而自动变化的。故当机械行驶阻力增加、行驶速度降低时，驱动力矩可以随之自动增大，以维持机械在某一较低的速度下稳定行驶。液力变矩器具有的这一性能对于行驶阻力变化比较大的轮式和履带式机械非常适合，通常称为液力变矩器的自动适应性。

## 三、液力变矩器的特性

1. 变矩性能

液力变矩器的变矩性能是变矩器在一定范围内按一定规律无极地改变由泵轮输出给涡轮力矩的能力。$K$ 为变矩系数，又称变矩比，则有：

$$K = \frac{M_T}{M_B} = \frac{M_B + M_D}{M_B} \tag{7-14}$$

$K$ 不是常数，而是传动比 $i(i = n_T/n_B)$ 的函数。变矩系数 $K$ 表示变矩器改变转矩的能力。一般当 $i$ 减小时 $K$ 增大，车辆起步工况（$i = 0$）时，变矩系数达到最大值，以 $K_0$ 表示，通常称为起步变矩系数 $K_0$（亦称为失速变矩系数）。数值大，说明机械的起步加速性能好或机械的爬坡能力强。车辆单级变矩器的变矩系数通常为 $K_0=2\sim3.5$。

2. 经济性能

液力变矩器的经济性能以液力变矩器的效率为评价指标。

液力变矩器的效率是指输出功率与输入功率之比。即：

$$\eta=\frac{M_T n_T}{M_B n_B}=K\cdot i \tag{7-15}$$

变矩器的效率随变矩器工况的改变而变化，在涡轮轴完全制动时，即 $i=0$ 时，效率 $\eta$ 为零。此时，泵轮的功率全部消耗在液力损失及叶轮入口冲击损失上，以热能的形式消失了。然后随着涡轮负荷的减小，即 $i$ 的增大，而增至最大值 $\eta_{max}$，以后又继续降低；到涡轮负荷完全卸除时，$\eta$ 值又复为零。车辆变矩器效率的最大值较低，在 0.85 ~0.95 范围内。

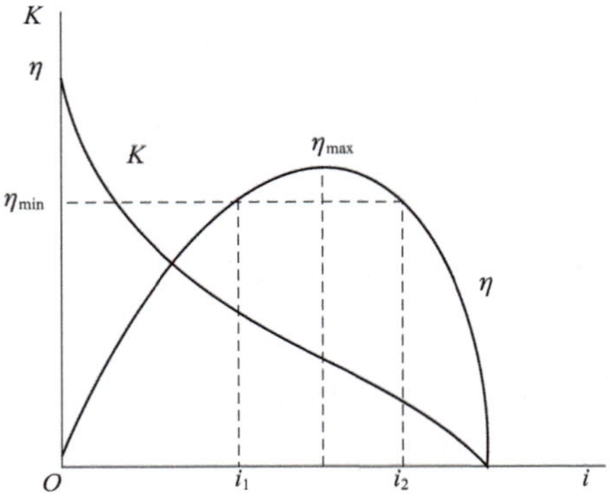

图 7-14　变矩器特性

变矩器长期工作的最低效率用 $\eta_{min}$ 表示，一般取 $\eta_{min}=0.75$，相应的工作区 $i_1\sim i_2$ 称为高效区。高效区越宽则经济性越好。但一般变矩器高效区的工作范围较窄。因此，车辆在行驶中应根据道路条件选择合适的挡位，使变矩器在高效区域内工作。

具体评价指标有两个参数：一是最高效率 $\eta_{max}$ 值的大小，二是高效工作区范围的大小。对以牵引工况为主要工况的车辆高效工作区，一般指 $\eta>75\%$ 的变矩工况。

变矩器的特性可用上述的无因次数值 $K$、$\eta$ 对 $i$ 的关系曲线表示，如图 7-14 所示，它可由实验测定。

## 学习项目五　综合式液力变矩器

图 7-15 为液力变矩器效率和液力偶合器效率随涡轮转速 $n_T$ 变化的关系曲线（泵轮转速 $n_B$ = 常数）。

由图 7-15 中可见，液力偶合器的效率 $\eta_{偶}$ 是一条上升的直线，而液力变矩器的效率 $\eta$ 则是一条曲线。当涡轮转速在零到 $n'_T(0\sim n'_T)$ 的范围内变化时，液力变矩器的效率 $\eta$ 始终大于液力偶合器的效率 $\eta_{偶}$，即 $\eta>\eta_{偶}$。而在涡轮转速大于 $n'_T$ 的范围内，液力偶合器的效率又始终大于液力变矩器的效率 $\eta$，即 $\eta_{偶}>\eta$。显然，为了充分发挥它们两者的良好性能，提高其效率，如果能使液力变矩器在 $n_T>n'_T$ 的转速范围内处于液力偶合器的工况下工作，那么这种变矩器在整个工作范围内均在较高的效率范围内工作。此种综合了两者良好性能的液力变矩器，称为综合式液力变矩器（图 7-16）。这种液力变矩器之所以能够在 $n_T>n'_T$ 时转变为偶合器工况工作，主要是在结构上借助于一个单向离合器使导轮只能向一个方向转动。当 $n_T<n'_T$ 时，即 $M_D>0$ 时，导轮被单向离合器锁紧在壳体上不能转动，此时综合式变矩器是以变矩器工况工作。如果 $n_T>n'_T$ 时，即 $M_D<0$ 时，出涡轮入导轮的液流冲击导轮叶片背面，单向离合器释放而使导轮与壳体之间脱开，于是导轮就被液流冲转，不起应有的作用。此时综合式变矩器就转入偶合器工况工作。

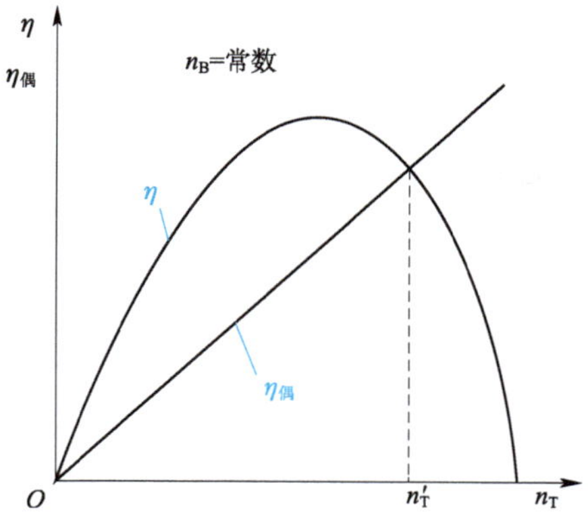


图 7-15　η 和 $\eta_{偶}$ 与 $n_T$ 的关系曲线

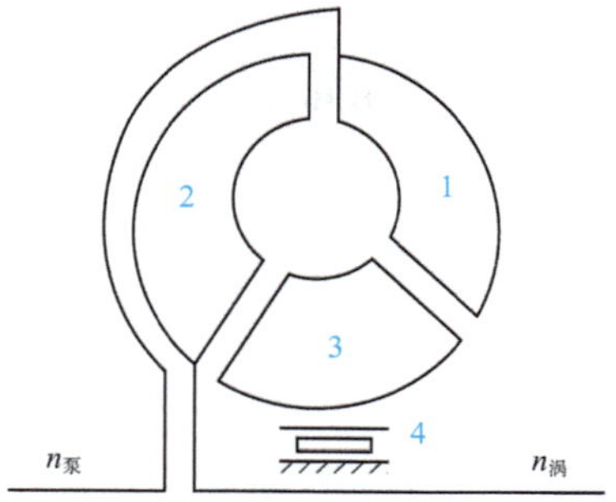


图 7-16　综合式液力变矩器循环圆简图

综合式液力变矩器比一般液力变矩器的高效区宽一些。而其在转入液力偶合器时与一般的液力偶合器的工况并不完全一样，这是因为存在一个随液流空转的导轮，要增加一部分能量损失，故其偶合器工况区的效率没有一般液力偶合器高，它的偶合器工况区最高效率为 0.91 ~0.95。同样，变矩器工况的最高效率也没有一般变矩器高。

某些起动(零速工况)变矩系数 $K$ 大的综合式液力变矩器，在由变矩器工况转变到偶合器工况时，其效率 $\eta$ 值有明显的下降。原因是，这时液流在导轮进口的方向如图 7-17b)中箭头 2、3 所示那样，冲角很大(相对导轮叶片正面而言)，在导轮进口造成很大的冲击损失。为了提高这一工况区的效率，把综合式液力变矩器的导轮做成两个：第一导轮和第二导轮，并分别用两个单向离合器与壳体连接，如图 7-17 所示。

这种双导轮综合液力变矩器如同两个变矩器和一个偶合器串联使用一样。当转速比 $0 \leqslant i \leqslant i'$(图 7-19c)时，从涡轮流出的液流冲向两个导轮的工作面，两个导轮都固定不转，此时液力变矩器如同一个简单的三叶轮液力变矩器，其效率曲线以 $OAd$ 表示。当转速比 $i' \leqslant i \leqslant i''$时，液流作用于导轮 $D_Ⅰ$ 和 $D_Ⅱ$ 的方向如图中所示的箭头 11 和 12。11、12 液流冲击导轮 $D_Ⅰ$ 背面，导轮 $D_Ⅰ$ 松开空转，而对导轮 $D_Ⅱ$ 仍冲击其工作面，此时液力变矩器以泵轮 B、涡轮 T 和导轮 $D_Ⅱ$ 所组成的三叶轮液力变矩器工作，其效率曲线以 $OABe$ 表示。当转速比 $i'' \leqslant i \leqslant 1$ 时，涡轮出口的液流方向变为 13，对导轮 $D_Ⅰ$、$D_Ⅱ$ 均冲击背面，$D_Ⅱ$ 也松开空转，这时综合式变矩器转为液力偶合器工况工作，其效率曲线以 $OBC$ 表示。

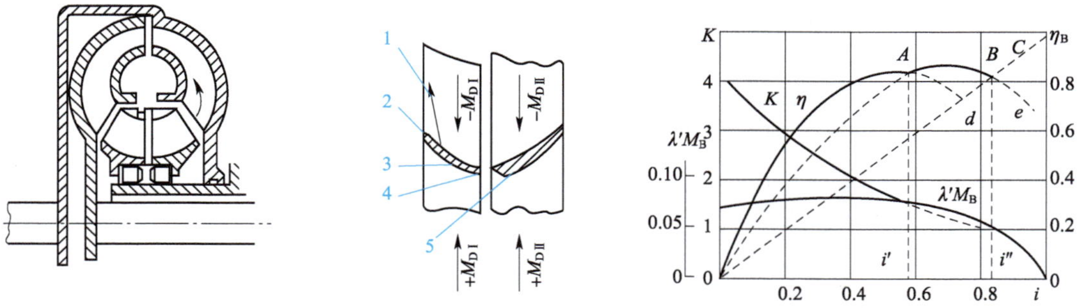


a)结构简图　　b)导轮受力示意图　　c)原始特性曲线

图 7-17　双导轮综合式液力变矩器

由效率曲线可见，当 $i' \leqslant i \leqslant i''$时，综合式液力变矩器的效率提高了，与单导轮综合式液力变矩器相比，效率曲线所包围的面积大了。效率在此区段提高的原因是导轮 $D_Ⅰ$ 松开空转时，导轮 $D_{II}$ 进口冲角很小，和一个导轮比较，导轮进口撞击损失大大降低。

双导轮综合式液力变矩器结构稍复杂些，但其性能有了明显改变，故这种变矩器应用较广泛。

液力变矩器由于泵轮直接连接于发动机的曲轴上，因此只要发动机不熄火，它总是不停地转动着。于是涡轮上的力矩不会等于零，涡轮也不会停止转动。所以它们是不能彻底分离动力的，这就会给机械换挡式变速器的换挡造成困难。因此，如果机械上仍采用普通变速器时，必需配装一个摩擦式离合器，以便使发动机与传动系统彻底分离。此外，为了对机械进行拖动，也要利用摩擦式离合器使液力变矩器锁死不起作用。

## 学习项目六　液力变矩器的类型、结构

### 一、液力变矩器的分类

先将与液力变矩器分类有关的几个概念分述如下：

元件——与液流发生作用的一组叶片。

级——涡轮的元件数。

相——借助于某些机构的作用，一些元件在一定工况下改变作用，从而改变了变矩器的工作状态。

例如，对于三元件综合式变矩器(图 7-16)，当 $n_T > n'_T$ 时，导轮通过自由轮滑转，导轮失去作用而转入偶合器工况工作。由于它具有变矩器和偶合器两种工作状态，故三元件综合式变矩器称为单级两相变矩器。

液力变矩器的分类大致如图 7-18 所示。

按叶轮在循环圆内的排列顺序可分为 B—T—D 型和 B—D—T 型两类液力变矩器(图 7-18a、b。对于 B—T—D 型液力变矩器，在正常状态下，涡轮的转向和泵轮转向一致，又称为正转液力变矩器；对于 B—D—T 型液力变矩器，在正常状态下，涡轮的转向与泵轮的转向相反，故又称反转液力变矩器。工程机械中大多数采用 B—T—D 型液力变矩器。

按涡轮在循环圆中的位置(或形态)又分为：

(1)向心涡轮式液力变矩器(图 7-18g)。变矩器涡轮中的工作液流从周边流入中心。这个工作液流方向由涡轮进口半径 $r_{T1}$ 大于涡轮出口半径 $r_{T2}$ 来保证实现。

(2)轴流涡轮式液力变矩器(图 7-18h)。变矩器涡轮中的工作液流是轴向流动。这将由大小相似的涡轮进、出口半径来实现。

(3)离心涡轮式液力变矩器(图 7-18i)。在该变矩器涡轮中，工作液流是从中心流向周边的。这将由涡轮进口半径 $r_{T1}$ 小于涡轮出口半径 $r_{T2}$ 来保证实现。

按液力变矩器各叶轮相互结合工作的数目，即变矩器在工作时可组成的不同工况数，又可分为单相、两相、三相液力变矩器。

单向液力变矩器只有一个变矩器工况；两相液力变矩器不仅具有一个变矩器工况，而且具有一个偶合器工况(如上述的综合式液力变矩器)；三相液力变矩器具有两个变矩器工况和一个偶合器工况。把变矩器导轮分割成两个，各自安装在独立的单向离合器上(双导轮综合式变矩器)即可实现(图 7-18d)。

按循环圆内涡轮的个数来分，又有单级液力变矩器、双级液力变矩器(图 7-18e)和多级

液力变矩器(图 7-18f)。

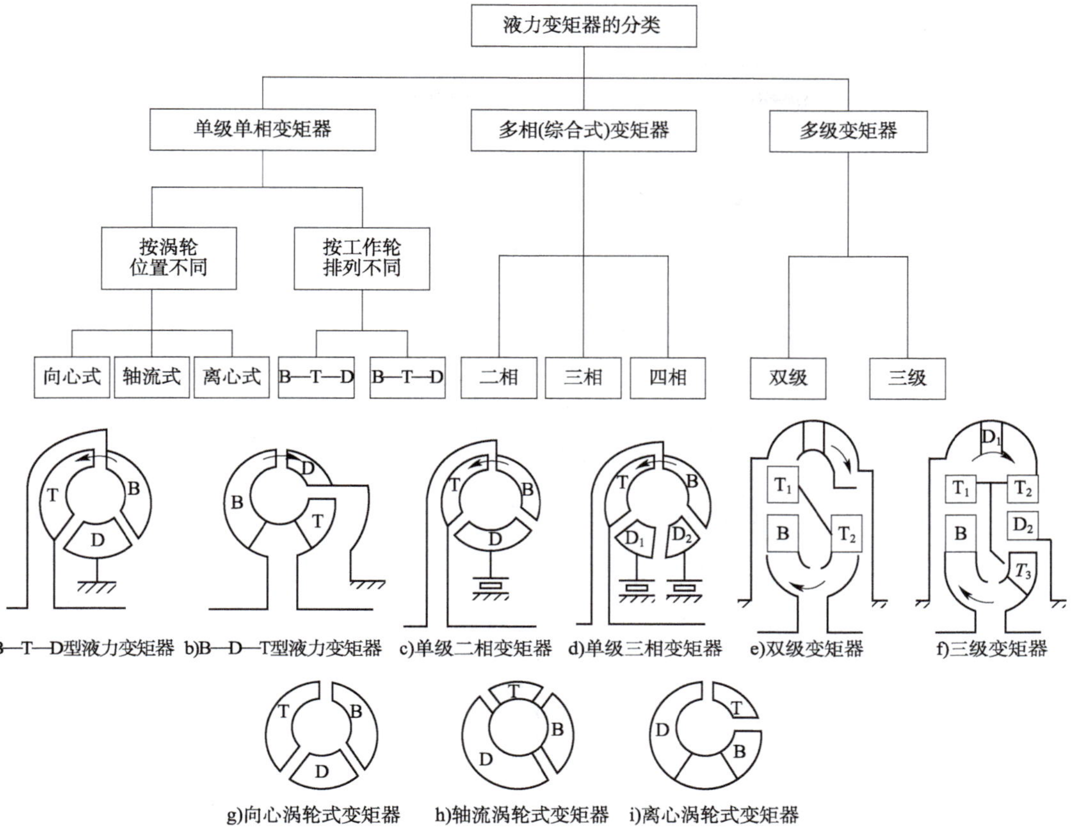


图 7-18　液力变矩器的类型简图

B-泵轮;T-涡轮;$T_1$-第一级涡轮;$T_2$-第二级涡轮;$T_3$-第三级涡轮;D-导轮;$D_1$-第一级导轮;$D_2$-第二级导轮

另外,根据液力变矩器中是否存在将泵轮和涡轮闭锁成一体旋转的工况,液力变矩器分为闭锁式和非闭锁式。必须指出,将液力变矩器闭锁后,传动效率提高了,但是使传动变为纯机械式,失去了液力变矩器赋予传动的各种优良性能。因此,运输车辆一般仅在等级路面、高挡位行驶时闭锁变矩器;有时为了解决机械用拖车方法起动发动机和下长坡时利用发动机制动问题,也可以采用可操纵的闭锁离合器的方案。

## 二、常用液力变矩器的结构

目前液力变矩器的种类很多,现以最常用的国产 YB-355-2 型液力变矩器(图 7-19)为例,来讲述液力变矩器的结构。

YB-355-2 型液力变矩器是单级单(B—T—D 型)液力变矩器。“YB”是液力变矩器的汉语拼音缩写,“355”是指该变矩器最大圆直径(以 mm 计),最后的数值“2”表示此种变矩器的系列化数。

YB-355-2 型液力变矩器的结构包括以下部分:

①液力变矩器的能量转换元件;泵轮 B、涡轮 T、导轮 D。

②动力由输入端到输出端的一些传力件,包括弹性连接盘、液压泵驱动盘、涡轮轴、涡轮毂、液压泵驱动轴以及相应的连接件(螺栓)等。

③旋转零件的支承件;各个轴承及轴承座。

④压力油的密封件:金属密封环、橡胶油封以及 O 形密封圈。

⑤变矩器壳体、导轮固定支承部件及其他附件。

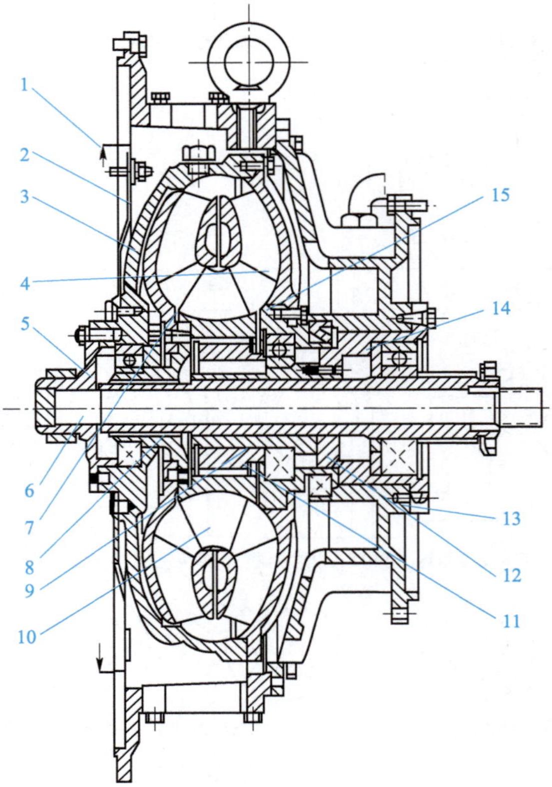


图 7-19　YB-355-2 型液力变矩器的结构图

1-发动机飞轮;2-弹性连接盘;3-罩轮;4-泵轮;5-液压泵驱动盘;6-液压泵驱动轴;7-涡轮;8-涡轮轮毂;9-涡轮输出轴;10-导轮;11-导轮固定;12-轴承座;13-壳体;14-密封托;15-泵轮轴承座

为简明起见,按动力输入部分、动力输出部分以及导轮的固定支撑部分等来叙述:

(1)动力输入部分。

发动机的动力按如下路线输入泵轮:

$$\text{发动机飞轮 1}\rightarrow\text{弹性连接盘}\rightarrow\begin{cases}\text{罩轮 3}\rightarrow\text{泵轮 4}\\\text{液压泵驱动盘 5}\rightarrow\text{液压泵驱动轴 6}\end{cases}$$

发动机飞轮 1 和弹性连接盘 2 用双头螺栓连接;弹性连接盘 2 和罩轮 3 用 6 个双头螺栓和 6 个圆柱销来连接和传力。力矩的传递主要靠圆柱销。弹性连接盘与罩轮连接处的表面应当平整。

罩轮与泵轮 4 之间有 24 个螺栓连接,连接处配合面定位,以保证泵轮与发动机曲轴的同轴度。

这个液力变矩器需用一部分功率驱动液压泵。在结构上,这部分功率由罩轮 3、液压泵驱动盘 5 和液压泵驱动轴 6 输出。

泵轮系统有三个支点。第一个支点是固定支点,该支点通过液压泵驱动盘的轴端插入发动机的中心孔内,将变矩器支承于发动机上。从而使整个系统与发动机曲轴系统旋转同心，同时防止了整个系统的径向移动和承受系统的径向负荷。第二个支点是泵轮通过球轴承支承在导轮固定座上，该支点允许微小的轴向移动：泵轮 4 用螺栓与泵轮轴承座 15 相连。第三个支点是罩轮和涡轮间用一个球轴承相互支撑。这对泵轮系统来说是多余的，但对涡轮来说却是必要的支承点。

在动力输入系统中，弹性连接盘除了传递力矩外，还可以缓冲和减小由于偏心和热膨胀等引起的附加载荷。罩轮除了作为动力的中间传递零件外，并在此变矩器中构成循环圆的一部分。泵轮由 ZL－10 铸铝浇铸而成，泵轮内分布着 26 个圆曲面叶片。

(2)动力输出部分。

变矩器动力按如下路线传递：涡轮 7→涡轮轮毂 8→涡轮输出轴 9。

涡轮 7 与涡轮轮毂 8 之间用螺栓连接，用圆柱销传力，涡轮轮毂与涡轮轴采用花键连接。

为使涡轮能在涡轮轴上轴向固定，在涡轮轮毂两侧各设有一个轴用挡圈。为了调整涡轮与泵轮和罩轮间的轴向间隙，在涡轮毂与轴承和挡圈间都设有调整垫圈。

涡轮系统是两点支承：左支点是通过 210 向心球轴承支承在涡轮轮毂 8 与罩轮 3 之间的轴承座内。轴向用液压泵驱动盘 5 压紧定位；右支点通过 309 向心球轴承支承在与壳体 13 联成一体的轴承座内。轴承外环左侧有一密封托 14，它与外环一起紧靠在轴承座内；外环的右侧有一个挡圈使轴承轴向定位。轴承的内环一侧靠在涡轮轴的键上，另一侧经密封座靠挡圈轴向定位。这样，整个涡轮输出部分的轴向位置是确定的。

涡轮与涡轮轴的同心度由花键定心来保证。

涡轮由 ZL－10 铸铝浇铸，涡轮内有 28 个均布的曲面叶片。涡轮为向心式，它的循环圆形状和叶片进出口轴面轮廓线位置与泵轮大致对称。

(3)导轮的固定支承部分。

导轮在 YB-355-2 型液力变矩器中是一个固定不动的叶轮。它与壳体 13 之间的连接路线是：导轮 10→导轮固定座 11→轴承座 12→壳体 13。

导轮 10 和导轮固定座 11 之间采用平键连接。为了防止键的轴向移动，在右侧有一挡圈。导轮固定座 11 与轴承座 12 之间用螺栓连接，用定位销定位。为了拆卸方便，轴承座上钻有两个顶丝孔。

导轮也是用 ZL-10 铸铝铸成。导轮内均布 24 个近似圆柱曲面的叶片。

(4)压力油的密封。

当液力变矩器工作时，在循环圆内充满有一定压力和高速流动的液体。为防止液体渗漏，必须对循环圆的有关连接处采取密封措施。

在 YB-355-2 型液力变矩器上采用了三种密封装置：

①固定处密封，采用耐油橡胶制成的 O 形密封圈，如罩轮 3 和泵轮 4 的连接处、泵轮 4 和泵轮轴承座 15 的连接处、罩轮 3 和液压驱动盘 5 的连接处。

②旋转处密封，采用合金铸铁制成的密封环。罩轮 3 与涡轮轮毂 8 之间、泵轮轴承座 15 与导轮固定轴承座 12 之间以及密封托和密封座间，都采用了合金铸铁的密封环。

③对于压力较低而又有相对运动的连接处，采用橡胶密封圈。

(5)液力变矩器的补偿和冷却系统。

液力变矩器正常工作必须有补偿和冷却系统。YB-355-2 型液力变矩器的补偿和冷却包括下列一些部件：滤油器、齿轮泵、油冷却器和三个压力控制阀，其中前三个是不附属于液力变矩器的独立部件，而三个压力控制阀则往往安装在液力变矩器上，作为液力变矩器的组

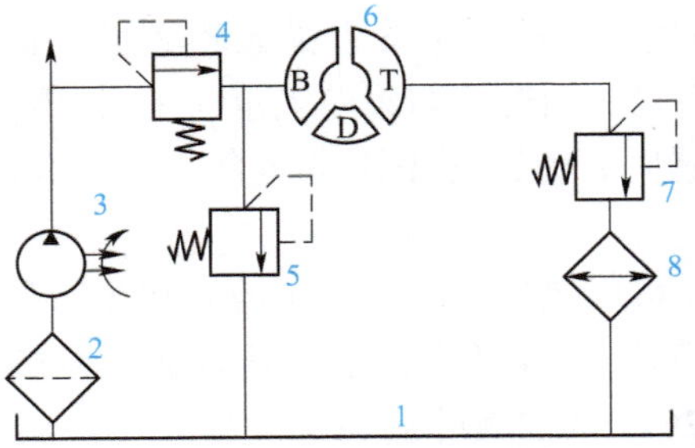

图 7-20　液力变矩器的补偿和冷却系统
1-油箱;2-过滤器;3-液压泵;4-定压阀;5-溢流阀;6-液力变矩器;7-背压阀;8-散热器

成部件。补偿和冷却系统,见图 7-20。

第一个压力阀是定压阀 4。它的作用是限定车辆变速器换挡离合器的油压,压力一般为 1.1 ~ 1.4MPa。在油压低于规定值时,补偿油液不进入液力变矩器以保证离合器的操纵油压。

第二个压力阀是溢流阀 5。它控制工作液体;进入泵轮时的压力,压力一般为 0.35 ~ 0.4MPa。它同时又起着控制供油流量的作用。

第三个压力阀是背压阀 7。它保证液力变矩器中的压力不得低于所规定的压力(0.25 ~ 0.28),以防止工作时液力变矩器因压力过低产生气蚀现象和工作液体全部流空。

## 三、液力变矩器在车辆中的应用

单一的液力变矩器很难完全满足车辆的使用要求,因此需采用变矩器和其他机械传动机构(如变速器)一起共同组成车辆的传动系统。为使传动系统能够保证车辆的必要速度、动力和经济性能,一般将液力变矩器或液力机械变矩器与机械变速器组合起来,称之为液力机械传动系统:

在各种车辆中,采用的液力机械传动方案有以下几种:

(1)由液力变矩器和机械变速箱串联。此时,在变速器的任何挡位下液力变矩器均串联进行工作。在这类传动中,一般应用两相或多相液力变矩器。

(2)由带闭锁装置的液力变矩器和机械变速器组成液力机械传动。此时,在机械变速器不同挡位下,液力变矩器可串联进行工作,也可以在闭锁情况下成为纯机械传动。这种方案可以得到两个传动范围,广泛应用在轮胎和履带工程机械上。

(3)由液力变矩器、主变速器和辅助变速器组成的液力机械传动。这种传动,在高低挡传动范围的第一挡使液力变矩器串联进入工作,而其他挡时液力变矩器不工作,而成为纯机械传动。

# 学习项目七　液力机械变矩器简介

液力机械变矩器是指液力变矩器与机械传动部件以不同方式组合起来,所得到的一种新的液力传动元件的总称。

液力机械变矩器是在液力变矩器的基础上发展起来的。利用机械传动部件和功率分流原理可以改变和改善液力变矩器的性能,扩大现有液力变矩器的应用范围。目前,液力机械变矩器已在一些国家的汽车、工程机械和军用履带车辆上得到应用,并且已有系统化的定型产品。

液力机械变矩器按照功率分流在变矩器外部或内部实现,分为外分流和内分流两大类。

## 一、外分流液力机械变矩器

外分流液力机械变矩器的输入功率分两路传递,一部分功率由液力变矩器传递,一部分功率由机械部件传递。输入功率在输入轴处分流,然后在输出轴处汇合,由输出轴输出。外分流液力机械变矩器按齿轮行星机构的安放位置不同，分为行星传动机构在输入端和输出端两类。

图7-21a)、b)表示行星传动机构在输入端的液力机械变矩器。图7-21a)中，功率流从输入轴1传给行星架2和行星轮3。行星轮把功率流分为两路，一路通过太阳轮4传给泵轮6，另一路通过齿圈5传给输出轴6。

图7-21c)、d)表示行星传动机构在输出端的液力机械变矩器。图7-21c)表示输入轴1输入的功率流一路传给泵轮B，另一路传给太阳轮4。齿圈和行星轮3啮合。涡轮T交还的功率流传给行星轮3，太阳轮也和行星轮3啮合。行星轮汇合两功率流，通过行星架2把总功率流传给输出轴6。图7-21d)中，功率流一路传给泵轮B，另一路传给太阳轮4，两流也通过行星轮3汇总合并传给输出轴6。

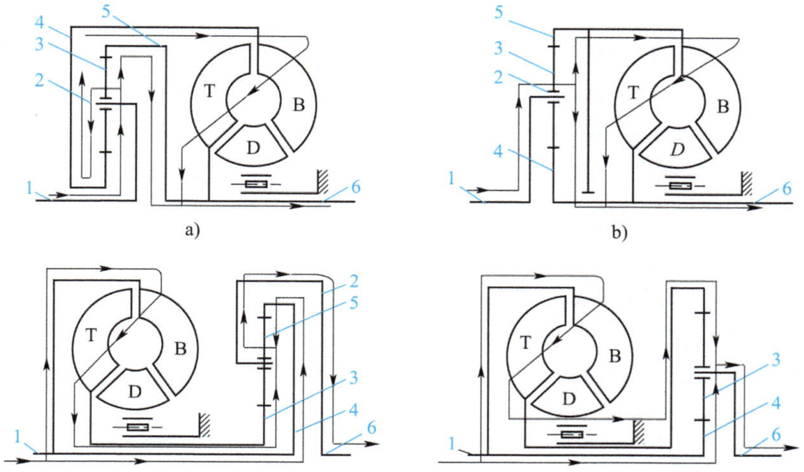


图7-21　外分流液力机械变矩器方案

1-输入轴；2-行星架；3-行星轮；4-太阳轮；5-齿圈；6-输出轴

半回转式装载机的液力机械变矩器，如图7-22所示。

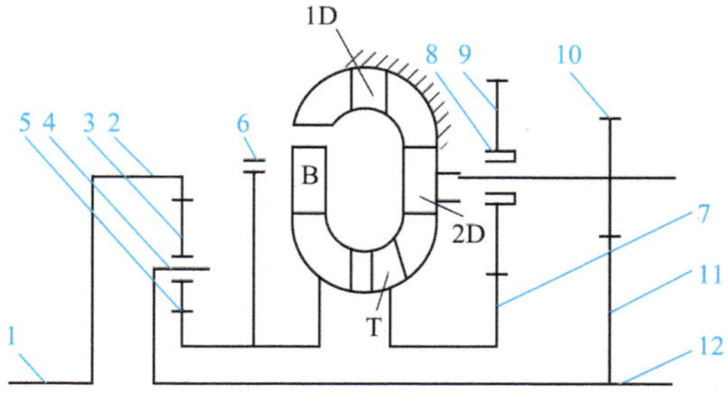

图7-22　半回转轮式装载机械液力机械变矩器简图

1-输入轴；2-齿圈；3-行星轮；4-行星架；5-太阳轮；6-制动器；7、9、10、11-齿轮；8-单向停止器；12-输出轴

齿圈2和输入轴1连接，齿圈2为主动件。功率流一路通过行星架4传给输出轴12，另一路通过太阳轮5传给泵轮B。涡轮T交还的功率流通过齿轮7和齿轮9、单向停止器8、齿轮10和11，叠加到输出轴12上。当由机械部件传递的功率占总功率的60%～70%时，将泵轮制动。这时，全部功率通过机械部件传递，液流停止循环而涡轮T借助单向停止器8与输出轴12脱开。

## 二、内分流液力机械变矩器

内分流液力机械变矩器与外分流液力机械变矩器的不同之点是功率分流在液力变矩器的内部实现。

在内分流液力机械变矩器中，功率由泵轮 B 输入，而由两个或两个以上的独立旋转的叶轮分别传递一部分功率，最后通过机械部件传动将各叶轮的输出功率汇流，由输出轴输出。

内分流液力机械变矩器按照内部功率分流的方法不同，可分强制导轮反转和多涡轮液力机械变矩器两类。

(1)强制导轮反转的内分流液力机械变矩器。

在强制导轮反转的内分流液力机械变矩器中，由涡轮和强制反转的导轮共同传递泵轮输入的功率。图 7-23a)为强制导轮反转二级二相液力机械变矩器的简图。泵轮 B 由输入轴 1 带动旋转。由翼栅 1T 和 2T 组成的涡轮和输出轴 2 连接，输出轴 2 同时又和行星排的齿圈 3 连接。导轮 D 和空心轴 8 刚性连接，空心轴同时还和制动器 9 的制动鼓以及太阳轮 7 连接。制动器 5 的制动鼓和行星架 4 连接，行星架上装置行星轮 6。

传动比在 $i<i_1$ 范围时(车辆起步和大负荷低速行驶时)，制动器 9 松脱，制动器 5 抱死，行星架 4 不动，导轮 D 反向旋转并通过行星排齿轮 7、6 和齿圈 3 把增大了的导轮力矩汇同涡轮力矩汇合到输出轴 2 上。这就使得小传动比范围的变矩系数和效率得到提高。

这种情况下，输入轴传给泵轮的功率流分为两路：一路由涡轮 1T 和 2T 传递，另一路由导轮 D 传递。两路功率流借助行星排汇合到输出轴 2 上。

这种液力机械变矩器的原始特性曲线示于图 7-23b)。当传动比到 $i_1$ 时，制动器 5 脱开而制动器 9 抱住。这时，导轮 D 不动，而液力机械变矩器如同二级液力变矩器一样工作。

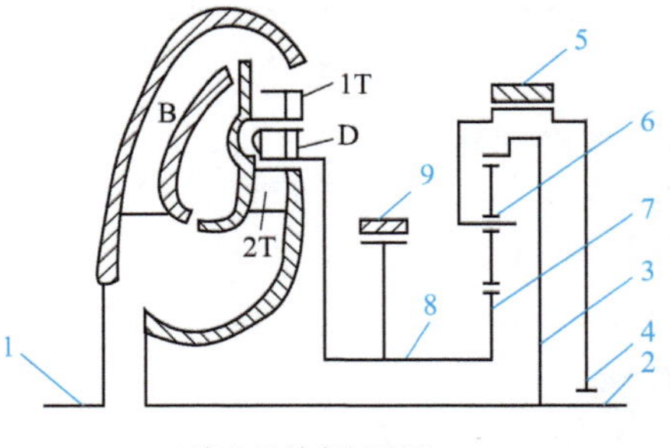


a)液力机械变矩简图

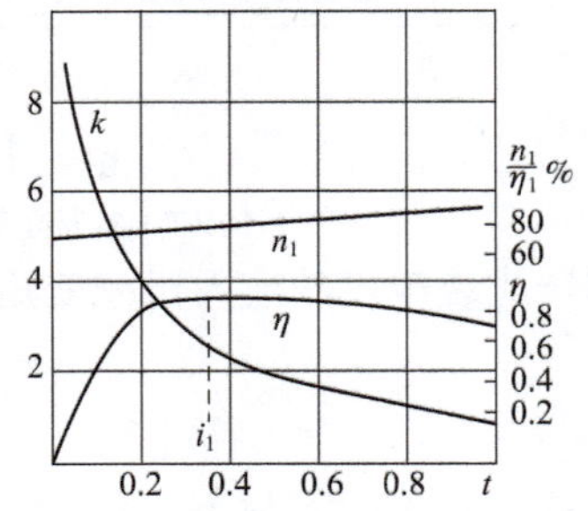


b)液力机械变矩图的原始特性

图 7-23　强制导轮反转的二级二相液力机械变矩器

1-输入轴;2-输出轴;3-齿圈;4-行星架;5-制动器;6-行星轮;7-太阳轮;8-空心轴;9-制动器

从图 7-23b)的原始特性曲线可见，这种液力机械变矩器具有很高的变矩性能。

(2)多涡轮液力机械变矩器。

在多涡轮内分流的液力机械变矩器中，导轮固定不动，功率的分流和传递是通过两个以上独立旋转的涡轮来实现的。

图 7-24a)为双涡轮液力机械变矩器简图。泵轮 B 和输入轴 1 连接，泵轮之后配置第一涡轮 1T 和第二涡轮 2T。第一涡轮和中间轴 2 连接，中间轴同时又和齿轮 3 连接。第二涡轮和空心轴 5 连接，空心轴同时又和齿轮 6 连接。齿轮 7 和输出轴 4 刚性连接，导轮 D 和固定不动的壳体连接。

负荷小时($i>i_1$ 范围)，第二涡轮 2T 转速提高。而齿轮 7 的转速超过齿轮 8(第一涡轮通过齿轮3对8减速)时,单向停止器9脱开。第一涡轮1T在液流中自由旋转,输入轴传给泵轮的功率只通过涡轮2T齿轮6和7传给输出轴。负荷增大迫使涡轮2T的转速降低。到 $i=i_1$ 时,齿轮7的转速降低到和齿轮8转速相同,单向停止器楔紧,于是涡轮2T按一定的速比旋转。输入轴传给泵轮的功率流分为两路:一路通过涡轮2T、齿轮6和7传给输出轴4,另一路通过涡轮1T、齿轮3和8及单向停止器9,传到输出轴4上。

这种液力机械变矩器的原始的特性曲线,如图7-24b)所示。由原始特性曲线可见,这种液力机械变矩器在小传动范围中的变矩系数和效率有显著改善。

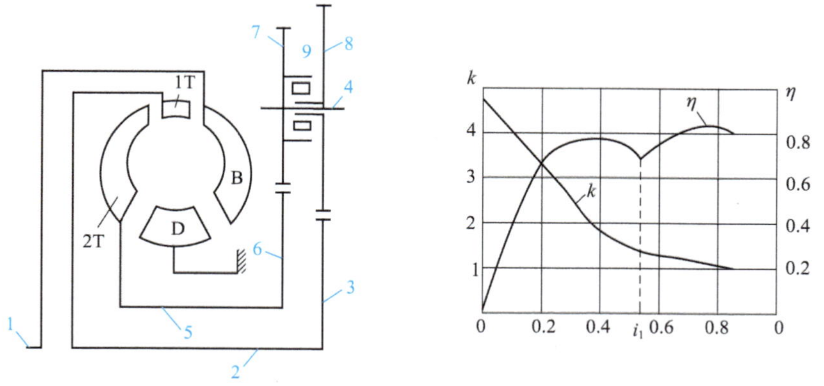


a)液力机械变矩器简图　　　b)液力机械变矩器原始特性

图7-24　双涡轮液力机械变矩器

1-输入轴;2-中间轴;3、6、7、8-齿轮;4-输出轴;5-空中轴;9-单向停止器

近年来,双涡轮液力机械变矩器在轮式装载机上得到应用。

## 三、液力机械变矩器在DC-32k型抄平起拨道捣固车高速走行传动系统中的应用

目前,液力机械变矩器在铁路大型养路机械上被广泛应用,现以在DC-32k型抄平起拨道捣固车高速走行传动系统为例,来讲述液力机械变矩器的应用。

大型捣固车是占用封闭区间进行线路维修作业的,为了减少线路封闭后的辅助作业时间,要求捣固车能迅速到达或离开作业地段,所以捣固车必须具有高速行驶的功能。

DC-32k捣固车的捣固作业为步进式,作业过程中要频繁起动和停车,这就要求作业走行速度低,改变走行方向容易,操纵简单。

由于机械传动系统附加冲击力和动载荷大,使得发动机和传动零件的使用寿命降低。另外,机械传动的转矩储备系数较小,为1.05~1.20,随着转速的下降,功率降低较大,而转矩增加并不显著,外载荷超过柴油机的最大转矩时,若不及时换入低速挡或减小载荷,则会使柴油机熄火。机械传动要求操作人员技术熟练,而且容易引起操作紧张、劳累、操纵机构也复杂。

由此可知,捣固车需要有高、低速走行两套传动系统,单一种传动系统很难满足高、低速走行两种工况的要求。因此,现代的大型捣固车高速走行系统采用机械传动或液力机械传动,低速走行系统采用静液压传动。

为了克服机械传动的这些缺点,目前生产的捣固车大多数采用了液力机械传动,即在机械传动系统中加入液力变矩器,使发动机输出的功率通过液力变矩器再传入机械传动系统,大大改善了机械传动的性能。

图 7-25 是 DC-32k 捣固车动力传动系统。其中，高速走行是液力机械传动，由液力机械变速器、分动齿轮箱、传动轴、车轴减速器、轮对等组成。

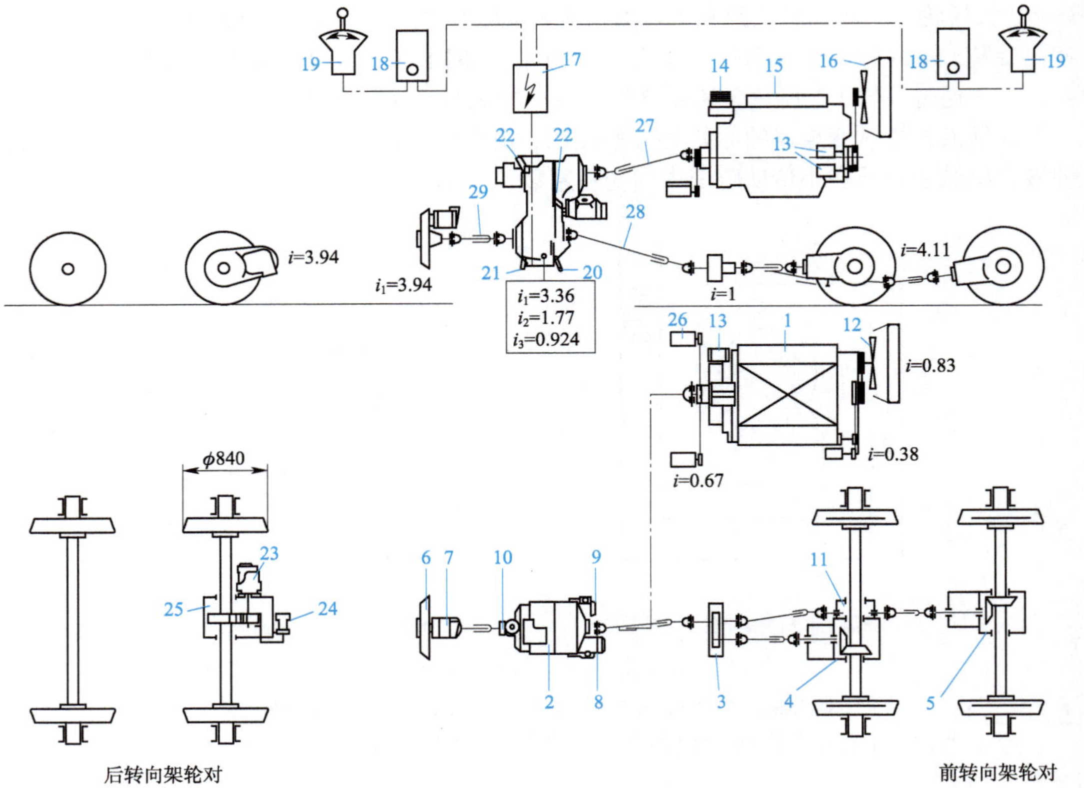


图 7-25　捣固车的动力传动系统

1-柴油机；2-液力机械变速器；3-分动器；4、5、25-车轴减速器；6-减速器；7、23-液压马达；8、9、10-液压泵；11-过桥传动轴；12-液压油冷却风扇；13-发电机；14-空气压缩机；15-机油散热器；16-液压油散热器；17-电气接线盒；18-电气开关；19-变速操纵盒；20-走行离合器操纵杆；21-作业走行离合器操纵杆；22-液压泵离合器操纵杆；24-齿轮离合器风缸；26-制冷压缩机；27、28、29-传动轴

当传动系统转换为高速自行工况时，通过操纵杆 22、21 使液压液压泵离合器和液压马达离合器松开，操纵风缸 24 使作业走行液压马达 23 的小齿轮与车轴齿轮分离，通过操纵杆 20 使动力输出离合器结合。此时，柴油机的动力经传动轴到液力机械变速器，再经分动齿轮箱分为两路，通过传动轴分别传到前转向架的 1 轴和 2 轴车轴减速器，驱动车轮前行。

液力机械变速器是传动系统中的重要部件，DC-32k 捣固车选用德国 ZF 公司生产的 4WG－65 型液力机械变速器。捣固车的高速走行有两种工况，即自行高速走行工况和拖挂高速运行工况。

自行高速走行时，首先把后驾驶室内的走行工况气动转换手柄置于高速走行位，则风缸 24 动作，脱开辅助作业走行液压马达 23 的离合器；操纵手柄 21，使作业走行液压马达 7 与变速器脱开，操纵手柄 22，使作业液压泵与变速器连接的离合器脱开（机械式离合器）；选择前进方向的驾驶室进行驾驶。驾驶时把开关钥匙插入控制总开关 18，接通变速操纵盒 19 的控制电路，当变速手柄放在前进一挡位时，动力换挡变速器内的前进离合器和一挡离合器结合，柴油机的动力传动路线为传动轴→液力变矩器→变速器→输出传动轴→分动差动器→传动轴→车轴齿轮箱，驱动轮对前进。

长距离转移工地时，一般情况下把捣固车挂在列车尾部，在机车牵引下，捣固车拖挂高速运行。这时，捣固车必须可靠地处在拖挂运行工况。操纵手柄20，使输出传动轴与变速器的连接离合器脱开（机械式离合器），必要时离合器手柄加锁固定，以使从车轮反传动的转矩被截止。

## 学习项目八　液力变矩器的使用和维护

正确使用液力变矩器是保证液力变矩器正常工作、发挥效能的前提条件。正确使用液力变矩器是指对其进行定期检查、维护。

### 一、日常检查

（1）油面检查。在任何情况下，变矩器的油量应符合规定的油面高度。防止因漏油而引起油面高度降低。如果液力变矩器和变速器使用同一油箱，可只检查变速器的油面高度。

（2）油温检查。通常，驾驶室装有变矩器出口油温表。变矩器正常油温范围一般为80～90℃；在重载工况（重载上坡），可允许油温到110℃。若油温超过此值，可将变速器顺序降挡，直到油温低于此值。

变矩器油温一般不允许超过110℃，在正常行驶情况下，如果出现油温超过110℃，应停车，将变速器换到空挡，使发动机在怠速范围内运转一段时，油温降至正常值后，再行车。若油温仍不下降，应停机仔细查找原因。

（3）进、出口油压检查。检查时，发动机节气门全开，变矩器分别处于起动工况和空载工况，分别检查进口和出口油压的最大值和最小值。如果油压不正常，应排除可能的故障。

### 二、定期检查

（1）油质检查和换油周期。目前，我国液力变矩器用油通常为6号和8号液力传动油（按100℃运动黏度划分），进口液力变矩器按照说明书推荐的油品使用。6号和8号液力传动油为专用油品，加有染色剂，系红色或蓝色透明液体，绝不能与其他油品混用，同牌号不同厂家生产的也不易混兑使用；储存中要严格防止污染，容器和加油工具必须清洁、严密，以免乳化变质。

检查油液时，在手指上擦少许油液，用手指互相摩擦看是否有渣粒存在，并从油尺上嗅闻油液气味；如发现有沉淀、水分、油泥以及异味，应当及时处理（最好每月抽样化验一次）。

根据使用条件，一般规定每工作1000h换油一次。油中杂质增多或长期高温作业，会使油液变质，应及时换油。每次换油时，必须清洗或更换滤油器。在恶劣工况下，应经常清洗或更换滤油器。如果在油液中出现金属颗粒，必须对油路系统的所有部件进行彻底清洗和检查。

（2）放油和充油。先在发动机停止运转的情况下放油。由于变矩器里可能有残余油液，可起动发动机在大约1000r/min的转速下运转20～30s，将剩油排出。因为此时润滑不良，变矩器的运转时间不应超过30s。

加油时，先在发动机停止运转的工况下加入一定量的油液，然后起动发动机急速运转，使整个系统充油。在急速运转2min后，再加油到规定的油面高度。

（3）保持油箱通气孔畅通。无论是装在油箱上或变速器上的通气孔，都需要经常检查和清洗。如果通气孔堵塞油液将迅速氧化、变稠,形成油泥。每次换油时,都应清洗通气孔。

(4)检查综合式液力变矩器时,先将发动机节气门加到最大并制动变矩器输出轴,待变矩器出口油温升至最高时(100℃以上),松开变矩器输出轴使转速高于最大工作转速,并检查油温下降速度。一般在15s之后油温应该开始下降。如果温度下降缓慢,表示导轮没松脱,继续处于固定状态,可能是单向离合器失效。如果油温迅速下降,则表示导轮及单向离合器工作正常。

(5)检查变矩器起动工况。其目的是检查和判断在起动工况下发动机与液力变矩器的匹配是否符合设计要求。检查时,先起动发动机预热并急速运转,将变矩器输出轴制动。然后提高发动机转速直到加速踏板踩到底为止。变矩器在此工况下的时间一般不应超过30s,出口油温不应超过最高允许油温,观察此时发动机的转速和变矩器供油系统的进口油压与设计数据是否一致。

## 练习题

1. 什么是液力传动?液力传动的主要优点是什么?
2. 阐述液力偶合器的工作原理。
3. 液力偶合器可分为哪几类?各类液力偶合器各自应用于什么场合?
4. 液力变矩器和液力偶合器在结构及功能上的异同?
5. 阐述液力变矩器的变矩原理、自动变矩的过程。
6. 什么是液力变矩器的变矩性能、透穿性能、输出特性、原始特性、输入特性?
7. 什么是综合式液力变矩器?
8. 液力变矩器油温过高的原因有哪些?各应采取什么措施?

# 单元八

# 气压传动

【学习要求】

1. 掌握气压传动系统的工作原理和组成。
2. 掌握气源装置及辅助元件的工作原理。
3. 掌握气缸的工作原理。
4. 了解气马达的工作原理。
5. 掌握减压阀、顺序阀、安全阀的工作原理及应用。
6. 掌握流量阀的工作原理及应用。
7. 掌握方向控制阀的工作原理及应用。
8. 掌握气动基本回路的工作原理及应用。

气压传动简称气动，是指以压缩空气为工作介质来传递动力和控制信号，控制和驱动各种机械和设备，以实现生产过程机械化、自动化的一门技术。因为以压缩空气为工作介质，具有防火、防爆、防电磁干扰，抗振动、冲击、辐射，无污染，结构简单，工作可靠等特点，所以气动技术与液压、机械、电气和电子技术一起，互相补充，已发展成为实现生产过程自动化的一个重要手段，在国内外工业生产中广泛应用。

气压传动像液压传动一样，都是利用流体作为工作介质而传动，在工作原理、系统组成、元件结构以及图形符号等方面，二者之间存在着不少相似之处。所以在学习本章时，前面的液压传动的基本知识，在此有很大的参考和借鉴作用。

# 学习项目一　气压传动概述

## 一、气压传动系统的工作原理及组成

### 1. 气压传动系统的工作原理

以气动剪切机为例，介绍气压传动的工作原理。图 8-1a）所示为气动剪切机的工作原理图。图示位置为剪切前的情况，压缩机产生的压缩空气经后冷却器、油水分离器、储气罐、分水滤气器、减压阀、油雾器到达换向阀，部分气体进入换向阀的下腔，使上腔弹簧压缩，换向阀阀芯位于上端；大部分压缩空气经换向阀进入气缸的上腔，而气缸的下腔经换向阀与大气相通，故气缸活塞处于最下端位置；当工料送入剪板机并达到预定位置时，工料将行程阀的阀芯向右推动，换向阀的下腔经行程阀与大气相同，换向阀阀芯在弹簧作用下移到下位，将气缸上腔与大气连通，下腔与压缩空气连通，气缸活塞带动剪刀上移将工料切断。工料剪下后，即与行程阀脱开，行程阀阀芯在弹簧作用下复位，将排气口堵死，换向阀的下腔压力上升，阀芯上移，使气路换向。气缸上腔进压缩空气，下腔排气，活塞带动剪刀向下移动，剪板机再次处于预备状态。

由以上分析可知，剪刃克服阻力剪断工料的机械能来自于压缩空气的压力能；负责提供压缩空气的是压缩机；气路中的换向阀、行程阀起改变气体流动方向，控制气缸活塞运动方向的作用。图 8-1b）所示为用图形符号（又称职能符号）绘制的气动剪切机系统原理图。

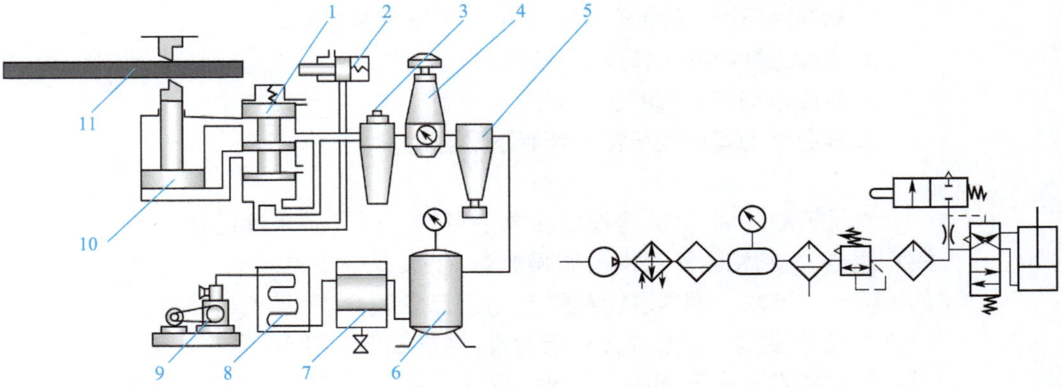


a)结构原理图　　b)图形符号图

图 8-1　气动剪切机的工作原理图

1-气动换向阀；2-行程阀；3-油雾器；4-减压阀；5-分水滤气器；6-储气罐；7-油水分离器；8-冷却器；9-压缩机；10-气缸；11-工料

### 2. 气压传动系统的组成

根据气动元件和装置的不同功能，可将气压传动系统分为以下四部分：

(1)气源装置。

气源装置是获得压缩空气的能源装置，其主体部分是空气压缩机，另外还有气源净化装置。空气压缩机将原动机供给的机械能转化为空气的压力能；气源净化装置用以降低压缩空气的温度，除去压缩空气中的水分、油分以及污染杂质等。使用气动设备较多的厂矿常将气源装置集中在空压站内，由空压站再统一向各用气点（分厂、车间和用气设备等）分配供应压缩空气。

(2)执行元件。

执行元件是以压缩空气为工作介质,并将压缩空气的压力能转变为机械能的能量转换装置。包括做直线往复运动的气缸、做连续回转运动的气马达和做不连续回转运动的摆动马达等。

(3)控制元件。

控制元件是用来控制压缩空气流的压力、流量和流动方向等,以便使执行机构完成预定运动规律的元件。包括各种压力阀、方向阀、流量阀、逻辑元件、射流元件、转换器和传感器等。

(4)辅助元件。

辅助元件是使压缩空气净化、润滑、消声以及元件间连接所需要的一些装置。包括油雾器、消声器以及各种管路附件等。

## 二、气压传动的优缺点

1. 气压传动的优点

(1)工作介质是空气,取用方便,用后的空气可以直接排入大气而无污染,不需设置专门的回气装置。

(2)空气黏度小,流动时压力损失小,适宜集中供气和远距离传输。即使有泄漏,也不会像液压油一样污染环境。

(3)对工作环境适应性好,在易燃、易爆、多尘埃、强辐射、振动等恶劣工作环境下,仍能可靠地工作。

(4)气压传动有较好的自保持能力。即使压缩机停止工作、气阀关闭,气压传动系统仍可以维持稳定的压力。

(5)气动动作迅速,反应快,维护简单,调节方便,特别适用于一般设备的控制。

(6)维护简单方便,管道不易堵塞,使用安全可靠,并不易发生过热现象。

2. 气压传动的缺点

(1)工作压力低(一般低于1MPa),一般用于小功率的场合。在相同输出力的情况下,气压传动装置比液压传动装置的尺寸大。

(2)空气具有的可压缩性大,不易实现准确的速度控制和很高的定位精度,负载变化时对系统的稳定性影响较大。

(3)排气噪声大,须加消声器。

(4)气压传动的工作介质本身没有润滑性,需另外加油雾器进行润滑。

# 学习项目二　气源装置及气动辅助元件

气源装置和辅助元件是气压传动系统的两个不可缺少的重要组成部分。气源装置给系统提供足够清洁、干燥并具有一定压力和流量的压缩气体;辅助元件是元件连接和提高系统可靠性以及改善工作环境等所必需的组成部分。

## 一、气源装置

1. 气动系统对压缩空气品质的要求

由空气压缩机输出的压缩空气虽然能够满足气动系统工作时的压力和流量要求,但其温度高达170℃，且含有汽化的润滑油、蒸汽和灰尘等污染物，这些污染物将对气动系统造成以下不利影响：

(1)混在压缩空气中的油蒸气可能聚集在储气罐、管道、气动元件的容腔里，形成易燃物，有爆炸危险。另外，润滑油被汽化后形成一种有机酸，使气动元件、管道内表面腐蚀、生锈，影响其使用寿命。

(2)压缩空气中含有的水分，在一定压力温度条件下会饱和而析出水滴，并聚集在管道内形成水膜，增加气流阻力；如遇低温或膨胀排气降温，水滴会结冰而阻塞通道、节流小孔，或使管道附件等胀裂；游离的水滴形成冰粒后，冲击元件内表面而使元件遭到损坏。

(3)混在空气中的灰尘等污染物沉积在系统内，与凝聚的油分、水分混合形成胶状物质，堵塞节流孔和气流通道，使气动信号不能正常传递，气动系统工作不稳定；同时，还会使配合运动部件间产生研磨磨损，降低元件的使用寿命。

(4)压缩空气温度过高，会加速气动元件中各种密封件、膜片和软管材料等的老化，且温差过大，元件材料会发生胀裂，降低系统使用寿命。

因此，由空气压缩机排出的压缩空气必须经过降温、除油、除水、除尘和干燥，使之品质达到一定要求后，才能使用。

2. 气源装置的组成和布置

根据气动系统对压缩空气品质的要求来设置气源装置。一般气源装置的组成和布置，如图8-2所示。

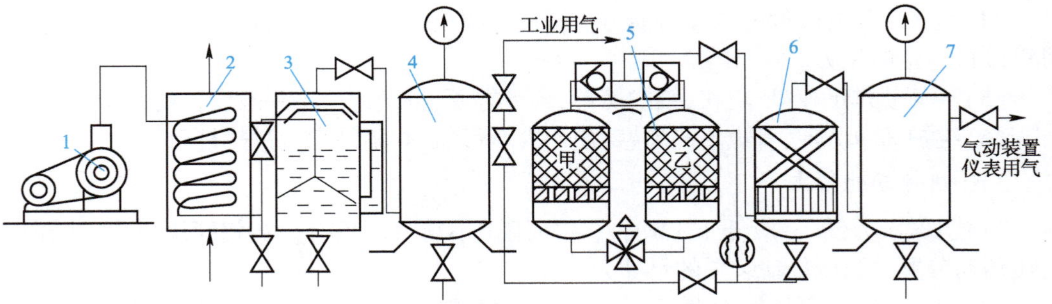


图8-2　气源装置组成示意图

1-空气压缩机；2-后冷却器；3-油水分离器；4、7-储气罐；5-干燥器；6-过滤器

空气压缩机1用以产生一定压力和流量的压缩空气，为了减少压缩空气中的杂质，吸气口装有空气过滤器；后冷却器2用以降低压缩空气的温度，同时使高温汽化的水、油凝结出来；油水分离器3用以分离并排出凝结出的水滴、油滴、杂质等；储气罐4和7用以储存压缩空气，以平衡空气压缩机流量和设备用气量，稳定压缩空气压力，并除去压缩空气中的部分油分和水分；干燥器5用以进一步吸收或排除压缩空气中的水分及油分，使之变成干燥空气；过滤器6用以进一步过滤压缩空气中的灰尘、杂质颗粒。

储气罐4输出的压缩空气用于一般要求的气压传动系统；储气罐7输出的压缩空气可用于要求较高的气动系统（如气动仪表、射流元件等组成的系统）。

3. 空气压缩机

空气压缩机简称空压机，是气源装置的核心，用以将原动机输出的机械能转变为气体的压力能输送给气动系统。

(1)空气压缩机的分类。

按工作原理可分为容积式和速度式两大类。在气压传动系统中,一般都采用容积式空气压缩机。

按输出压力可分为低压压缩机($0.2\text{MPa} < p \leq 1\text{MPa}$)、中压压缩机($1\text{MPa} < p \leq 10\text{MPa}$)、高压压缩机($10\text{MPa} < p \leq 100\text{MPa}$)和超高压压缩机($p > 100\text{MPa}$)。

按输出流量分为微型($q < 1\text{m}^3/\text{min}$)、小型($1\text{m}^3/\text{min} \leq q < 10\text{m}^3/\text{min}$)、中型($10\text{m}^3/\text{min} \leq q < 100\text{m}^3/\text{min}$)、大型($q \geq 100\text{m}^3/\text{min}$)。

按润滑方式分为有油润滑(采用润滑油润滑,整体机构中设有专门的供油系统)和无油润滑(不采用润滑油,零件用自润滑材料制成)。

(2)空气压缩机的工作原理。

容积式空气压缩机中,最常用的是活塞式空气压缩机,其工作原理如图8-3所示。它是利用曲柄滑块机构,将原动机的回转运动转变为活塞的往复直线运动。当曲柄8做回转运动时,带动气缸活塞3做直线往复运动,活塞3向右运动时,气缸腔2因容积增大而压力降低,排气阀1关闭,在大气压的作用下,吸气阀9打开,大气进入气缸腔2,此过程为吸气过程。活塞3向左运动时,气缸腔2因容积减小而压力升高,吸气阀9关闭,排气阀1被打开,压缩空气经排气口进入储气罐,此过程为压缩过程。单级单缸压缩机就是这样循环往复运动,不断产生压缩空气。大多数空气压缩机是多缸多活塞的组合。

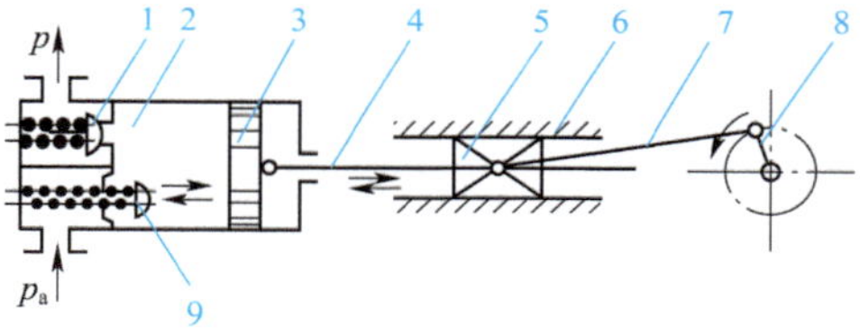


a)结构原理图

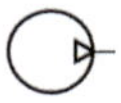

b)图形符号

图8-3 活塞式空气压缩机工作原理图

1-排气阀;2-气缸;3-活塞;4-活塞杆;5-滑块;6-滑道;7-连杆;8-曲柄;9-吸气阀

(3)空气压缩机的选用。

空气压缩机的选用应以气压传动系统所需要的工作压力和流量两个参数为依据。目前,工程实际中常用的工作压力为0.5~0.8MPa,可直接选用额定压力为0.7~1MPa的低压空气压缩机,特殊需要也可选用中、高压或超高压的空气压缩机。

在确定空气压缩机输出流量时,要根据整个气动系统对压缩空气的需要,再加一定的备用余量,作为选择空气压缩机流量的依据。

4.后冷却器

后冷却器一般安装在空气压缩机的出口管路上,用于降低压缩空气的温度,并使压缩空气中的大部分水气、油气冷凝成水滴、油滴,以便经油水分离器析出。

后冷却器一般都是水冷式的换热器,其结构形式有:蛇管式、列管式、套管式等。图8-4所示为列管式后冷却器。热的压缩空气由管内流过,冷却水从管外水套中流动以进行冷却,为了提高降温效果,在安装使用时要注意冷却水与压缩空气的流动方向(图中箭头所示方向)。

5.油水分离器

油水分离器的作用是将经后冷却器降温析出的水滴、油滴等杂质从压缩空气中分离出来。其结构形式有：环形回转式、撞击挡板式、离心旋转式和水浴式等。

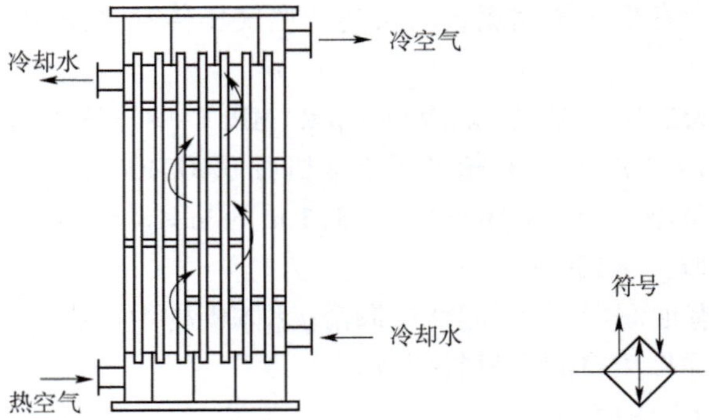

a)结构示意图　　b)图形符号

图 8-4　列管式后冷却器

图 8-5 所示为撞击挡板式油水分离器，压缩空气自进气管 4 进入分离器壳体，气流受隔板 2 的阻挡产生局部环形内流，油滴、水滴等杂质受惯性力和离心力的作用析出并沉降于壳体底部，由排污阀 6 定期排出。

6. 储气罐

储气罐的作用是储存一定数量的压缩空气，以解决空气压缩机的输出气量和气动设备的耗气量之间的不平衡；消除空气压缩机排气的压力波动及由此引起的管道振动，保证供气的连续性、平稳性；进一步冷却压缩空气，分离压缩空气中的油分、水分。

储气罐结构形式，如图 8-6 所示。进气管在下，出气管在上，并尽可能加大两管间的距离。储气罐应设置：安全阀、压力表、检查孔、排污管阀等。

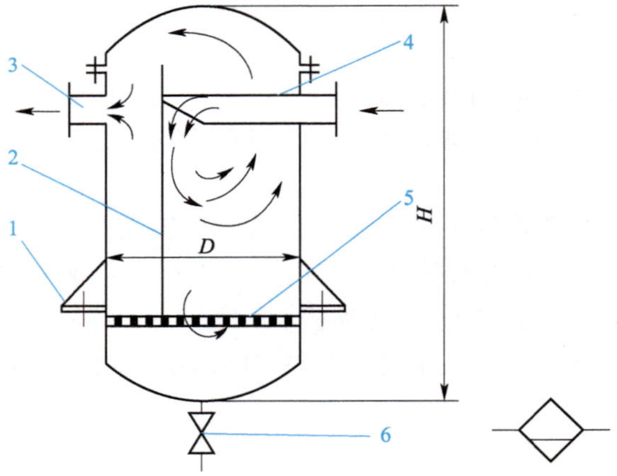

a)结构原理图　　b)图形符号

图 8-5　撞击挡板式油水分离器

1-支架；2-隔板；3-输出管；4-进气管；5-栅板；6-排污阀

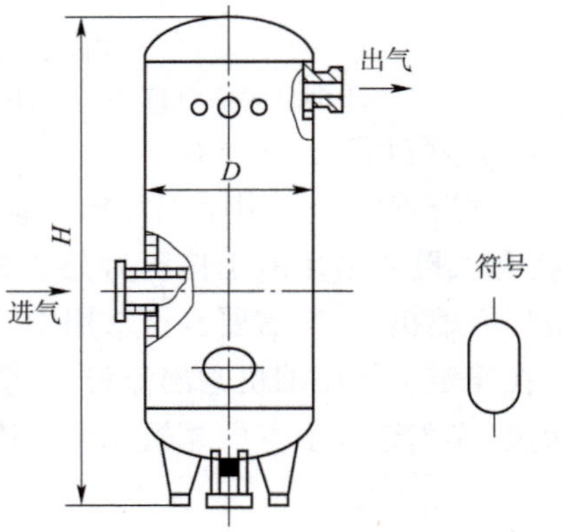

a)结构图　　b)图形符号

图 8-6　储气罐

7. 干燥器

干燥器的作用是为了进一步吸收和排除压缩空气中的水分、油分，使之变为干燥空气，以供对气源品质要求较高的气动设备用气。目前，广泛使用的是吸附法和冷冻法。

吸附法是利用硅胶、活性氧化铝、焦炭或分子筛等具有吸附性能的干燥剂来吸附压缩空气中的水分，而使其达到干燥的目的，吸附法的除水效果很好。

图 8-7 所示为吸附式干燥器的结构原理。它的外壳为一金属圆筒，里面分层设置有栅板、吸附剂、滤网等。其工作原理为：湿空气从进气管 1 进入干燥器内，通过上吸附层 21、铜丝过滤网 20、上栅板 19、下吸附层 16 之后，湿空气中的水分被吸附剂吸收干燥，然后再经过滤网 15、下栅板 14、毛毡层 13、铜丝过滤网 12 过滤气流中的灰尘和其他固体杂质，最后干燥、洁净的压缩空气从输出管 8 输出。当干燥器使用一段时间之后，吸附剂吸水达到饱和状态而失去继续吸湿能力，因此需设法除去吸附剂中的水分，使其恢复干燥状态，以便继续使用，这就是吸附剂的再生。由于水分和干燥剂之间没有化学反应，所以不需要更换干燥剂，但必须定期再生干燥。其过程是：先将干燥器的进气管 1、出气管 8 关闭，然后从再生空气进气管 7 输入干燥的热空气，使吸附剂吸附的水分蒸发为蒸汽，从再生空气排气管 4、6 排出。经过一定的再生时间后，吸附剂被干燥并恢复了吸湿能力。在气压系统中，为保证供气的连续性，一般气源系统设置两套干燥器，一套用于空气干燥，另一套用于吸附剂再生，两套交替工作。

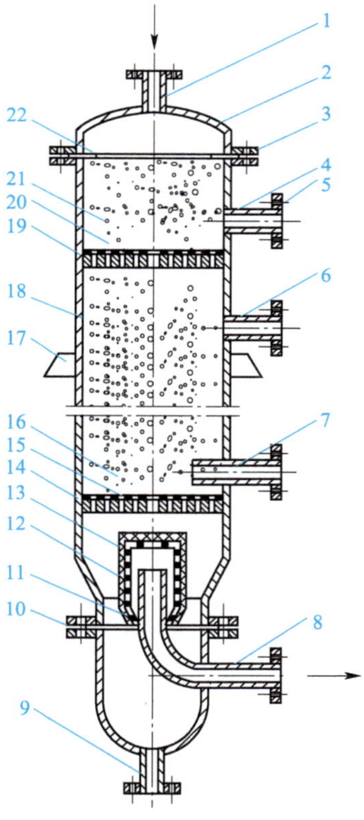

a)结构图

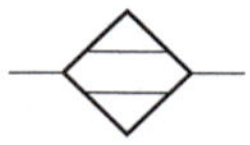
b)图形符号

图 8-7　吸附式干燥器

1-湿空气进气管；2-顶盖；3、5、10-法兰；4、6-再生空气排气管；7-再生空气进气管；8-干燥空气输出管；9-排气管；11、22-密封垫；12、15、20-铜丝过滤器；13-毛毡；14-下栅板；16、21-吸附剂；17-支撑板；18-外壳；19-上栅板

8. 过滤器

过滤器用以除去压缩空气中的油污、水分和灰尘等杂质。

(1)分类。

过滤器分为一次过滤器、二次过滤器和高效过滤器。一次过滤器置于空压站内干燥器之后(图 8-1),常用滤网、毛毡、硅胶、焦炭等材料起吸附过滤作用,其滤灰效率为 50% ~ 70%。二次过滤器又称分水滤气器,在气动系统中应用最广泛,其滤灰效率为 70% ~90%。高效过滤器是采用滤芯孔径很小的精密分水滤气器,常用于气动传感器和检测装置等,装在二次过滤器之后作为第三级过滤,其滤灰效率达到 99%。

(2)分水滤气器。

图 8-8 所示为分水滤气器的结构图,属于二次过滤器。其工作原理如下:压缩空气从输入口进入后,被引入旋转叶片 1,旋转叶片上有很多呈一定角度的缺口,迫使空气沿切线方向产生强烈的旋转。空气中的固态杂质、水以及油滴受离心力作用被甩至存水杯 3 的内壁,并从空气中分离出来沉到杯底;而微粒灰尘和雾状水气则在气体通过滤芯 2 时被拦截而滤去,洁净的空气便从输出口输出。为防止气体旋涡将杯底积存的污水卷起而破坏过滤作用,在滤芯下部设有挡水板 4。此外,为保证分水滤气器正常工作,必须将污水通过手动排水阀 5 及时放掉并定时清洗或更换滤芯。

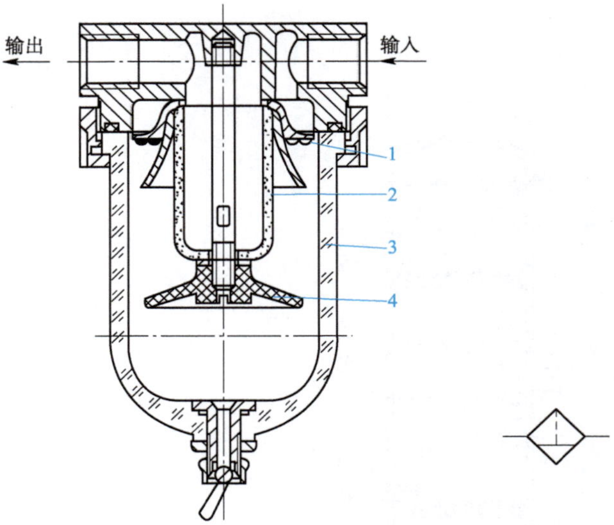


a)结构原理图　　b)图形符号

图 8-8　分水滤气器

1-旋转叶片;2-滤芯;3-存水杯;4-挡水板

(3)选用。

一次过滤器只在气源装置中使用。分水滤气器要根据气动设备要求的过滤精度和自由空气流量来选用。分水滤气器一般装在减压阀之前,也可单独使用;要按壳体上的箭头方向正确连接其进、出口,不可将进、出口接反,也不可以将存水杯朝上倒装。

## 二、气动辅助元件

### 1. 油雾器

油雾器的作用是把润滑油雾化后,注入压缩空气中,并随气流进入需要润滑的部位,满足润滑的需要。这种注油方法具有润滑均匀、稳定,耗油量少和不需要大的储油设备等优点。

图 8-9 所示为油雾器的结构原理图。压缩空气从气流入口 1 进入,大部分气体从主气

道流出，一小部分气体由小孔 2 通过特殊单向阀 10 进入储油杯 5 的上腔 A，使杯中油面受压，迫使储油杯中的油液经吸油管 11、单向阀 6 和可调节流阀 7 滴入透明的视油器 8 内，而后再滴入喷嘴小孔 3，被主管道通过的气流引射出来，雾化后随气流由出口 4 输出，送入到气动系统中。透明的视油器 8 可观察滴油情况，上部的节流阀 7 可用来调节滴油量。

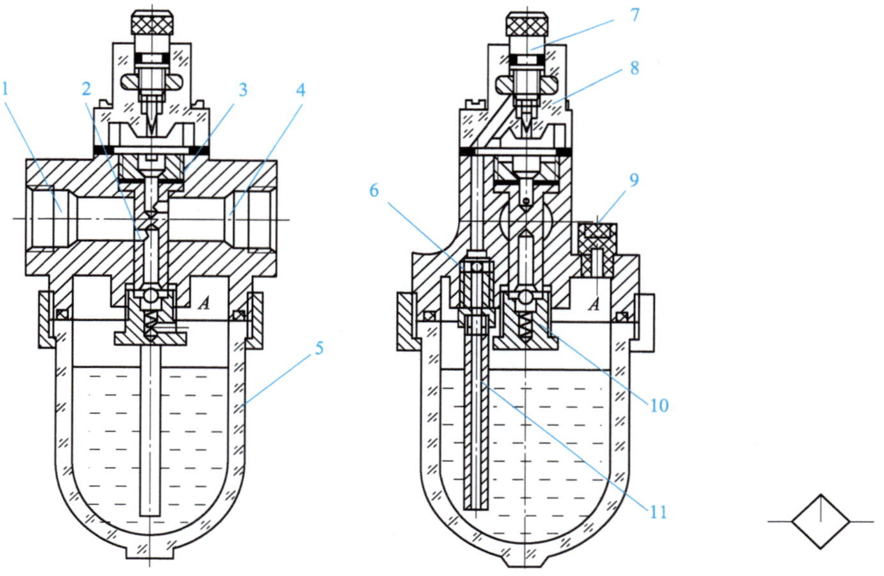


a)结构图　　　　b)图形符号

图 8-9　油雾器

1-气流入口；2、3-小孔；4-出口；5-储油杯；6-单向阀；7-节流阀；8-视油帽；9-旋塞；10-截止阀；11-吸油管

这种油雾器可在不停气的情况下加油，实现不停气加油的关键部件是截止阀 10。当没有气流输入时，阀中的弹簧把钢球顶起，封住加压通道，阀处于截止状态，如图 8-10a）所示；正常工作时，压力气体推开钢球进入油杯，油杯内气体的压力加上弹簧的弹力使钢球悬浮于中间位置，截止阀 10 处于打开状态，如图 8-10b）所示；当进行不停气加油时，拧松加油孔的油塞，储油杯中的气压立刻降至大气压，输入的气体压力把钢球压至下端位置，使截止阀 10 处于反向关闭状态，如图 8-10c）所示，这样便封住了油杯的进气道，不致使油杯中的油液因高压气体流入而从加油孔中喷出。此外，由于单向阀 6 的作用，压缩空气也不能从吸油管倒流入油杯。所以可在不停气情况下，从油塞口往杯中注油，当注油完毕拧紧油塞后，由于截止阀有少许的漏气，A 腔内压力逐渐上升，直至把钢球推至中间位置，油雾器重新正常工作。

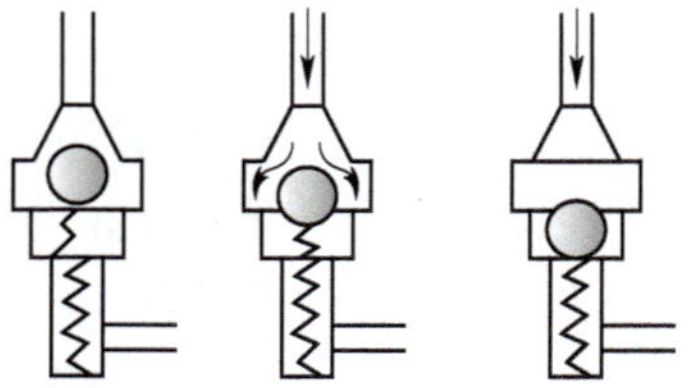

a)不工作时　　b)进气　　c)不停气加油时

图 8-10　截止阀

油雾器一般安装在分水滤气器、减压阀之后，并尽可能靠近换向阀；需注意不要将油雾器的进出口接反，储油杯也不可倒置；应避免把油雾器安装在换向阀和气缸之间，以免造成浪费。

2. 消声器

气动系统与液压系统不同，它没有回气管道，压缩空气使用后直接排入大气。气缸、气马达以及气动阀等元件排出气体的速度很高，会产生强烈的排气噪声。为降低排气噪声，一般要在换向阀的排气口安装消声器。常用的消声器有吸收型、膨胀干涉型和膨胀干涉吸收型三种。

(1)吸收型消声器。

这种消声器主要靠吸声材料消声，如图 8-11a)所示为吸收型消声器。消声套为多孔的吸声材料，用聚苯乙烯颗粒或铜珠烧结而成。当有压气体通过消声罩时，引起吸声材料细孔和狭缝中的空气振动，使一部分声能由于摩擦转换成热能，从而降低了噪声强度。

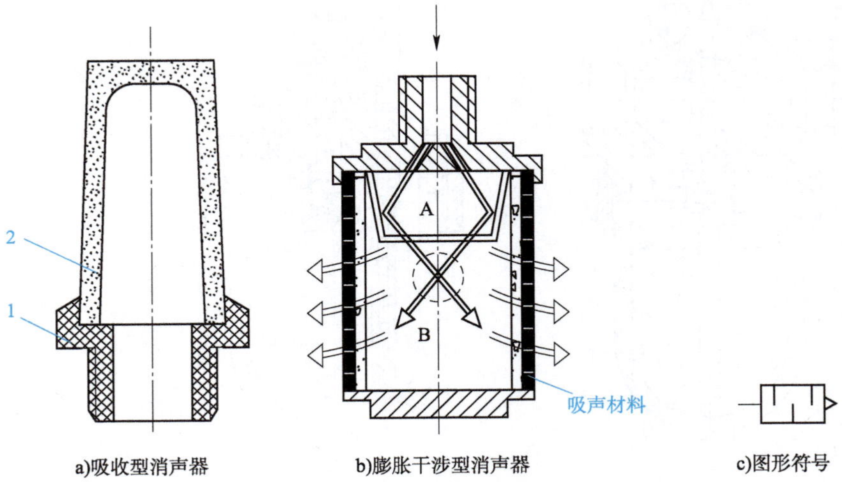


图 8-11　消声器

吸收型消声器结构简单，吸声材料的孔眼不易堵塞，具有良好的消除中、高频噪声的功能，消音效果大于 20dB，在气动系统中应用广泛。

(2)膨胀干涉型消声器。

这种消声器的直径比排气孔径大得多，气流在其内部扩散、膨胀、碰壁撞击、反射、相互干涉而减弱噪声强度，达到消声效果。这种消声器的特点是排气阻力小，消声效果好，可消中、低频噪声，但结构不紧凑。

(3)膨胀干涉吸收型消声器。

膨胀干涉吸收型消声器是一种组合型的消声器，即在膨胀干涉型消声器的壳体内表面敷设吸声材料而制成，如图 8-11b)所示为膨胀干涉吸收型消声器的结构图。其入口处开设许多中心对称的斜孔，气流从对称斜孔分成多束进入扩散室 A，在 A 室内膨胀、减速后与反射套碰壁，然后反射至 B 室，在消声器中心处，气束互相撞击、干涉、进一步减速，噪声得以减弱，然后经吸声材料从侧壁的小孔排入大气。此时，噪声再次削弱。这种消声器的消声效果好，低频可消 20dB，高频可消 45dB。

## 学习项目三　气动执行元件

气动执行元件在气动系统中是将压缩空气的压力能转化为机械能的元件。分为气缸和气马达两大类。气缸可实现直线往复运动或摆动，输出为力或转矩；气马达可实现连续回转运动，输出为转矩。

## 一、气缸

1. 气缸的分类

(1)按压缩空气对活塞端面作用力的方向可分为:单作用气缸和双作用气缸。

(2)按结构特点可分为:活塞式、柱塞式、膜片式、叶片摆动式等。

(3)按功能可分为普通气缸和特殊气缸。普通气缸是指一般活塞式气缸,用于无特殊要求的场合。特殊气缸常用于有某种特殊要求的场合。如薄膜式气缸、冲击式气缸、气液阻尼气缸、伸缩式气缸等。

2. 常见气缸的工作原理及用途

普通气缸的工作原理及用途类似于液压缸,此处不再赘述,下面仅介绍特殊气缸。

(1)薄膜式气缸。

薄膜式气缸是以薄膜取代活塞带动活塞杆运动的一种气缸。图 8-12a)所示为单作用薄膜式气缸,此气缸只有一个气口。当气口输入压缩空气时,推动膜片 2、膜盘 3、活塞杆 4 向下运动,活塞杆的上行需依靠弹簧力的作用。图 8-12b)所示为双作用薄膜式气缸,有两个气口,活塞杆的上下运动依靠压缩空气来推动。

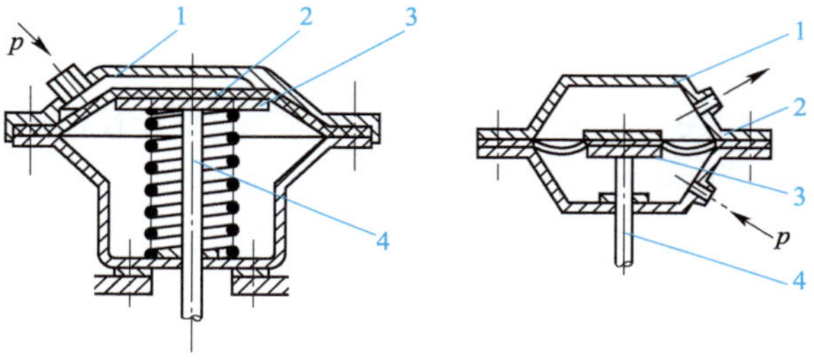


图 8-12 膜片式气缸

1-缸体;2-膜片;3-膜盘;4-活塞杆

薄膜式气缸具有结构简单、紧凑、制造容易、成本低、维修方便、寿命长、泄漏少、效率高等优点,但因膜片的变形量有限,气缸的行程较小,且输出的推力随行程的增大而减小。它适用于气动夹具、自动调节阀及短行程场合。

(2)气液阻尼气缸。

因气体具有很大的压缩性,一般普通气缸在工作负载变化较大时,会产生“爬行”或“自走”现象,气缸的平稳性较差,且不易使活塞获得准确的停止位置。为使活塞运动平稳,可利用液压油的性质采用气液阻尼缸。气液阻尼缸是由气缸和液压缸组合而成,以压缩空气为能源,以油液作为控制、调节气缸运动速度的介质,利用液体的可压缩性小和控制液体排量来获得气缸的平稳运动、调节活塞的运动速度。

图 8-13 所示为气液阻尼缸的工作原理图,它将气缸和液压缸串接成一个主体,两个活塞固定在一个活塞杆上,在液压缸进出口之间装有单向节流阀。当气缸右腔进气,活塞克服外载并带动液压缸活塞向左运动。此时,液压缸左腔排油,由于单向阀关闭,油液只能经节流阀 1 缓慢流回右腔,对整个活塞的运动起到阻尼作用。调节节流阀即可达到调节活塞运动速度的目的。当压缩空气进入气缸左腔时,液压缸右腔排油,此时单向阀 3 开启,活塞能快速返回。

(3)冲击式气缸。

冲击式气缸是将压缩空气的能量转换为活塞高速运动能量的一种气缸，如图 8-14 所示。冲击气缸主要由缸体、中盖、活塞和活塞杆等组成，在结构上比普通气缸增加了一个具有一定容积的蓄能腔和喷嘴，中盖 6 与缸体固定，其中心开有喷嘴口 4。中盖和活塞把气缸分隔成三个部分，即活塞杆腔 1、活塞腔 2 和蓄能腔 5，活塞上安装橡胶密封垫，当活塞退回到顶点时，密封垫便封住喷嘴口，使蓄能腔和活塞腔之间不通气。

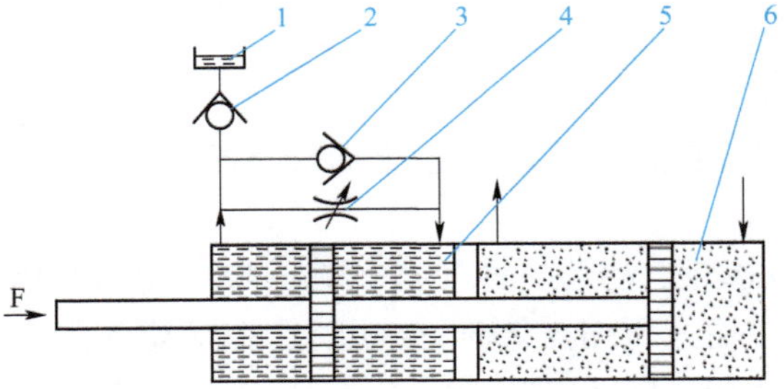

图 8-13　串联式气液阻尼缸

1-油箱；2、3-单向阀；4-节流阀；5-液压缸；6-气缸

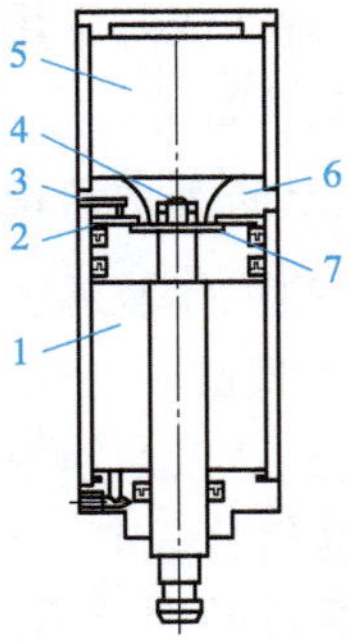

图 8-14　冲击气缸

1-活塞杆腔；2-活塞腔；3-泄气口；4-喷嘴口；5-蓄能腔；6-中盖；7-密封垫

当压缩空气进入蓄能腔时，其压力只能通过喷嘴口的小面积作用在活塞上，还不能克服活塞杆腔的排气压力所产生的向上的推力以及活塞与缸体间的摩擦力，喷嘴处于关闭状态，随着空气的不断进入，蓄能腔内的气体压力逐渐升高。当气体压力升高，使作用在喷嘴口面积上的总推力足以克服活塞受到的阻力时，活塞向下移动，喷嘴口开启，聚集在蓄能腔中的压缩空气通过喷嘴口以声速流向活塞腔，作用于活塞全面积上。高速气流进入活塞腔进一步膨胀并产生冲击波，其压力可达气源压力的几倍到几十倍，给予活塞很大的向下的推力。此时活塞杆腔内的压力很低，活塞在很大的压差作用下迅速加速，在很短的时间内以极高的速度向下冲击，从而获得巨大的动能。利用这个能量实现冲击做功，可产生很大的冲击力。

冲压气缸广泛用于锻造、冲压、下料、压坯等方面。

## 二、气动马达

气动马达是把压缩空气的压力能转换为回转机械能的能量转换装置。它的作用相当于电动机或液压马达，它输出力矩，驱动机构做旋转运动。气压传动中应用最广的是叶片式和活塞式气马达。

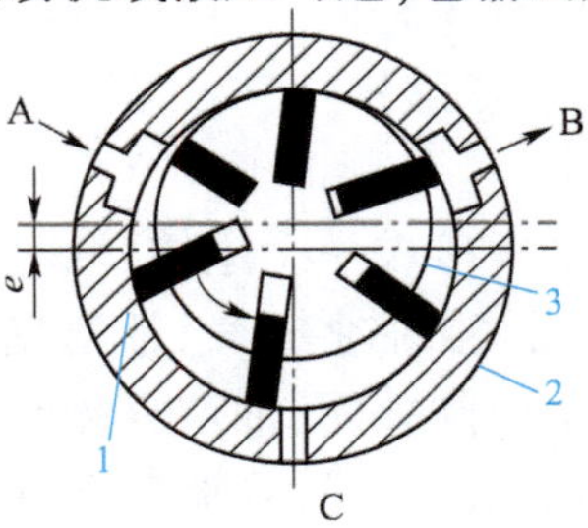

图 8-15　双向旋转叶片式气马达

1-叶片；2-定子；3-转子

### 1. 气马达的工作原理

气马达的工作原理与同类液压马达的工作原理很相似。图 8-15 为双向旋转叶片式气马达的工作原理图。当压缩空气由 A 孔输入后，进入相应的密封空间而作用在两个叶片的外伸部分，由于两叶片伸出长度不等，就产生了转矩差，使叶片与转子按逆时针方向旋转，输出旋转机械能，做功后的气体由定子上的孔 C 排出，残余气体经孔 B 排出；若进排气口互换

(即压缩空气由 B 孔进入,A 孔和 C 孔排出)则可改变转子的转向,输出相反方向的旋转机械能。转子转动的离心力和叶片底部的气压力、弹簧力(图中未示出)使得叶片紧密地抵在定子 2 的内壁上,以保证密封,提高容积效率。

2. 气马达的特点

(1)具有防爆性能,工作安全,可在易燃、易爆、高温、振动、潮湿、粉尘等恶劣环境下工作,不受高温及振动的影响。

(2)具有过载保护作用,可长时间满载工作,且温升较小,过载时马达只是降低转速或停车,过载解除后,可立即重新正常运转。

(3)可实现无级调速,通过控制调节节流阀的开度来控制进入气马达的压缩空气的流量,从而控制调节气马达的转速。

(4)具有较高的起动转矩,可直接带负载起动,起动、停止迅速。

(5)功率范围及转速的调速范围较宽,功率小至几百瓦,大至几万瓦;转速可从 0 ~ 25000r/min 或更高。

(6)与电动机相比,单位功率尺寸小,结构简单、重量轻,适用于安装在位置狭小的场合及手工工具上,操作方便,可正反转,维修容易、成本低。

(7)缺点是:速度稳定性较差,输出功率小,耗气量大、效率低、噪声大和易产生振动。

3. 气动马达的应用

气动马达的工作适应性较强,可适用于无级调速、起动频繁、经常换向、高温潮湿、易燃易爆、负载起动、不便人工操作及有过载可能的场合。目前,气动马达主要应用于矿山机械、专业性的机械制造业、油田、化工、造纸、炼钢、船舶、航空、工程机械等行业,许多气动工具如风钻、风扳手、风砂轮、风动铲刮机均装有气动马达,随着气压传动的发展,气动马达的应用将日趋广泛。

## 学习项目四　气动控制元件

气动控制元件是在气动系统中控制和调节压缩空气的压力、流量、流动方向、发送信号的元件,利用它们可以组成各种气动回路,使气动执行元件按设计要求正常工作。气动控制元件按功能和用途可分为压力控制阀、流量控制阀和方向控制阀三大类。

### 一、压力控制阀

压力控制阀用于控制压缩空气的压力,满足各种压力要求。这类阀的共同特点是利用作用于阀芯上的压缩空气的压力和弹簧力相平衡的原理来进行工作的。压力控制阀按其控制功能可分为三大类:一是起降压、稳压作用的减压阀;二是起限压、安全保护作用的安全阀;三是根据气路压力不同进行某种控制的顺序阀。

1. 减压阀

气动设备的气源,一般都来自于压缩空气站。它所提供的压缩空气的压力通常都高于每台设备所需的工作压力且压力波动较大,因此减压阀的功用就是将供气气源压力减到每台气动装置实际需要的压力,并保持减压后的压力值稳定。减压阀按调压方式分为直动式和先导式两种。

图 8-16 所示为 QTY 型直动式减压阀的结构原理图。其工作原理是：当阀处于工作状态时，将旋钮 1 向下旋动，压缩弹簧 2、3 将推动膜片 5 和阀芯 8 下移，进气阀口 10 被打开，气流从左端输入，经阀口 10 节流减压后从右端输出。输出气流的一部分由阻尼管 7 进入膜片气室 6，在膜片 5 的下面产生一个向上的推力，这个推力总是企图把阀口开度关小，使其输出压力下降。当作用在膜片上的推力与弹簧力互相平衡时，减压阀的输出压力便保持稳定。

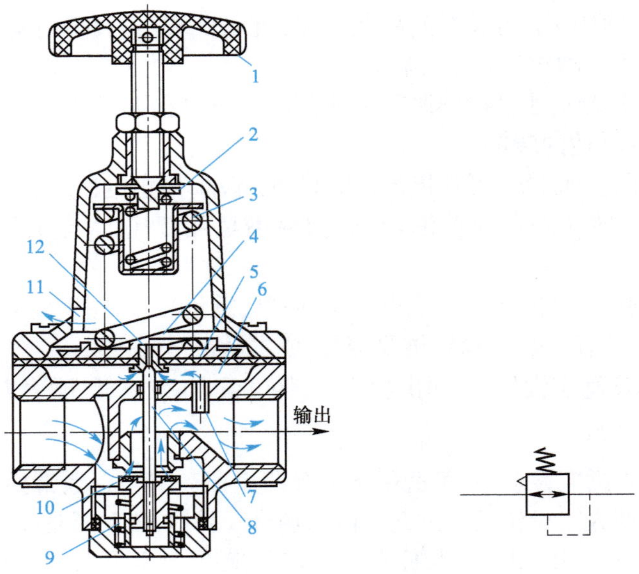


a)结构图　　b)图形符号图

图 8-16　直动式减压阀

1-旋钮；2、3-弹簧；4-溢流阀座；5-膜片；6-膜片气室；7-阻尼室；8-阀芯；9-复位弹簧；10-进气阀口；11-排气口；12-溢流孔

当输入压力发生波动时，若输入压力瞬时升高，此时输出压力也随之升高，作用在膜片上的气体推力也相应增大，破坏了原有的力平衡，使膜片 5 向上移动。此时，有少量气体经溢流孔 4、排气孔 11 排出。在膜片上移的同时，因复位弹簧 9 的作用，使阀芯 8 也向上移动，进气口开度减小，节流作用增大，使输出压力下降，直至达到新的平衡，并基本稳定至预先调定的压力值。若输入压力瞬时下降，输出压力相应下降，膜片下移，进气阀口 10 开度增大，节流作用减小，输出压力又基本回升至原值。

当不使用时，拧松旋钮 1，使弹簧 2、3 恢复自由状态，阀芯 8 在复位弹簧 9 的作用下，关闭进气阀口 10。此时，减压阀便处于截止状态，无气流输出。

安装减压阀时，要按气流的方向和减压阀上所标示的箭头方向安装。调压时，应由低向高调至规定的压力值。减压阀不工作时，应及时把旋钮松开，以免膜片变形。

气动系统中分水滤气器、减压阀和油雾器常组合在一起使用，俗称气动三联件。其安装次序是分水滤气器→减压阀→油雾器。目前，新结构的三联件插装在同一支架上，形成无管化连接。

2. 安全阀（溢流阀）

安全阀在系统中起安全保护作用。当系统压力超过规定值时，安全阀打开，将系统中的一部分气体排入大气，使系统压力不超过允许值，从而保证系统不因压力过高而发生事故。

图 8-17 所示为安全阀的工作原理图。当系统中气体作用在阀芯 3 上的力小于弹簧 2 的力时，阀处于关闭状态。当系统压力升高到安全阀的开启压力时，压缩空气推动阀芯 3 上移，阀开启并溢流，使气压不再升高。当系统压力降至低于调定值时，阀口又重新关闭。安全阀的开启压力可通过调整弹簧 2 的预压缩量来调节。

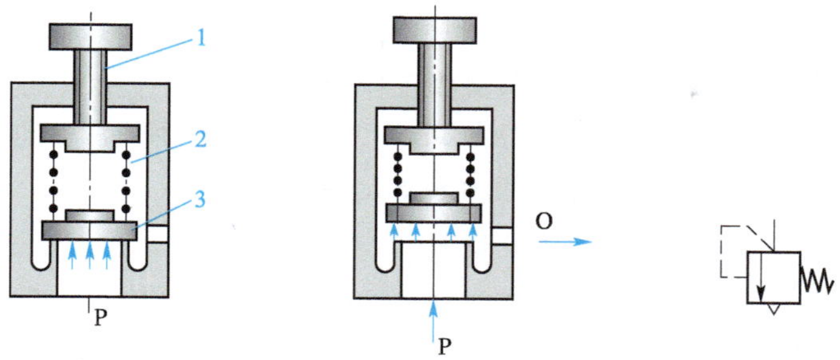


a)关闭状态　b)开启状态　c)图形符号

图 8-17　安全阀的工作原理

1-旋钮;2-弹簧;3-阀芯

3. 顺序阀

顺序阀是当进口压力或先导压力达到设定值时，便允许从进口侧向出口侧流动的阀。使用顺序阀，可依据气压系统中压力的变化来控制气动回路中各执行元件按顺序动作，其工作原理与液压顺序阀基本相同。顺序阀常与单向阀组合成单向顺序阀。图 8-18 所示为单向顺序阀的工作原理图。当压缩空气由 P 口输入时，单向阀 4 在压差力及弹簧力的作用下处于关闭状态，作用在活塞 3 上输入侧的空气压力如超过弹簧 2 的预紧力时，活塞被顶起，顺序阀打开，压缩空气由 A 输出；当压缩空气反向流动时，输入侧变成排气口，输出侧变成进气口，其进气压力将顶起单向阀，由 O 口排气。调节手柄 1 就可改变单向顺序阀的开启压力。

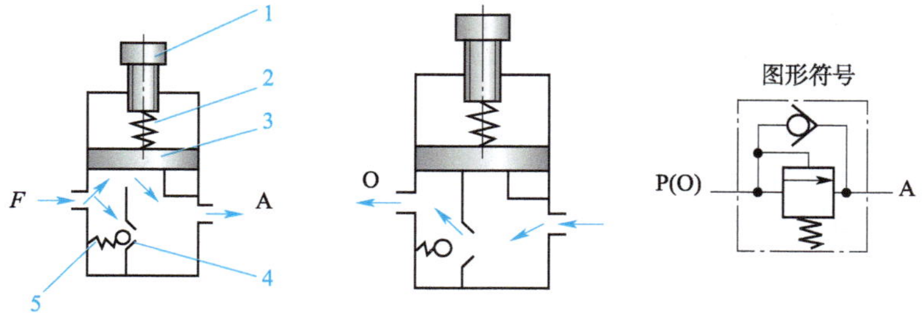


a)正向流动　b)反向流动　c)图形符号

图 8-18　单向顺序阀的工作原理图

1-手柄;2-压缩弹簧;3-活塞;4-单向阀;5-小弹簧

## 二、流量控制阀

流量控制阀是通过改变阀的通流面积来调节压缩空气的流量，进而控制气缸的运动速度、换向阀的切换时间和气动信号的传递速度的气动控制元件。流量控制阀包括节流阀、单向节流阀、排气节流阀等。

1. 节流阀

图 8-19 所示为节流阀的结构图。压缩空气由 P 口进入，经过节流口的节流作用后由 A

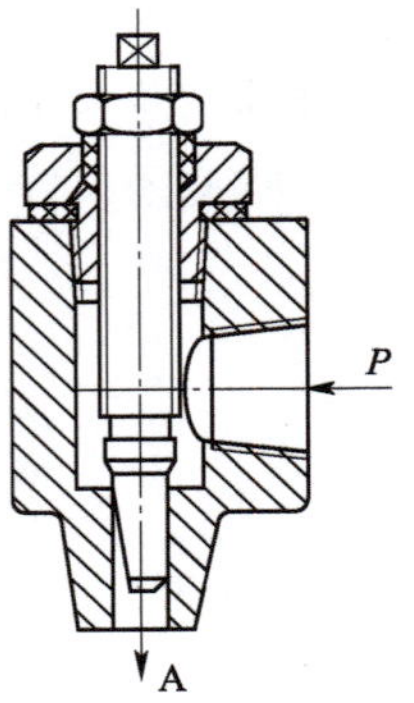

a)结构图

b)图形符号

图 8-19　节流阀

口流出。旋转阀芯螺杆可改变节流口的开度大小。这种节流阀的结构简单、体积小,应用范围较广。

2. 单向节流阀

单向节流阀是由单向阀和节流阀并联而成的组合式流量控制阀,常用于控制气缸的运动速度,又称为速度控制阀。图 8-20 所示为单向节流阀工作原理图,当气流由 P 向 A 流动时,单向节流阀关闭,节流阀节流,如图 8-20a)所示;反向流动时,单向阀打开,不节流,如图 8-20b)所示。

3. 排气节流阀

排气节流阀和节流阀一样,也是靠调节通流面积来调节气体流量的。所不同的是,排气节流阀装在系统的排气口处,不仅能够控制执行元件的运动速度,而且因常带有消声器件,具有减少排气噪声的作用并能防止不清洁的环境气体通过排气口污染气动系统。所以常称其为排气消声节流阀。图 8-21 所示是排气阀的工作原理图。

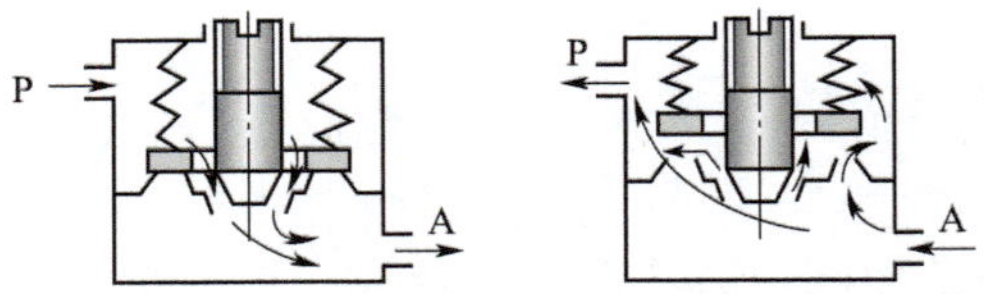

a)P→A　　b)A→P

图 8-20　单向节流阀

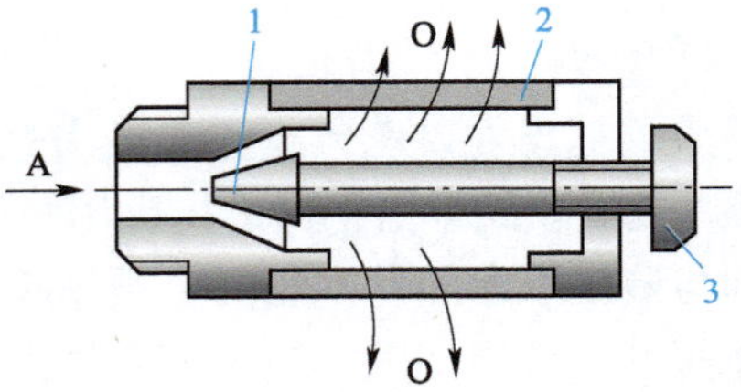

图 8-21　排气节流阀

1-节流口;2-消声套;3-调节杆

在气压传动系统中,因气体具有压缩性,所以用流量控制阀来调节气缸的运动速度是比较困难的。用气动流量控制阀调速应注意以下几点,以防产生爬行:

(1)严格控制管道中的气体泄漏。

(2)确保气缸内表面的加工精度和质量。

(3)保持气缸内的正常润滑状态。

(4)作用在气缸活塞杆上的载荷必须稳定,若外负载变化较大,应借助液压或机械装置(如气液联动)来补偿由于载荷变动造成的速度变化。

(5)尽可能采用出口节流调速方式。

(6)流量控制阀尽量装在气缸或气马达附近。

## 三、方向控制阀

方向控制阀是用来控制压缩空气的流动方向和气流的通断,以控制执行元件起动、停止以及运动方向的气动控制元件。

按气流在阀内的流动方向,方向阀分为单向型控制阀和换向型控制阀;按控制方式,方向阀分为手动控制、电动控制、机动控制、电气动控制等;按切换的通路数目,方向阀分为二通阀、三通阀、四通阀和五通阀等;按阀芯工作位置的数目,方向阀分为二位阀和三位阀。

1. 单向型方向控制阀

单向型方向控制阀只允许气流沿着一个方向流动。它主要包括单向阀、或门型梭阀、与门型梭阀和快速排气阀。

(1)单向阀。

气体只能沿着一个方向流动,反向不能流动的方向控制阀称为单向阀,其工作原理与液压阀中的单向阀相似,其结构如图 8-22 所示。单向阀用于防止气体倒流的场合,如空压机向气罐充气时,在空压机与气罐之间设置一单向阀,当空压机停止工作时,可防止气罐中的压缩空气回流到空压机。单向阀还常与节流阀、顺序阀组合成单向节流阀、单向顺序阀使用。

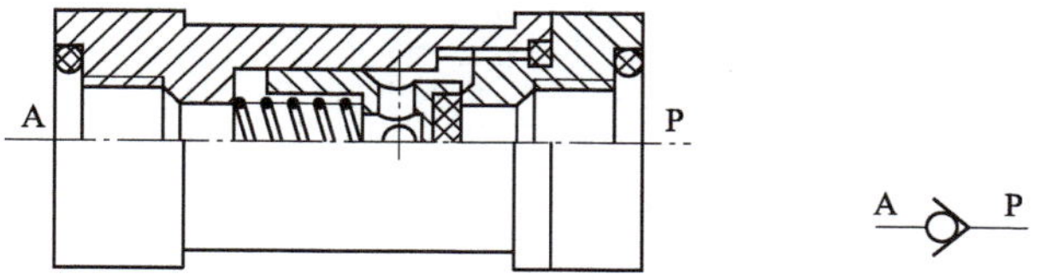


a)结构图　　b)图形符号

图 8-22　单向阀

(2)或门型梭阀。

或门型梭阀相当于两个单向阀的组合,其作用相当于逻辑元件中的“或门”。图 8-23 所示为或门型梭阀原理图,或门型梭阀有两个进气口 $P_1$ 和 $P_2$,一个出气口 A,其中 $P_1$、$P_2$ 均可与通路 A 相通,但 $P_1$ 与 $P_2$ 不相通。$P_1$ 和 $P_2$ 中的任一个有压缩空气输入时,A 口就会有压缩空气输出。当 $P_1$、$P_2$ 口都有压缩空气输入时,则先加入侧或压力高侧的信号通过 A 输出,另一侧被堵死。仅当 $P_1$、$P_2$ 均无压缩空气输入时,A 口才没有压缩空气输出。或门型梭阀在气动系统中应用较广,它可将控制信号有次序地输入控制执行元件。

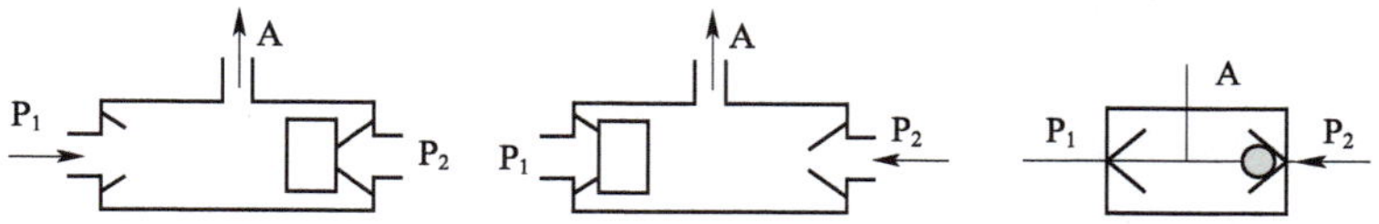


a)$P_1$有输入　　b)$P_2$有输入　　c)图形符号

图 8-23　或门型梭阀

(3)与门型梭阀。

与门型梭阀也相当于两个单向阀的组合(又称双压阀),其作用相当于逻辑元件中的“与门”。图 8-24 所示为与门型梭阀原理图,与门型梭阀有两个进气口 $P_1$ 和 $P_2$,一个出气口 A,当两控制口 $P_1$、$P_2$ 均有输入时,A 口才有输出,否则 A 口无输出,当 $P_1$、$P_2$ 气体压力不等时,则关闭高压侧,低压侧与 A 口相通。

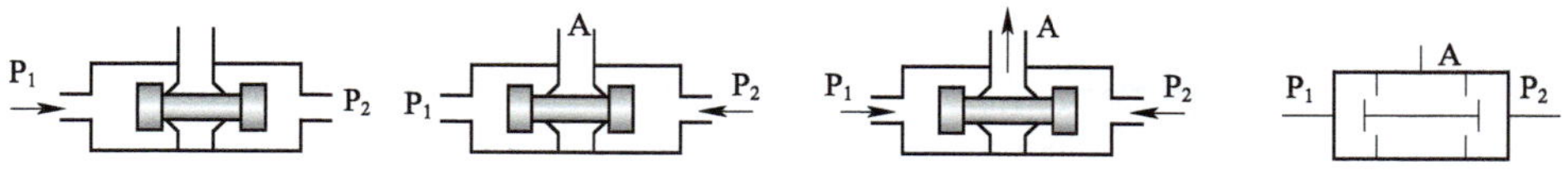


a)$P_1$有输入　　b)$P_2$有输入　　c)$P_1$、$P_2$均有输入　　d)图形符号

图 8-24　与门型梭阀

(4)快速排气阀。

图 8-25 所示为膜片式快速排气阀,它有三个阀口 P、A、O,P 接气源,A 接执行元件,O 通大气。当 P 口进气时,推动膜片向下变形,封住排气口 O,P 口经膜片四周小孔与 A 口相

通;当P口无进气时,A口的气体推动膜片向上复位,关闭P口,A口气体经O口快速排出。快速排气阀常装在换向阀和气缸之间,使气缸的排气不用通过换向阀而快速排出,从而加快了气缸往复运动速度,缩短了工作周期。

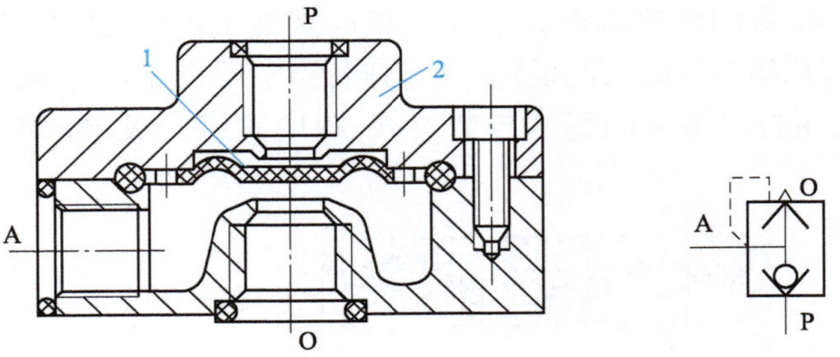

a)结构图　　b)图形符号

图8-25　快速排气阀

1-膜片;2-阀体

2.换向型方向控制阀

换向型方向控制阀(简称换向阀),是通过改变气流通道而使气体流动方向发生变化,从而达到改变气动执行元件运动方向的目的。

(1)气压控制换向阀。

气压控制换向阀是利用压缩空气的压力推动阀芯移动,使换向阀换向,从而实现气路换向或通断。气压控制换向阀适用于易燃、易爆、潮湿、灰尘多的场合,操作时安全可靠。

气压控制式换向阀按其控制方式不同可分为加压控制、卸压控制、差压控制和延时控制。加压控制是指所加的控制信号是逐渐上升的,当气压增加到阀芯的动作压力时,主阀换向;卸压控制是利用逐渐减小作用在阀芯上的气控信号压力而使阀换向的一种控制方法。当减小到某一压力值时,主阀换向;差压控制是利用控制气压在面积不等的活塞上产生的压差使阀换向的一种控制方法。

①气控加压式换向阀。

单气控加压式换向阀利用空气压力与弹簧力相平衡的原理来进行控制。图8-26所示为二位三通单气控加压式换向阀。图8-26a)为没有控制信号$K$时的状态,阀芯在弹簧及P腔压力作用下位于上端,阀处于排气状态,A与O通,P不通。图8-26b)为输入控制信号$K$时,主阀芯下移,打开阀口使A与P相通,O不通。

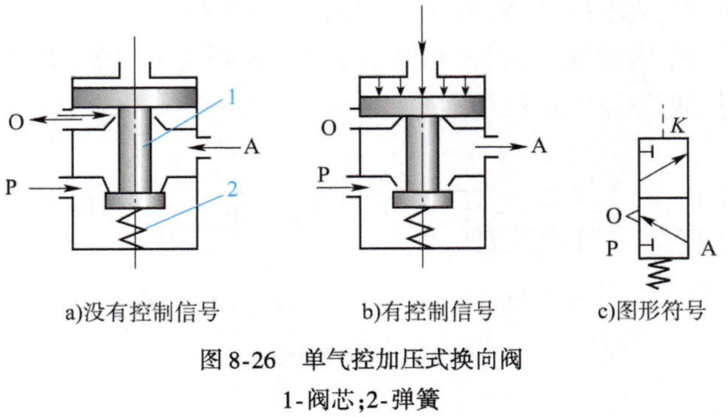

a)没有控制信号　　b)有控制信号　　c)图形符号

图8-26　单气控加压式换向阀

1-阀芯;2-弹簧

②双气控加压式换向阀。

换向阀滑阀芯两边都可作用压缩空气,但一次只作用于一边,这种换向阀具有记忆功能，即控制信号消失后，阀仍能保持在信号消失前的工作状态。图 8-27 所示为双气控滑阀式换向阀的工作原理。当有气控信号 $K_1$ 时，阀芯停在左侧，其通路状态是 P 与 A、B 与 $T_2$ 相通；$K_1$ 信号消失后，因阀的记忆功能，通路状态保持不变；直到有气控信号 $K_2$（信号 $K_1$ 已消失）时，阀芯才换位，其通路状态才变为 P 与 B，A 与 $T_1$ 相通。

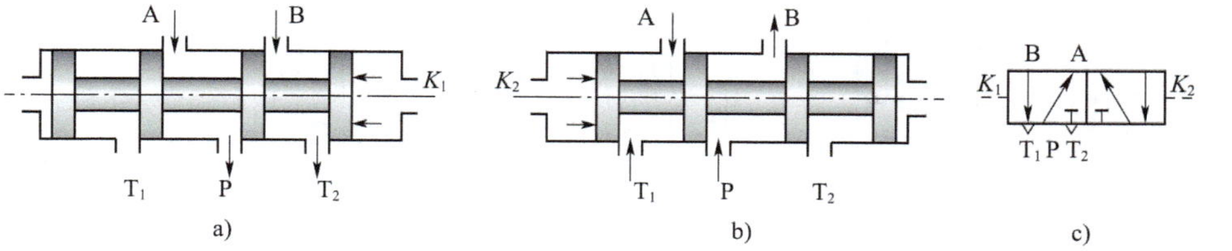


图 8-27　双气控滑阀式换向阀的工作原理

③气压延时换向阀。

图 8-28 所示为气压延时换向阀，它是一种带有时间信号元件的换向阀，由气容 C 和一个单向节流阀组成时间信号元件，用它来控制主阀换向。当 K 口通入信号气流时，气流通过节流阀 1 的节流口进入气容 C，经过一定时间后，使主阀芯 4 左移而换向。调节节流口的大小可控制主阀延时换向的时间，一般延时时间为几分之一秒至几分钟。当去掉信号气流后，气容 C 经单向阀快速放气，主阀芯在左端弹簧作用下返回右端。

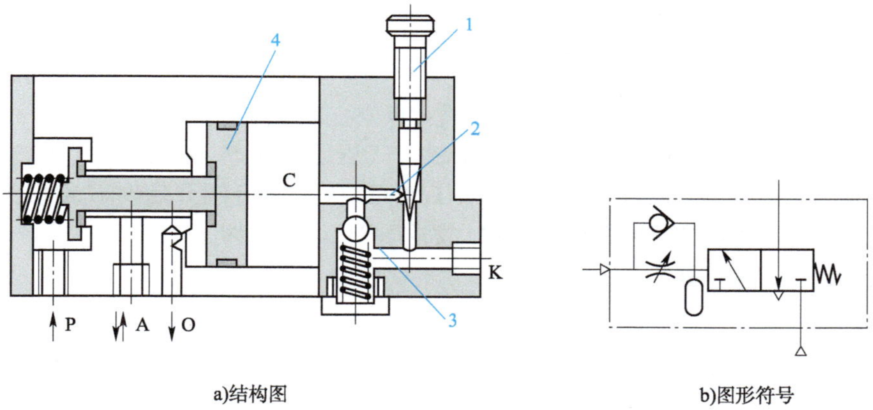


图 8-28　气压延时换向阀

1-节流阀；2-恒节流孔；3-单向阀；4-主阀芯

(2)电磁控制换向阀。

电磁控制换向阀是利用电磁力的作用推动阀芯换向，从而改变气流方向的气动换向阀。按控制方法不同分为直动式和先导式两大类。

①直动式电磁换向阀。

电磁铁的动铁芯在电磁力的作用下，直接推动阀芯换向的气阀称为直动式电磁换向阀，有单电控和双电控两种。工作原理与液压传动中的电磁换向阀相似。

②先导式电磁换向阀。

先导式电磁换向阀是由直动式电磁阀和气控换向阀组成。直动式电磁阀作为先导阀，利用它输出的先导气体压力来操纵气控主阀的换向，相当于一个电气换向阀。图 8-29 所示为先导式电磁换向阀的工作原理和图形符号，图 8-29a）为左边电磁先导阀的线圈通电时（右边先导阀断电）的状态，此时主阀的左腔进气，右腔排气，使主阀阀芯向右移动，P

与 A、B 与 $O_2$ 接通。反之，图 8-29b）为右边电磁先导阀的线圈通电时（左边先导阀断电）的状态，此时主阀的右腔进气，左腔排气，使主阀阀芯向左移动，P 与 B、A 与 $O_1$ 接通。先导式双电控阀具有记忆功能，即通电换向，断电并不返回原位。应注意的是，两电磁铁不能同时通电。

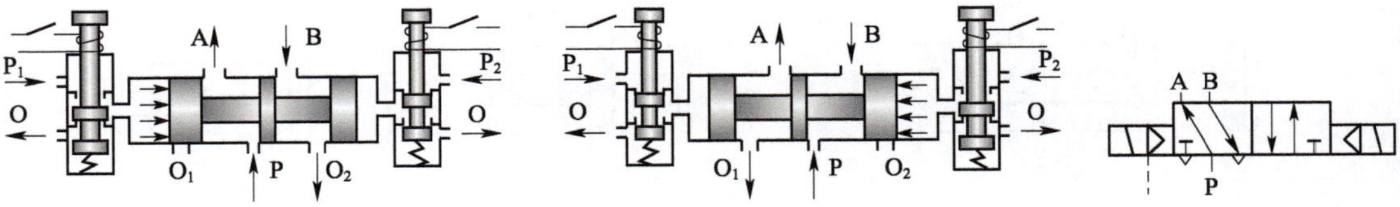


a)主阀向右移　　b)主阀向左移　　c)图形符号

图 8-29　先导式电磁换向阀

# 学习项目五　气动基本回路

## 一、压力回路

压力控制回路的主要功用是调节与控制系统压力，使之保持在某一规定的范围之内。常用的有一次压力控制回路和二次压力控制回路。

### 1. 一次压力控制回路

此类回路主要用来控制储气罐的压力，使之不超过设定的压力值。如图 8-30 所示，常采用外控溢流阀或采用电接点压力表来控制空气压缩机的转、停，使储气罐内压力保持在规定的范围内。采用溢流阀，结构简单、工作可靠，但溢流阀开启时气量损失大；采用电接点压力表，对电动机及控制要求较高，故常用于小型压缩机。

### 2. 二次压力控制回路

此类回路主要是对气动系统的气源压力进行控制。如图 8-31 所示，将气动三联件接在一次压力控制回路的出口，利用减压阀控制气动系统的工作压力。

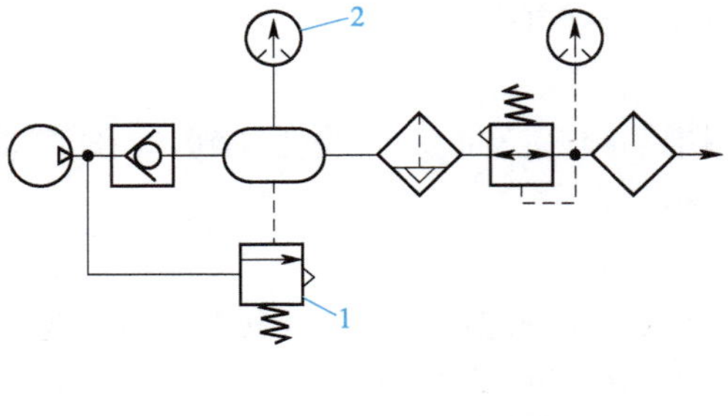


图 8-30　一次压力控制回路

1-溢流阀；2-电接点压力表

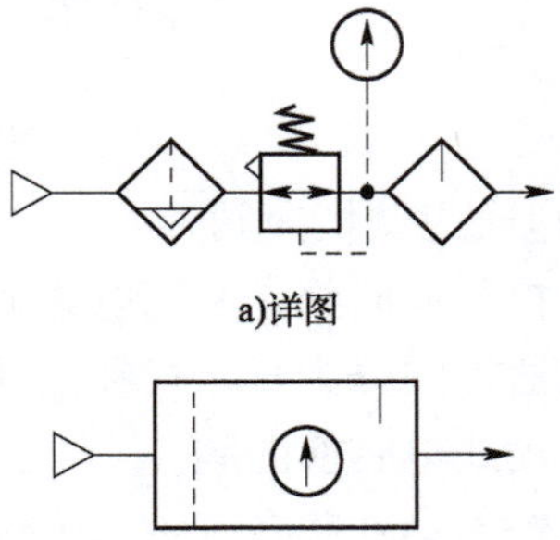

a)详图　　b)简图

图 8-31　二次压力控制回路

### 3. 高低压转换回路

图 8-32a）所示是由减压阀来实现对不同系统输出不同压力 $p_1$、$p_2$ 的控制。图 8-32b）所示是由减压阀和换向阀构成的对同一系统实现输出高、低压力 $p_1$、$p_2$ 的控制。

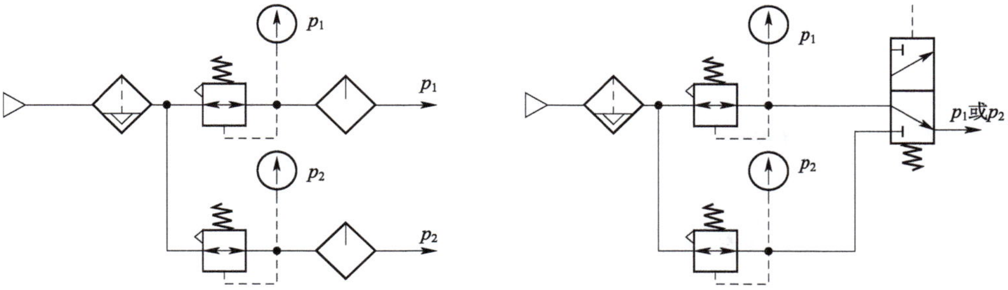


a)由减压阀控制高低转换回路　　b)用换向阀选择高低压回路

图 8-32　高低压转换回路

## 二、换向回路

### 1. 单作用气缸换向回路

图 8-33a)所示为二位三通电磁阀控制的换向回路，电磁铁得电时，活塞杆伸出，断电时，在弹簧力作用下活塞杆缩回。图 8-33b)所示为三位四通电磁阀控制的换向回路。该阀在两电磁铁均失电时能自动对中，可使气缸停于任意位置，但定位精度不高，且定位时间不长。

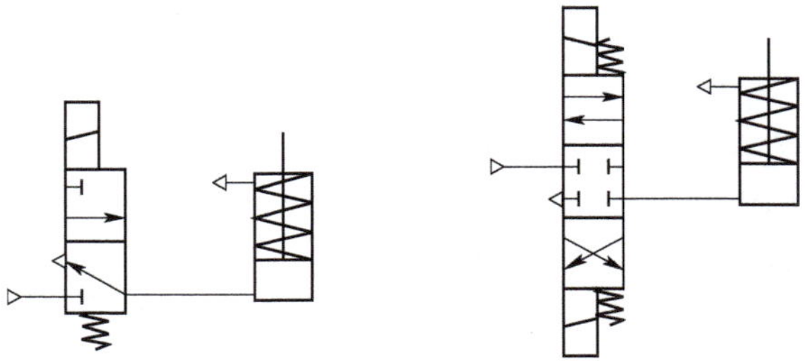

a)二位运动控制　　b)三位运动控制

图 8-33　单作用气缸换向回路

### 2. 双作用气缸换向回路

图 8-34 所示为双作用气缸的换向回路。图 8-34a)为二位五通单气控换向阀控制的换向回路。图 8-34b)为由两个二位三通单气控换向阀控制的换向回路，当 $A$ 有压缩空气时，气缸活塞伸出，反之，气缸活塞退回。图 8-34c)为用手动按钮控制二位五通单气控换向阀控制的换向回路。

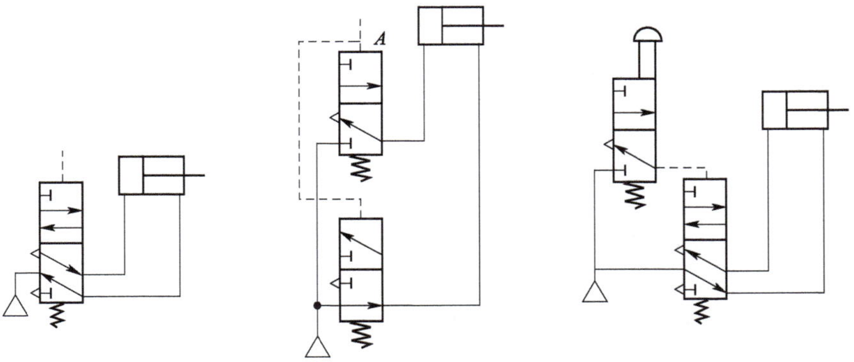


a)　　b)　　c)

图 8-34　双作用气缸换向回路

## 三、速度回路

速度控制回路的作用在于调节或改变执行元件的工作速度。

1. 单作用气缸速度控制回路

如图 8-35a)所示，两个反接的单向节流阀，可分别控制活塞杆伸出和缩回的速度。图 8-35b)中，气缸活塞上升时节流调速，下降时则通过快速排气阀排气，使活塞杆快速返回。

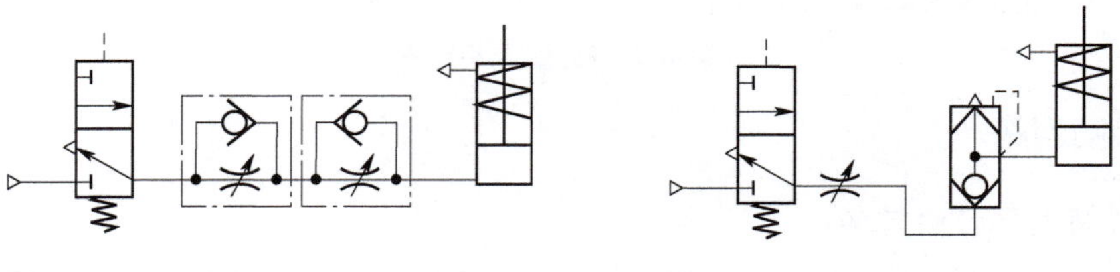

a)　　b)

图 8-35　单作用缸速度控制回路

2. 双作用缸速度控制回路

图 8-36a)所示为采用单向节流阀的节流调速回路。图 8-36b)所示为采用排气节流阀的双向调速回路。它们都是采用排气节流调速，调节排气侧的节流阀开度，可以控制不同的排气速度，从而控制活塞的运动速度。由于有杆腔存在一定的气体背压力，故活塞是在无杆腔和有杆腔的压力差作用下运动的，因而减少了"爬行"发生的可能性。这种回路能够承受负值负载，运动的平稳性好，受外负载变化的影响较小，比进气节流调速效果好。

3. 快速往复动作回路

图 8-37 为采用快速排气阀的快速往复动作回路。若欲实现气缸单向快速运动，可省去图中一只快速排气阀。

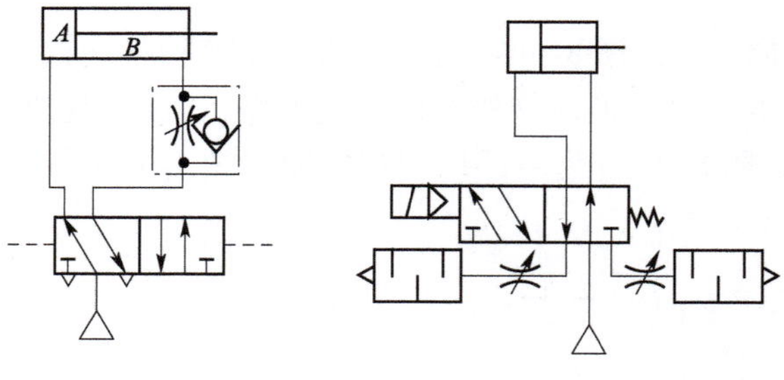


a)　　b)

图 8-36　双作用气缸速度控制回路

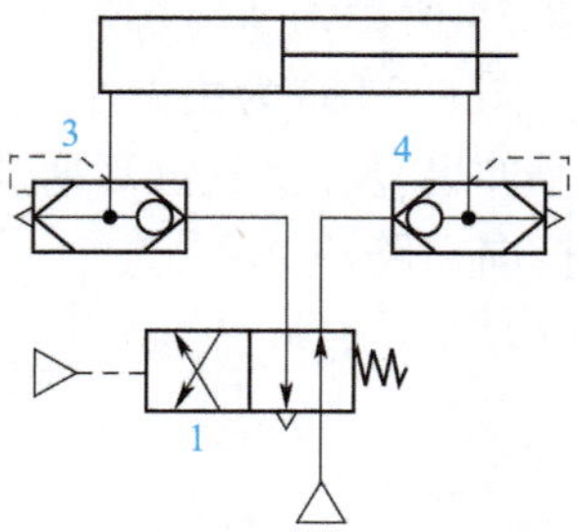


图 8-37　快速往复动作回路

4. 气液联动回路

气液联动是以气压为动力，利用气液转换装置把气压传动变为液压传动，或采用气液阻尼缸来获得能更为平稳和更为有效地控制运动速度的气压传动。

图 8-38a)所示为一种气液阻尼缸调速回路，其中气缸 1 作负载缸，液压缸 2 作阻尼缸。调节节流阀即可调节气—液阻尼缸活塞的运动速度。安放位置高于气—液阻尼缸的油箱 6，可通过单向阀 7 补偿阻尼液的泄漏。这种调速回路利用调节液压缸的速度间接调节气缸

速度,克服了直接调节气缸流量不稳定现象。

图 8-38b)所示可实现快进→慢进→快退的变速控制回路。当电磁阀 6 得电,气液阻尼缸 1 快进。当活塞杆前进到一定位置,其挡块压下行程阀 4,受阀 5 节流,则缸 1 慢进。当阀 6 断电,则缸 1 快退。若取消阀 5 中的单向阀,则回路能实现快进→慢进→慢退→快退的动作。

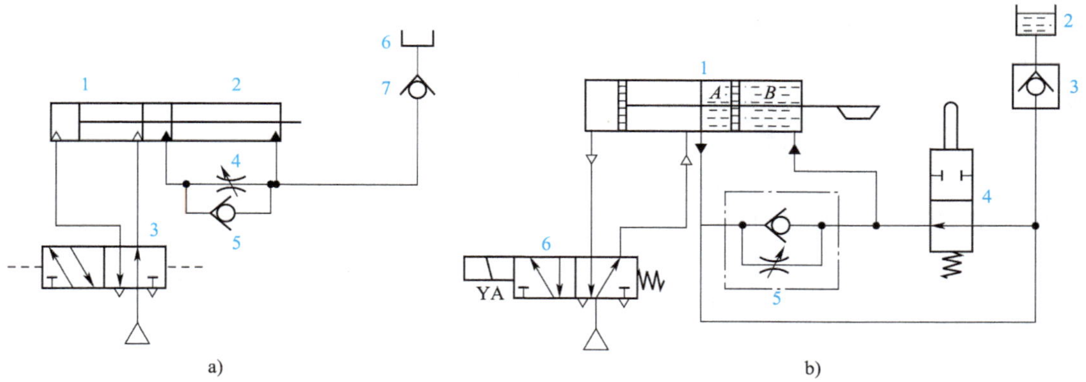


图 8-38　气—液阻尼缸速度控制回路

## 四、其他常用回路

1. 往复动作回路

(1)单往复动作回路。

图 8-39 为三种单往复动作回路。图 8-39a)为行程阀控制的单往复回路,按下手动阀 1,主阀 3 切换,气缸活塞右行;当撞块碰下行程阀 2 时,主阀 3 复位,气缸活塞自动返回。图 8-39b)为压力控制的单往复动作回路,按下手动阀 1,主阀 3 切换,气缸活塞右行;与此同时,气压作用在顺序阀 2 上。当活塞运动至行程终点,气压升高打开顺序阀 2,使主阀 3 复位,气缸活塞自动返回。图 8-39c)为延时复位的单往复回路。按下手动阀 1,主阀 3 切换,气缸活塞右行;当撞块碰下行程阀 2 时,需经一段时间延迟,待气源对气容充气后,主阀 3 才复位,使活塞返回,完成一次动作循环。这种回路结构简单,可用于活塞到达行程终点时,需要有短暂停留的场合。

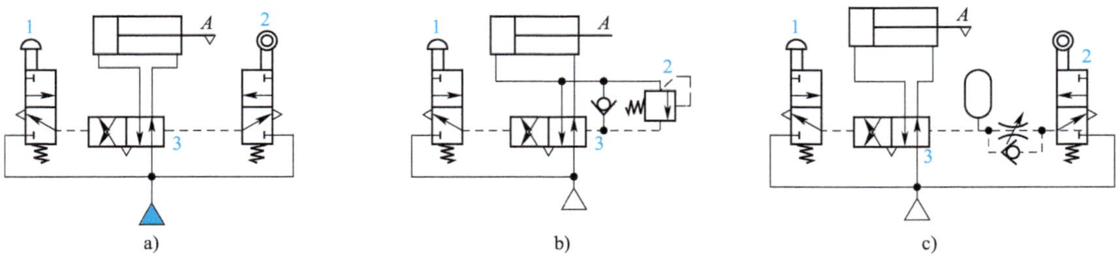


图 8-39　单往复动作回路

1-手动阀;2-行程阀;3-主阀

(2)连续往复动作回路。

图 8-40 为连续往复动作回路。按下手动阀 1,主阀 4 换向,气缸活塞右行。此时行程阀

3 复位,主阀 4 控制气路被封闭,使主阀 4 不能复位。当活塞伸出至挡块压下行程阀 2 时,使主阀 4 的控制气路排气,在弹簧作用下主阀 4 复位,活塞返回。当活塞返回至终点挡块压下行程阀 3 时,主阀 4 换向,气缸将继续重复上述循环动作,断开手动阀 1,方可使这一连续往复动作在活塞返回到原位时停止。

2. 安全保护回路

(1)过载保护回路。

图 8-41 为常用的一种过载保护回路,用于防止系统过载而损坏元件。当二位三通手动换向阀 1 切换至左位时,压缩气体使二位三通气控换向阀 4 和 5 切换至左位,气缸 6 活塞杆伸出。若活塞杆遇较大负载或行程到终点时,气缸无杆腔压力急速上升。当气压升至顺序阀 3 的设定值时,顺序阀开启,高压气体推动二位二通换向阀 2 切换至上位,使阀 4 和阀 5 控制腔的气体经阀 2 排出,阀 4 和阀 5 复位,活塞退回,从而实现了系统保护。

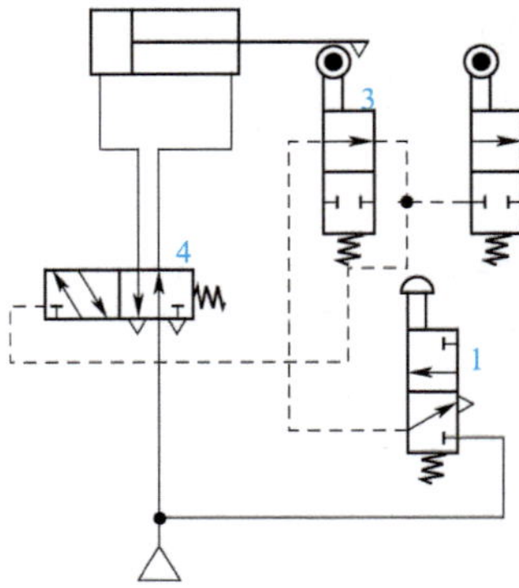


图 8-40　连续往复动作回路

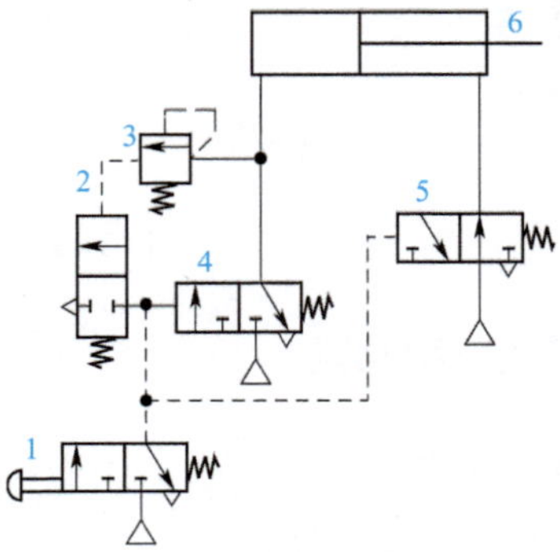


图 8-41　过载保护回路

(2)双手操作安全回路。

图 8-42 所示,只有同时操作两手动阀,主阀才切换,气缸活塞才能下落,锻、冲工件。实际给主阀的控制信号是两手动阀相"与"的信号。注意两手动阀应安装在单手不能同时操作的距离上。在锻造、冲压机械上,采用这种回路,可确保安全。

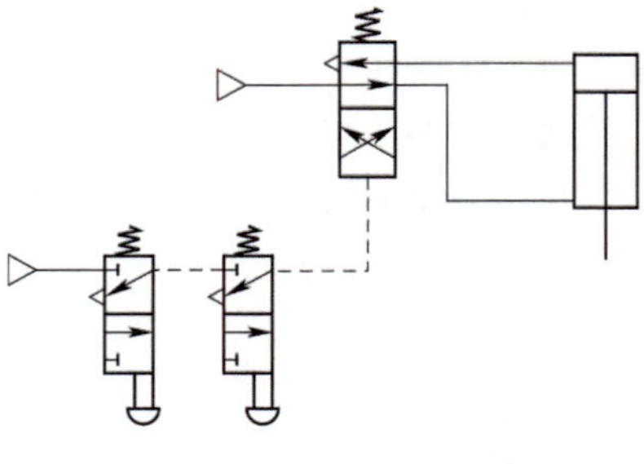

图 8-42　双手操作安全回路

3. 顺序动作控制回路

图 8-43 所示为采用一个延时换向阀控制气缸 1 和 2 顺序动作的控制回路。当二位五通气控换向阀 7 切换至左位时,缸 1 无杆腔进气、有杆腔排气,实现动作 a。同时,气体经节流阀 3 进入延时换向阀 4 的控制腔及气容 6 中。当气容中的压力达到一定值时,阀 4 切换至左位,缸 2 无杆腔进气、有杆腔排气,实现动作 b。当阀 7 在右位时,两缸同时有杆腔进气、无杆腔排气而退回,即实现动作 c、d。两缸进给时间间隔由节流阀 3 调节。

图 8-44 为双缸顺序动作控制回路。两缸 A、B 按 A 进→B 进→B 退→A 退→(即 1→2→3→4)的顺序动作。每按一次手动阀,气缸实现一次工作循环。

4. 位置控制回路

图 8-45 为利用磁性开关(或行程开关)、机控阀等实现位置控制的回路。其中,图

8-45a)是带磁性开关的气缸，若改变气缸上两个磁性开关的间距时，则活塞杆的检测行程便改变。图8-45b)是机控阀控制气缸连续往复动作回路，若两机控行程阀的间距改变，也就改变了气缸的伸缩行程。

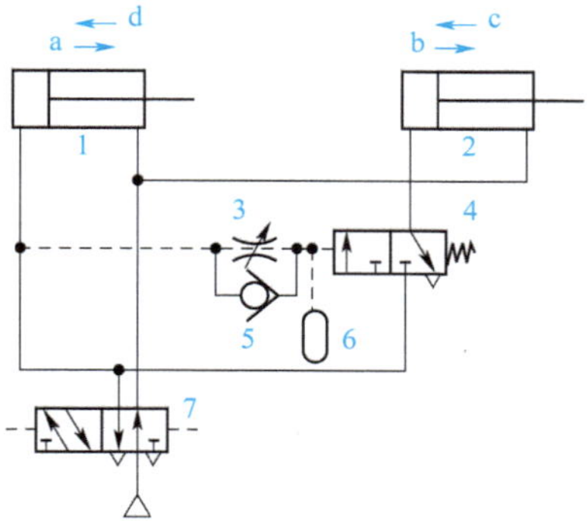


图8-43　单向顺序动作控制回路

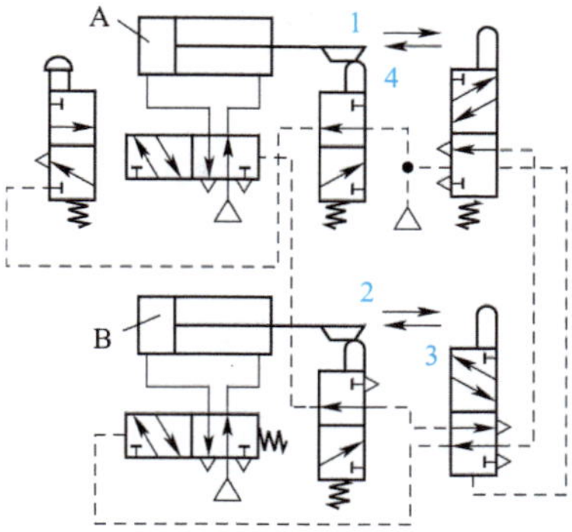


图8-44　双缸顺序动作控制回路

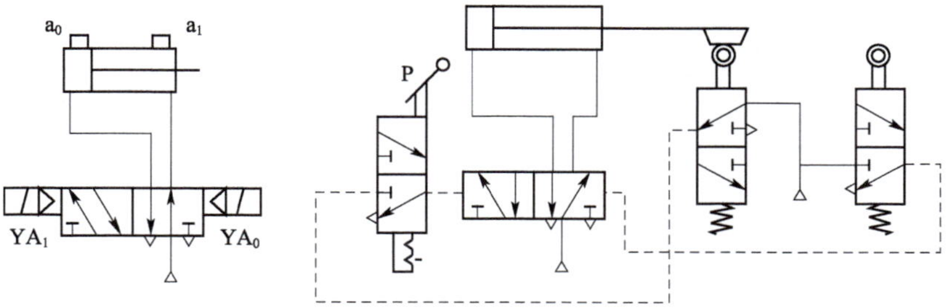


a)　　b)

图8-45　利用磁性开关或机控阀实现位置控制

## 练习题

1. 气源净化装置包括哪些设备？各部分的作用是什么？
2. 什么是气动三联件？每个元件起什么作用？其安装顺序如何？
3. 油雾器有什么作用？为什么能不停气加油？
4. 储气罐的作用是什么？
5. 简述气液阻尼气缸的工作原理。
6. 快速排气阀一般安装在什么位置？
7. 要求气缸缸体左右换向，可以任意位置停止，并使其左右运动速度可调。试绘出气控回路图。

# 第二篇

# 典型铁路大型养路机械液气压传动系统

铁路大型养路机械中的液压系统是根据设备的工作要求,选用适当的基本回路构成的。液压系统图表示了系统内所有液压元件的连接和控制方式以及执行元件实现各种动作的工作原理。本篇介绍两种典型液压系统,通过对它们的学习和分析,进一步加深对各种液压元件和回路的理解。阅读分析液压系统图的方法和步骤是:

(1)了解铁路大型养路机械对液压系统动作、工作循环和性能的要求。

(2)初步浏览整个系统,了解系统中包含哪些元件及各元件的连接关系,以执行元件为中心,将系统分解为若干个子系统。

(3)逐步分析每个子系统,搞清楚其中含有哪些基本回路,然后根据执行元件的动作要求,参照动作循环表读懂每个子系统。

(4)根据系统中对各执行元件间的顺序、互锁、同步、防干扰等要求,分析各子系统之间的联系和是如何实现这些要求的,进而理解整个液压系统的工作原理。

(5)在全面读懂系统的基础上,归纳总结整个系统有哪些特点,以加深对系统的理解。

# 单元九

# DC-32k 型抄平起拨道捣固车液气压系统

【学习要求】

1. 掌握 DC-32k 型捣固车液压系统的组成及工作原理。

2. 掌握捣固装置振动液压马达、夯实装置振动液压马达回路的组成及工作原理。

3. 掌握捣固装置外侧夹持液压缸、内侧夹持液压缸液压回路的组成及工作原理。

4. 掌握捣固装置横移液压缸、升降液压缸液压回路与夯实器升降液压缸液压回路的组成及工作原理。

5. 掌握作业走行液压马达回路的组成及工作原理。

6. 掌握拨道液压缸、起道液压缸液压回路的组成及工作原理。

7. 掌握气动系统的组成及工作原理。

捣固车用在铁道线路的新线建设、旧线大修清筛和运营线路维修作业中，对轨道进行拨道、起道抄平、道砟捣固以及道床肩部道砟的夯实作业，使轨道方向、左右水平和前后高低均达到线路设计标准或线路维修规则的要求，提高道砟的密实度，增加轨道的稳定性，保证列车安全运行。

DC-32k 型抄平起拨道捣固车的液压系统是集方向控制、压力控制、速度控制、比例伺服控制为一体的多功能系统，可以实现作业走行、起道、拨道、捣固、夯实等控制功能。整机液压系统主要由开式液压系统组成。

根据控制要求的不同，DC-32k 型抄平起拨道捣固车各个执行机构的动作互不影响，所以形成了具有相对独立的液压系统工作回路，它们分别是：液压泵及振动液压马达液压回路、捣固装置升降及捣固镐夹持液压回路、捣固装置横移及夯拍器升降液压回路、起拨道装置及作业走行液压马达液压回路、制动及支撑液压缸液压回路。

捣固装置升降液压回路采用电液比例控制，起拨道液压回路采用电液伺服控制。这些液压回路与相应的反馈机构、执行机构和控制放大电路共同组成几套独立的电液比例（伺服）位置控制系统。

捣固车在线路上工作，环境温度变化大，每一捣固工作循环时间短，工作机构起动、制动频繁，振动冲击大，维修条件差。因而要求液压系统及元件应在振动冲击下有足够的可靠性，应有完善的安全装置，液压油应有冷却装置等。

捣固车液压系统的执行元件多，共计液压缸 42 个、液压马达 6 台，这些执行元件不但有复合动作，而且有独立动作。为了充分利用发动机的功率，捣固车液压系统采用多泵、多回路定量液压系统。

## 学习项目一　油源、振动液压马达液压回路

油源、振动液压马达液压回路，如图 9-1 所示。

这个多泵多回路系统，采用两台双联泵和一台三联泵，组成三个独立的液压泵—液压马达回路和三个具有不同压力、流量的液压泵—蓄能器—液压缸回路。

三台液压泵装在动力换挡变速器的取力口处，由柴油机驱动。单向阀、卸荷溢流阀和溢流阀集中安装，形成集成油路；远控阀 6 安装在驾驶室内的控制盘上；压力表 8 通过转换阀 9 可以检测各油路的压力。

### 一、捣固装置振动液压马达回路

捣固装置振动频率固定为 35Hz，所以采用定量液压泵和定量液压马达组成开式液压泵—液压马达回路。它分别由 T6DC 双联泵的液压泵 038、溢流阀 13 和叶片液压马达 26、27 组成左右两个相同的捣固装置振动液压马达回路。

溢流阀的设定压力为 15MPa，并由远控阀 b 和 d 控制。当远控阀打开时，溢流阀开启使液压泵卸荷，油路建立不起压力，则马达不能转动。反之，关闭远控阀后，溢流阀正常工作，液压马达开始转动。可见，远控阀在这里有起动或停止液压马达转动的作用。

### 二、夯实装置振动液压马达回路

夯实装置的振动频率为 30Hz，所以也采用定量液压泵、定量液压马达组成开式液压

泵—液压马达回路。它由 T2SDCB 型三联泵的液压泵 012、溢流阀 20、分流集流阀 33 和 34、轴向柱塞液压马达 31 和 32、二位四通电磁阀 29 和 30 组成。

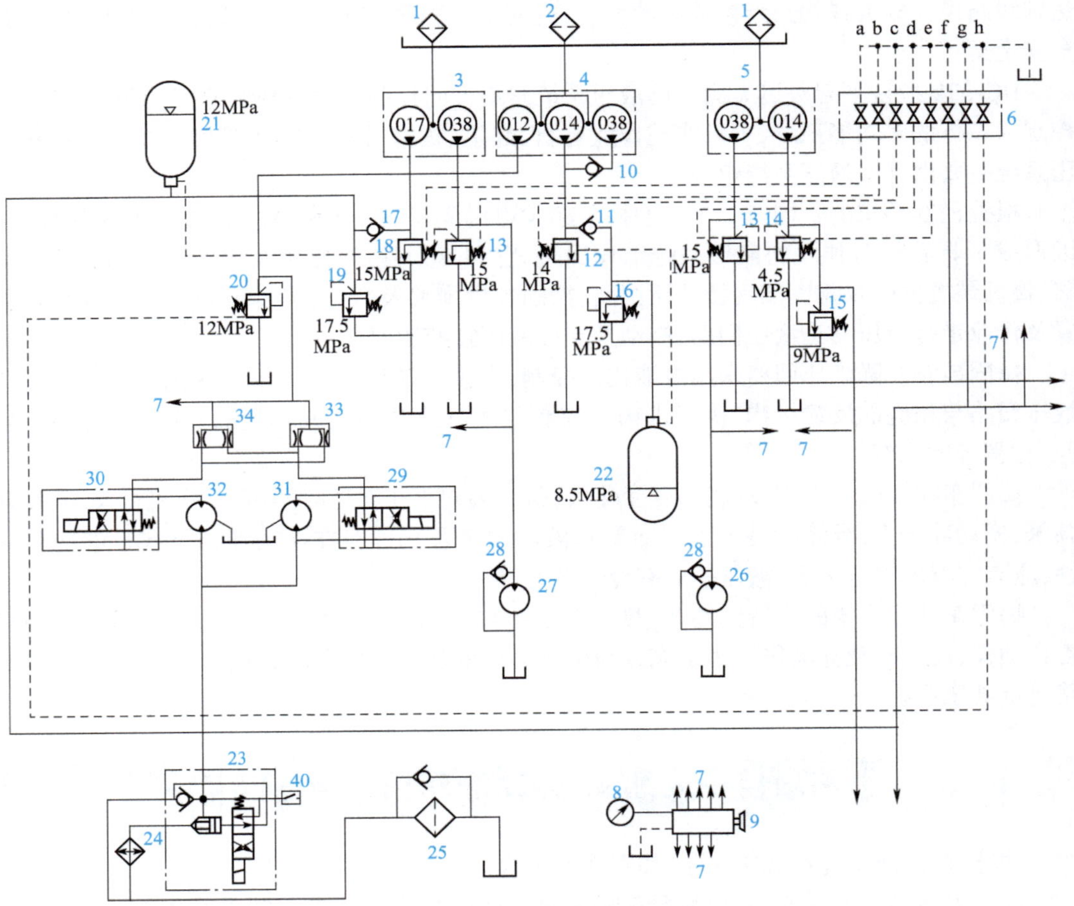

图 9-1　液压泵、振动液压马达回路

1、2-吸油滤清器;3、5-双联泵;4-三联泵;6-远控阀组;7-压力检测油路接口;8-压力表;9-转换阀;10、11、17、28-单向阀;12、18-卸荷溢流阀;13、14、15、16、19、20-溢流阀;21、22-蓄能器;23-温控阀;24-散热器;25-回油滤清器;26、27-捣固振动马达;29、30-电磁阀;31、32-夯实振动马达;33、34-分流集流阀

溢流阀的设定压力为 12MPa,并由远控阀 h 控制。

两台轴向柱塞液压马达并联,为了使并联液压马达的转速同步,在马达的进油路上,串并联两台分流集流阀,提高分流精度。

二位四通电磁阀 29、30,分别作为两台液压马达的旁通开关(先期引进的捣固车采用截止阀)构成液压马达旁通油路。二位四通电磁阀在零位时,沟通旁通油路,液压马达停止转动;当电磁阀有控制电信号时,关闭旁通油路,压力油进入液压马达,液压马达开始转动。

在液压马达的回油路上,由温控阀 23、散热器 24、回油滤清器 25 组成散热油路。

温控阀 23 由电磁阀、液动阀、温度继电器和单向阀组成。当回油温度低于 40℃时,电磁阀在下位,液动阀关闭通往散热器的油路,则回油压力打开单向阀(开启压力 0.05MPa),油液直接经滤清器回油箱。当回油温度高于 40℃时,温度继电器动作,发出信号,使电磁阀动作,上位接入,油液进入液动阀,打开通往散热器的油路,这时温度较高的回油经散热器冷却后再回到油箱,降低油箱中的油温。

## 三、捣固装置外侧夹持液压缸用液压泵、蓄能器油路

捣固装置外侧夹持液压缸用液压泵、蓄能器油路由双联泵的液压泵017、卸荷溢流阀18、单向阀17和蓄能器21组成。它给捣固装置外侧夹持液压缸提供稳定的压力油源。

溢流阀19的设定压力为17.5MPa,它起安全阀的作用,防止液压缸和蓄能器内的压力过高。单向阀17的作用是防止蓄能器内的压力油倒流向液压泵。卸荷溢流阀18保持液压泵的输出压力不超过15MPa;另外,蓄能器内的压力达到15MPa时,控制油路使卸荷溢流阀开启,则液压泵卸荷。

捣固装置外侧夹持液压缸是间歇工作的,在夹持液压缸不工作的时间,要求液压缸的小腔内保持15MPa的油压力,使活塞杆缩回,捣固镐头张开,为下一次下插做好准备。所以在油路中并联蓄能器。在这里蓄能器的作用是:

(1)在液压泵处于卸荷工况,蓄能器使夹持液压缸小腔内保持15MPa的油压力。

(2)补偿系统的泄漏、液压泵可间歇工作。

(3)蓄能器能够吸收或减小由于液压泵流量脉动和换向阀换向引起的液压冲击,使系统压力保持平稳。

(4)在夹持液压缸工作时,液压泵和蓄能器能够同时向液压缸供油,提高液压缸的运动速度。

另外,蓄能器能够节约发动机功率,使系统更加经济。

捣固装置不工作时,打开远控阀g,使蓄能器和夹持液压缸卸荷,蓄能器内的油液流回油箱。

捣固作业完毕后。打开远控阀a,控制油路压力降低,卸荷溢流阀18开启,使液压泵017卸荷。这时,整个外侧夹持液压缸回路处于卸荷状态。

## 四、捣固装置内侧夹持液压缸用液压泵、蓄能器油路

捣固装置内侧夹持液压缸用液压泵、蓄能器油路由双联泵014、卸荷溢流阀14、溢流阀15和蓄能器组成。它给捣固装置内侧夹持液压缸提供低压(4.5MPa)油源。

卸荷溢流阀14的设定压力为4.5MPa,溢流阀15的设定压力为9MPa。

由于回油压力较低,所以在液压泵的出油路没有设置单向阀。

当打开远控阀e时,卸荷溢流阀14开启,使内侧夹持液压缸回路处于卸压状态。

捣固装置内侧夹持液压缸用液压泵、蓄能器油路与外侧夹持液压缸用液压泵、蓄能器油路的组成和工况特点相同。

## 五、作业走行液压马达和起拨道液压缸等液压泵、蓄能器油路

作业走行液压马达和起拨道液压缸等用液压泵、蓄能器油路由三联泵的泵014和038、单向阀10、卸荷溢流阀12、溢流阀16和蓄能器22组成。

卸荷溢流阀12的设定压力为14MPa,溢流阀16的设定压力为17.5MPa。

三联泵014和038的压力油并联为一路,为作业走行液压马达、起拨道液压缸、夹持油路、捣固装置内侧夹持液压缸、捣固装置升降液压缸、横移液压缸、液压制动液压缸、液压支撑液压缸和夯实器升降液压缸提供压力油源。这些执行元件的工作特点是,走行液压马达和液压缸相互交替间歇工作。液压马达运转时,液压缸不动作;液压缸运动时,液压马达不

工作。另外，液压支撑液压缸要求保压，所以在供油路上并联蓄能器，当执行元件不工作时，蓄能器储存部分液压能，执行元件工作时，蓄能器向油路供油，提高执行元件的运动速度。当液压泵卸荷时。蓄能器保持支撑液压缸有稳定的压力，使支撑液压缸保压。

打开远控阀 c 时，卸荷溢流阀开启，使液压泵卸荷。

捣固作业完毕后打开远控阀 f，使蓄能器和液压缸卸压。

如果遇到液压泵和发动机故障，某一工作装置尚未处于运行状态，可以利用蓄能器的压力油，使液压缸动作，完成工作装置的收回动作。

## 学习项目二　捣固装置液压回路

捣固装置除振动液压马达外，夹持及升降液压缸的动作均为间歇式。每次捣固作业时，液压缸的基本动作程序是：升降液压缸使捣固镐插入道床一定深度，夹持液压缸开始夹持动作，夹持完毕后，升降液压缸把捣固装置升起，与此同时，夹持液压缸动作使内外捣固镐张开，准备下一次捣固。另外，夯实器升降液压缸与捣固装置升降液压缸同步动作；捣固装置横移液压缸根据线路情况随时动作。

根据不同线路的维修要求，捣固镐的夹持力能调整，内侧夹持液压缸能单独动作；任一捣固装置也能单独工作。

为了满足以上的工况条件，左右捣固装置的液压回路相同，且采用并联油路，如图 9-2 所示。除振动液压马达回路外，捣固装置的升降、横移和夹持液压缸由三个不同压力的油路供油，可分为几个独立的液压回路，即外侧夹持液压缸液压回路、内侧夹持液压缸液压回路、升降及横移液压缸液压回路。

### ▶▶ 一、外侧夹持液压缸液压回路

外侧夹持液压缸液压回路的压力为 15MPa，一侧捣固装置上的四个外侧夹持液压缸的油路并联，液压缸的大腔和小腔油路分别由两个电磁换向阀控制。

通往外侧夹持液压缸的小腔油路上装有二位四通电磁换向阀 12 和单向节流阀 13，二位四通电磁换向阀初始位油路通液压缸小腔，所以在外侧夹持液压缸的小腔内常作用着 15MPa 的压力油液。通往外侧夹持液压缸大腔油路上装有二位四通电磁换向阀 2 和单向减压阀 11，电磁换向阀 2 初始位油路把液压缸大腔通油箱。所以电磁换向阀 2 不动作时，液压缸小腔内的压力油使活塞缩回，捣固镐头处于张开状态。

通往外侧夹持液压缸大腔的压力油液经单向减压阀 11 调节，油压力降到 9 ~ 12.5MPa（根据线路条件确定），以适应不同线路维修的要求。

外侧夹持液压缸动作时，电磁阀 2 换向，压力油经单向减压阀减压后进入液压缸大腔。此时，虽然液压缸的大、小腔内都有压力油液，但由于活塞两端的受压面积不同，推力仍大于拉力，则活塞杆伸出，完成夹持动作。

调节单向节流阀 13，改变液压缸小腔回油的流量，即可改变外侧夹持液压缸的夹持动作速度。

电磁换向阀 12 换向时，切断液压缸小腔的油路，则外侧夹持液压缸不能进行夹持动作。这时，只能有内侧夹持液压缸的夹持动作，即实现单侧夹持捣固作业。

在外侧夹持液压缸的大腔油路上装有梭阀 18 和压力继电器 19，用来检测夹持动作时

的油压力。当油压达到压力继电器的设定压力时，压力继电器动作，给捣固过程自动循环的控制系统提供夹持终了电信号。

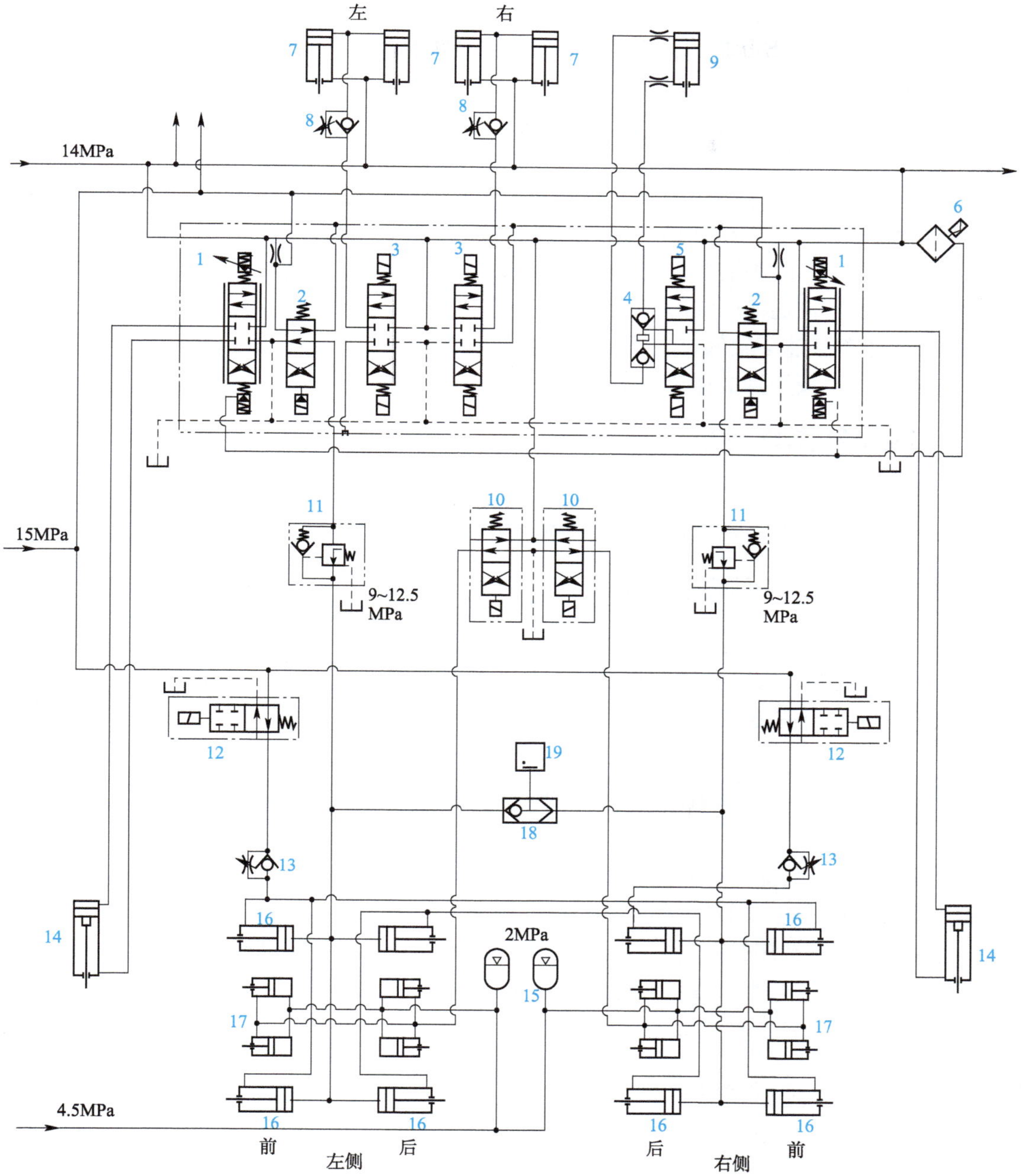


图 9-2 捣固装置液压回路

1-比例方向阀；2-电磁换向阀；3、5-三位四通电磁换向阀；4-液压锁；6-滤清器；7-夯实器升降液压缸；8、13-单向节流阀；9-横移液压缸；10、12-电磁换向阀；11-减压阀；14-升降液压缸；15-蓄能器；16-外侧夹持液压缸；17-内侧夹持液压缸；18-梭阀；19-压力继电器

## 二、内侧夹持液压缸液压回路

一侧捣固装置的四个内侧夹持液压缸并联，液压缸的大、小腔分别由高、低压两台液压

泵供油。液压缸的大腔常通 4.5MPa 压力的油液,液压缸的小腔经二位四通电磁换向阀 10 通 14MPa 压力的油液。

电磁换向阀 10 初始位液压缸小腔沟通油箱。所以当电磁阀不动作时,内侧夹持液压缸大腔内有 4.5MPa 的压力油,使活塞杆伸出,捣固镐处于张开状态。

电磁换向阀 10 换向,高压油进入液压缸小腔时,活塞杆缩回,完成内侧液压缸的夹持动作。

### 三、捣固装置横移液压缸液压回路

捣固装置横移液压缸 9 由三位四通电磁换向阀 5 控制,液压缸的大、小腔油路上装有固定节流器和液压锁 4。三位四通电磁阀为 Y 型机能,当电磁阀 5 不动作时,液压缸的大、小腔油路由液压锁关闭,则活塞杆处于某一固定位置不能移动。当电磁换向阀 5 动作时,压力油将液压锁顶开,沟通液压缸的大、小腔油路,活塞杆开始移动。

捣固装置横移速度较低,故在液压缸的进出油路上装有固定节流器,限制液压缸的进出液压油流量,降低液压缸的动作速度。

### 四、捣固装置升降液压缸液压回路

捣固装置升降液压缸 14 由比例方向阀控制。回路压力为 14MPa,比例方向阀的控制油路要求油液清洁度高,故在比例方向阀的控制油路上装有高压滤清器 6。

### 五、夯实器升降液压缸液压回路

左、右两台夯实器各有两个升降液压缸 7,两个升降液压缸采用并联油路,由三位四通电磁换向阀 3 控制。液压缸的大腔油路上装有单向节流阀 8,可以调节液压缸大腔的进油量,改变夯实器的下降速度。

## 学习项目三　起拨道装置及作业走行液压马达液压回路

起拨道装置及作业走行液压马达的液压回路压力为 14MPa。起拨道装置的工作液压缸与走行液压马达是交替间歇工作的。

起拨道装置的液压缸回路可以分为拨道液压缸电液伺服控制回路、起道液压缸电液伺服控制回路以及夹轨钳液压缸回路。起拨道液压缸电液伺服控制回路及作业走行液压马达回路,如图 9-3 所示。

### 一、作业走行液压马达回路

捣固车作业走行采用两台液压马达驱动,两台液压马达分别组成两个独立的开式液压回路。它由 N630 型摆线液压马达 1、安全阀 2、电液换向阀 3、单向节流阀 4 和背压阀 14 组成。

捣固车作业走行时,液压马达由三联泵的液压泵 038 及 014 并联输出供油,其总流量为 356.2L/min,压力为 14MPa。两台液压马达并联,每台液压马达的输入流量为 163.2L/min,所以选用控制大流量换向的电液换向阀控制。换向阀为 Y 型机能,阀在初始位时,液压马达的进、出油路与油箱沟通,液压马达处于浮动状态,有利于对车轮施加制动。

安全阀 2 一般装在液压马达的进、出油口处,安全阀的设定压力为 16MPa,防止油路在制动停车时产生冲击压力,而损坏液压马达及管路。

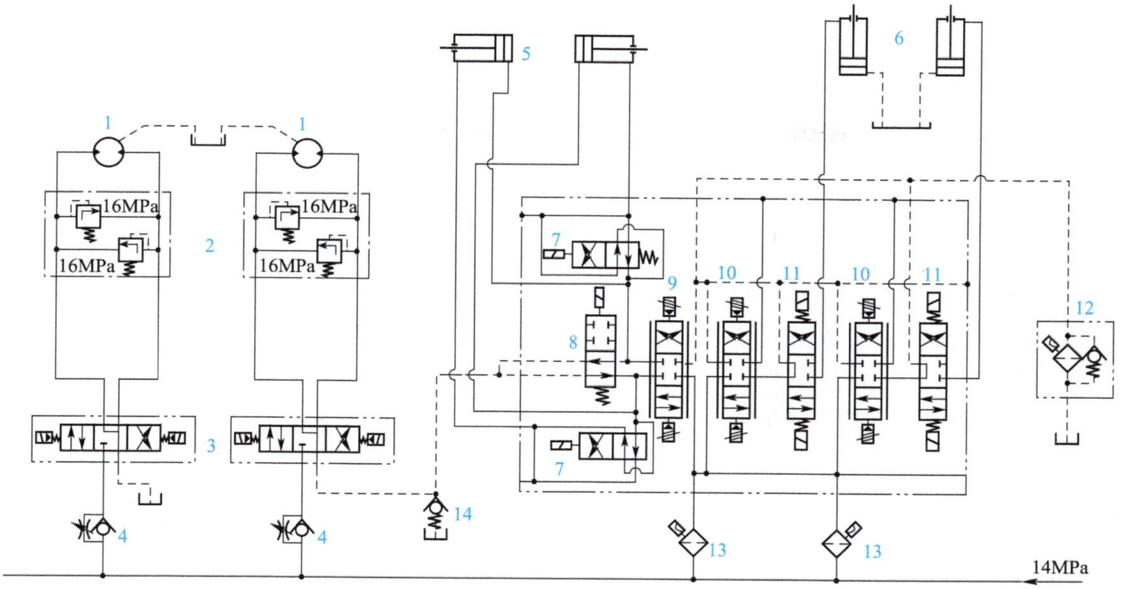


图 9-3　起、拨道装置及作业走行液压马达液压回路

1-液压马达；2-安全阀；3-电液换向阀；4-单向节流阀；5-拨道液压缸；6-起道液压缸；7、8-电磁换向阀；9-拨道伺服阀；10-起道伺服阀；11-电磁换向阀；12-回油滤清器；13-高压滤清器；14-背压阀

在电液换向阀的进油路上装单向节流阀 4，可以调节进入液压马达的流量，达到改变捣固车作业定行速度的目的。

图 9-3 中右边的液压马达驱动后转向架，在其液压马达的回油路上装有与拨道液压缸共用的背压阀 14，背压阀 14 的开启压力为 0.35MPa。在液压马达运转时，回油路中 0.35MPa 的压力油液通拨道液压缸 5，使拨道轮外缘离开钢轨，以减小捣固车作业走行阻力。

## 二、拨道液压缸液压回路

拨道液压缸的液压回路由拨道液压缸 5、拨道电液伺服阀 9、电磁换向阀 7 和 8 组成。

两个拨道液压缸中的一个液压缸的大腔与另一个液压缸的小腔油路相通，拨道作业时，两个液压缸的作用力方向一致，一个液压缸是推力，另一个液压缸是拉力。

二位四通电磁换向阀 7 起截止阀的作用。当某一个电磁阀 7 换向，切断通往相应液压缸小腔的油路，此时，只有另一个拨道液压缸能动作。例如，在作业中某一侧的拨道装置脱离钢轨时，可以切断另一侧拨道液压缸的油路，使它不动作。那么就可以通过调整脱离钢轨一侧的拨道液压缸，使拨道装置复位。

电磁换向阀 8 与拨道伺服阀 9 的工作油口相通。当伺服阀在零位时（无拨道动作），电磁换向阀 8 使液压马达的回油路与两个拨道液压缸的大、小腔沟通，利用作业走行马达的回油压力（0.35MPa），使两个拨道液压缸的活塞杆伸出，拨道轮内缘靠在钢轨里侧。这样，就使拨道轮外缘离开钢轨头，当拨道轮通过钢轨接头处，不会挤坏信号连接线，并且减小了捣固车的走行阻力。

电液伺服阀 9 在拨道工况时，电磁换向阀 8 换向，切断 0.35MPa 的压力油路，使拨道液压缸处于拨道工况状态。

MOOG－62 型电液伺服阀与拨道液压缸、放大电路、线路方向检测装置共同组成电液位置伺服控制系统。

当线路方向检测和修正信号与反馈信号相比较有偏差时，系统就工作。电液伺服阀的输出流量与输入的偏差电信号成比例。偏差信号由正（负）变为负（正）时，电液伺服阀的输出流量改变方向，则拨道液压缸的运动方向也改变。

## 三、起道液压缸液压回路

起道液压缸液压回路由起道液压缸6、电液伺服阀10、电磁换向阀11和高压滤清器13组成。两个起道液压缸和电液伺服阀、电磁换向阀组成两个独立的起道电液位置伺服油路，分别控制左、右起拨道装置的起道动作。

起道液压缸的大腔与油箱常通，液压缸小腔通电磁阀11。因此，起道液压缸是单作用液压缸，起拨道装置的下降靠自重，起道液压缸无推力作用。伺服阀10与起道液压缸之间串联三位四通电磁换向阀11，在捣固车作业走行工况时，不进行起道作业，电磁换向阀11和电液伺服阀均在零位状态，起道液压缸的小腔油路被封闭，所以起拨道装置不能下降。

由于电液伺服阀要求油液的清洁度较高，所以在电液伺服阀的进油路上装有高压滤清器13，回油路上装有回油滤清器12。

图9-4是起道液压缸液压回路工作原理图。

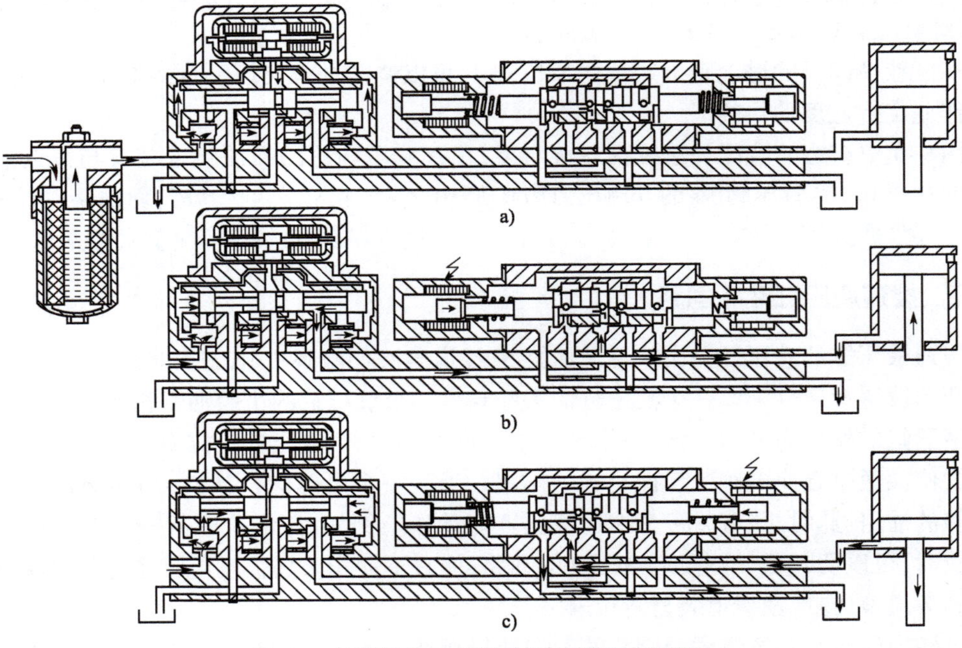


图9-4　起道液压缸电液伺服控制回路工作原理图

如图9-4a）所示，无起道信号电流时，电液伺服阀和电磁换向阀均在零位，起道液压缸小腔油路封闭。此时，起拨道装置不能下降。但是在外力作用下起拨道装置可以上升，能够减小捣固车作业走行阻力。

图9-4b）为起道工况液压回路工作原理。当有起道量时，伺服阀有起道信号电流，并输出相应的液压流量。此时，三位四通电磁换向阀的左端线圈有电，使由伺服阀来的工作油液进入起道液压缸小腔，活塞上移，通过起拨道装置把轨道提起一定的高度。其起道高度与起道信号电流成正比。

图 9-4c）为起拨道装置下降工况的液压回路工作原理。起拨道装置下降时，电液伺服阀有下降的信号电流。此时，由于伺服阀的输出油路是堵死的，所以电液伺服阀不能控制起道液压缸。三位四通电磁换向阀的右端线圈有电，使起道液压缸的小腔与油箱连通，液压缸活塞下移，起拨道装置依靠自重自由下降。

### 四、夹轨钳液压缸液压回路

左、右起拨道装置各有两个液压缸带动夹轨滚轮的张合，实现起拨道装置对钢轨的夹持或松开，前、后两个夹持液压缸采用并联油路，由 Y 型机能的三位四通电磁换向阀控制，如图 9-5 所示。前、后夹轨液压缸的控制油路相同。三位四通电磁换向阀在零位时，夹轨液压缸的大、小腔与油箱沟通，因此液压缸的动作处于自由状态。当三位四通电磁换向阀动作时，夹轨液压缸动作，使夹轨滚轮夹持钢轨或是松开。

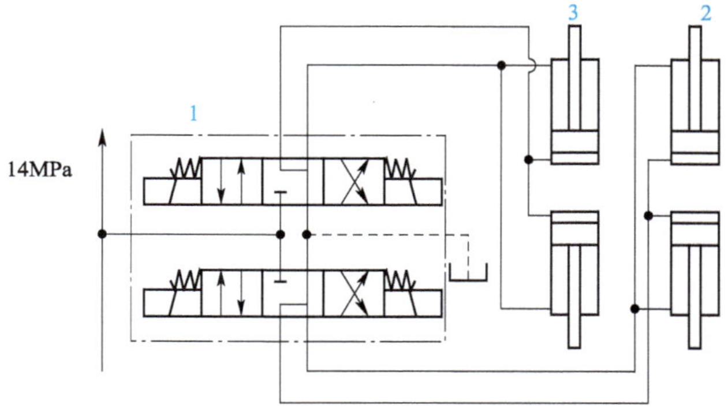


图 9-5　夹轨液压缸液压回路

1-三位四通电磁阀；2-前夹轨液压缸；3-后夹轨液压缸

## 学习项目四　制动及支撑液压缸液压回路

捣固车作业时，为了能够迅速准确地使捣固镐头对准轨枕空间，要求捣固车制动灵敏、制动力大、缓解快。为此，捣固车在捣固作业时用液压制动代替空气制动。另外，为了使线路状态检测装置正常工作，要求轴箱、转向架和车体之间相对固定。为此，捣固车在作业时用液压缸把轴箱、转向架和车体之间支撑住，消除它们之间的相对位移。图 9-6 是制动及支撑液压缸液压回路。

### 一、支撑液压缸液压回路

捣固车从运行工况转换为作业工况时，转动分配阀 2 使 14MPa 的压力油液经单向阀 1 进入制动及支撑液压缸回路，支撑液压缸活塞杆伸出，实现支撑。支撑液压缸均为单作用液压缸，八个支撑液压缸并联，支撑动作同时完成。

作业完毕后，从作业工况转换为运行工况时，转动分配阀 2，使制动及支撑液压缸回路与油箱沟通，支撑液压缸卸压，活塞杆在车体重力作用下缩回，消除支撑作用。

### 二、制动液压缸液压回路

作业制动有三套相同的液压制动回路，每套液压制动回路由二位四通电磁阀 8、单向减压阀 9、手动开关阀 7 和制动液压缸组成。

三套制动液压缸液压回路并联，制动液压缸的大腔油路上串联单向减压阀 9，连接前、后转向架制动液压缸 11、12 的单向减压阀的设定压力为 5MPa，连接拖车制动液压缸 13 的单向减压阀的设定压力为 3MPa。为了能够正确地调整制动油压力，在单向减压阀的出口油路上接有手动开关阀 7 和压力表 10。按下手动开关按钮时，压力表沟通制动液压缸大腔油路，即可测出制动油压力。

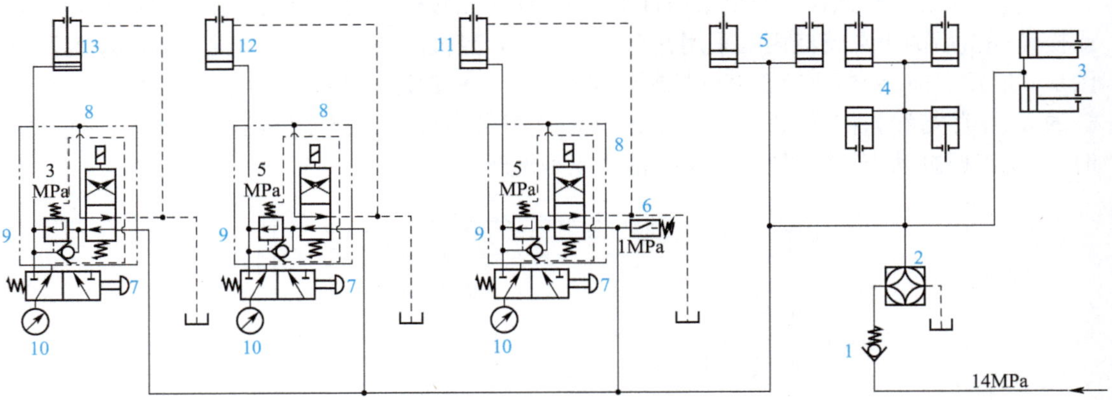


图 9-6　制动及支撑液压缸液压回路

1-单向阀；2-转动分配阀；3-后转向架与车体支撑液压缸；4-后转向架与轴箱支撑液压缸；5-前转向架与Ⅱ轴箱支撑液压缸；6-压力继电器；7-手动开关；8-三位四通电磁阀；9-减压阀；10-压力表；11-后转向架制动液压缸；12-前转向架制动液压缸；13-拖车制动液压缸

二位四通换向阀 8 不动作（零位）时，制动液压缸大腔内有压力油液作用，活塞杆伸出，推动基础制动装置使车轮制动，所以捣固车在非作业走行时，处于制动状态。

在制动液压缸的活塞杆伸出时带动制动风缸活塞杆伸出，使风缸内弹簧压缩。当踩下作业走行踏板时，二位四通电磁阀 8 换向，使制动液压缸大腔和油箱沟通，活塞杆借助风缸弹簧的作用力缩回，制动缓解。压力继电器 6 的动作压力为 lMPa，当制动及支撑液压缸回路中油液压力超过 1MPa 时，压力继电器 6 动作，在后驾驶室内控制盘上的指示灯发亮，告知操作人员，作业工况转换完毕，可以进行作业操纵。

## 学习项目五　捣固车气动系统

捣固车工作装置的锁定机构、检测小车的升降装置、柴油机节气门等采用气动控制，它与空气制动共用一个气源。

### 一、气动系统的组成

捣固车气动系统由检测小车气动回路、柴油机节气门控制气动回路、气动刮水器及风喇叭气动回路、检测弦线张紧气动回路等几个独立的气动回路组成。图 9-7 是捣固车气动系统，图中 A、B、C、D 为四个检测小车的气动回路，这四个气动回路的组成相同，只是 A 和 D 检测小车的控制开关安装在各自小车附近的车架上，其他气动开关集中安装在后驾驶室内的气动控制盘上。

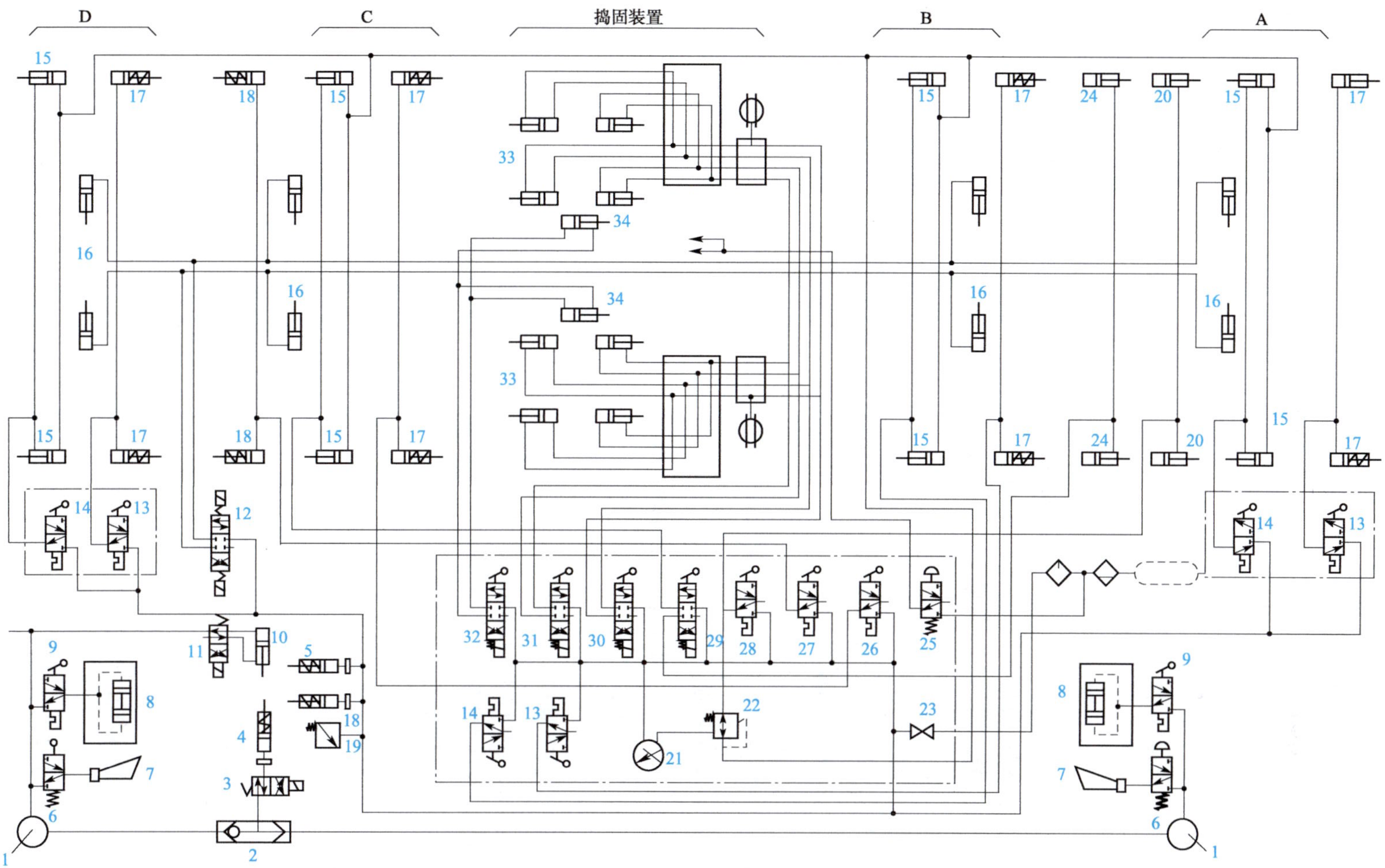


图 9-7　气动系统

1-节气门控制阀;2-梭阀;3-电磁阀;4-气缸;5-限速气缸;6-喇叭开关;7-风喇叭;8-刮水器气缸;9-开关;10-液压马达离合器气缸;11-阀;12-电磁换向阀;13、14-转阀;15-升降气缸;16-预加载气缸;17-解锁气缸;18-离合器气缸;19-压力继电器;20-拨道弦线张紧气缸;21-双针压力表;22-减压阀;23-转换开关;24-起道弦线张紧气缸;25、26、27、28、29、30、31、32-开关;33-捣固夹持宽度调节气缸;34-捣固装置解锁气缸

## 二、作用原理

作业气动系统虽然控制机构较多，但都比较简单，都是通过气阀推动气缸带动执行机构动作的。下面就几个主要回路作一介绍：

(1)柴油机节气门控制、限速及停车气动回路。

柴油机节气门控制气动回路由油门控制阀1、梭阀2、电磁换向阀3、节气门气缸4、限速气缸5组成。

当需要柴油机运转时，接通电磁换向阀3，调节柴油机节气门控制阀1的手柄，一定压力的气流通过梭阀2进入安装在节气门上的气缸4时，气缸的推力与节气门上的弹簧力相平衡，柴油机就处于一定的转速下，连续调节节气门控制阀的手柄，柴油机转速就连续变化。捣固车运行时，柴油机转速可达2300r/min。而作业时，柴油机转速限制在2100r/min以下，这是因为在作业状态时，气缸5得气，推动限位块限制了节气门的开度，使柴油机转速不能再增大。切断电磁换向阀3的电源，使节气门气缸通大气，由弹簧作用使节气门退回原位，柴油机可以紧急停车。

(2)刮水器及风喇叭气动回路

前驾驶室前风窗玻璃、后驾驶室后风窗玻璃都装有刮水器，以保证下雨天操作人员的瞭望。同时，还装有风喇叭，以保障安全运行。

按喇叭开关6，气流进入风喇叭7，风喇叭7就发出响亮的鸣笛声。转动开关9，气流进入刮水器气缸8，并使其往复运动，通过连杆带动刮水器刮除玻璃上的雨水。

## 三、检测小车气动回路

捣固车作业时，需要进行测量，以保证线路的精度，检测小车气动回路由小车升降气缸15、预加载气缸16、解锁气缸17、转阀13、14和换向阀12等组成。

打开升降转阀14，使测量小车上升到上位，转动解锁转阀13，解锁缸17进气使小车解锁，再转动升降转阀使升降气缸15排气，小车下降，并以一定的压力落到轨面上，根据作业的需要，使预加载换向阀12相应的电磁铁得电，预加载气缸16进气，使检测小车靠紧设定的基准轨。当检测小车全部就位后，打开测量弦张紧换向阀29，张紧气缸24进气，使测量钢弦张紧，就可以进行线路纵向高低的检测。

# 练习题

1. 结合图9-1，在捣固装置振动液压马达回路中，为什么与振动马达并联单向阀？

2. 结合图9-1，简述捣固车液压系统冷却回路的工作原理。

3. 结合图9-1，捣固装置外侧夹持液压回路中，蓄能器起什么作用？

4. 结合图9-2，捣固装置外侧夹持液压缸液压回路中，单向减压阀11、单向节流阀13分别起什么作用？

5. 结合图9-3，作业走行液压马达回路中，安全阀2起什么作用？

6. 如何调整捣固车走行速度？

7. 拨道液压缸液压回路中，电磁换向阀7起什么作用？

# 单元十

# QS-650k 全断面道砟清筛机液气压系统

【学习要求】

1. 掌握 QS-650k 型清筛车液压系统的组成及工作原理。
2. 掌握走行驱动液压系统的组成及工作原理。
3. 掌握挖掘链控制液压系统的组成及工作原理。
4. 掌握振动筛及道砟分配输送液压系统的组成及工作原理。
5. 掌握其他工作装置液压控制系统的组成及工作原理。
6. 掌握气动系统的组成及工作原理。

整洁的道床经过一个时期的使用后，由于刮风、下雨等自然条件的作用，以及列车粉尘货物散落、旅客抛掷垃圾等原因，都会使道床被污染。脏污的道床使铁道线路的弹性及排水性能降低，造成线路病害。对碎石道床而言，当其不洁度（按质量计）超过30%时，应该进行清筛。QS-650k 全断面道砟清筛机是用来清筛道床中道砟的作业机械。它将脏污的道砟从轨枕下挖出，进行筛分后，将清洁的道砟回填至道床，再将筛出的污土和废砟清除到线路外。

QS-650k 型清筛机采用全液压传动，具有操作简便、性能良好、作业效率高的特点。其液压传动系统的工作原理是：柴油发动机通过主离合器、弹性联轴器、万向传动装置、分动齿轮箱驱动若干个液压泵。液压泵产生的高压油经液压分配块及各种控制阀，通过管路输送到液压执行元件，即液压马达或液压缸。液压执行元件驱动机器的走行及相应的工作装置，完成清筛机的运行、挖掘、筛分、起拨道、输送道砟和排除污土等作业。

QS-650k 全断面道砟清筛机液压系统可以分成走行驱动液压系统、挖掘链控制液压系统、振动筛及道砟分配控制输送液压系统、其他装置驱动液压系统、液压润滑系统 5 大组成部分。下面对液压系统的各组成回路进行分析。

# 学习项目一　走行驱动液压系统

QS-650k 型清筛机的走行装置由两台两轴式转向架组成，转向架由变量马达驱动，区间运行速度为 0 ~ 80km/h，作业运行速度为 0 ~ 1km/h，与列车编组运行速度为 0 ~ 100km/h。区间运行和作业运行时均可实现无级调速。

图 10-1 所示为走行驱动液压系统图。前后转向架各由一个变量泵 1 驱动，每根车轴上装有一个变量马达 4，每个转向架两车轴上两个变量马达并联，两变量马达的输入流量各为变量泵输出流量的一半。前后转向架的变量马达油路由液动阀 6 连通。手动减压阀式先导阀 8 有三个，分别装在两个驾驶室内，操作任意一个调速换向手柄，均可实现变量泵的变量调节。

控制液压泵 12 向清筛机液压系统提供控制压力油源，其压力由溢流阀 9 调定为 6MPa。

## 一、调速回路

清筛机的走行驱动液压系统采用了变量泵—变量马达容积调速回路，如图 10-2 所示。变量泵为 A4V-250HD 型通轴斜盘式轴向柱塞变量泵，该泵的额定压力为 35MPa，最高压力为 40MPa，最大排量为 250mL/r。变量马达为 A6VM107HAIT 型斜轴式变量马达，其额定压力和最高压力分别为 35MPa、40MPa；最小排量为 30.8mL/r，最大排量 107mL/r。

该调速回路为闭式回路，液压泵的吸油管直接与液压马达的回油管连通。

变量泵、变量马达均可正反双向旋转工作。当变量泵 2 正向供油时，管路 10 为高压管路，管路 8 为低压管路，压力油进入变量马达 9，驱动液压马达正向旋转，清筛机前进。当变量泵 2 反向供油时，管路 10 为低压，管路 8 是高压，变量马达 9 反向旋转，清筛机反向行走。

### 1. 调速过程

调速分为两个阶段。第一阶段相当于变量泵—定量马达容积调速，机械起步阶段负载大，故要求马达的输出转矩必须足够大，才能驱动机械起步，此时马达的排量 $V_m$ 保持最大。

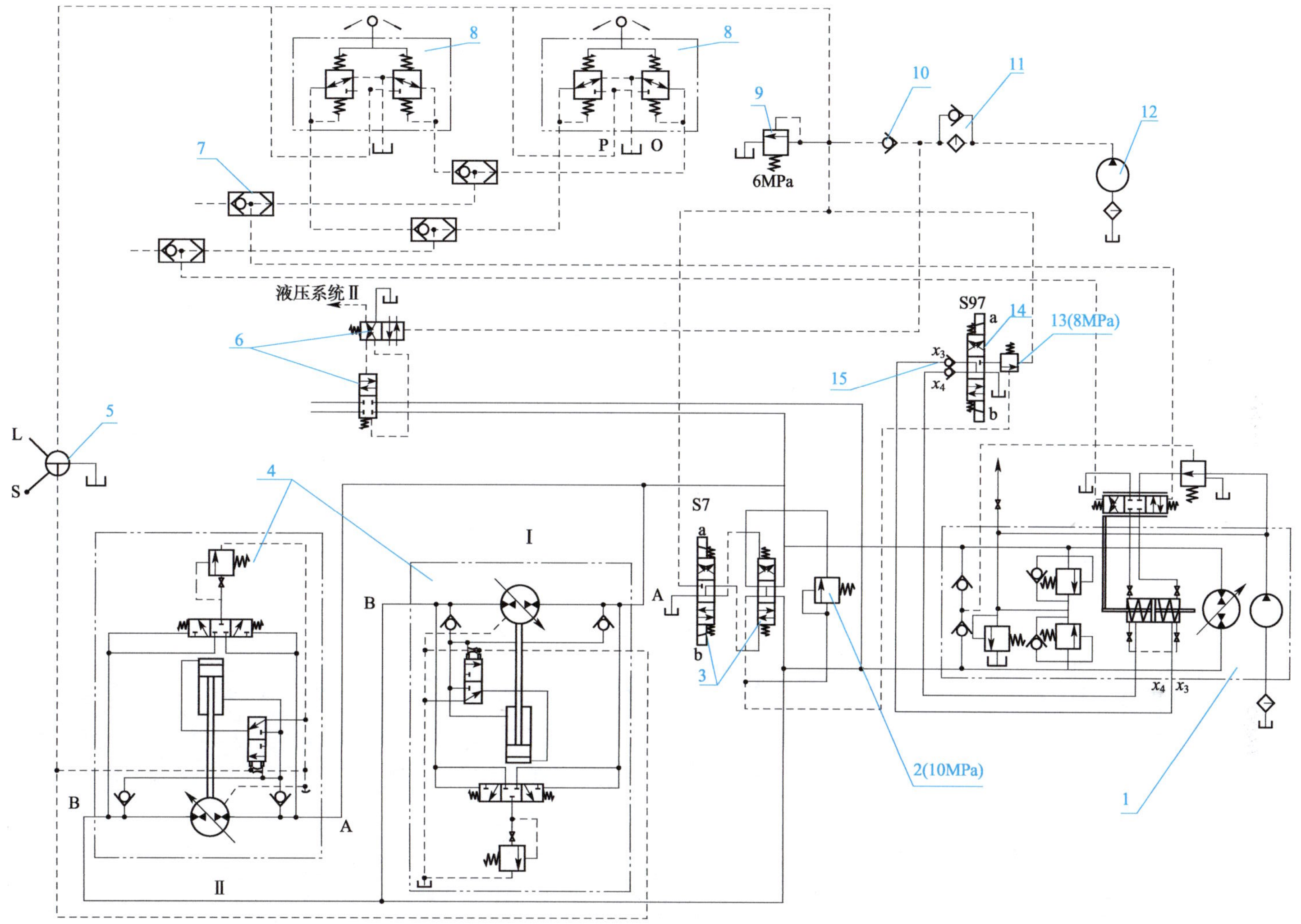


图10-1　走行驱动液压回路

1-变量泵;2-背压阀;3-电液动换向阀;4-变量马达;5-手动三通阀;6-液动换向阀;7-梭阀;8-先导阀;9-溢流阀;10、15-单向阀;11-滤油器;12-控制液压泵;13-限压阀;14-电磁换向阀

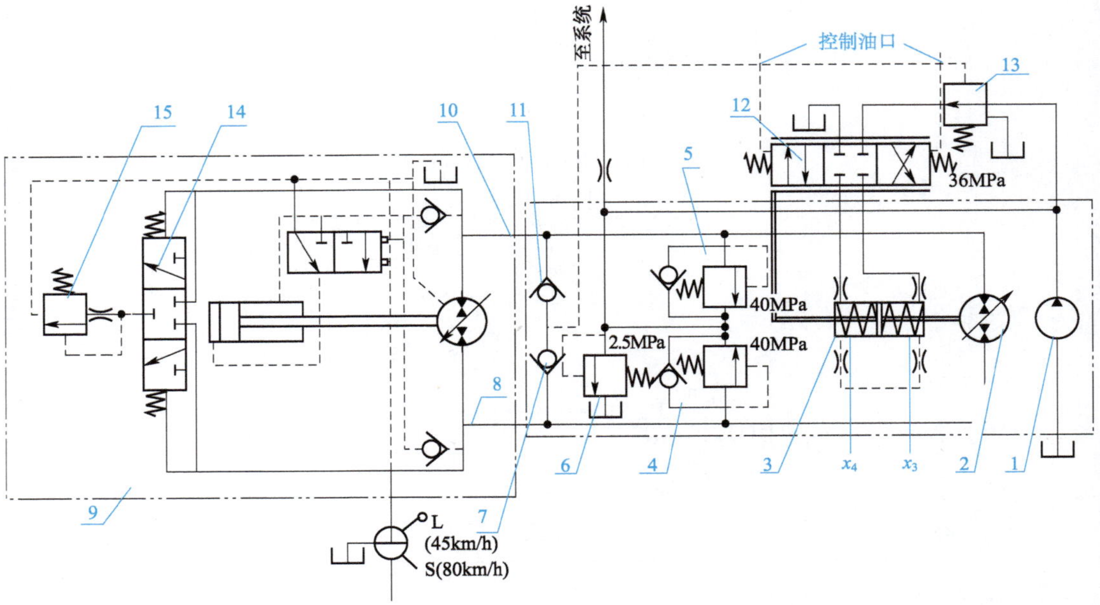


图 10-2　变量泵—变量马达容积调速回路

1-辅助泵;2-双向变量泵;3-变量液压缸;4、5-高压安全阀;6-辅助泵溢流阀;7、11-单向阀;8、10-管路;9-变量马达;12-变量伺服阀;13-截止阀;14-液动换向阀;15-溢流阀

泵的输入转速 $n_1$ 不变,则马达的转速与泵的排量 $V_P$ 成正比。随着变量泵的斜盘倾角增大,泵的排量随之增大,使马达转速 $n_2$ 上升。随着变量泵排量从最小 $V_{pmin}$ 调到最大 $V_{pmax}$,马达的转速相应从最小逐渐提高。调速比为 $i_1 = V_{pmax}/V_{pmin}$。此时,因马达排量最大,马达能获得最大输出转矩。第二阶段相当于定量泵—变量马达容积调速,此阶段泵的排量保持不变,变量马达的排量可随负载的变化自动调节,负载增大,马达排量增大;负载减小,马达排量减小。随着负载的减小,马达从最大排量自动减小到某一限定值,转速相应提高到马达所能容许的最大转速。当机械正常运行时,由于无工作负载,变量马达排量最小,其输出转矩最小,转速则最高。调速比为 $i_2 = V_{mmax}/V_{mmin}$。

全过程总的调速比为 $i = i_1 \cdot i_2$,调速回路具有较大的调速范围,其调速比可达 100 左右。

2. 变量泵变量机构工作原理

走行驱动变量泵的变量机构由手动减压阀式先导阀操纵,如图 10-3 所示。

当先导阀调速换向手柄 1 处于中位时,变量伺服阀 4 左右控制口通过先导阀连回油箱,阀 4 处于中位,变量液压缸 8 在左右弹簧的作用下也处于中间位置,则变量泵 7 的斜盘倾角为 0°,其供油量也为 0,走行马达不旋转。

扳动调速换向手柄 1,压下推杆 2,控制泵的压力油从阀口 P 流向阀口 B,作用于变量伺服阀 4 的左端;变量伺服阀 4 右端经减压阀式先导阀的阀口 A 与油箱相通,伺服阀 4 右移,当左端油压力与右端复位弹簧的弹力相互平衡时,则停止右移。伺服阀的开口量与先导阀输出油的压力即先导阀调速手柄偏离中心的角度成正比。辅助泵 6 输出的压力油经截止阀 5、变量伺服阀 4 左位节流后,通过 $\phi 1.8$mm 节流孔(节流孔在此起稳定压力和抗干扰作用)进入变量液压缸 8 左腔,活塞杆在此油压的作用下,带动变量泵 7 的斜盘变量机构，使斜盘从0°开始转动产生相应的倾角。当液压缸8内的压力与变量机构的反力相互平衡时，斜盘的倾角就固定。变量泵以与此倾角所对应的流量向高压管路供油，使马达旋转。

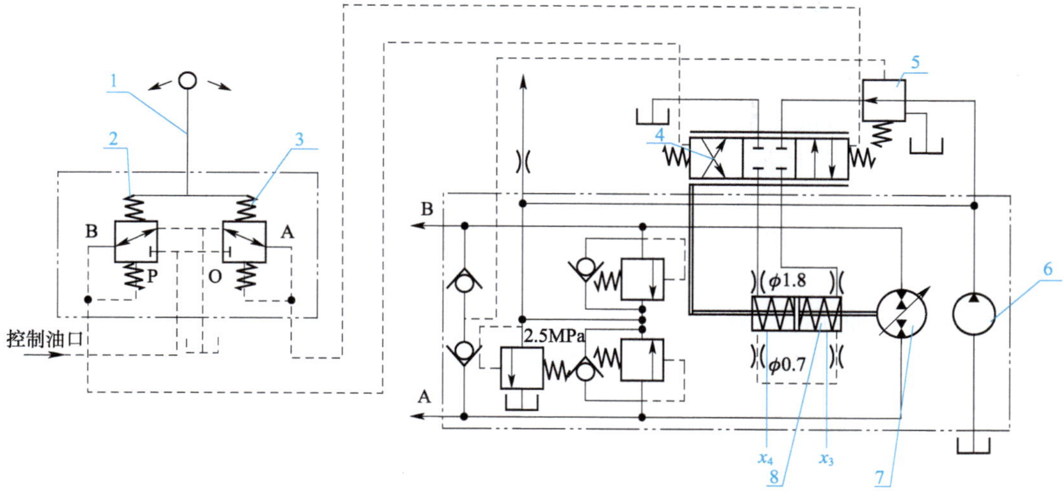


图 10-3　手动减压阀式先导阀操纵回路

1-调速换向手柄;2、3-推杆;4-变量伺服阀;5-截止阀;6-辅助泵;7-变量泵;8-变量液压缸

朝另一方向扳动调速换向手柄1，压下推杆3，压力油进入变量液压缸8右腔，变量泵7斜盘倾角向另一方向变化，变量泵7反向输出排量，变量马达换向。

变量泵7的输出排量与调速换向手柄1的操纵位置成正比。调速换向手柄1偏离中位越大，泵斜盘的倾角越大，泵输出排量也越大。

3. 变量马达变量机构工作原理

当清筛机爬坡或用于牵引车辆时，走行阻力增大，此时机械应换至低速挡，以获得较大的牵引力；而机械正常行驶时，又需要较高的行驶速度，机械应换至高速挡。为了满足以上工况，清筛机走行装置设置了高、低挡换挡控制回路。变量马达排量调节回路，如图10-4所示。

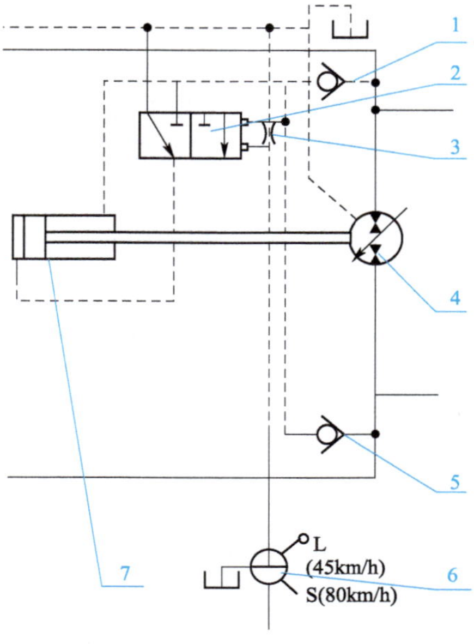


图 10-4　变量马达排量调节回路

1、5-单向阀;2-变量控制伺服阀;3-阻尼孔;4-变量马达; 6-三通阀;7-变量液压缸

(1)低速挡。

当换挡三通阀6在低速挡时(图示为高速挡)，控制液压泵提供的压力油(6MPa)经三通阀6和变量控制伺服阀2右侧的下控制油管作用在伺服阀2上。当机械刚起步时，走行阻力最大，马达高压腔内的瞬间起步油压可达40MPa，此压力经马达4上的单向阀1(或5)和伺服阀2右侧的上控制油管作用在伺服阀2上，伺服阀2在上下控制油管压力的共同作用下，克服复位弹簧的作用力而左移。由于起步时马达4进油腔油压最高，伺服阀2的阀口开启量可达最大，此时它的节流减压效果最小。马达进油腔压

力油分别经单向阀1(或5)和伺服阀2进入马达变量液压缸7的有杆腔和无杆腔。由于存在面积差,活塞右移至极限位,并带动变量马达7斜轴使其倾角增至最大,马达的排量随之达到最大,此时马达的输出转矩也为最大,具有最大的牵引力。当机械起步后,随着走行阻力的下降,马达进油腔的油压随之降低。伺服阀2右侧的上控制油管内的油压力也降低,伺服阀2在弹簧作用力下右移,阀口的开启量减小,节流减压效果增强。当以上的力相互平衡时,伺服阀口开启量才达到稳定状态。此时,马达进油腔的压力油经伺服阀2减压后进入变量液压缸7的无杆腔,而进入液压缸7有杆腔的压力油是不经减压的压力油,故有杆腔所受的液压力大于无杆腔所受的液压力,活塞左移,带动马达斜轴变量机构使斜轴倾角减小,马达排量减小,转速随之提高,车速变快。当活塞所受的油压合力与斜轴变量机构的反力相平衡时,斜轴的倾角就不变。由于伺服阀2右部的下控制油管保持6MPa的压力油,即使马达的进油腔压力降至最低时,伺服阀2的阀口仍有一定开启量,变量液压缸7使变量马达4的倾角仍大于最小倾角,低速挡时马达的排量总大于马达的最小排量。马达排量根据机械走行阻力的变化自动调节。低速挡走行时,机械最高时速可达45km/h。

(2)高速挡。

当换挡三通6在高速挡时,机械的运行情况与低速挡相似。根据外界走行阻力的变化,变量马达自动调节排量而与之相适应,只是变量伺服阀2的下控制油管内的油经三通阀6流回油箱。阀口的开启量完全由上控制油管的马达进油腔压力油来控制。当机械走行阻力降低时,进油腔的油压随之降低,伺服阀2右侧上控制油管内的油压随之下降,并在复位弹簧的作用下克服油压力右移,当右移至极限位时,变量液压缸7的无杆腔与油箱导通,无杆腔的油液经伺服阀2流回油箱,液压缸的活塞在有杆腔油压的作用下左移至极限位,活塞杆带动马达斜轴变量机构使马达的斜轴倾角减至最小。此时,马达的排量为最小,输出的转矩也最小,机械行驶速度最高。高速挡运行时,机械最高时速可达80km/h。

## 二、安全保护回路

清筛车在运行过程中会遇到各种线路,运行阻力随着线路变化而变化。运行阻力突然增大,会给液压走行装置带来冲击,为避免这种危害,设置了安全保护回路。安全保护回路由截止阀13(36MPa)及单向安全阀4、5(40MPa)等组成,见图10-2。

单向阀7、11使回路中高压油引入截止阀13的控制腔,当运行阻力增大导致油压力上升至36MPa时,截止阀13截止,切断补液压泵1经伺服阀12向液压缸3进油腔的供油通道。液压缸3左右两腔的油液经$\phi$0.7mm的节流孔连通,活塞在活塞弹簧的推动下,向中位移动,活塞杆在移动过程中带动变量泵2的斜盘使其倾角减小,导致泵2供油量减少,走行时的压力下降。当截止阀13失效时,单向安全阀4、5限制系统压力不超过40MPa。

## 三、补油冷却回路

如图10-2所示,机械运行时,当高压管路与低压管路的压力差大于某一值时,马达上的液动换向阀14被液压力推向低压侧。这样,液动换向阀14就将低压管路的油引到溢流阀15的进油口,低压油的一部分(10%~30%)经溢流阀15溢流回油箱。辅助泵1从油箱吸入清洁冷却的液压油,经单向安全阀4(或5)的单向阀向低压管路补入等量液压油。对闭式循环液压系统起到散热、补油、清洗的作用。

当高低压管路的油压差很小时，液控换向阀14在复位弹簧的作用下回到中位，关闭了低压管路与溢流阀15的通道，辅助泵1供给的多余油经溢流阀6溢流回油箱。溢流阀6的调定压力值应略高于溢流阀15调定的压力值0.1～0.2MPa，以保证换向阀14能将回路中低压侧的部分热油排回油箱，冷油又能补入低压侧管路而不会从溢流阀6流失。

## 四、液压制动回路

走行驱动液压回路中（图10-1），当手动减压阀式先导阀8的调速换向手柄处于中位，控制泵12的控制压力油（6MPa）不经过阀8，压力开关（图中未标示，0.55MPa以上接通）无压力不接通，则电磁铁S7、S97失电，电液动换向阀3、电动换向阀14均处于中位，变量泵无排量输出。

手动减压阀式先导阀8往前进方向扳动时，则电磁铁S7b、S97b得电，电液动换向阀3、电动换向阀14均下位接入；手动减压阀式先导阀8往后退方向扳动时，则电磁铁S7a、S97a得电，电液动换向阀3、电动换向阀14均上位接入。使背压阀2（调定压力为10MPa）通路总是与泵液压流动方向反接，而与马达液压流动方向顺接，并将低压压力接向限压阀13（调定压力为8MPa）。

现以机械前进方向为例，对液压制动回路进行分析。当正常行驶的机械需要减速时，把减压阀式先导阀8的手柄从工作位扳向中位，变量泵1的变量机械带动斜盘，使斜盘倾角减小，变量泵排量逐渐减小。由于机械的惯性作用（机械下长坡道时的状态与此相同），马达仍高速旋转，原压力油输入端（变量马达A油口）变成吸油端，原回油端（变量马达B油口）变成排油端，并使此端油压升高。马达排出的压力油进入变量泵1的吸油端，由泵排出供向马达此时的吸油端。在这种工况下，马达相当于泵，泵相当于马达。马达出油口的油压起到制动马达的作用，使马达转速降低。马达排出的压力油经电液换向阀3的下位到达顺序阀13，当制动力高于8MPa时，顺序阀13导通，控制液压泵12提供控制压力油经限压阀13，电磁阀14的下位及单向阀15到变量泵1的控制油路输入端$x_3$进入变量泵的变量液压缸的右腔，使变量泵的斜盘倾角增大，加大变量泵1向马达A口的供油量，防止该段形成局部真空。当制动力低于8MPa时，限压阀13断开，变量泵1的斜盘倾角减小到限压阀开启前的状态，恢复到先前的供油量。马达排出的压力油经电液换向阀3的下位同时作用在背压阀2上，此阀的设置，把马达的排油压力限制在10MPa以内。

当先导阀8的手柄逐渐扳到中位时，变量泵的伺服阀左右两端控制口经先导阀8与油箱相通，伺服阀在复位弹簧的推动下回到中位。变量液压缸失去压力油，在复位弹簧的作用下，活塞移至中位，变量泵1的斜盘倾角逐渐变成0，变量泵的排量此时为0。由于先导阀8的油口与油箱接通，其管路中的油压低于0.55MPa，使前进压力开关断开，导致电液阀3、电磁阀14失电，两阀处于中位。由于电液阀3的液动阀是H型阀，它使马达的排油端与吸油端导通，此时液压制动被解除，被马达排出的油液经吸油端返回马达，不断循环，马达在惯性力的作用下继续旋转。

## 五、走行离合器控制驱动液压系统

图10-5所示为走行离合器控制驱动液压回路。离合器驱动机构（液压马达—液压泵组件）2是由齿轮泵1驱动，齿轮泵1的压力由溢流阀3调定为12MPa。四个离合器驱动机构，分别装在转向架四根车轴上，每一个转向架上离合器驱动机构，由一个齿轮泵1驱动，同

一个转向架上的离合器驱动机构为串联连接。

前转向架离合器驱动液压回路：

液压泵 1→离合器驱动机构液压泵/马达组件 2（车轴 1）→离合器驱动机构液压泵/马达组件 2（车轴 2）→滤油器 4→冷却器 5→油箱。

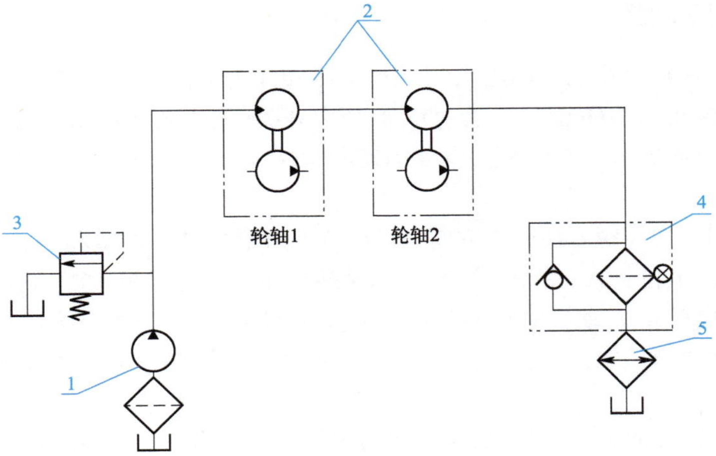


图 10-5　走行离合器控制驱动液压回路

1-离合器控制驱动液压泵；2-液压/马达组件；3-溢流阀；4-滤油器；5-冷却器

后转向架离合器驱动液压回路同上。

## 六、走行离合器行走工况转换操纵液压系统

清筛机的走行驱动、调速由变量泵—变量马达容积调速回路来实现。而它的区间运行、作业运行、与列车编组运行工况的转换，则靠车轴齿轮箱内的液压离合器的离合来实现。每根车轴有两组液压离合器，分别负责区间运行和作业运行，如图 10-6 所示，FG 为区间运行位置，转向架高速运行；AG 为工作位置，清筛机作业，转向架低速运行。液压马达—液压泵组件 1 输出的压力油经液动三位四通换向阀 2 进入 FG、AG 离合器。每两组离合器由一个液压马达—液压泵组件驱动，构成一个离合器驱动机构，每根车轴有一个离合器驱动机构。手动三通阀 6 操纵液动换向阀 2 的位置以控制 FG、AG 离合器的通断。各车轴的离合器驱动机构液压系统相同，以一个回路为例分析说明。

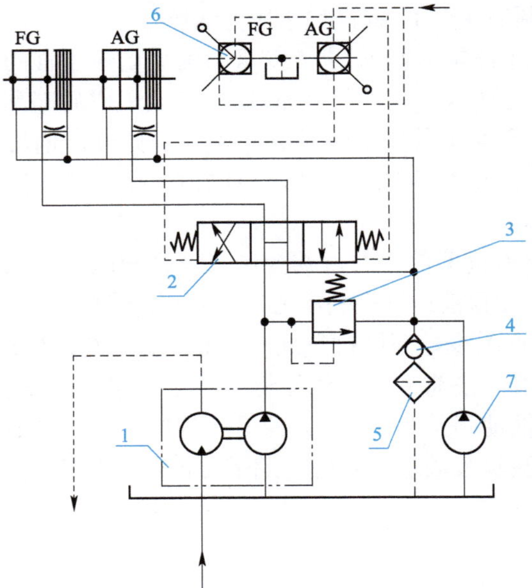


图 10-6　走行离合器操作液压回路

1-液压马达—液压泵组件；2-液动换向阀；3-溢流阀；4-单向阀；5-回油过滤器；6-FG、AG 三通阀；7-润滑泵

1. 区间运行

扳动标示 FG 字样的三通阀 6，换挡手柄置打开位，控制压力油经 FG 三通阀 6 作用于液动换向阀 2 右端，左端经 AG 三通阀 6 与油

箱连通，液动换向阀 2 右位接入。系统油路为：

(1)进油。

液压泵 1→液动换向阀 2 右位→FG 离合器。

(2)回油。

AG 离合器→液动换向阀 2 右位→单向阀 4→回油过滤器 5→油箱。

2. 工作运行

把 AG 三通阀 6 换挡手柄扳至打开位，控制压力油经 AG 三通阀 6 作用在液动换向阀 2 左端，换向阀 2 左位接入。系统的油路为：

(1)进油。

液压泵 1→液动换向阀 2 左位→离合器 AG。

(2)回油。

离合器 FG→液动换向阀 2 左位→单向阀 4→滤油器 5→油箱。

3. 与列车编组运行

AG、FG 三通阀 6 换挡手柄均处于关闭位时，液动换向阀 2 两端均与油箱相通，靠弹簧作用回到中位，离合器 AG、FG 经液动换向阀 2 中位接通油箱。实现长途运输中与列车编组运行，液压泵 1 卸荷。

该液压系统中溢流阀 3 调定系统压力为 1.5MPa，润滑泵 7 为液压离合器提供润滑油液。

# 学习项目二　挖掘链控制液压系统

## 一、挖掘链驱动液压回路

清筛机挖掘链驱动液压回路，如图 10-7 所示。变量马达 2 带动挖掘装置回转，变量马达 2 由定量泵 1、变量泵 8 驱动，实现挖掘链四种挖掘速度，如表 10-1 所示。其中，变量马达 2 的型号为 A6VM250，最大排量为 250mL/r，最小排量为 72.1mL/r，额定压力及最高压力分别为 35MPa、40MPa；定量泵 1 型号为 A2F0250 型，排量为 250mL/r，变量泵 8 型号为 A7V080 型，最大排量为 80mL/r，最小排量为 23.1mL/r。

挖掘链四种挖掘速度　　表 10-1

| 定量泵排量 | 250mL/r | 250mL/r | 250mL/r | 250mL/r |
|---|---|---|---|---|
| 变量泵排量 | 23.1mL/r | 80rmL/r | 23.1mL/r | 80mL/r |
| 变量马达排量 | 250mL/r | 250mL/r | 72.1mL/r | 72.1mL/r |
| 挖掘链速度 | 低速 | 中速 | 高速 | 最高速 |

变量马达 2 由手动三通阀 11 的手柄操作控制变量，三通阀 11 的手柄在关闭位(L 位)时，变量马达 2 的变量伺服阀左控制端通油箱，在弹簧力作用下伺服阀右位接入，变量液压缸的无杆腔通过伺服阀右位接入油箱，有杆腔接马达入口高压油，变量液压缸处于右极限位置，其斜轴的倾角最大，马达排量最大；三通阀 11 的手柄置于打开位(S 位)时，控制泵的控制压力油作用在变量马达 2 的变量伺服阀左控制端，伺服阀左位接入，变量液压缸通过伺服

阀左位，有杆腔、无杆腔都接马达入口高压油。由于无杆腔、有杆腔的面积差，变量液压缸左移到左极限位置，马达排量最小。

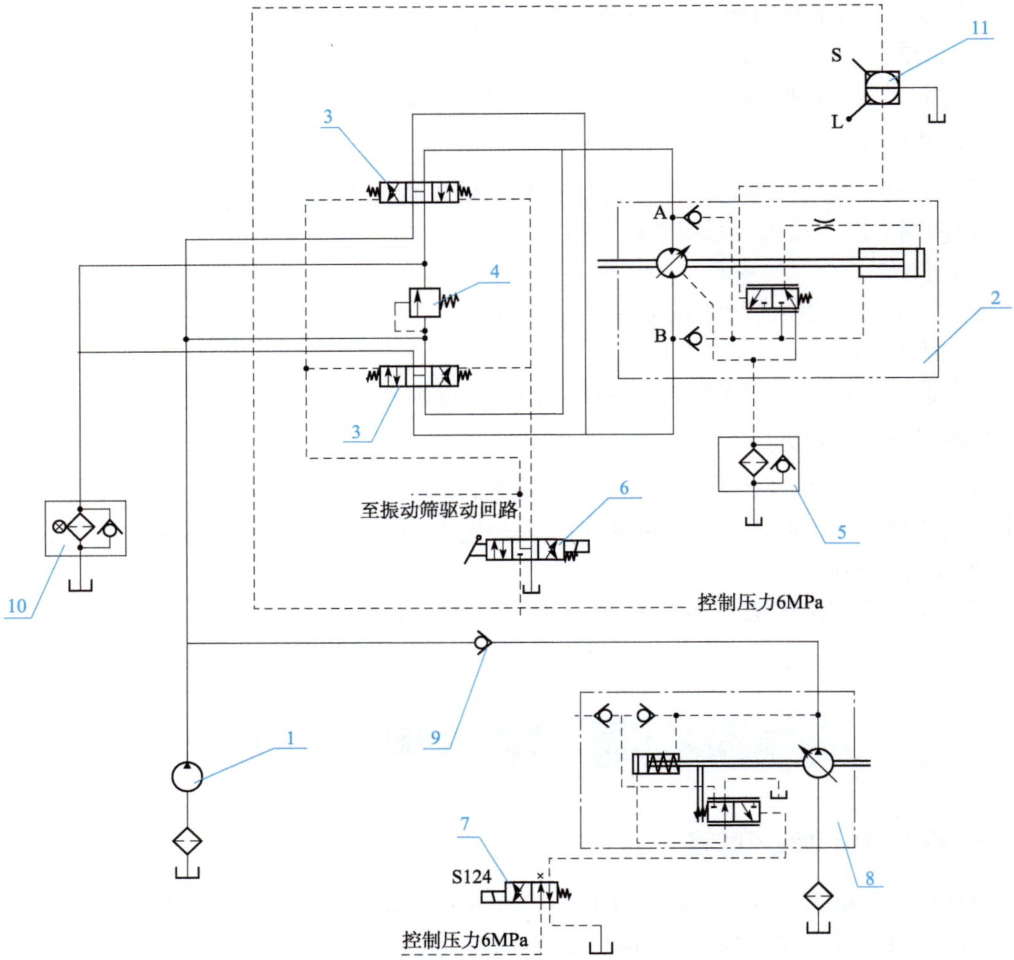


图 10-7　挖掘链驱动液压回路

1-定量泵；2-变量马达；3-液动换向阀；4-安全阀；5、10-滤油器；6-手动换向阀；7-电磁换向阀；8-变量泵；9-单向阀；11-手动三通阀

变量泵 8 由电磁换向阀 7 控制变量。电磁阀 7 得电，控制压力油通过换向阀 7 左位作用于变量泵 8 变量机构的伺服阀右控制端，伺服阀右位接入，使得变量液压缸的有杆腔、无杆腔通过伺服阀都接泵出口高压油，由于有杆腔、无杆腔的面积差，变量液压缸活塞伸出，处于右极限位置，带动变量泵斜盘倾角达到最大，故使变量泵 8 的排量最大。电磁阀 7 失电，变量泵 8 变量机构的伺服阀右控制端接入油箱，伺服阀左位接入，使得变量液压缸的无杆腔通过伺服阀接入油箱，由于有杆腔接变量泵出口高压油，变量液压缸活塞缩回，处于左极限位置，带动变量泵斜盘倾角达到最小，故使变量泵 8 的排量最小。

换向手柄操纵换向阀 6，控制变量马达 2 正反向旋转。手动换向阀 6 左位时，控制压力油经其左位作用于液动阀 3 左控制端，液动阀 3 左位接入系统 。系统的主油路为：

(1)进油。

泵 1、8→液动换向阀 3 左位→变量马达 2 油口 A。

(2)回油。

变量马达 2 油口 B→液动换向阀 3 左位→滤油器 10→油箱。

变量马达正向旋转,挖掘链向工作方向运转。手动换向阀 6 右位时,变量马达反转,挖掘链反向运转,便于安装扒链,同时遇障碍时,可反向倒退。

手动换向阀 6 中位时,液动换向阀 3 中位,其 H 型中位机能使液压泵卸荷。

## 二、挖掘链导槽调整液压回路

挖掘链装于挖掘链导槽内,导槽分为下降导槽、提升导槽。下降导槽侧挖掘链下降到轨下准备挖掘工作;提升导槽侧挖掘链携带挖掘的污砟到振动筛上。图 10-8 为挖掘链导槽液压系统。图中液压缸 5、6 分别调整下降导槽挖掘链的垂直深度、水平位置;液压缸 7、8 分别调整提升导槽挖掘链的垂直深度、水平位置。

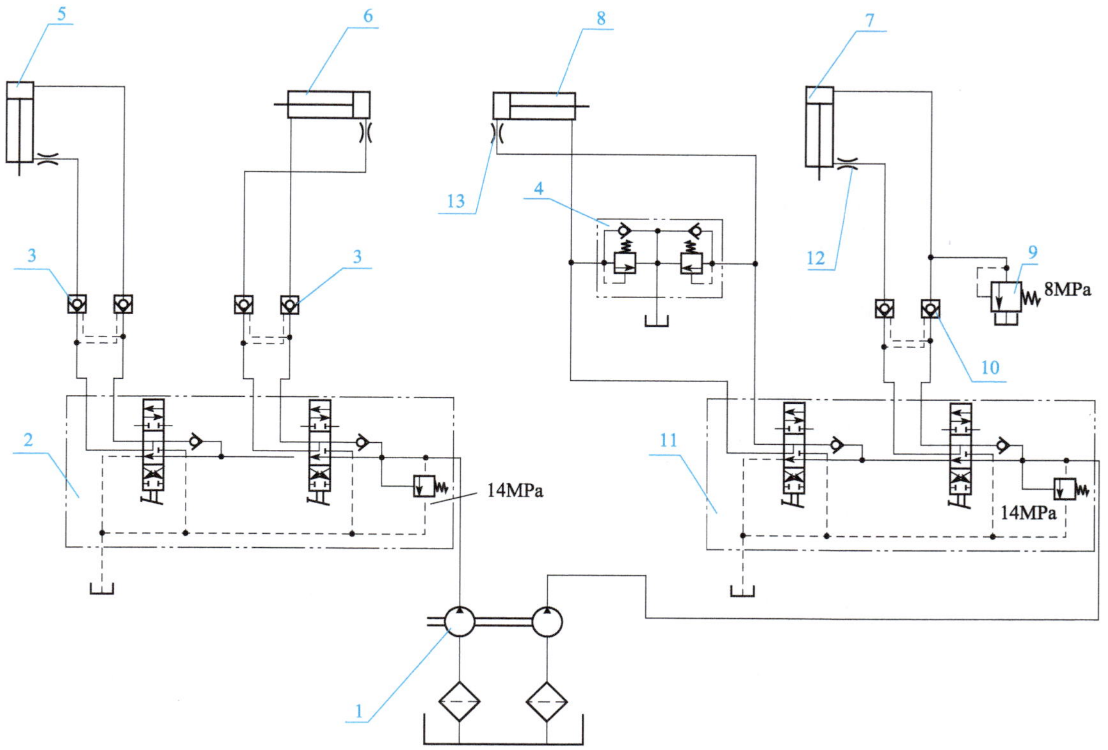


图 10-8 挖掘链导槽液压回路

1-双联泵;2、11-手动多路换向阀;3、10-液压锁;4-双单向安全阀;5、6、7、8-液压缸;9-溢流阀;12、13-固定节流阀

下面以提升导槽为例来说明其工作原理。手动多路换向阀 11 操纵提升导槽垂直深度、水平位置的调整。多路换向阀 11 为串并联连接,前序联工作时,后序联控制的执行元件(此处为液压缸)不能工作。多路换向阀 11 中位时,泵卸荷。

多路换向阀 11 的前序联控制挖掘链导槽的垂直深度调整,后序联控制导槽的水平位置调整。

水平调整导槽时,扳动多路换向阀 11 后序联手柄到下位,液压缸 8 活塞杆收回,挖掘链向左移动:

(1)进油。

双联泵 1→多路换向阀 11 前序联中位→多路换向阀 11 后序联下位→水平调整液压缸 8 有杆腔。

(2)回油。

液压缸 8 无杆腔→节流阀 13→多路换向阀 11 后序联下位→油箱。

多路换向阀 11 后序联工作在上位时,液压缸 8 的活塞杆伸出,挖掘链向右移动:

(1)进油。

双联泵 1→多路换向阀 11 前序联中位→多路换向阀 11 后序联上位→节流阀 13→液压缸 8 无杆腔。

(2)回油。

液压缸 8 有杆腔→多路换向阀 11 后序联上位→油箱。

提升导槽因带有载荷,挖掘链工作时,若外负载突然增大,提升导槽内挖掘链阻力增大,就有一力作用于液压缸 8 的活塞杆,当液压缸 8 活塞杆的负载拉力大于安全阀 4 的调定压力 10MPa 时,有(无)杆腔端的安全阀打开溢流,无(有)杆腔端经过单向阀从油箱中吸油填充,防止液压缸 8 憋缸。所以,在提升导槽水平调整液压缸 8 的两端安装双单向安全阀而不是液压锁。

调整提升导槽垂直深度时,扳动多路换向阀 11 前序联手柄,使其工作在下位,垂直调整液压缸 7 的活塞杆收回。

(1)进油。

双联泵 1→多路换向阀 11 前序联下位→液压锁 10→节流阀 12→液压缸 7 有杆腔。

(2)回油。

液压缸 7 无杆腔→液压锁 10→多路换向阀 11 前序联下位→油箱。

多路换向阀 11 前序联工作在上位时,液压缸 7 活塞杆伸出:

(1)进油。

双联泵 1→多路换向阀 11 前序联上位→液压锁 10→液压缸 7 无杆腔。

(2)回油。

液压缸 7 有杆腔→节流阀 12→液压锁 10→多路换向阀前序联上位→油箱。

溢流阀 9 在此处起安全保护作用,限制液压缸 7 活塞杆向外伸出的压力,即限制提升导槽向深处调整时的压力不超过 8MPa,以免损坏挖掘链。节流阀的作用是使液压缸的运动平稳,减小冲击。

下降导槽挖掘链的垂直深度、水平位置调整液压回路工作原理同上,不再赘述。

## 三、挖掘链及回转污土输送带安装调整液压回路

挖掘链及回转污土输送带安装调整液压回路,如图 10-9 所示。电磁换向阀 2 的电磁铁 S143 失电,挖掘链安装调整液压系统与三联泵 1 的连通;电磁换向阀 2 的电磁铁 S143 得电,回转污土输送带安装调整液压系统与三联泵 1 的连通。

### 1. 挖掘链安装调整液压回路

当电磁铁 S143 失电(图示位置)时,操作多路换向阀的各手柄,就可使相应的液压缸动作。因多路换向阀为串并联连接,所以不能同时操作两个以上的多路换向阀手柄。

挖掘链张紧液压回路。

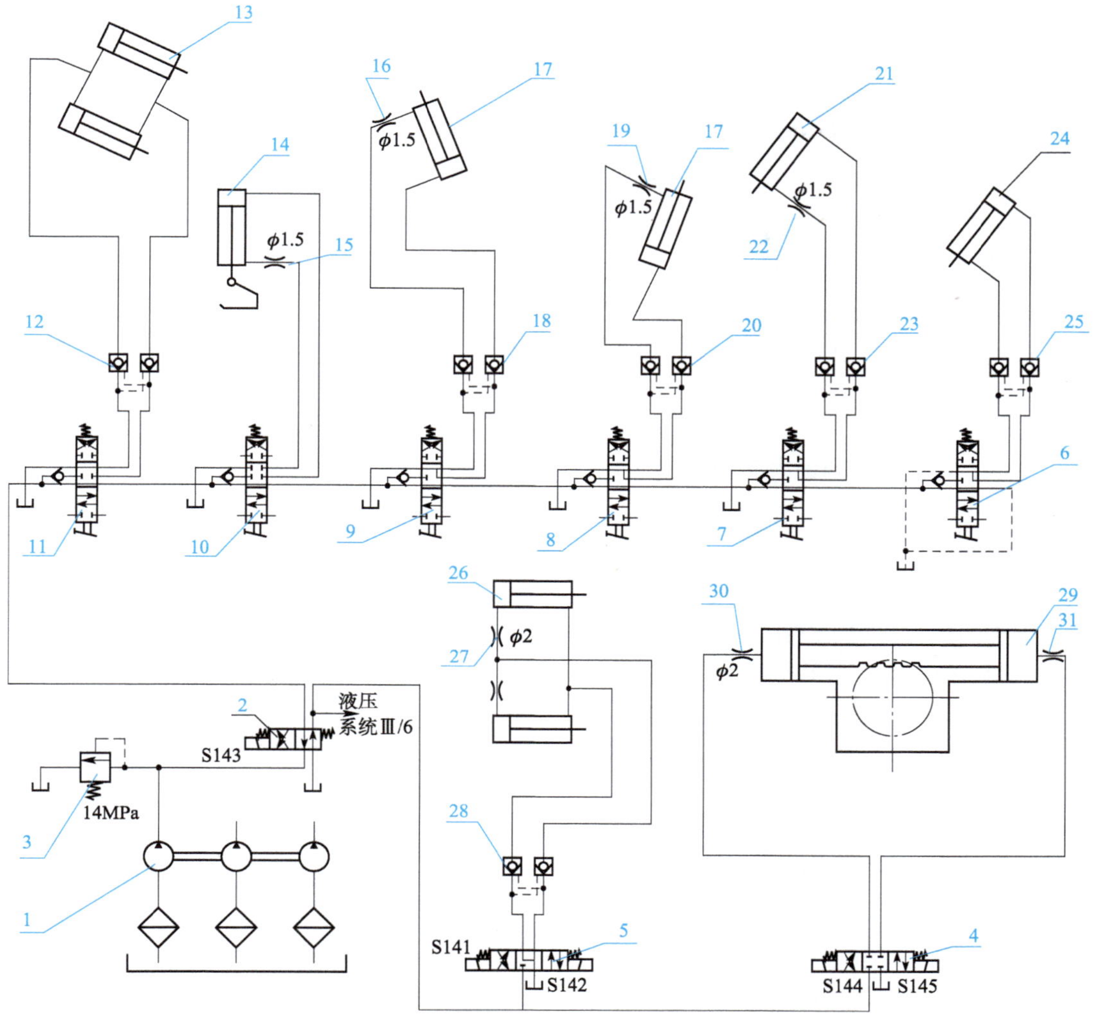


图 10-9　挖掘链及回转污土输送带安装调整液压回路

1-三联泵;2-二位四通电磁换向阀;3-溢流阀;4、5-三位四通电磁换向阀;6、7、8、9、10、11-手动多路换向阀;12、18、20、23、25、28-液压锁;13-挖掘链张紧液压缸;14-提升机液压缸;15、16、19、22、27、30、31-节流阀;17-左、右起吊机液压缸;21-举升器液压缸;24-拢砟板液压缸;26-回转污土输送带支承液压缸;29-回转污土输送带回转齿轮液压缸

扳动多路换向阀 11 手柄,置上位,油路为:

(1)进油。

三联泵 1→电磁换向阀 2 右位→多路换向阀 11 上位→液压锁 12→挖掘链张紧液压缸 13 的无杆腔。

(2)回油。

挖掘链张紧液压缸 13 的有杆腔→液压锁 12→多路换向阀 11 上位→油箱。

此时,挖掘链张紧液压缸 13 的活塞杆伸出,挖掘链张紧。

扳动多路换向阀 11 手柄,置下位,油路为:

(1)进油。

三联泵 1→电磁换向阀 2 右位→多路换向阀 11 下位→液压锁 12→挖掘链张紧液压缸 13 有杆腔。

(2)回油。

液压缸 13 无杆腔→液压锁 12→多路阀 11 下位→油箱。

此时,液压缸 13 活塞杆收回,挖掘链松弛。

提升机、起吊机、举升器、拢砟板液压回路的工作原理同上,不再赘述。

2. 回转污土输送带安装调整液压回路

电磁换向阀 2 得电,操作电磁换向阀 4、5,就可使回转污土输送带回转齿轮液压缸 29 和支承液压缸 26 得到相应动作。

(1)回转污土输送带支承液压回路。

电磁铁 S141 得电,S142 失电时,电磁换向阀 5 工作在左位,回转污土输送带支承液压缸 26 动作,油路为:

①进油。

三联泵 1→二位四通电磁换向阀 2 左位→三位四通电磁换向阀 5 左位→液压锁 28→节流阀 27→液压缸 26 无杆腔。

②回油。

液压缸 26 有杆腔→液压锁 28→电磁换向阀 5 左位→油箱。

此时,液压缸 26 活塞杆伸出,回转污土输送带支起伸出。

同理,电磁铁 S142 得电,S141 失电时,液压缸 26 活塞杆内收,回转污土输送带放下收回。

(2)回转污土输送带回转液压回路。

电磁铁 S144 得电,S145 失电时,电磁换向阀 4 工作在左位,回转污土输送带回转齿轮液压缸 29 动作,油路为:

①进油。

三联泵 1→二位四通电磁换向阀 2 左位→三位四通电磁换向阀 4 左位→节流阀 31→液压缸 29 右腔。

②回油。

液压缸 29 左腔→节流阀 30→电磁换向阀 4 左位→油箱。

此时,回转污土输送带在液压缸 29 带动下逆时针方向回转。

同理,电磁铁 S145 得电,S144 失电时,回转污土输送带在液压缸 29 带动下顺时针回转。

## 学习项目三　振动筛及道砟分配输送液压系统

### 一、振动筛驱动液压回路

振动筛驱动液压回路,如图 10-10 所示。该系统为开式回路。A7V055HD 型斜轴式变量柱塞泵 1 向系统提供压力油,其最大排量为 54.8mL/r,最小排量为 15.8mL/r;振动筛驱动马达 2 为 A2FM63 型斜轴式定量马达。

正常工作时,油路为:

变量泵 1→马达 2→冷却器 6→回油过滤器 7→油箱。

振动筛的最大振动频率为 19Hz,最小振动频率为 12Hz。其振动频率的大小与挖掘链工作情况有关。挖掘链工作时,控制液压泵的控制压力油经挖掘链驱动液压系统作用在变量泵1的变量机构，使泵的倾角增大，排量增大，输送到振动筛马达2的排量随之增大，液压马达2的转速加快，振动筛的振动频率达19Hz；挖掘链不工作或反向时，变量泵1的变量机构无控制压力油输入，变量泵1的轴倾角减小，输出排量减小，输送到振动筛驱动马达2的排量减小，液压马达2的转速减缓，振动筛的振动频率下降为12Hz。

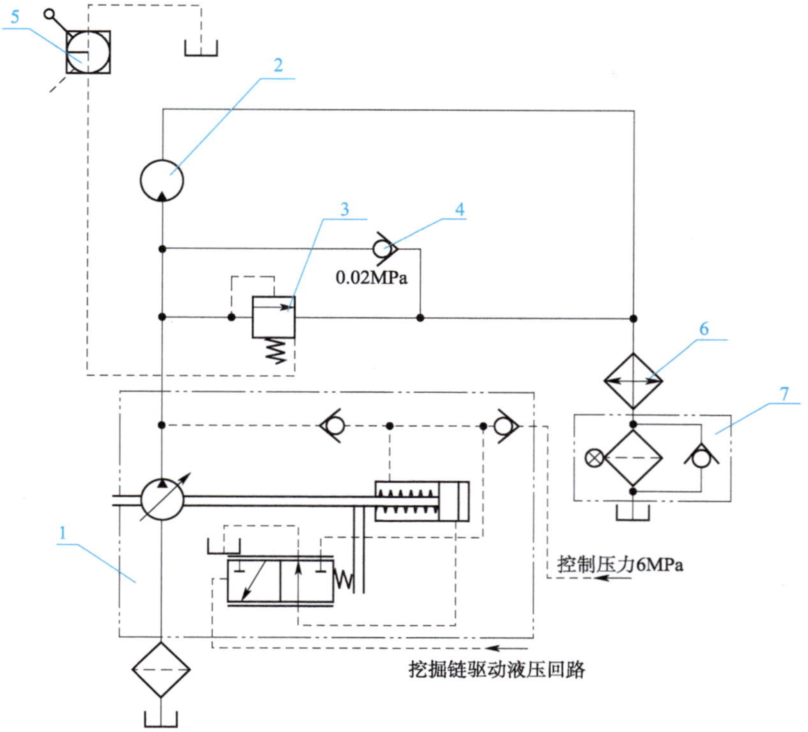


图10-10　振动筛驱动液压回路

1-变量泵；2-振动筛驱动马达；3-溢流阀；4-单向阀；5-手动三通阀；6-冷却器；7-回油过滤器

手动三通阀5控制着系统的工作与卸荷。手动三通阀5手柄置于上位（图示位置）时，先导式溢流阀3外控口经三通阀5与油箱连通，系统卸荷，振动筛不能工作。手动三通阀5手柄置于下位时，三通阀关闭，溢流阀3外控口不通，泵不卸荷，其输出的压力油驱动振动筛马达旋转。

单向阀4的作用类似补油阀。当变量泵1停止供油后，液压马达2由于惯性的作用仍在旋转，此时液压马达2就相当于液压泵的工况，液压马达2的回油经单向阀4，进入马达2形成一闭式回路，避免了油压马达2的吸空现象。

## 二、振动筛调平装置、道砟导向、护罩控制、后拨道装置液压系统

振动筛调平装置、道砟导向、护罩控制、后拨道装置液压系统，如图10-11所示。在该系统中，二位四通电磁换向阀2控制着系统工作与卸荷。当电磁铁S160得电时，液压泵1输出的压力油通过三位四通电磁换向阀3、8、9、10、15的电磁铁控制进入各液压缸。电磁换向阀2电磁铁S160失电，阀2右位（图示位置），液压泵1经电磁换向阀2右位通油箱，系统卸荷。

溢流阀11调定系统的压力为14MPa。滤油器16并接一单向阀、污染报警装置。滤网

因脏污堵塞后,可经单向阀回油并报警。

由于电磁换向阀3、8、9的中位机能为O型,液压缸4、5、6的锁紧通过中位机能实现。液压缸7和17的锁紧通过液压锁12、13实现,后者的保压锁紧效果更可靠些。

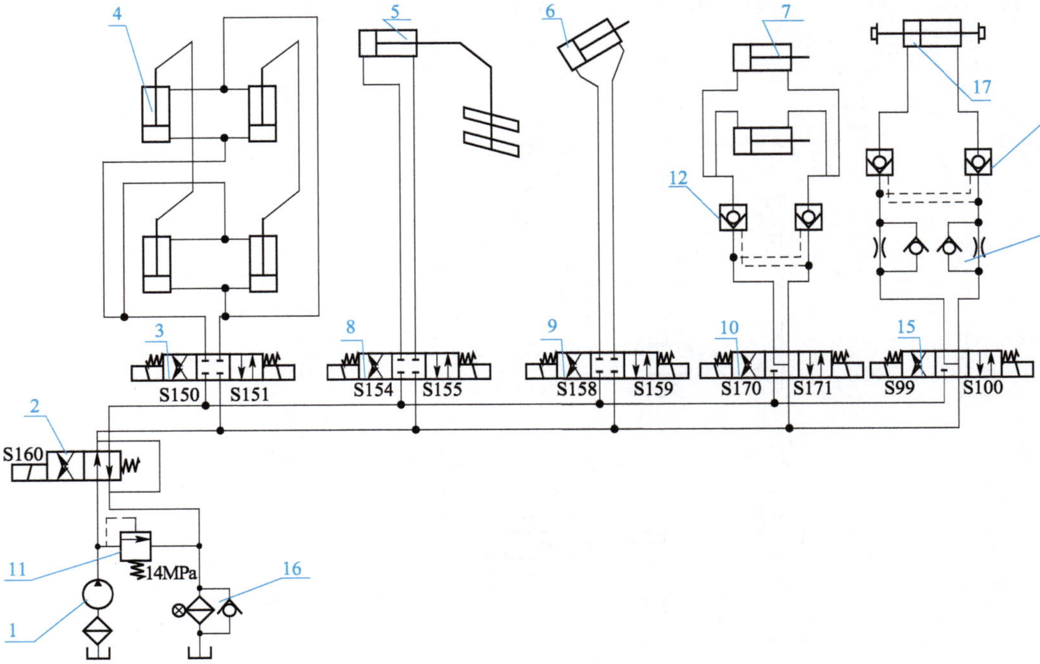


图10-11 振动筛调平、道砟导向、护罩控制、后拨道装置液压回路

1-液压泵;2-二位四通电磁换向阀;3、8、9、10、15-三位四通电磁换向阀;4-振动筛水平调节液压缸;5-道砟导向板液压缸;6-道砟导流闸板液压缸;7-护罩控制液压缸;11-溢流阀;12、13-液压锁;14-双单向节流阀;16-滤清器;17-后拨道液压缸

1. 振动筛调平装置液压回路

电磁铁S150得电,S151失电,电磁换向阀3工作在左位,油路:

(1)进油。

液压泵1→电磁换向阀2左位→电磁换向阀3左位→液压缸4上两缸有杆腔,下两缸无杆腔。

(2)回油。

液压缸上两缸无杆腔,下两缸有杆腔→电磁换向阀3左位→电磁换向阀2左位→滤油器16→油箱。

电磁铁S151得电,S150失电,电磁换向阀3工作在右位,油路:

(1)进油。

液压泵1→电磁换向阀2左位→电磁换向阀3右位→液压缸上两缸无杆腔,下面两缸有杆腔。

(2)回油。

液压缸4上两缸有杆腔,下两缸无杆腔→电磁换向阀3右位→电磁换向阀2左位→滤油器16→油箱。

活塞杆伸出侧振动筛升高;活塞杆内收侧振动筛下降。操纵电磁换向阀3,就可以调节振动筛的水平位置。

2. 后拨道装置液压回路

电磁铁 S99 得电,S100 失电,电磁换向阀 15 工作在左位,油路:

(1)进油。

液压泵 1→电磁换向阀 2 左位→电磁换向阀 15 左位→单向节流阀右节流阀→液压锁 13→液压缸 17 右腔。

(2)回油。

液压缸 17 左腔→液压锁 13→单向节流阀 14 左单向阀→电磁换向阀 15 左位→电磁换向阀 2 左位→滤油器 16→油箱。

拨道液压缸 17 的活塞向左运动。

电磁铁 S100 得电,S99 失电,电磁换向阀 15 工作在右位,拨道液压缸 17 向右移动。

拨道液压缸 18 两端均装有单向节流阀,其作用是使运动平稳,减轻冲击。

道砟导向板、护罩控制、道砟导流闸板液压回路的工作原理同上,不再赘述。

## 三、道砟分配和道砟输送带摆动装置液压回路

道砟输送带摆动装置与道砟分配板液压系统,如图 10-12 所示。双联泵 1 的双泵分别向右道砟回填输送带液压缸、右侧道砟分配板液压缸及左道砟回填输送带液压缸、左侧道砟分配板液压缸输送压力油。右侧道砟分配板液压缸 6 与右道砟回填输送带液压缸 7,通过三位四通电磁换向阀 3、4 串联连接。它们既可同时动作,又可分别单独工作。电磁换向阀 3 中位时,驱动液压缸 7 的压力油由双联液压泵 1 提供。当电磁换向阀 3 处于工作位时(左、右位),液压缸 7 的工作压力油为液压缸 6 的回油。

液压泵 1 的出口压力由溢流阀 2 调定。电磁换向阀 3、4 处于中位时,双联泵 1 通过阀 3、4 中位卸荷。

滤油器 9 并联有一单向阀,并装有报警装置,出现堵塞时,可经单向阀回油并报警。

二位四通电磁换向阀 10 的作用是调节清筛机前后液压油箱的回油量。当电磁铁 S161 失电(图示位置)时,该液压系统各液压缸的回油一部分直接流回前液压油箱,一部分经电磁换向阀 10 右位流入后液压油箱;电磁铁 S161 得电,各液压缸的回油全部进入前液压油箱。

1. 道砟分配板控制(电磁阀 4 处于中位)

道砟分配液压系统左右对称,下面以一侧为例,分析其工作原理。

电磁铁 S70 得电,S71 失电,电磁换向阀 3 左位接入,油路:

(1)进油。

双联泵 1→电磁阀 3 左位→节流孔→液压缸 6 有杆腔。

(2)回油。

液压缸 6 无杆腔→节流孔→电磁阀 3 左位→电磁阀 4 中位→油箱。

液压缸 6 活塞杆收回。

同理,电磁铁 S71 得电,S70 失电,电磁换向阀 3 右位接入,液压缸 6 活塞杆伸出。

电磁铁 S70、S71 均失电时,电磁换向阀 3 中位。因其中位机能 M 型,液压缸 6 保压。

通过驾驶室操作,使电磁换向阀 3 处于左、中、右三个位置,实现液压缸 6 三个工作状态。

2. 道砟回填输送带摆动控制(电磁阀 3 处于中位)

电磁铁 S69 得电,S68 失电,电磁换向阀 4 右位接入,油路:

(1)进油。

双联泵 1→电磁换向阀 3 中位→电磁换向阀 4 右位→液压锁 5→液压缸 7 无杆腔。

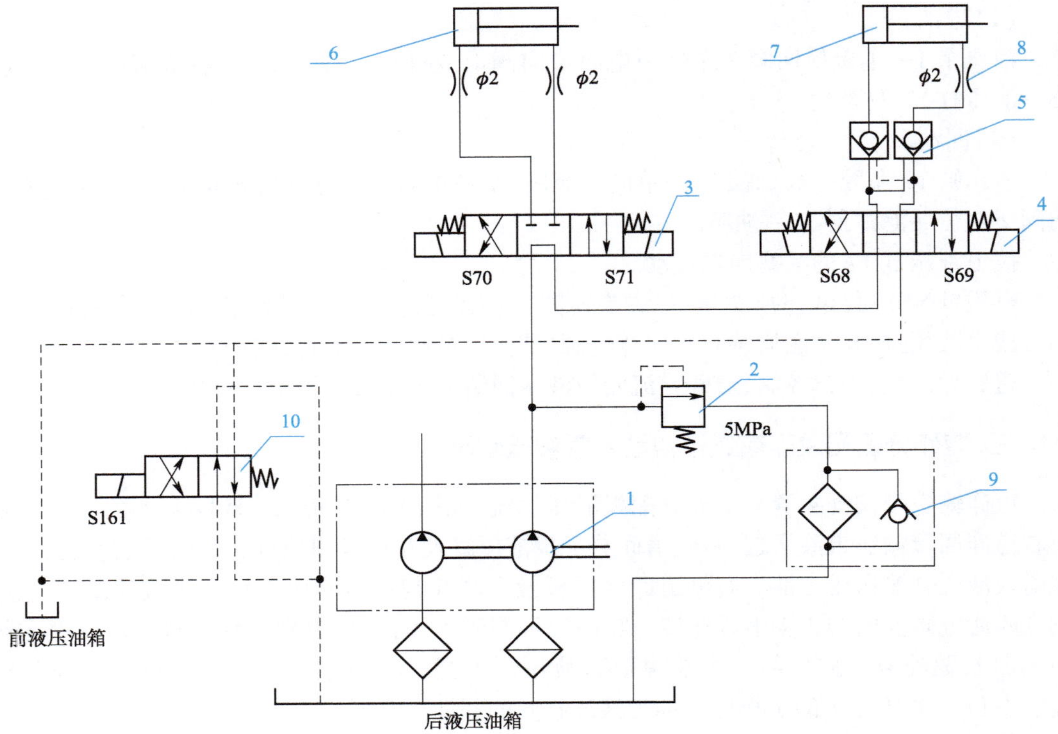


图 10-12　道砟输送带摆动装置、道砟分配板液压回路

1-双联泵;2-溢流阀;3、4-三位四通电磁换向阀;5-液压锁;6-右侧道砟分配板液压缸;7-右道砟回填输送带摆动装置液压缸;8-节流阀;9-滤油器;10-二位四通电磁换向阀

(2)回油。

液压缸 7 有杆腔→节流阀 8→液压锁 5→电磁换向阀 4 右位→油箱。

液压缸 7 活塞杆伸出,右道砟回填输送带向外摆动。

电磁铁 S68 得电,S69 失电,液压缸 7 活塞杆内收,右道砟回填输送带向内摆动。

电磁铁 S68、S69 均失电时,电磁换向阀 4 中位,由液压锁 5 锁紧液压缸。

## 四、主污土输送带、回转污土输送带及左右道砟回填输送带驱动液压回路

主污土输送带、回转污土输送带马达、左右道砟回填输送带驱动液压回路均分别由一恒压变量泵驱动,除回转污土输送带马达的回油经带报警装置和单向阀的滤油器外,其余均同下面分析的回路相似。

如图 10-13 所示,该系统采用变量泵—定量马达开式回路,双联变量泵 1 为恒压变量泵。该系统的先导式溢流阀 2、3 的远程控制油口 K,通过手动三通阀 8、9 与油箱连通。输送带工作时,须将手动三通阀 8 或 9 的手柄放置工作位(EIN 位),手动三通阀 8 或 9 关阀,先导式溢流阀的控制油口 K 关闭,先导式溢流阀 2 或 3 在系统中起安全保护作用,限制系统的最高压力。将手动三通阀 8 或 9 的手柄放于位 AUS,控制油口 K 与油箱相通,系统卸荷。主污土输送带、左道砟回填输送带不工作。

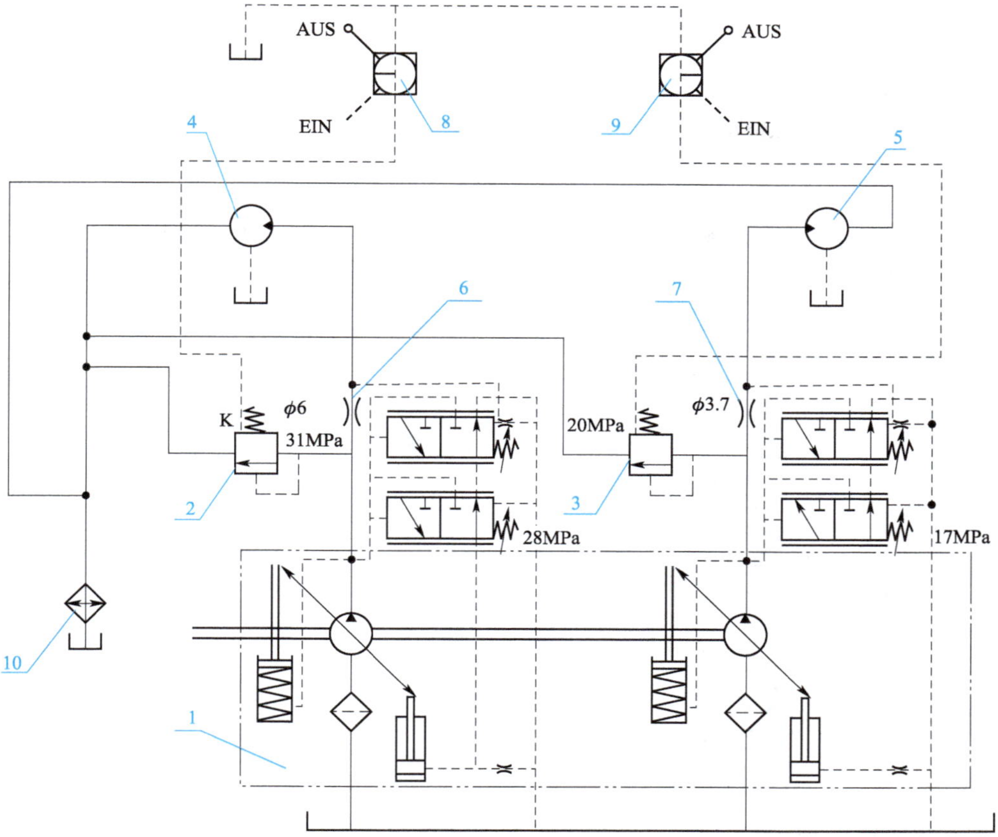


图 10-13　主污土输送带、左道砟回填输送带驱动液压回路

1-双联变量泵;2、3-先导式溢流阀;4-主污土输送带驱动马达;5-左道砟回填输送带驱动马达;6、7-节流阀;8、9-手动三通阀;10-冷却器

# 学习项目四　其他装置液压控制系统

## 一、起拨道、夹轨器液压回路

起拨道、夹轨器液压系统,如图 10-14 所示。该系统中,三联泵 1 左边泵是挖掘链及回转污土输送带安装调整液压系统中的动力元件。起道液压缸 17、拨道液压缸 18、19 由三联泵通过二位四通电磁换向阀 2(图 10-9)供给工作压力油。三联泵中另两个泵提供夹轨器液压系统的工作压力油。

起拨道液压回路与图 10-11 中后拨道装置液压回路分析方法相同,参照图 10-14 所示自行分析,不再赘述。

三联泵 1 右边泵向夹钳调整液压缸 10、11 输送压力油,三联泵 1 中间泵向夹钳夹紧液压缸 8、9 提供压力油。溢流阀 2、3 为先导式溢流阀,分别调定两泵的出口压力。其控制口 K 接电磁换向阀,实现远程控制。

夹紧液压缸活塞伸出,夹钳放松;活塞收回,夹钳夹紧。电磁换向阀 4、5 控制压力油进入夹紧液压缸 8、9 的有杆腔或无杆腔,即操纵夹钳的夹紧或放松。

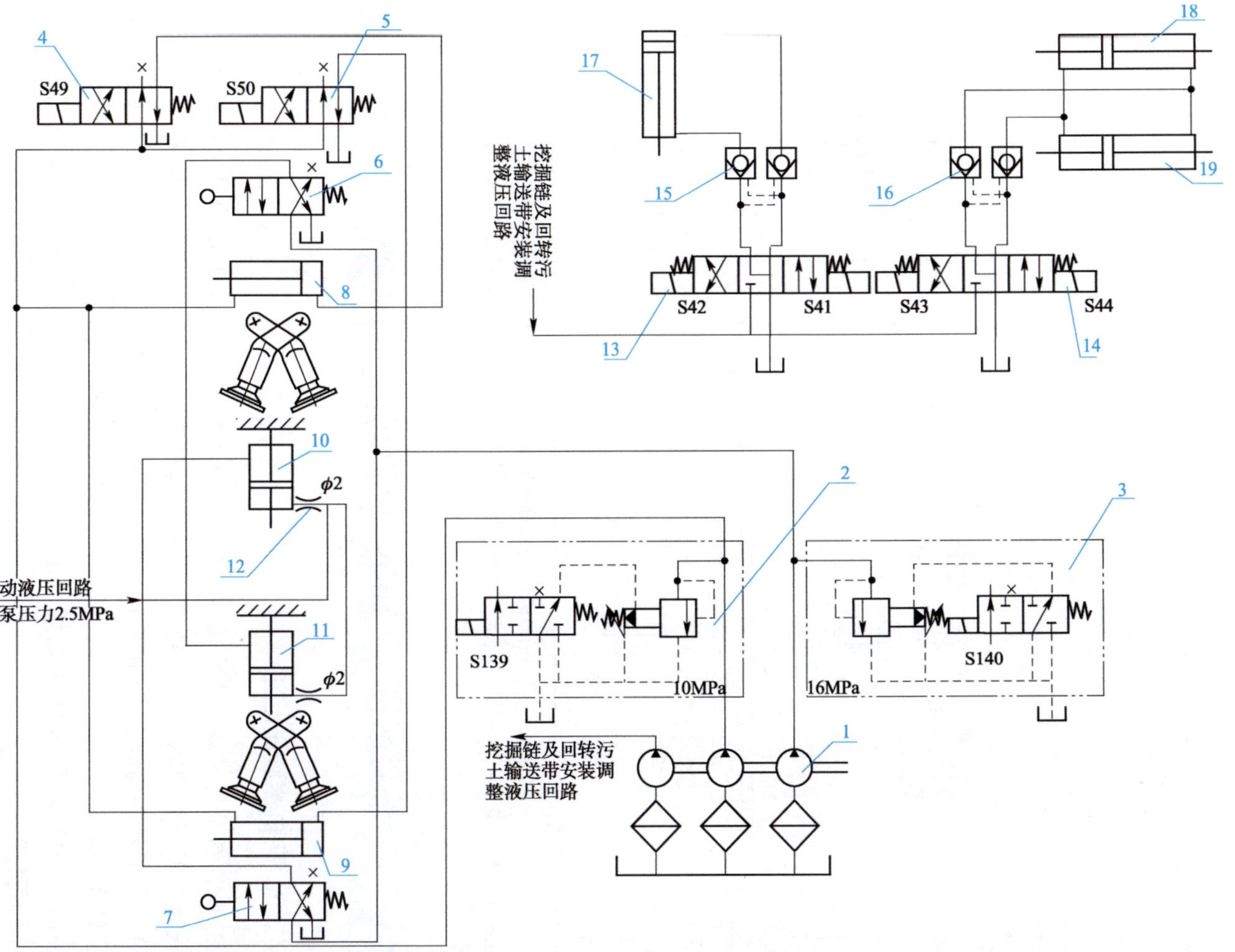


图 10-14　起拨道、夹轨器液压回路

1-三联泵;2、3-溢流阀;4、5-二位四通电磁换向阀;6、7-行程换向阀;8、9-夹紧液压缸;10、11-夹钳调整液压缸;12-节流阀;13、14-三位四通电磁换向阀;15、16-液压锁;17-起道液压缸;18、19-拨道液压缸起拨道架上装有四组夹钳，用于夹住钢轨，将轨排提起一定高度，利于挖掘作业。每股钢轨由前后两组夹钳夹住。通过钢轨接头处时，因鱼尾板的作用，其中一组夹钳张开，失去夹持作用，这时该系统设置的行程换向阀打开，压力油进入另一组夹钳的夹钳调整液压缸，该夹钳夹持钢轨再上升一定高度，失去夹持端的钢轨不致因夹钳的失效而下落，使夹钳顺利通过钢轨接头后再夹轨。

（1）电磁 S49、S50 失电时，换向阀 4、5 右位接入，油路：

①进油。

三联泵 1 中间泵→夹紧液压缸 8、9 有杆腔。

②回油。

夹紧液压缸 8、9 无杆腔→电磁换向阀 4、5 右位→油箱。

液压缸 8、9 活塞杆缩回，夹钳夹紧。

（2）电磁 S49、S50 得电时，换向阀左位接入，油路：

三联泵 1 中间泵<br>夹紧液压缸 8、9 有杆腔 } 电磁换向阀 4、5 左位→夹紧液压缸 8、9 无杆腔。

形成差动连接。液压缸 8、9 活塞杆伸出，夹钳放松。

液压缸 8 控制的夹钳通过钢轨接头时，鱼尾板使液压缸 8 操纵的夹钳张大，即液压缸 8 活塞杆受拉，活塞外伸，触动行程换向阀 6 动作，使得 6 左位接入，三联泵 1 右边泵的压力经行程换向阀 6 左位，进入夹钳调整液压缸 11 上腔，使液压缸 9 控制的夹钳夹持钢轨提高一定高度，液压缸 8 控制的夹钳顺利通过钢轨接头；液压缸 9 控制的夹钳通过钢轨接头时，鱼尾板使液压缸 9 操纵的夹钳张大，即液压缸 9 活塞杆受拉，活塞外伸，触动行程换向阀 7，使得其左位接入，压力油经阀 7 左位，进入夹钳调整液压缸 10 上腔，使液压缸 8 控制的夹钳夹持钢轨提高一定高度，液压缸 9 控制的夹钳顺利通过钢轨接头。

## 二、后通风设备传动装置液压回路

后通风设备传动装置液压系统，如图 10-15 所示。三联泵 1 左泵驱动通风器的液压油冷却装置润滑液压马达 2、主传动装置油冷却器润滑液压马达 3、振动筛传动装置润滑驱动液压泵—液压马达组合件 4。各液压马达串联。溢流阀 5 限定系统的压力为 12MPa。

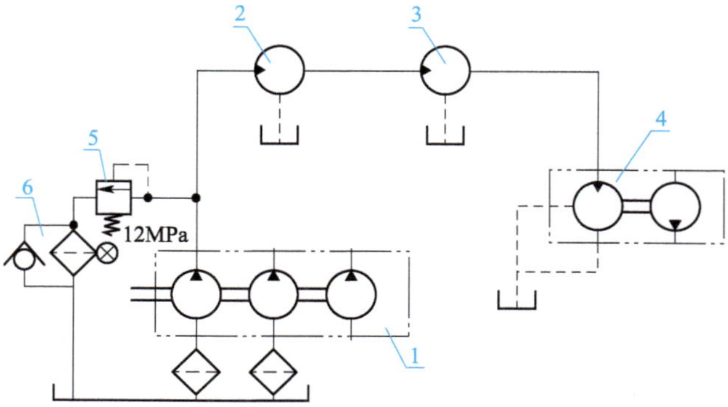


图 10-15　后通风器传动装置液压回路

1-三联泵；2-液压油冷却装置润滑液压马达；3-主传动装置油冷却器润滑马达；4-振动筛传动装置润滑驱动泵—马达组合件；5-溢流阀；6-滤油器

## 三、前通风设备传动装置润滑及注液压泵液压回路

前通风设备传动装置润滑及注液压泵液压系统，如图 10-16 所示。三联泵 5 驱动前通

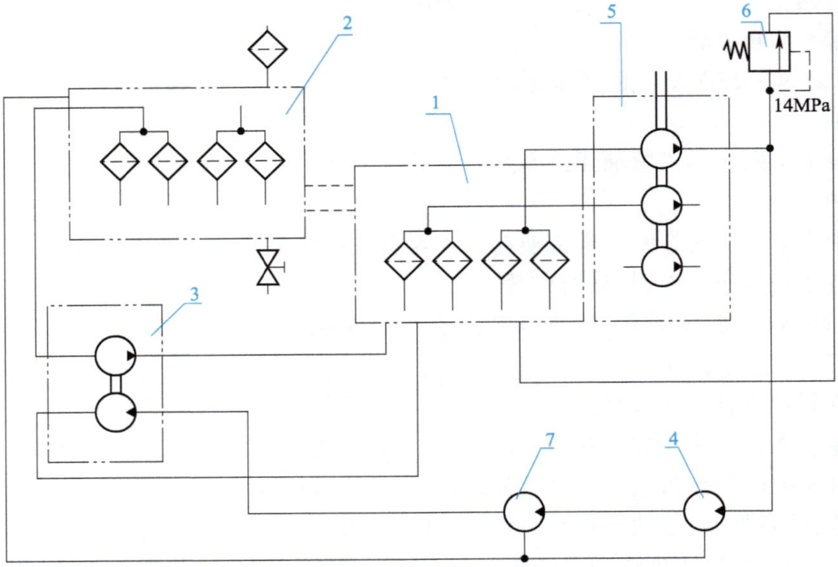


图 10-16　前通风设备传动装置润滑及注液压泵液压回路

1-前液压油箱；2-后液压油箱；3-液压马达—注油液压泵组件；4-前通风设备主传动机构油冷却器润滑马达；5-三联泵；6-溢流阀；7-前通风设备液压油冷却装置润滑马达

风器主传动机构油冷却器润滑马达 4，前通风设备液压油冷却装置润滑马达 7、液压马达—注液压泵组件 3。液压马达—注油液压泵 3 组件的液压马达带动注油液压泵旋转，把后液压油箱的液压油液注入前液压油箱。溢流阀 6 在系统中起限压作用。

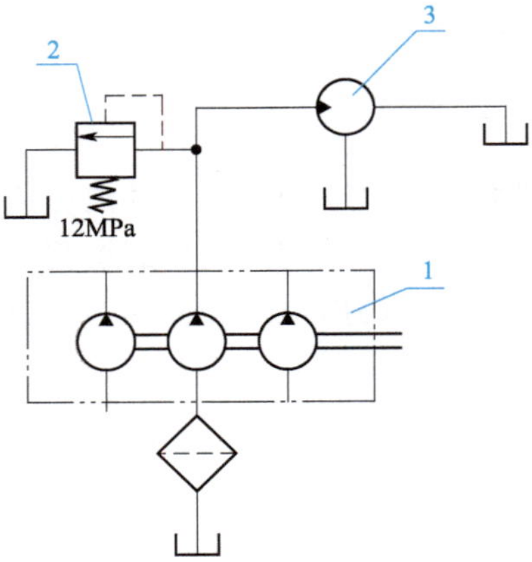


图 10-17　前空气调节设备液压回路

1-三联泵；2-溢流阀；3-液压马达

## 四、空气调节设备液压回路

清筛机前后驾驶室内均安装有空气调节设备，其液压回路基本相同。仅以前空气调节设备液压系统为例进行分析。

前空气调节设备液压系统，如图 10-17 所示。三联泵 1 最高压力为 12MPa，由溢流阀 2 调定，驱动前空气调节设备液压马达 3。

# 学习项目五　液压润滑系统

## 一、振动筛驱动装置润滑回路

图 10-18 所示为振动筛驱动装置润滑液压系统。该系统中液压马达—液压泵组件 1 经

吸油滤油器4,从油箱6中吸油,经滤油器2后,分成两路管道向振动筛激振器5的轴承输油润滑。润滑用后的油,从振动筛激振器5下部两端油管回油箱6。油箱6顶部的通气孔与振动筛激振器5顶部的通气孔,通过三通接头与空气滤清器3相连。

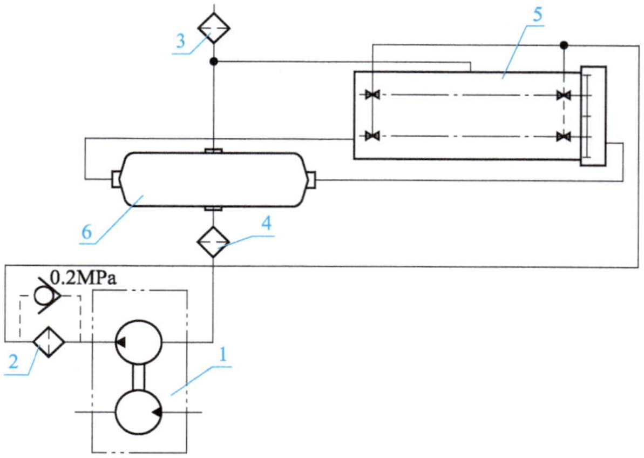


图10-18　振动筛驱动装置润滑回路

1-液压马达—液压泵组件;2-滤清器;3-空气滤清器;4-吸油滤清器;5-振动筛激振器;6-油箱

## 二、分动齿轮箱润滑回路

图10-19所示为分动齿轮箱润滑液压系统。冷却器3将分动齿轮箱6中润滑后的液压油冷却后,由三联泵1经单向阀4、滤油器2又输入分动齿轮箱6中。

## 三、挖掘齿轮减速器润滑回路

挖掘齿轮减速器润滑液压系统,如图10-20所示。液压泵1经滤油器3,从挖掘齿轮减速器4中吸油,经滤油器2后,又输入到挖掘齿轮减速器4中,润滑齿轮、轴承等部件。

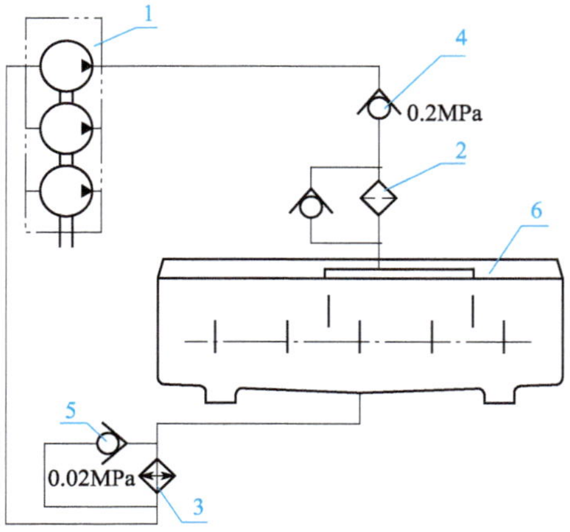


图10-19　分动齿轮箱润滑回路

1-三联泵;2-滤油器;3-冷却器;4、5-单向阀;6-分动齿轮箱

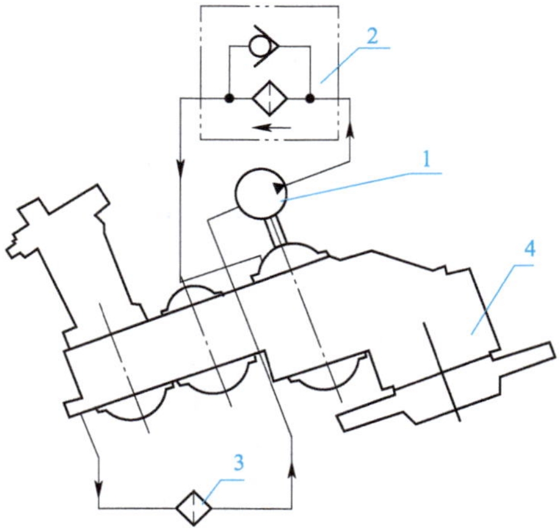


图10-20　挖掘齿轮减速器润滑回路

1-润滑液压泵;2、3-滤油器;4-挖掘齿轮减速器

# 学习项目六 气动系统

## 一、气动系统的组成

QS-650k 型清筛机的气动系统由两部分组成:一部分是清筛机的后拨道装置和道砟清扫装置的提升气动系统;另一部分是主离合器操纵的助力气动系统。前者由转阀、道砟清扫装置提升气缸、后拨道装置提升气缸组成;后者由助力气缸、助力气缸储气风缸、梭阀以及换向阀组成,并设两套,分别控制前后主离合器。气动系统的组成,如图 10-21 所示。

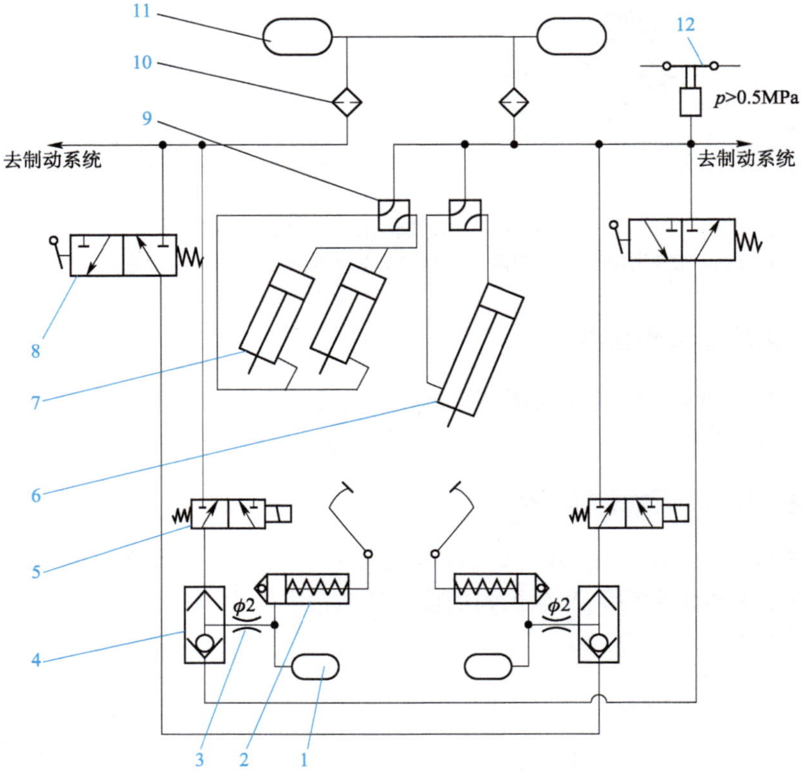


图 10-21 气动系统原理图

1-助力气缸储气筒;2-助力气缸;3-节流阀;4-梭阀;5-电磁换向阀;6-道砟清扫装置提升气缸;7-后拨道装置提升气缸;8-脚踏换向阀;9-转阀;10-过滤器;11-空压机储气筒;12-气压开关

## 二、气动系统工作原理

如图 10-21 所示,当转阀 9 位于图示位置时,气缸 6、7 的有杆腔进气,后拨道装置和道砟清扫装置位于提升状态,此时对应于区间运行。为保险起见,后拨道装置和道砟清扫装置要用机械装置锁住,以防气压不足而掉下。

操纵转阀使提升气缸 6、7 的无杆腔进气,下放后拨道装置和道砟清扫装置达到预定位置,此时对应于清筛机的工作状态。

QS-650k 清筛机的动力装置是两台独立的风冷柴油机,传动装置中的主离合器是两个采用弹簧压紧、气液助力分离的常闭式离合器。在清筛机运行和工作时，助力气缸中始终保持一定的气压，保证在踩分离离合器踏板时比较轻便省力。电磁换向阀5电磁铁得电时，压缩空气经电磁换向阀5、梭阀4、节流阀3进入助力气缸内，压缩弹簧推动活塞伸出，通过气液联动使主离合器的分离机构处于助力状态，此时踩下主离合器踏板可较轻便地分离主离合器，并使助力气缸中的弹簧继续压缩一部分，当抬起脚踏板时，该弹簧即恢复原状，回到先前的助力状态。但在弹簧的复位过程中，由于节流阀的节流阻力作用，弹簧的复位比较缓慢，从而保证了主离合器的重新结合能够平稳进行。

操作人员还可以通过气动系统在一端驾驶室内完成对远端柴油机的起动。其作用原理如下：用脚踏下换向阀8，接通气路，压缩空气通过管路进入另一端的梭阀4。再进入远端柴油机主离合器助力气缸2的大腔内，通过气液联动，使主离合器脱开，完成对远端柴油机的起动。松开脚踏换向阀，气路切断，助力气缸大腔排风，使柴油机主离合器平稳结合。

当系统气压小于或等于0.5MPa时，气压开关12动作，切断走行马达的动力，使清筛机停止前进，以保证安全制动。

## 练习题

1. 分析说明走行驱动液压系统中，调速回路、手动减压先导操作回路、液压制动回路和车轮防滑液压回路的工作原理。

2. 分析说明行走离合器操纵液压系统中，如何实现区间运行、工作运行与列车编组运行？

3. 挖掘链有几种速度？它们是怎样实现的？

4. 分析“挖掘链驱动液压系统”液压马达反向旋转的原理，写出油流路线。

5. 分析“挖掘链导向装置液压系统”中液压阀4的作用。

6. 分析“挖掘链及回转污土输送带调整液压系统”中电磁换向阀2得电时油流路线。

7. 分析“道砟分配液压系统”左道砟回填输送带摆动装置液压缸、左道砟分配溜槽液压缸的工作原理，并写出油流路线。

8. 分析说明起拨道、夹轨器液压系统的工作原理。

9. 分析说明振动筛驱动液压系统的工作原理。

10. 清筛机的气动系统由哪几部分组成，各部分有什么功用？

11. 试分析后拨道装置和道砟清扫装置气动系统的工作原理。

12. 柴油机主离合器气动助力机构工作原理是什么？在何种工况条件下起作用？

13. 操作人员如何在一端驾驶室内完成对远端柴油机的起动？

# 参考文献


[1] 韩志青,唐定全.抄平起拨道捣固车[M].北京:中国铁道出版社,1997.
[2] 张永革.铁路大型清筛设备及运用[M].北京:人民交通出版社,2013.
[3] 王洁,赵晶.液压元件[M].北京:机械工业出版社,2013.
[4] 唐银启.工程机械液压与液力技术[M].北京:人民交通出版社,2003.
[5] 张勤,徐钢涛.液压与气压传动技术[M].北京:高等教育出版社,2015.
[6] 张利平.液压阀原理、使用与维护[M].北京:化学工业出版社,2005.
[7] 陆望龙.看图学液压维修技能[M].北京:化学工业出版社,2012.
[8] 宁辰校.液压气动图形符号及识别技巧[M].北京:化学工业出版社,2012.
[9] 牟志华,张海军.液压与气动技术[M].北京:中国铁道出版社,2010.
[10] 胡蕴海.液压与气动技术[M].北京:清华大学出版社,2011.
[11] 毛好喜.液压与气动技术[M].北京:人民邮电出版社,2009.
[12] 汪哲能.液压与气动技术[M].北京:中国传媒大学出版社,2011.